泰州文獻

第四輯

張海房先生依歸草
甲申集　夢餘集
竹軒雜著
夕陽書屋詩初編
霄峥集
半紅樓唫稿
雲樹初集　倥侗詩鈔
西泠遊草
天橋初稿

鳳凰出版社

ISBN 978-7-5506-2284-5

9 787550 622845 >

圖書在版編目（CIP）數據

張海房先生依歸草、甲申集夢餘集、霄峥集等 /
（清）張符驤等撰. -- 南京 : 鳳凰出版社, 2015.10
（泰州文獻）
ISBN 978-7-5506-2284-5

Ⅰ. ①張… Ⅱ. ①張… Ⅲ. ①古典詩歌－詩集－中國－清代②古典散文－散文集－中國－清代 Ⅳ. ①I214.91

中國版本圖書館CIP數據核字(2015)第252926號

責任編輯　王愛榮
裝幀設計　姜　嵩
出版發行　鳳凰出版傳媒股份有限公司
　　　　　鳳凰出版社(原江蘇古籍出版社)
　　　　　發行部電話025－83223462
出版社地址　南京市中央路165號　郵編:210009
出版社網址　http://www.fhcbs.com
印　　刷　揚州文津閣古籍印務有限公司
　　　　　揚州市開發區鴻揚路22-2號(6幢)　郵編:225009
開　　本　889毫米×1194毫米　1/16
印　　張　36.25
版　　次　2015年10月第1版　2015年10月第1次印刷
標準書號　ISBN 978-7-5506-2284-5
定　　價　530.00圓
（本書凡印裝錯誤可向承印廠調換,電話:0514－87969255）

《泰州文獻》工作委員會

主　任

藍紹敏　陸志鵬

常務副主任

盧佩民

副主任

戴勝利　王學鋒　張培成　佘江涛

委　員（按姓氏筆畫为序）

丁少華　方標軍　成愛君　季春芳　周興安
查學斌　姜小青　奚愛國　陳士宏　黄林華
曹茂良　曹學賦　許大才　張國祥　萬永良
程榮穩　鄒祥龍　費振鐘　劉　玲　劉仁前
劉宏鳴　潘時常　薛金林　顧維中

《泰州文獻》編纂委員會

主　編

盧佩民

副主編

黄林華　姜小青

執行主編

成愛君　費振鐘

編　委（按姓氏筆畫为序）

王　飛　王　劍　王正奎　卞惠興　朱長順　全　勤

李文華　李明官　吴　迪　吴小晴　吴雙林　汪　政

沈　俊　林世田　莫其康　倪培翔　徐一清　徐同華

高　峰　陳　立　黄　靖　曹學林　常　康　張　定

張永龍　劉仁前　劉春龍　潘浩泉　薛　飛　謝冬榮

竇立成　顧寄南

《泰州文獻》學術指導委員會

（按姓氏筆畫为序）

江慶柏　金良年　茅家琦　華學誠　徐　雁　畢飛宇

程章燦　楊九俊　魯國堯　劉玉才　顧　農

總序

泰州古稱海陵，漢初（公元前一一七年）置縣，晋末（公元四一一年）設郡，南唐（公元九三七年）建州，始稱泰州。

泰州濱江近海，物阜民豐。漢唐以來，糧鹽並舉，商貿繁榮，爲溝通南北的重要港口城市。

泰州素爲文教昌明之邦。唐初立州學，北宋建貢院，明清開學政試院，産出大批科舉優秀人才。

泰州自古人文薈萃。走進泰州的，從范仲淹、富弼、陸佃，到孔尚任、吴讓之、蔣春霖，都留下深遠影響。走出泰州的，從張懷瓘、胡瑗、施耐庵、王艮，到李清、吴嘉紀、柳敬亭、黄龍士、李鱓、鄭燮、劉熙載、李詳、梅蘭芳、高二適，都在各自領域爲中國文化作出巨大貢獻。

泰州遺存的文獻也很豐富。僅據《江蘇藝文志》所載，便有二千七百餘種，涵蓋經、史、子、集的方方面面。其中，尤以明清時期爲夥，占到百分之九十九以上。這當中不排除由於種種原因，致使元以前的一些著述湮没無聞，但明清兩代，確是泰州文化的繁盛期。在這些文獻中，如《書斷》（張懷瓘）、《水滸傳》（施耐庵）、《王心齋先生遺集》（王艮）、《宗子相集》（宗臣）、《陋軒詩集》（吴嘉紀）、《板橋全集》（鄭燮）、《藝概》（劉熙載）、《李審言文集》（李詳）、《黄龍士先生棋譜》等，在中國文化史上都有重要地位和深遠影響。

與此同時，對鄉邦文獻進行整理的也代不乏人。自宋至清，周氏（周麟之等）、宫氏（宫偉鏐等）、陳氏（陳應芳等）、徐氏（徐鳴柯等）等都曾致力其事，爲泰州留下了許多寶貴的文化財富。清嘉道間，鄉人夏荃編輯《海陵文徵》二十卷、附録十二卷，《海陵詩徵》十卷。民國初年，曾任江蘇省省長的鄉人韓國鈞歷經十餘年編成《海陵叢刻》計二十三種六十六册。

二〇一一年九月召開的中共泰州市第四次代表大會，提出了建設文化名城的任務。爲此，中共泰州市委、泰州市人民政府決定編纂《泰州文獻》。這是泰州有史以來對本土文獻最大規模的整理和彙編。它對於保存、利用、研究和開發泰州的歷史文化，尋繹泰州獨特的地方文化價值，爲泰州文化建設提供歷史人文資源，意義重大。

爲了保證編纂工作的順利進行，市委、市政府專門成立了工作委員會、編纂委員會和學術指導委員會。工作委員會由市委、市政府領導和相關部門負責同志組成，負責對編纂工作的領導和協調。編纂委員會由相關專家、學者組成，具體負責《泰州文獻》的編纂出版工作。學術指導委員會由江慶柏、魯國堯、程章燦、茅家琦、華學誠、徐雁、金良年等國内知名文史專家組成，負責對編纂工作的指導和把關。

編纂工作按如下幾個步驟進行：（一）進行文獻調查，建立文獻檔案；（二）精選有代表性、有學術價值的作品影印出版，選目由編纂委員會和學術指導委員會共同審議確定；（三）編輯出版《泰州文獻總目》。

《泰州文獻》分爲四輯：

第一輯『官修舊志』，收録泰州地區現存所有官修地方志。

第二輯『地方史料文獻』，收録泰州地區歷代重要的筆記和史料。按内容又可分爲史地類：收録有關泰州歷史地理方面的著作，包括小志、專志、雜志等；政情類：收録有關泰州政治、經濟等方面的著作；文教類：收録有關文化、教育、圖書館等方面的著作。

第三輯『家族文獻』，收録泰州地區重要的家譜、家傳、家集與名人年譜。按内容又可分爲家乘傳記類：擇要收録泰州家族譜牒中的譜序、家規、家訓、箴言、族約、族記、祠田記、塋田記、雜記、著述等資料；家族總集類：以家族姓氏筆畫爲序。

第四輯『泰州文存』，收録泰州地區作者的詩文著作及其他代表性著作。按内容又可分爲學術論著類：收録泰州作者的經史雜著；文集類：收録泰州作者的詩文集；地方總集類：收録泰州作者的詩文合集。

考慮到《水滸傳》、《封神演義》（《辭海》云『一説陸西星作』）、《檮杌閑評》（學界多謂李清所作）等小説流傳甚廣，版本豐富，故不再收録。其他如堪輿、術數類著作，泰州人撰泰州地區以外的地方志、地理志類著作，一般性的彙編、摘鈔類著作，亦不予收録。

《泰州文獻》原則上收録現轄區内的作家作品。但從尊重歷史出發，泰州學派創派人物、明代思想家、哲學家王艮，平民詩人吴嘉紀等人，歷史上均屬於泰州地區，對泰州地區具有深遠的文化影響，他們的作品亦予收録。

前人給我們留下了豐厚的文化遺産，我們既要加以珍視和傳承，更要在前人的基礎上，創造出無愧於今天這個偉大時代的新篇章。這是我們更重要的使命，讓我們爲之努力。

《泰州文獻》編纂委員會

二〇一三年十月十八日

凡例

一、《泰州文獻》（以下簡稱《文獻》）分爲《官修舊志》、《地方史料文獻》、《家族文獻》和《泰州文存》四輯。

二、《文獻》收録範圍原則上爲現行政轄區内作者的著述和與泰州有關的重要著述，但考慮到歷史上曾屬於泰州地區的人物，如泰州學派的代表人物王艮、平民詩人吴嘉紀等對泰州文化深具影響，對他們的作品亦予收録。

三、所收著作成書年代限於一九四九年以前。

四、《文獻》所收著作，以學術價值、使用價值較高爲原則，適當兼顧版本價值。

五、《文獻》以影印方式出版。如有蠹損、殘缺、漫漶不清處，原則上以相同版本予以補配，以保證完整、清晰。

六、《文獻》對所收每種著作均撰寫提要，置於該著作前面，以方便讀者瞭解作者生平、主要内容、學術價值等。

七、《文獻》除保留所收著作原有頁碼外，均新編頁碼，每册頁碼自爲起訖。

八、《文獻》最後一册編有書名索引和作者索引，以方便讀者使用。

目録

張海房先生依歸草

（清）張符驤 撰

《張海房先生依歸草》初刻十卷二刻二卷，清張符驤撰，據《海陵叢刻》本影印。

張符驤（一六六四—一七二七年），字良御，號海房，江蘇泰州人。康熙四十六年（一七〇七年），清聖祖玄燁南巡，張符驤於揚州塔灣進獻《迎鑾詩》十二章，得康熙帝嘉許。康熙六十年進士。殿試時言辭激烈，被貶爲三甲第三十四名。後因學識淵博，被選爲翰林院庶吉士。三年後，告老還鄉。家居清貧自守，著有《自長吟》《日下麗澤》《順時録》《海房文稿》《依歸草》等集。今惟《依歸草》刊行，餘不傳。

《依歸草》，文集，十三卷。歸，指明代著名散文家歸有光。書名即指張氏行文，以歸有光的文章標準爲楷模。張海房父亦擅文，胚胎於韓愈柳宗元，而張海房則以歐陽修與曾鞏爲宗，而力追太僕，各有所得。張氏性情忠烈，所作碑志，多表忠義、彰節烈、述學行、存文獻，抑鬱不平之氣充塞其間。張氏文，有述《春秋》《禮經》之意，有發凡起例的價值。其集因受文字獄影響，頗多殘缺，這是因爲他言辭有些許犀利之故。韓國鈞説他：『殆由震川以追步盧陵、南豐，上接龍門。』

（張　錦）

序

予蓋深恨吾友爾弼之窮老不遇也而獨喜其多賢子孫夫張氏多才無遠邇愚智皆知之而予以識路之老馬與君家賓世遍遊好而尤有以窺其家學爾弼爲文擅眉山父子之勝敬脩雖纂組古博變化無方而胚胎於昌黎柳州者居多至艮御則一以歐曾爲宗而力追歸太僕總之師承六家不愧唐宋作者然至其所獨造亦各有自得雖祖孫父子不必其如出一手也艮御於文既遠取震川而言理復近稟晩邨遇詆排呂氏者輒抗顏而與之爭如子弟之衛其父兄故持論是當一軌於正予數與之言知其胸中必無膏肓之疾其自信過銳至欲鎖支祁之足而登日觀之頭雖予亦不欲攖其鋒也記予躑躅少年場左提右挈不過二三兄弟予與詞臣幸著一鞭而爾弼竟投老諸生穪歎科名何足重輕今兩公者皆古人而予亦冉

冉乎其將老矣而敬脩艮御亦屢不得志於場屋然且有攖而擠之者獨能皆以古文名世爲時聞人無忝先烈豈不賢歟予大兒爲艮御婿翁早奪於天今之晩出要爲有知者賢父子其尙眷言夙好相底於成使人謂張陸兩家世以文字爲鼓吹詎不甚善而况重之以婣婭見者譽浮洗馬適使樂家兒子含笑地下哉他日君家三世集成自有能知定其文者夫詩文之難予則何至爲訣詞也

夫雙虹堂老人陸舜題

序

艮御之有依歸草與天傭子集合刻行世也其發凡而起義者宜莫如余言爲先蓋余兩人自幼即謬執以古文爲時文之說今文果不宜於時而於古人一得之見又輒以時人莫予兩人解也然初不以一言弁其集者獨私以其源未濬不當急於其流顧又以外間俗學榛蕪不知果何所爲古文者則前刻之行未必非近日之津梁然自此書之出多齟齬俗繆之談艮御出其近作將裒爲二刻者以示余則其文日加高而湮塞不平之氣亦日盛因念余於此[illegible]實與艮御有甘苦之共今顧獨令蒙不韙之名而不出一言以分謗乎余惟自昔古文之盛必於承平畫一之時故六朝五季海内分裂三光破碎其時之文辭率皆亂雜而無章唯聖人出而四海一元氣蘊蓄之久則必有渾淪磅礴之文以洩之今國家聲教四訖襲治平幾十年

奚意所謂韓歐蘇曾歸唐者將有其人而詞章制科封錮之中未聞魁閎豪傑之士卓然能自立者幸有一二穎出之才不愛惜而激勸之輒爲之摧其鋒而折其氣以遏抑盛世之光華亦獨何歟艮御之文余不敢爲阿好之辭但其逶迤屈曲初無定態而生趣躍然者天下第讀其文合之風行水上渙爲文章之旨必有以信其非夸詞而求炫也以此衡契古人亦復何境可限以不至即使其言有不掩世果有南豐之手眼何妨爲后山之黜竄而洗垢索瘢汲汲焉思得一眚以蔽之豈君子樂道人之善樂成人之美之意乎夫自史遷而後作者何可勝數而其巋然獨可以不朽者不過數君子而此數君子者要皆有生氣以自存故古文不必不作即近日以古文專家者亦不必無其人而熙甫所謂畫人之耳目口鼻肥瘠大小無有不似按之必有得其形而遺其神者乃古文絕續之機

有序事之工如太史此編所載者寥寥也則吾郡百餘年來俎豆於歸氏而序事有法如此編尙不足爲學者取法乎哉故錄其文最多云爾江都焦循理堂撰

按理堂先生此敘載在雕菰樓集中雖僅爲摘錄太史文之作其推挹太史處自不可沒因附刻諸敘之後俟讀者考訂焉韓國鈞識

序

吾友團香山每道海安張艮御太史名符驤善古文歲己未於市上得其所爲依歸草十卷依歸者依明人歸熙甫之文以爲文也文不妨有熙甫亦不妨有學熙甫之文之人然學熙甫遂盡屏異於熙甫者而於熙甫一言一意皆奉若圭臬不敢少疑則非善學熙甫者矣熙甫泥女子從父之說而禁室女之守貞余深惡是說之似是而非嘗撰貞女辨二篇以袪其妄世固已共見之論者皆執曾子問之說抑知曾子問之說非謂夫死而嫁也謂夫遭喪而改嫁也執此以例諸夫死亦宜例諸夫未死而遭喪藉一熙甫之聘妻舍熙甫而更適人熙甫甘乎或熙甫之女已受壻聘熙甫能因壻之遭喪而改適他姓乎迂儒讀書不深强爲立論往往言之而不能行行之而適足以亂天下大率類此越五年壬戌又得其子沆所重校本前十卷稍

有增易續刻二卷共文二十篇其所應試策判與八焉而記閔賓連墓事本末最詳向聞故老言平山堂下有兩詩人墓一爲錢塘潘雪帆問奇一則賓連余屢尋之不可得賓連名麟嗣其姓名頗見施愚山王阮亭魏冰叔等集中年二十七卒於康熙四十三年六月己丑長子，歿惟餘次子孝磋鰥且聾瞶卜爲活賓連之棺遂二十一年不克葬至是太史買地甃之葬之日會者數十人皆知名士互

依歸草初刻　序　二　海陵叢刻　第八種

見戴帚來處士陳定先殿撰詩集中先是孝磋貧劉閬齋矜恤之太史復商之同人於是閔在東贈以屋項鳳千爲之娶妻歲給以米太史且將更謀以二十千歲給之流曰賓連墓在法海寺前宮路右側於是向傳在平山堂下者誤也太史自言康熙乙亥夏始因王武徵識賓連而乃眷眷於故人如是是則無愧於熙甫者矣嗚乎巨室之家一人歿例求諸顯者爲之傳志而不計其人之能否求

良御之文之美余不謂其止於此而生氣之所託或者在此而不在彼世固不當挫折之則所以破其拘攣陋劣之習而爲斯道計者至深且遠余雖重獲罪戾於時其能無荆山之長號乎同里弟薛奇芳謹撰

附錄

尊文之佳拙序雖未爲盡美要爲能舉其大勝浮譽也欲爲逐篇綴評以諸家論贊已悉又以看美

依歸草初刻　序　三　海陵叢刻　第八種

人當觀其意態楚楚絶俗處指其一節之妍以示人他婦人或有能具體者反不足以形傾城之豔也薛奇芳白

張海房先生傳 錄泰州志儒林

張符驤字良御號海房住海安鎮父世爵符驤爲諸生時博覽有名恭遇仁廟南巡獻竹西曲張文正第其詩一等年五十貢入太學康熙六十年成進士官庶吉士旋乞假歸編輯宗譜獎勸子姓家居貧約不私謁當事然如濬河修隄捐賑諸有益鄉里之事皆力言之黃山閔賓連歿廣陵符驤塟之於蜀岡爲其子續娶以延宗祀生平篤信程朱學不主姚江之說與陳大始等論性理反覆辯難多前儒所未發游其門者日衆著有自長吟依歸草日下麗澤天偏子等集

小引

古文乃名山之業、古人無生而刻集者、近代刻集浸廣、遂不克與古人爭不朽也、予蚤年盛氣災木過遽、悔不可追、而猶欲以厭嗜痂者之求、輒仿易堂堯峯遺意沙汰如左、人即不言、我自知之、豈宜效齋夫喋喋乎、雖塵夢未闌、幽懷猶可賦也、揚州張符驤自序

總論

艮御與熙甫神會時杯茗欵接舉熙甫之文沉吟數過低回留連之際令人有無窮之想一如河南當日之所爲說詩者故其所自爲文盡破王李之陋無所謂佶屈聱牙者雖諺語常稱隨手變化取其達意而止又善往復馳驟嗚咽跌宕之氣寓于紆徐委備之中宛然一熙甫矣 薛奇芳方平

古文一道天下雖大寥寥無人易堂往矣繼起樹幟者非艮御而誰 閔麟嗣賓連

依歸草中文字雅韻精思可與震川先生并驅餘子不足數也 宋實穎既庭下同

依歸草全乎八家之體製力洗王李之陋眞韓歐復出也

艮御古文惜墨如金妙有矜貴之氣其詩歌制義亦然 黃雲仙裳

依歸草深得古人機法 戴名世田有

依歸草摧排一切逸氣橫空先兄稱爲天生巨手近代所希者也 王熹儒歙州

依歸草龍門昌黎之體具在 余儀曾羽尊

近代如若指不多屈 孫琮執升

依歸草頓宕多逸氣佳者昌黎永叔不能過 李必恒北嶽下同

今之攻艮御者皆艮御者也若便以攻艮御勾當一生其尊吾艮御也至矣奚其辨

依歸草好處甚多高出魏侯諸公上

細讀忠貞參軍諸傳不得不以一代史才相讓其餘論著要得廬陵之腴非近手所能頡頏也 繆沅湘芷

依歸草敘事好又有斷制眞文陣之雄師古道之砥柱也 朱書字綠

薛孝穆依歸集亦順理成章然怎生及得艮御所謂未若髯之軼倫超羣也 沈默與之

依歸草初刻目錄

依歸草初刻 目錄 七 海陵叢刻 第八種

張海房先生世系

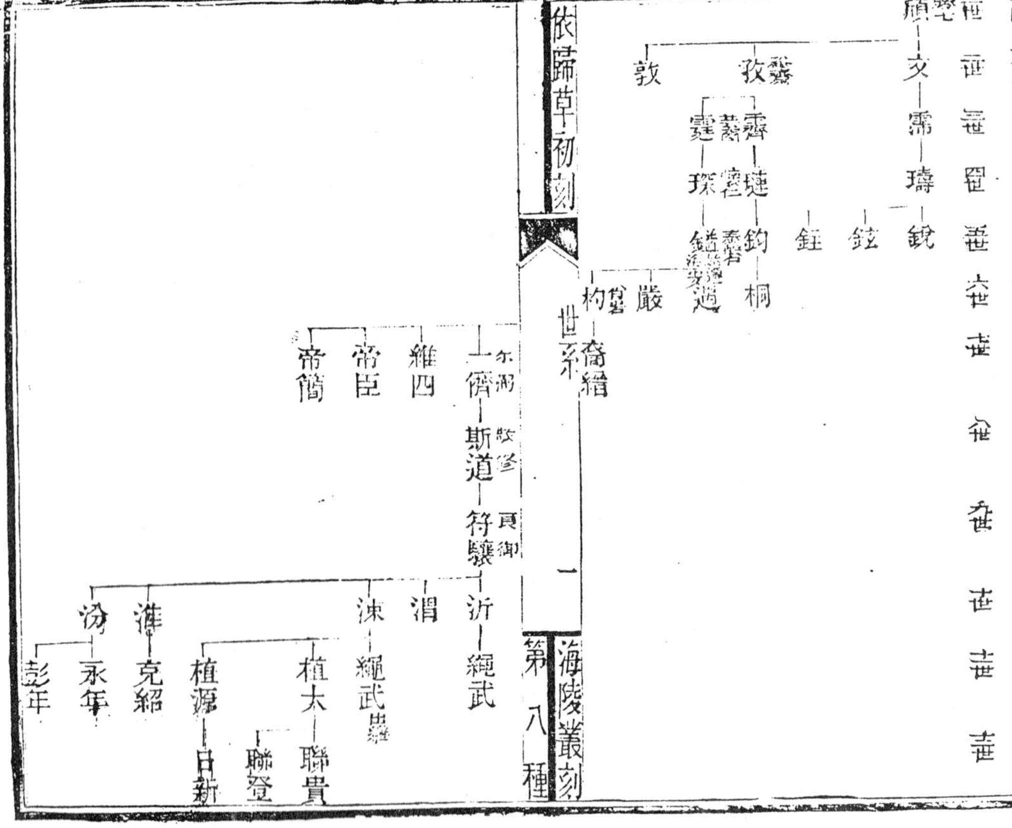

依歸草初刻 世系 一 海陵叢刻 第八種

按是刻爲太史子沆所重校余乃從戚友王君
心天處求得太史後裔僅爲耕氓猶有抄存譜
系一册亟取録之太史子名皆从水而獨無沆
名其有改易歟嗚呼太史先世累代科名顯仕
今零替若此不可以不以其世次列於卷首韓國
鈞識

張海房先生依歸草卷一

海陵張符驤良御著

子沆重校

魏國公世系考

魏國公徐達字國顯從明太祖起滁陽、定天下、功
最高、卒贈中山王、配夫人賈氏、謝氏、生四子、長輝
祖、次添福、次增壽、次膺緒、女爲燕王棣妃、中山王
即世、輝祖嘗襲封魏國公、遭燕王之亂、增壽以黨
燕伏誅、燕王既篡位、即追贈增壽爲定國公、子景（句是綱、目書法）（帶叙定國畧）
昌嗣爵、歷顯忠、寧、世英、光祚、延德、文璧、廷輔、凡九
世、國除、輝祖心在帝室、燕王欲殺之者數矣、以外（以下序魏國詳）
戚故得免、薨于獄、久之始追謚忠貞、仍贈其子欽
國封、而立欽之子顯宗、顯宗卒、無子、弟承宗立、是
爲忠肅、承宗生俌、卒謚莊靖、俌生璧奎、未立、追謚
愍嫡孫鵬舉嗣立、鵬舉生邦瑞、邦瑞生維志、維志
生弘基、弘基生久爵、自久爵以上十世十一公皆

襲魏國、明亡、久爵降清世皆疑輝祖增壽賢奸錯出，殃慶無常，而不知中山王之功高食報，剖符二國不爲過也。添福爲勳尉，無聞；膺緒爲都督僉事，世襲錦衣衛千戶。其六世孫國全以安攘科狀元任遼東都司，殉難，贈指揮使，爲無愧于中山之世。當中山王時，賜第京師，仍建坊曰大功，太祖御書特旌之。其所以賚勞臣者至矣。金川失守，開國勳舊誅鋤殆盡，而魏國獨有天幸焉。沿至弘光，大姓既改，而世族隨之。予往來舊京，問所謂賜第者，化而爲藩署矣；大功坊析而爲薪矣。見其遺孽，伏處委巷中，談先朝已事，爲之嗚咽。然當明之將亡也，諸陵松栢蕩爲寒烟，已不能發焦桐之泣，區區一賜坊又何救也。蓋予考魏公世系，而憮然有無窮之感焉。

（正論結過）（映帶）（魏國既詳其世系，又及其坊與第，一路低回不盡）（感慨）（係之吉不盡意）

平平序次中自覺寄慨深長，可與歐公五代史論並讀。瞿濟川

語不涉已，若不堪憂，寄悲哀于言外，此最文家高致也。陸圓玉

郭海若先生傳

先生姓郭氏諱允觀海若其字山陽縣學生少持重跬步不苟學者皆尊事之師道尊嚴遊其門者至數百人閩都御史子弗閑於教訓都御史弗能禁先生以歲首謁文廟遭閩子於途衣婦人衣怒褫之予杖二十且曰閩氏子非吾徒也都御史踵門固請乃羈縻之蓋見絕於先生之門懼鄉里終身以爲貶議其言規行矩風度凝遠者不問而知

爲郭公弟子也閩中黃文煥令山陽時器先生及王元龡沃起龍起鳳兄弟文煥欲成其才懼諸生以貧故授徒而荒已業俾各以私干令君度可以潤膏火一意爲揣得之術而已三人者皆大喜過望請托無休時獨先生謝不欲文煥以此益重之隣灾延燒數十家先生親殯在堂猝不得動火及門先生號泣徬徨闔門伏棺上欲與親骨俱燼四圍盡爇而先生居舍巋然獨存令表其廬曰孝子

之門海州一老生與先生同姓避亂攜妾僑山陽有子八齡而同姓病困妾苦啼慮無以送死存孤同姓曰聞此間有郭海若先生義士也亟請以往則言身後欲以累公先生深念久之曰公所托不敢辭然當歸謀所以安公妾者乃唯命耳遂去旦日復往謂同姓曰公可以瞑矣吾闢舍旁一室以閉置公妾雖盛暑不得出吾令人穴其窗度可饋食兼有一老嫗與起居公八歲孤兒吾教之不令

絕公讀書種子其區區衾殮更不足爲公憂何如同姓遂瞑先生殯葬之成禮迎其寡婦孤兒於家館餼之久不厭孤兒年十八補海州學宮弟子於是同姓妾閉置已十年先生乃破戶出之俾與俱去且曰吾幸不負若翁垂絕之托吾家貧本不足以贍若母子顧義不得辭耳今若長宜自供母而歸守先人廬墓吾又爲若營館穀不憂無以爲生也同姓子與其母感泣乃謝去先生老友咸翁默

為余言先生行誼卓卓可稱道多此類（二筆總四段）尋撫其廉
正孝友之大略書之又歎近時民間多不守踰月（此條另發有識）
之制或拘忌時日或妄希吉壤有數世不葬其親
者至用鐵索懸棺旁舍鼠穴蛛網雨蝕塵封甚有
慘罹兵燹掇拾朽骨於煨燼之餘者此皆予目所
親見蓋久淹之禍往往至於如此先生衡能以其
誠孝格天呼籲之間至可以回祝融之怒獨恨未
從咸翁細詢先生居喪幾時幾蹈不測而吾有以

依歸草初刻　卷一　六　海陵叢刻　第八種

知先生必非肯久淹親柩如吾上所言也咸翁又
言先生才高數奇亦自信其不能順時以取榮譽
而竟淹鬱以終老蓋志乎古者必遺乎今豈獨先
生爲憾事也哉

每一涉筆必得史公之神於二千餘年之上吾
與艮御言而不厭者此也真有味於其文者迴
翔雒誦何能舍置　咸大咸

雪鴻先生傳

雪鴻先生者姓朱氏名顯祖字以君別號雪鴻江
都縣人也其先崇仁朱源入宋端拱時遠祖燦分
教臨江因家焉子孫世世隸新淦至先生高祖梯
再徙揚州曾祖希商爲先朝錦衣祖道增父朝袞
並博士弟子（數言括其行事下專詳其著書）先生七齡失母事後母以孝聞友于
二弟妻死當壯歲至老不近婦人兩推大賓不就
治喪不用浮屠垂瞑誦顧孫君子曰終小人曰死

依歸草初刻　卷一　七　海陵叢刻　第八種

之言怡然自得也少補諸生有聲中順治三年鄉
試副榜而淡於仕進不以舉子業自足乃篤志正
學屏跡三十年著書自娛修明考亭之學作朱子
近思錄已又作希賢師承二錄近思錄者類萃朱
子之言彷朱子之錄周張二程而爲書也希賢者
採顏曾以下至前明顧高諸公之言行而爲編也
師承錄亦倣此大意皆內新安而外陸王取舍之
間斷斷如也其自錄曰臆言者乃先生平日教人

之言激揚頹俗誘進末學切于日用舉端竟委其子澐聽受之而筆之爲書也從遊者皆用以鋟木海內稱雪鴻先生云澐廪于庠澐喪母亦七齡先生撫教之迄于成立驟嘗以爲士習汚下人喬私承修明考亭之學○何洗發智類非其所當爲窮鄉之中得一先生爲之都講詎不甚善如盩厔李顒蘇門孫奇逢姚江黃宗羲皆海內之所謂鳳凰景星也三子亦皆激昂自負以講學號召天下而其言則已過矣顒善人也乃

用禪學作太極圖說奇逢是王守仁亦不非考亭至宗義尤爲衝突顯與朱子爲敵自以爲庚戌生也乃作庚戌集自擬於孔子其無忌憚如此自是彼說橫行猛鷙踶嚙之才悍然敢於抑孟尊荀而詆朱子爲不識參兩之義凡此者其禍烈于洪水猛獸爲人心殷憂未如不講之爲愈也若先生之吐辭爲經篤信寒泉合于蘇氏所謂循循規矩不敢放言高論者而闇修砥行于戶庭之內可不謂之有道君子矣乎

竟可作近日講學先生總論　員虞肱

練忠貞公傳

練子寧，名安，以字行，江西新淦縣三洲人也。父伯尚，洪武初辟起居注，以直言謫廣德州同知，稍遷臨汀、鎮安二府通判，卒。時子寧年十二，嫡母郭鞠之。稍長，遊于庠，與金幼孜友，嘗謂之曰：子異日必爲良臣，吾當爲忠臣。太祖十八年，對策極言近日用人徇其名而不求其實，以小善而遽進之，以小過而遽戮之，因歷陳古人所以教養任用之道。登進士及第，授修撰，以母喪去。服除，復爲翰林。建文帝立，拜吏部左侍郎（書○法○），還左副都御史，尋又改御史大夫。燕王棣反，李景隆兵敗走還，子寧執景隆于朝，請誅之，不聽。子寧憤激大呼曰：敗陛下大事者，此賊也。臣備員執法，不能除奸，請先伏誅。燕師渡淮，長史蕭用道、紀善周是修上書論大計，指斥用事者。用事者皆詬兩人，子寧止之曰（書○法○○○）：國事至此，尚不能容言者乎？詬者愧沮。燕王既篡位，指揮劉傑

縛子寧至，語不遜，則斷其舌，曰：吾欲效周公輔成王耳。子寧手探舌血，大書地上曰：成王安在？遂磔（一○語○千○秋○正○學）于市（先生易安字爲何字）。宗族論死者百五十一人，姻黨戍邊徼者又數百人，惟吉水錢氏幸免。後習禮得官，恒爲鄉人所持。楊榮以聞，燕王欣然曰：使練子寧尚在，朕固當用之，況習禮乎！即日下令禁止（上已詳叙死事本末，此下考及胤嗣與淦峽相爭事，所以極狀人心之不忘于公之義也）。三洲故隸新淦，又隸峽江。子寧之死也，祖父墳墓皆被掘。有二子任、忠，去爲泰州梁垛場人，仁善變姓名亡命。德輿四傳如煙，中正德五年鄉試，時值禁解，始復姓，築宮以祀子寧。又三傳學頤，學頤先後反于淦。而先是子寧未有子，以弟德輿之子濟廉爲己子。濟廉逃之長樂，改姓東氏，八傳綺歸峽，峽亦有祠。淦之人士譁曰：公吾淦人也，何與于峽？至爲書詬之，峽不爲變。子寧有女瓊，瓊没入時甚少，免死北流。洪熙元年放還，贅陳用昌，淦令爲立練少女戶。瓊海王佐編其遺文爲金川玉屑集，鄉人私謚子寧曰

忠貞公張子曰成祖之惡極矣逐其君篡其位而又懟其亡國之大夫跡其淫刑以逞天下忠憤所（是○永○樂○殺○戮○遜）積至于無天可籲斯亦世運之百六也然而人心（國○諱○臣○總○贊○郝○從○淫○峻○爭○祀○練○公○處○看○出○正○論○不○）不死俎豆所在以爲榮名而爭之而成祖則儼然（列○）叛逆也由是言之可惡莫甚于族而義之所在有不去也可欲莫甚于爲天子而義之所不在有不處也綱目不明大亂之道也（○作○者○言○外○意○眉○頭○甚○重○）

傳一練子寧說得忠肝捧日文皇氷冷真榮陽之筆也明之綱目非張子孰能修之 方宗子

咸參軍傳

咸參軍者名默字大咸山陽縣人也少補諸生負氣節用邊才薦爲左懋第參軍先是崇禎末懋第（字蘿石）奉使祭歿左良玉軍未報命而北京陷弘光襲位懋第請往哭殯園通盟好（李云一以是至）默以執事從既至燕懋第辭氣不撓因留不遣江南尋入版圖所在嚴薙髮令懋第從事副將艾大選（米脂人）率先應詔懋第怒笞之且曰若忍爲不義屈吾寧頭可斷髮不可斷也大選愧憤自殺懋第遂論死菜市司務陳用極（字唐齋，徽州人）遊擊王一斌都司張良佐王廷佐守備劉統皆同日就刑於時默慷慨流涕曰不有死者何以報國不有生者何以報公乃負懋第骸骨瘞之萊陽又歸瘞用極於崑山皆哭之成禮一斌以下四人爲埋屍燕山潛誌之默既沒人莫知其處嘗稱前欽天監掌印戴圓之言曰堪輿之道皎乎若日月之鑑但哲人不世出故大事委之野師加以旁谿郤徑者，參其間愈久而愈失其眞，而默尤諄復發明歲（李云：一段是帶說）差之理，以爲羅經之上列者，周天星宿度數，故行地理者必談天文，蓋天包乎地，有由然也。自宋迄今，曆法又五變矣，以斗星論前此，統天、開禧、會天、授時或二十二三度不等，今時憲曆二十八宿何以轉度也？日、月、金、木、水、火、土、炁、孛、羅、計爲七政四餘，今時憲曆何以不載炁星也？周天三百六十五度四分度之一，今時憲曆何以少五度四分度之一也？日有百刻，以十五分爲一刻，今時憲曆何以日少四刻也？惟歲差也。不知歲差，則星度次舍何由而定？何由而法變曜遣命？何由而識天象地形？何由而得時刻之準哉？前代星宿位置與本朝不合，而曆日神煞又相反，其羅經已不可用于今日，而猶然聽村師曲說，將無皮無骨之通書東扯西曳，其爲終天之恨，亦不可追矣。晚托業青烏，芒鞋所至，人有識之者，曰：故參軍。辛未秋，驤始識默于

淮陰，讀默所作《哭萊陽詩》，以爲此卑羽之徒也。（此處另敘以結首段）自是數往來海鄉，相與抵掌易代時事。默言南中爭（之意沉發百倍精采）王之明時，已親在燕都，知烈皇之無與亂亦已決（宋云：另敘一事不礙乎史體）矣，而廟算之巧，欲渙敵國之人心，故與之以成方（能如此燦發），遂使自爲瑕釁，而奸臣不察，區區用售不疑之故智，何其愚也！而至今稗乘猶指此爲弘光羿知赧皇之日，瞑乎！驤過不自料，竊有志勝朝之史，方賴（驚然）默以爲文獻之徵，默死而東南之遺老于是乎盡矣。默又言三百年之天下，時文壞之，嗚呼，豈不然乎！

往余遊燕市，購得參軍《北使始末》一書，知其胸中壘塊千年不肯平也。得此傳，參軍爲不死矣。臧田

末段文字正使熙甫挾冊明誦至五十餘徧，沉吟諷詠，猶有餘味。宋既庭

前半序事極合史體，入後忽開異境，鬱勃淋漓，六一公學馬遷，尚少此段神致。李北岳

參軍存日極愛予郭海若傳嘗讀至末幅用另
發處而曰此處不枉下張子曰三字今忽忽遂
爲參軍立傳幅短緒長罣漏不少然九原有知
其不增西臺之慟乎

張襄壯侯傳

張襄壯侯、勇者字非熊、咸寧人也、世祖初、仗劍從
英王、使懷轄江南得鎮將以下七百人、尋從秦督
孟喬芳破巨寇賀珍、用散官守耀州、尉與寇通夜
收尉斬之、疾驅擣賊巢、獲其魁、署右轄、五年、獨擁
延長王朱識鈃爲亂、從喬芳破禽之、河西平、功最
多、拜甘肅總兵官、逐昂漢諸部出金塔寺三百里、
在鎮七年、羌無敢飲馬紅池者、嘗言一人當兵而

子弟親戚並冒在營名色、覇佔行市、民不聊生、而
總兵官又善漁其下、所以順治二三四年間屢經
譟變、釀成猖亂、爲將者惟使兵民相安、則太平可
致矣、十二年、從洪承疇視師湖南、十五年、從取貴
州、擊高文貴走之、降獲義王、尋破敵于十萬溪、敵
焚橋遁、乃斂馬勒爲梁、追及又大破之、遂拔鷄公
箐寨、奄有雲南、以諸葛孔明之賢、深入不毛、瘴雨
蠻烟十餘年、始盡其擒縱之術、而勇指顧收之、殆

天授也、康熙二年、玉門弗靖、詔西還鎮撫之、至則增騎兵、立五營、塔素爾寄、綽庫兒、瀼卜刀兒、著述卓、目印哈寄、海僉關入內地、遣王進寶盡殲之、定羌廟以孫思克移鎮涼州、嘉峪下古金塔、洪水諸險、備設防禦、羌不復入牧、然猶戀大草灘、蓋古所稱祁連山、彼中賴以蕃息、既失、每過必哭、即其地也、使請于朝、上命同兵尚書就議之、勇不可、自是覬覦遂絕、益修可可口、請伐厄魯特、不報、十二年

冬、吳三桂以雲南叛、遠近震動、問諜詭興、天子倚爲長城、後二年、平凉王輔臣又反、臨鞏階泰蘭州皆陷、三桂復使陳旺來說、勇怒、斬旺、天子以爲忠、號靖逆將軍、爵列侯、遣兵敗輔臣於蘭州、達爾加反成、乘亂侵軼、侯急還、驅而出之口外、復有河洮、遂分兵鬨蘭州、與賊遇熱羊城、大敗之、又追至鞏昌城下、連破之、鞏昌及秦、次第來歸、冬寧夏總兵陳福爲其下所殺、侯傳檄而定、且薦趙良棟守之、十五年春、王屏藩自川出侯、禦之樂門、賊踞險運營、爲不可勝以待、侯侯同都統黑葉夾攻之、三勝、奪其營、輔臣奪氣、遂降于撫遠大將軍圖海、十七年、議五路收川、而三桂適弊、套彝要以數道入冠、詔侯駐甘彈壓、明年、詔侯子雲翼就咨征南事宜、二十二年夏入朝、侯每戰必先登、討珍時中流矢、久之不良于騎、軍中用肩輿、自隨賜沐湯泉、太醫就視、獨坐御前、設几杖、禮遇無比、屢引疾乞休

不從、侯起家行伍、不三四年、即專閫推誠、宣力赤心報稱、而一切奏陳、從無中制、天子以股肱待之、偶格部議、上必曰、如侯言、必曰毋替將軍所請、蓋侯益得以盡其智計、賊不足平、西南再造、有由然也、明年、薨于鎮、遺書舉雲翼自代、上雖習聞雲翼、然卒用雲翼爲將、初試之閩疆、更任江左、四十二年、同皇太子幸其軍、以爲能、遂命雲翼、稱詣江北諸軍、當侯存日、天子錄侯之勳、已進少傅賜鐵券

延封十世、卒贈少師、謚襄壯、賜莛鳳栖原、雲翼由大理寺卿、嗣爲一等侯、嘗稱其先侯之言曰、武備具而文事未修、生人之缺也、故殫精文史、著式古堂集、爲無負于先侯之教、間語予曰、子有志古人之學者、而其辦香則在熙甫也、然熙甫恨不得當世奇功偉烈書之、予得傳襄壯侯、其可無恨乎

細玩其間書法結撰議論、烟波王山史、李子德且不能及、況下此者乎、恨不使先司農見之　周烟客

何鐵傳

何鐵、字龍若、鎮江人、幼從學陳太史維崧、工元人詞曲、任俠負氣、不能包容於尋常人、使酒善罵、於意所不合、雖達官貴人、必以氣陵之、嘗作雜齣、狀顯者、頤指氣使、以酒肉得名士歡、與名士伺候顯者之門、善事無怨、備諸醜態、妙盡形容、善畫及秦漢金石刻、常持刀筆出遊、所在醵金求之、贈遺滿橐、然輒隨手盡、妻不免啼饑、或不願作、有力者强之、終不肯竟作、好昌谷詩、其自作亦往往多鬼氣、諸老宿皆畏其才、其僑居吾州特久、予初未識鐵、聞人談鐵狂怪狀甚熟、一日會飲他許、見鐵議論鋒鍔、咄咄逼人、已又同踏鳳山、抵掌今古、鐵言荆（莽畫情事、如見班馬拍搦處）益未平時、賊獻忠殺人自喜、其生日、禪將當上壽、叩頭請獻忠出帳觀禮、則有兩尖山拱列左右、乃割婦人乳及小步所爲也、獻忠大笑浮白無算、因相對憤惋、至於泣下、自是遂別去、不復見、聞鐵

從宦河南入柳縣令文署中感暴疾死無後遠近莫不傷之其僕潤子爲求賻於知交得金五百星扶櫬以歸葬京口先人墓側金費存三之一猶以奉主婦薪米凡有功於鐵之喪者數人而潤子之勤勞盡忠於所事有讀書明義理者所不及予讀此段洗發潤子之忠於所事而鐵之賢自見近思錄至謝師宰從明道先生假僕掘桑白皮而曰以公所使人不欺竊歎聖賢誠己格物之效畧見於此鐵喜怒乖方鞭笞無節其恩澤之入於僕御者淺矣一朝客死家無丁男一在下有縲往返走三千里使鐵得正首丘又能不私一錢俾寡婦有貲以生養所謂奴愛才如蕭穎士也然非鐵之賢亦何以致此鐵或名金雨别號忍冬子云

艮御與龍若交疎而出手爲龍若立傳此古人之義也艮御自云凡吾傳誌不緣諛墓金而有作又多得之聞見之真故文字詳明精采有太史公氣息豈不然哉李虬峯

白雲山人傳

白雲山人張怡一名遺初名鹿徵字瑤星江寧人可知是舊家人物故明諸生也父可大以武科歷任至登萊總兵官張山來云此事即戎首也以出入而遂執朝權言之轉爲嬖指東人賴之會經略袁崇煥用豎儒陳繼儒言矯詔殺島帥毛文龍邊卒叛可大急趨登州爲城守計而撫軍某又中敵間城垂陷可大力不支乃正衣冠登雉樓北向再拜曰臣受邊海重寄不能輯寧二郡以有今日無面目見陛下遂投繯死有二妾手刃之事聞以䘏予怡錦衣千戶甲申寇陷京師逼怡降怡忿然曰吾父子受國厚恩恨不能滅汝以報先帝何云降也賊帥怒械之歸不食求死賊黨義之匿怡複壁中乘間使逸去國亡變姓名入山閉戶著書自號白雲山人當事高其節數招之不往及造廬道殷勤至再三終不得見卒之日年八十八相知遺以櫬材絕艮怡不肯受曰吾焉用此且先皇帝柳棺三寸先將軍藁葬孤城君父尚

然況臣子乎。誠于易棺而沒、張子曰、明之亡也、封疆死事之臣、所在僅有、將軍可不謂烈歟、有子山人、位不過千戶、（悲纏筆底一諾千秋）徒以若父之故、幽悲沉痛、草衣木食于鍾山之陰、越五十二年、以死、至于附身而不敢有其衣、悲哉。

寫山人父子不屈處、面面如生、結歸到山人傷心事、令讀者一片血淚。

滄浪水樵傳

滄浪水樵者、逸其名、父爲隆武題官、與鄭芝隆不協、仰藥死、水樵傷父死國事、易代後不求聞達、惟以名山水自娛、五嶽四瀆遊踪幾徧、（沈云綱目）貝勒王初定七閩、下教錄用故明大臣子弟、水樵不出、則使索之山中、水樵蓬首披麻出見使者曰、哀哉天乎、奈何（俗本編取此四字）傫然衰絰之中、而靦顏衣錦臨民者乎、使者感動、終喪後屢辟不起、或徵其辭、水樵慷慨出涕曰、吾極（後安意補綴更不成局）知興朝用人不次、無論憑藉先人餘蔭、足以坐致通顯、即令某提三寸管、與諸少年角、亦未必不博一第、今已矣、自吾考逆泝而上、世爲士[illegible]、（戴云人情天理語洞[illegible]）保受恩深重、非他族比也、（之何碍）已矣、長爲農夫以沒世矣、生子不令就試、但知書識字、諳於大義而已、寧海張子聞而高之、欲邀與語、水樵囂然鼓棹滄浪而去、（略逗）或曰、此前孝廉興化李季子也、（沈云另起）竊聞南京之不守也、李氏平庵、（瀏作結、是史公逸處、所以不更作贊、長御最熟于）稽史艾山三人及顧叔尙何元

此長過雷伯顩約同死伯顩曰死不易言也吾輩皆
有親在惟天不仕而已後諸君子果不食其言若
戴云到底說法不定
季子者其在三李伯仲之間耶
中段光芒有日星河嶽之概杜于皇痛罵三台
八座之子孫只爲渠輩不見此理 沈緝之
叙次得古文書法隱現之妙末段襯發倍有精
彩 戴田有
不斥言李季子傳而以滄浪水樵立題又隱現
其姓字者以生傳爲不當爲且如此布置或見
別也而傖父妄塗抹之何哉

囂囂和尚傳

囂囂和尚金陵人少有至性事二親盡色養既長
善屬文補博士弟子員天啟間知天下將亂乃絕 便高
意仕進棄家爲僧結茅天闕山中種芋自給號囂
囂和尚云與郡紳某爲方外交某屏居林下不交
一人獨時與囂囂棹舴艋往來江上飲酒賦詩爲
樂甲申思宗殉社稷囂囂聞變仰天長號遽告某
曰國破君亡大變也相公受國厚恩義當死某欲
入囂囂厲色曰死即死耳毋庸入也某曰請與妻
子別囂囂大慟曰嗟乎天乎爲人臣者國爾忘身 忠憤之氣從紙上跳出令鬼神驚
吻如聞其聲 奈何有妻子哉奈何有妻子之別哉公本重搢紳
而又欲謀于妻子世間巾幗婦人知大義者有幾
死則死耳毋庸入也力尼之某不得入則呼妻出 此婦亦好
告之妻曰諾良人死國妾願死良人毋庸緩也某
于是泫然再拜曰從此與和尚辭矣囂囂曰誰謂
知其心字法 而公偷生者乃結三繯於梁間先令某妻縊次掖

某縊次囂囂自縊俱死家人瘞某夫婦於天闕山陰溝其旁祔以囂囂至今謂之三義塚

寫得囂囂色飛神舞只可惜鄙紳不傳其名

慕正子傳

慕正子者姓李氏名自婁字文饒其先新田人十世祖顯宗轉徙流口世有隱德父日啟字我正服賈泰興之黃橋終焉自斐因自號慕正子慕正子（一段孝）雖遊於賈人乎（韓云祠）其生平孝友立身大節頗無忤慕正子年十二即從日啟客黃橋（黃橋起）母葉氏獨持家慕正子心顧不忍則請于日啟與母俱出居頃之揚州亂慕正子則奉母還流口又三年徽州亂慕正子復奉母來黃橋即流離子舍未嘗廢禮而徽俗（李云敘語整）（寫李母而新安賈人情事亦略盡百忙中帶閒是）無土可耕男子常操奇贏走四方逐什一之利婦（史記遺法）（韓云來黃橋付）人守廬墓重去其鄉慕正子之母坐是不得久留而日啟卒不幸客死其後徽又被兵慕正子又以母來母未幾亦死慕正子乃欷歔流涕曰嗟乎天（黃橋結）乎使我二人俱不幸而以黃橋為歸乎（李帶入文）且謂其子善曰此大事也吾不强諸弟分其勞亦不必我一（收法即波法）人專其費聽之而已然慕正子卒爲其親行營葬

甯梅樹塢之陽以塟諸弟當分責一段文慕正子獨任之季弟自頤更欲私其婦家於寧海慕正子又拮据忽揷寫應之不傷其意及自頤死爲之繼絕慰安孀婦方慕正子之從自頤於寧海也母在家遘疾且不起兩孝婦有生色而不能脫主位有法慕正子妻謝氏自頤妻汪氏相向悲泣不知所以敘得妙方是婦人之孝俗手避爲張皇卻轉不中理爲救乃各私以意刲股和羹進母母幸瘉人益以是賢慕正子及黃甯之塟術者或言不利慕正子遙接慕正子曰塟者藏也惟先人體魄是賴吾何求哉此等處有行皆可不拘

且福及諸弟如我受也又何憂明年慕正子竟病如此收又妙卒

慕正子之事看來似易爲之正難艮御子之文看來亦易爲之又難　韓遜之

古淡之筆於太僕爲近然非淺人所知　李北岳

陸涔祉傳

陸涔祉名燕喜泰州如皋人孝淳之母章氏生而穎異里中稱神童年十四補學宮弟子其先試於縣縣令李君奇其文拔冠童子軍與故所善老儒吳世標皆不次遇知世標有女曰霱彩俾與燕喜婚燕喜好學不問生產家故乏霱彩嘗讀書通大意與燕喜爲閨中友而長於持家以故燕喜得一意治進士業在學宮五十五年與累歲賓興連輒

斥而志不挫沒之歲新縣令循例季課燕喜猶持說至其聲未寂筆硯旅而入與新進伍舐墨撚髭揣摩爲制舉之文忽感疾扶掖以出既出病少閒而卒不幸死時康熙三十三年九月日也艱于嗣博士爲文弔之稱燕喜好行其德不宜無後死之日諸從子爭立霱彩意有所立其不得立者遂齮齕霱彩于官霱彩披麻歷階抗首而爭官爲感動竟是霱彩所立突出妙越明年三月而球枝生補敘球枝未生而孤霱彩故產

子多不祿有女解聲律字明經高深得燕喜歡比戶而居燕喜病女侍湯藥無間而壽彩以夫嗣未生爲憂嘗飭姬以進一索而得球枝燕喜死球枝已孕百餘日矣博士聞之乃躍然曰吾固信燕喜之有後也（此句才是濟祉傳括）張子曰余忝與深友深言其內人每念其先公老諸生而寡母持家輒嗚咽國家懸制科以奔走天下士顧所收常不稱而老師宿儒有嚙噓以死欲無悲得乎身既不泰僅有孤孽以一寡婦人搘拄其間幸無覆祀功至高然亦危矣此亦予之所以愴然而有感也（烟波渺然）

前用直敘後用倒敘用筆變動不居要其刻劃入神處純得蠶室神技也 朱字綠

句句凌空 繆湘芷

科舉之制不知何善延數百年不變棘闈中連蹇轗悶老死而不傳如陸濟祉者凡幾也讀艮御贊能無齎咨涕洟 沈思躬

吳王張士誠傳

張士誠者白駒場亭民也爲鹽場綱司牙儈輕財好施人皆歸之時元政不綱民愁苦思亂所在擁衆爲敵國至正十三年夏五月士誠因亂起兵攻海陵縣下之殺參政趙璉分兵破興化縣遂據高郵擊左丞偰哲篤走之自稱誠王國號周建元天祐（一起先後即以天祐紀年擒王紀元也）淮南行省使知府李齊招降王不從齊抗辭不屈被殺六月行省平章福壽督兵與王戰不克天祐二年六月王遣將徇揚州與達識帖睦邇戰敗之遂下盱眙及泗州九月元右丞相脫脫總諸軍擊王王與戰不利會脫脫以讒去我軍復振四年二月王遣弟士德徇下平江以爲隆平府徙都之遂取湖州松江常州諸路部將張茂先謀叛伏誅七月破杭州殺元平章左答納失里走達識帖睦邇達識帖睦邇以苗帥楊完者還擊敗我師復其城（忽斷忽兩筆提清眉目是古文節族）當是時小明王稱帝於亳州天完王僭號於漢

陽明太祖起金陵卒并有天下而是時猶奉小明
王正朔忌王之强八月遣其將徐達侵我常州士
德迎戰遇伏馬蹶被執太祖大喜曰士德勇略過
人爲謀主今成禽張氏不足定矣士德（士德亦奇男子）竟餓死十
月王弟士信復敗兵于舊館乃致書太祖願歲輸
糧二十萬石黄金五百兩白金三百觔以平太祖
復書多嫚詞王怒益兵圍徐達於牛塘會明援兵
至殺我將張德王復遣呂珍督兵固守食盡五年

二月珍引退遂陷我常州（下常州）明將耿炳文復陷我長
興五月復取我泰興六月明將常遇春吴良復侵
我江陰王軍於泰望山以拒之會大風雨我師潰
走保馬馱沙又敗王既數爲太祖所窘南攻嘉興
又敗於楊完者乃約降於元達識帖睦邇幸其降
遂承制拜王太尉以士信爲樞密同知元至正十
八年二月明將桑世傑復來侵州判朱銳擊殺之
三月我師率苗獠攻其嚴州不克四月遣兵爭常

州不克又戰於福山港大敗九月殺楊完者遂取
杭州（字法）進據嘉興十一月師圍常州不克明將徐達遂
陷我宜興復戰於太湖禽其將廖永安十九年正
月兵敗於諸暨州又敗於閘林寨二月徇嚴州不
克又大敗於江陰四月復常州不克又敗於胥口
五月取鎮江部將鄧忠以城叛降於明九月朝廷
賜太尉龍衣御酒徵海運糧太尉輸粟十一萬石
十月遣兵復常州不克二十年三月天完將陳友

諒弑其主徐壽輝而自立使人約太尉同舉兵下
金陵明將多以我地肥饒爭勸太祖先謀我劉基
獨曰張氏自守虜耳友諒居上流且名號不正必
先伐陳氏陳氏既滅取張氏如囊中物耳太尉果
不與友諒合從太祖是以得誘破友諒於龍山（事不入本傳而關係成敗）
又擊殺之於鄱陽湖太祖用是益輕王曰天下不（只合用個第括之）
足慮矣二十一年十月司法李伯昇復長興不克
二十二年三月同僉呂珍圍諸全不克二十三年

二月呂珍攻殺劉福通於安豐、四月明將謝再興以諸暨來歸、初誠王雖降元受封爲太尉、而城池甲兵錢穀仍自擁如故、至是使人諷朝廷求爲眞王、不得請、七月遂自立爲吳王、以士信爲丞相、即平江治宮室、立官屬、元猶遣官徵糧、而王不復予、元東南海運自是遂絕、改至正二十三年爲吳王元年、吳二年十月丞相士信圍長興不克、三年二月將軍李伯昇攻諸全新城、大敗、十月徐達常遇

春侵我海陵、王恐失海陵、遣兵駐范蔡港爲疑兵、太祖知其詐、乃謂達曰、敵猶豫不泝上流、吾料其非有決機乘戰之謀、徘徊自老、無能爲也、乘其怠慢破之必矣、是月遂陷海陵（了海陵）、城屠之、副樞夏思恭院判張世俊退保新城、與戰不克、被禽、太祖以海陵縣爲泰州、四年三月復陷我高郵（了高郵）、四月侵我淮安、梅思祖以所部叛、八月復敗我師於太湖、於是太祖謂其下曰、比歲出師、奄有兩淮、今往取浙西

諸郡、吾聞張士誠母葬姑蘇城外、勿侵毀其墓、九月陷我德清、趨湖州、丞相士信悉發境中兵爲援、屯於舊館、王復遣平章徐義以赤龍船親兵搏戰不利、呂珍朱暹以舊館畔、李伯昇張天麟以湖州（了湖州）畔、復陷我嘉興（了嘉興）、潘原明以杭州（了杭州）反、遂失紹興路、十一月徐達等進逼姑蘇、我師拒戰於尹山橋、不利、又敗績於鮑魚口、達遂築長圍攻城、架木塔、高與城中浮圖齊、築敵樓三層、下瞰城中、又設襄陽礮

擊城、城壞、隨塞之、備禦甚嚴、擊殺其指揮茅成、達分兵陷太倉崑山崇明嘉定、朱顯忠以松江（了松江）畔、五年二月我軍復擊殺其將俞通海、六月王親勒兵突圍撼常遇春營、戰於北濠、良久未決、遇春裨將王弼揮鐵騎殊死戰、我軍小却、遇春復乘之、遂敗、王走、馬驚墮沙溢潭、幾不救、輿入城、士信張幕城上、踞銀椅、進秋桃、未及嘗、而飛礮碎其首、王收合餘燼、背城百戰、所殺傷略相當、而外圍益急、時無

錫莫天佑為王聲援其部將楊茂善泅天佑遣間至王所為達所擒反為敵用敵益知城中虛實益盡銳攻城九月城陷王夫人劉氏盡室自焚王距戶自經未殊叛將李伯昇抱解之達遂致王金陵王在舟中閉目不食比至太祖欲全之王曰吾不忍見此不義之人卒投繯死實至正二十七年也（亦見王有遺愛于蘇）（總發）有二子蘇人匿之以免王起兵以來多用弟士德及左丞史椿謀後士德為虜椿以畔誅王委政士

信士信好酒色用王敬夫葉德新蔡彥夫三人謀國習為諂佞王業遂衰時有十七字謠曰丞相做事業專用王蔡葉一朝西風起乾別太祖聞之曰我諸事經心且被人欺張九四終歲不出門理政事豈有不着瞞者吾立見其敗矣王地廣國富而將相皆恇怯庸鄙無遠略介金陵湖廣兩強敵間一投足左右即分輕重而王既不附江左又不助陳氏使太祖坐大遂梟勁漢而國亦隨之與太祖爭天下大小數百戰皆在毘陵長興之壤為我故有地未嘗先發一兵侵暴鄰邑為政寬簡吳人愛之有肖其像而祀之者城困三載民皆為王死守無畔志太祖使人徇於城下父老荷戈答曰吾糠粃猶足支數年豈降汝乎太祖怒既并有天下是（字法）以讐蘇人以區區吳中責全天下財賦明亡有（明祖之虐隨筆寫出）客姑蘇者王示之夢曰我思返故鄉客求得其像載以歸奉於州之八蜡廟張子曰予讀有明一代

之史其臣子誇大本朝率以冠待吳王予蓋成王之為列國也方王未降元時雖元不得稱一王之制以臨之王又非朱氏之叛臣也予海陵人為王起兵舊地至今三百餘年城南隅一帶烟火稀少長老為予言此常平章血刃處也嗟乎英雄舉事敗則為冠亦有幸有不幸也乎

前後書法不同及中間縈繞結束處皆子長之遺則震川所云僕於史法有所窺者也

張海房先生依歸草卷二

海陵張符驤良御著

子沆重校

海烈婦傳

烈婦海氏徐州人陳有量妻康熙初徐饑婦從有量就食江南流寓常州逆旅酒家楊二見婦心動謬與有量歡有量窮途得二周旋喜過望時時從二貸銖兩二乘間挑婦婦正色拒之（接落無痕）欲歸徐無貲也會運船艤河下二狎其豪林顯瑞者性淫二教顯瑞以會計召有量有量果喜得金又於歸計便即攜婦入船顯瑞使有量之張渚市纜未幾又使往京口市木婦語有量曰君主會計奈何數數爲人使且船公無善意吾前日忍飢待君君今不知止飢可復忍乎乃買爨具自隨扃戶獨處顯瑞間使懷金啗婦婦擲金奮擊言者目幾眇抵暮顯瑞穴艙入婦取爨具烙其首顯瑞負痛回尋與二嫗

俱至强犯之婦大呼殺人罵詈厲隣船譁詰得免婦忿見陵哭不絕頃之自經死顯瑞則使其屬藍九廷遮道殺有量九廷修郄（一句包括多少）告官出婦尸于第三艙米中衣內外紉固甚不可解官爲斂容肖婦祀之有量尋返不之悔也奉祠無狀常人逐回徐州張符驤曰婦之死也有量陷之也然婦之所知者其所當爲而已假令縫紉少疎即有白璧之操亦何以自脫于强暴婦蓋得全于素定也捕顯瑞者經歷繆明顯瑞陰行賂明曰吾雖小官義不受賄獄具顯瑞律斬梟其毆二斃之

傳烈婦者三家王嚴築夫周貿青士周啟㒞澹水看來都不成文理澹水不知九廷以私怨告顯瑞而稱爲義俠又言婦跪謝二嫗尤誤青士具獄詞太費築夫瑣瑣道白金可厭又言婦厲叱楊二既厲叱則有量宜與二絕矣後何以又信其所給而就顯瑞乎且九廷私怨何必費辭

海氏一流離乞食婦人豈有胡天胡帝而諸家特言其美艾束常踪跡亦何足深言予於此頗有斟酌題不曰陳烈婦而曰海烈婦與熙甫書張貞女事同意皆欲絕之於夫家也

匠意盡于自記予尤愛衣內外紱固甚不可解一句不寫於顯瑞侵陵之時而寫於九廷出尸之後

徐烈婦傳

烈婦朱氏永康侯徐錫胤夫人也年十七寡無子屏絕鉛華坐卧一小樓讀書通大義兼工書法能鼓琴每月夜侍太夫人撫絃一弄商音激楚聞者欲泣甲申三月十九日李寇陷都城保姆白夫人請辟去夫人歎曰吾命婦也國破家亡速死爲幸吾焉辟姆曰夫人不辟即死如太夫人何太夫人曰吾婦且弗辟吾焉辟於是夫人奉廟主列堂上積薪堂下取命服漬油服之太夫人北向坐夫人西向坐命舉火須臾火發烟焰薇庭太夫人倉皇欲起夫人牽太夫人衣曰幸毋起引坐逼火而歿先是夫人有婢四並聰慧夫人絕愛之教之鼓琴將火揮之去四人泣曰夫人死婢子其焉往乃爭投火中若有物舉一婢出之烈焰之外獨不死亂定其事傳都下張子曰甲申之變周皇后從思帝殉社稷後宮嬪御視死如歸一時節烈之盛前代

所未有也自冠難以來女子慷慨自裁者所在多有而永康夫人爲尤烈焉嗚呼朝廷風化之原豈不信夫

事本轟烈寫得尤見精彩凡張子遇此類題必盡情刻鏤以名其狀干城名教偉矣　錢達人

江節婦傳

婦魏氏泰州海安鎮人江一鵬妻性剛急鵬在日即與諸叔不相能鵬死時婦年二十有六一兒子子二女子子皆幼婦稱未亡人諸叔皆不欲諸叔（寫細瑣事神似史記）或磨豆爲腐兒幼無所知倚豆箱碎其腐叔恚謬握畫腐刀擬兒頸如屠豕狀兒則怖死婦以是欲與叔同命姑尼之不得行而仇叔益深諸叔患婦之逼也欲奪其志度不可僉謀强劫之一夕婦之戶外抱薪草間出多人遽拽之升車婦大聲疾呼遂遇强有力者奪歸於徐貞貞婦次女壻也婦長女爲黃氏婦乙酉夏王師下江南遂略定海上黃使其室人盡匿牀下而自伏浴盤中兵牽黃出殺之黃母憐其子則從牀下奔號出兵並殺黃母黃氏婦亟呼其二姑曰有死不可辱遂投簷家池黃氏婦及其一姑皆溺死一姑及其婢獨浮過池北不及於難婦常以孤兒既怖死而長女復死於兵

諸叔眈眈無家可歸至是遂依貞不反而諸叔用（逓接寄歸徐貞何）
秀才徐元吉謀許爲置後必反江氏婦不可元吉
謬語陸封翁九棟翁長者爲言於貞而歸之是夕
諸叔復刼以與袁氏婦自剺其面血濡縷出且哭
且詈而狂且無人理縛婦於牀欲强犯之婦憤嚙（鬪婦言）
其肉其人恚則用大梃亟撻之婦誓死不從其人（吾微有齒幾乎失節此語大足喚醒人也要知今人非有齒之難而用其齒之爲有恥之難也）
知已不可誰何則仍以歸於江諸叔子或反賂袁

依歸草初刻　卷二　七　海陵叢刻　第八種

使挾去婦於是不食三四日矣垂死元吉乃謀廢
婦爲尼婦亦苟免强暴既得脱不肯斷髮乃使貞
爲理諸叔於官官悉逮治之元吉猶揚揚訟庭毁
婦剛急不宜其家同知孫君曉之曰非剛腸人何（以剛字起結）
以烈烈轟轟做一塲耶如生言且瀾倒矣元吉媿
屈貞迎養之終其身没年八十有六蓋既死而乃
歸江氏之先壠與一鵬同穴焉張子曰予讀吳野（悲憤之氣從筆）
人李家孃詩所謂腥刀入箭紅顔隨走者亡國之（頭跨跳而出）
禍流於女子其可悲也夫而一二抗志於羣兇之

中蹈白刃而不悔者軍興以來所在多有予悉欲
序次其事而未之或遑也節婦之雨行多露與其（兮明台傳）
女之被兵禍者何以異而卒皆爲完人嗚呼豈不
偉歟

規摹史公好骨理排場字法何一不肖　沈驪珠

依歸草初刻　卷二　八　海陵叢刻　第八種

韓烈婦傳

烈婦郭氏涇陽處士郭瑾女也幼讀書識大義及笄歸同邑韓重琬甚宜其舅姑重琬弱冠以端方稱三原員虞載長者也見而愛之乃以楚中鹾務屬焉重琬精心計善幹辦無秋毫私康熙甲子重琬以勞致疾明年病劇乃屬烈婦曰我且死子年少又無出慎無徒自苦烈婦艴然曰惡是何言哉（共○聲○末○淚○）禮婦人從一而終君即不諱妾有相從地下耳奈何以非禮言污吾耳乎自是侍湯藥晝夜不交睫者兩歲又明年重琬卒（語○貫○神○明○）婦悲泣不食三日諸娣勸之食則曰吾已早許夫子矣其舅姑且泣且慰之終不肯食曰兩大人膝下幸有人婦無子留何益（二○語○絕○悲○）左右或强食之乃歎曰諸人幸愛我何不令我亟死乃者欲非命我耶左右乃不敢言既不食七日猶循牆走拜舅姑前為訣（○如○畫○）更三日竟死張子曰韓氏婦可謂不食其言者矣士大夫平居談忠義及臨大節往往弗克踐無他利害怵於中而區區然諾不足顧也郭氏一許良人遂決志餓死雖古之烈丈夫何以加焉

古人文字所以傳者如好梨園演琵琶還他一副真眼淚作家摹寫得其神正不必讓龍門孤行千古也　費蓴治

劉烈婦傳

婦朱氏通州人劉弘基妻僑居海安姑早死婦事舅極孝謹蚤夜伺寒溫食飲無違孺慕之誠晬於顏面先人稱司馬溫公善事其兄奉之如嚴父保之如嬰兒婦之於其舅亦猶是也（洗發好）近世婦人多不肯出身事舅別男女之嫌溫凊之禮闕如婦聞甚不然之弘基病瘵婦別室而居弘基嘗中夜過婦所婦宛轉固謝之弘基嘗爲人言如此及弘基病且死乃語婦曰我旦暮人耳子年少宜自爲計婦（八字斬截）悲憤泣下曰君如不起我不獨生弘基目瞑婦即自經時康熙十二年九月十九日也婦既死弘基（奇）復甦問其婦知既縊死矣乃笑曰彼謂我疑之遽（寫絕）至於此我即死不患無聞於後世越一日復絕有子士聰甫二齡後婦二十年亦病瘵夭未娶無後（從僑居句生情作收古文逸處）女歸湯麟或曰婦所居故向烈女處所也地之鍾靈其或然歟張子曰湯麟之父祖舊爲吾家比鄰

麟嫡母蘇能不嫉妬以逮其下以有麟兄弟也麟長娶婦乃知其爲崇川劉烈婦之遺愛嗚呼豈不（並贊湯母）賢哉

敘事詳人所略真不可朽贊言止而意不盡其辭香端得之六一　郭山題

蔡孝女傳

蔡氏女蕙、泰州人、父孕琦、母王氏、女兄弟五人、而蕙爲之長、生有至性、不妄言笑、知服勞奉侍、承父母歡、凡女誡女孝經等書、自其少時已講習能見大意、既長許字監生繆澥、未出閣、會孕琦被吏議、當棄市、蕙即絶嗜味屏服飾玩好、夜不解衣而寢、（簡括）晨夕必焚香籲天爲父請命、如是者四年、不改嚴寒大雪中風四入烏烏蕙不設鑪火寢苦枕塊自

（涉筆成趣）如婢、猶以爲喜、涼也、悲夫、澥度孕琦不可活、欲完婚嬦、迎蕙歸、蕙揮涕謝媒氏曰、父亡與亡、曷忍言其他、己巳春上復幸江南、蕙草狀匍匐訟冤上曰、是女子也、而爲父乞命、嗟嘆久之、有司希上意、以爲緹縈復生也、孕琦由此得平反、蕙歸澥未一年病卒、張子曰、方孕琦之被收也、人或以爲當死、由是言也、是父受誅、子復讐不可也、雖然、（只贊其孝）自有書契以來、女子爲父上書者、於蕙僅再睹焉、可不謂孝歟、既論次孝女行事、復詳蔡氏本末、然後知人之積怒深怨於蔡氏有自來矣、而如孕琦猶未爲其（此句是根展起後半）甚者也、嘗記緹縈書略曰、妾父爲吏、齊中皆稱其（與議論）廉平、文帝爲之原死、余心竊疑之、使緹縈不上書以文帝之世而竟有枉死之廉吏、是忠臣孝子兩（此轉入本文）餘憾也、使淳如意罪當死、而文帝以緹縈故出之、是天倫與國法不兩全也、凡有國家者、皆以孝子代不絶生爲美、布之方策、猶以爲榮、顧使有司不

能無不冤之獄、而待其人自理之、與有司所持之獄既平而爲孝、於其親者特原之、均非所語於先王之制也、因傳蔡女事、附論於此、

傳最簡盡、一贊尤有發明　徐魯齋

韓節婦向烈女傳

韓節婦者，姓劉氏，泰州海安鎮人韓鵠妻。明弘治中，鵠病且死，謂其父暄曰：日者嘗言鵠當有庶弟大吾宗，大人志之。暄聽其言，乃置側室，踰年生子輪，側產死，暄亦下世。嫡憂甚，不知所爲。婦泣語其姑曰：有未亡人在，何虞韓宗之不祀乎？乃壹意鞠輪。輪時甫二十，未有所出，試乳輪，即得乳。輪孺慕婦，比長，忘所自生。或爲般樂遊，聞婦召即歸，畏嫂

氏如嚴君也。姑既以色養終，爲輪成室，生五子。韓宗以大嘉靖末卒，享年八十有四。同時有向烈女者，名隆，亦海安人，父穗。自女幼時，以許里人子朱舜。舜長病死，女聞之悲，欲以身殉，未得間。越三日，將薹，穗炙雞往奠，女欲與俱，即不可，則謬爲欲食。欽給其母出采薇爲羹，母不疑，乘間拒戶自經。時嘉靖四十一年五月壬寅也，年十有六歲。盛夏浹旬，貧無以爲歛，棺薄甚，有縫，微見其衣，庭無遺臭。義士陸侃爲之槨。更三日乙巳，隣災延燒及門，忽反風滅火，觀者感動。父母不違其志，與舜合封于里東。康御史來濬新河，將不利女墓，女示之夢，御史竟迂道去，且爲詩弔之，再拜墓下。張子曰：歷選古之婦人，其以節顯者所在多有，異哉昌黎之見鞠於其嫂也。輪豈其苗裔耶？然劉之所成視鄭爲尤奇。鄭自有子，比其喪也，文公爲服期以報。劉以孤孽卵翼其庶叔，其後以蕃者七世，而輪不爲劉

置後，此何心乎？向行雖過中，然亦海隅所難。終明之世，傳此兩賢，嗚呼尚已。

就海安論海安，以韓向合傳，亦有義也。序論詳明，精采起龍門，而操觚不過如是。吳葵再

序事簡潔，贊尤唱歎有神。戴田有

范袁二節婦傳

節婦叢氏泰州如皋縣人范源妻幼端靜有儀範其大父教之列女傳及古來節孝事輒成誦能曉大意叩之胸中居然掌故也然婦每語人曰女子不以文字重當求之躬行云嘉靖間嫁源生希曾甫十歲源病卒婦稱未亡人益以禮自持常盛夏不御絺綌病其見體不納涼暮則扃門而坐源生時病渴好浮瓜及死婦遂終身不忍食瓜比老常有無聲之泣源兄弟三人父錯秉家政凡讌會及喪祭諸大事必命仲婦率先以婦務承舅姑意不惜費也錯常擕居室者三而華其一婦知華者將以遺少子即竭所有以資其費不少悋下逮娣姒無所不得其歡希曾後爲全者州倅其後五十餘年而泰州有節婦繆氏節婦繆氏者郡人袁雲翱妻諸生璐母也崇禎十一年冬璐祖考不十日皆暴疾死而姑又病困婦割股肉療之後半年亦没

婦搏顙慟不欲生然行自計曰吾死誰視此藐孤者時璐方三齡而璐有叔尤少婦均憐之即乳兩兒不私已子曰袁氏兩世惟此而已宗人多謀不利璐者璐少長出就外傅或擠之厠下婦聞之惟飲泣其後璐益長入庠序有聲而璐叔亦壯娶妻孔氏未幾叔以勞瘵死孔氏早孀無子好　而重生產不改嫁欲與婦異居婦不忍奪竟半產給之宗人又嗾孔誣璐於官知州事嚴愈奮墨事幸寢而家道遂落終孔之世婦不得貼席少失懽即拼閾入矣張子曰余從兩家後人游因悉兩母行事語日姑取箕箒立而誶語異哉范母之養志乎袁母密邇　娣譬諸同器薰蕕共見異矣哉士君子習與不善人居欲皭然無譏難矣乃如兩母之清風亮節豈非明於大較耶

多少一字不得可謂峻潔之至贊更妙在聲外居然史公　沈躬思

龔項二節婦傳

（一段龔婦）節婦王氏者，江寧龔翰母也。翰父元美，崇禎初娶（一筆包多少曲折）婦八月，而從其親長史於蜀，遂不反，死狀不可知。元美去三月而翰生，婦依父指揮以居。或諷之改嫁，不聽，指揮亦憐之。翰始能言，入婦懷求乳，婦治女紅無間，則誘翰曰：吾教若詩。翰應口成誦，自是遂通四聲。嘗泣語翰曰：無父之子，當思自立，即不慎，而身名皆喪，我爲無賴矣。翰以是發憤績學，爲高才生，始有廩米之養。未饟前二十載，皆食女紅（襯敘法）之力也。指揮死，同產者遠宦，婦力養其母十餘年。海上之困，家無宿儲，猶分瓶粟以活諸妹。翰積年分入雍，未得一儒官奉毋，而婦沒齒無怨言。婦年二十歸元美，嫠居六十年，而同室者僅八閱月。時（總結）

（一段項婦，多用聯絡法）歙有節婦吳氏者，少翰母十歲，夫曰項德輔，遭明末兵亂，傷死。婦年二十有三，其孤志發亦三歲耳。宗人利寡婦資，盡攫之，婦守志不移。已而歙又亂，

盜白晝至，無所掠，則牽志發行。婦急闖然從竈下出，奪志發盜手，且泣且愬曰：吾今日母子畢命矣。（史公序事法）盜盡脫兒衣佩，委兒去。兒赤身啼，婦手掬松毛覆兒。毛刺兒赤身，兒益啼，婦更取筠籠籠兒，益覆以松毛。歙大饑，斗米七百錢，母子無所得。婦日爲人縫紉易米，飼志發，而身與二女壓嚥豆，不足，益以糠粃。數月乃復故食。方極困時，或勸婦以二女出養他人，一意衣食志發，使成立。婦泣謝曰：女子賤，然先人遺體，不有教焉，婚嫁失所，誰之罪也。卒困苦教育之，並有立焉。康熙三十　年沒，壽七十。（亦用總束）

張子曰：異哉，二婦之操也。自明失其政，乃使天下（妙）多盜賊兵戎之禍，彼死者則既已矣，而爲二婦類（並不粘二婦）者爲可悲也。如其所至，豈負人六尺之孤者哉？卒（斷續不測）同受大年于天，彼固有所啇也。

惜墨如金，一字不肯浪下，闢目神氣，純得之龍門。楊希洛

陳烈婦傳

婦陳氏吳江沙溪人諸生張士柏妻也父俊母呂氏娠十一月而生婦未生前九月啼母腹中六歲甫能言十歲喪母哀毀如成人十九歸柏二十二柏亡又二歲婦以烈自刭死崇禎九年四月初二日也先是婦初寡俊欲奪其志則不可其姒趙氏疾婦與夫士松陰謀去之乙亥十二月朔陰受富人徐洪金而使庾嫗侍婦起居夜三鼓嫗開戶延

洪婦猝不得脫趙取青衣蒙其首洪奴遽拽之去婦哭詈不絕聲振隣屋旦日夫族適徐雲者以婦歸俊乃訟諸惡於縣始洪欲買婦爲妾懼不從乃與松計陽令傭奴程與婦偶冀婦愴奴乃可撫而有之即事變有奴在無與己事婦既出洪猶書一紙畀婦與奴離異時知縣章日炌貪而信讒洪以利啗吳伸王允貞李江多口鑠金誣婦已與奴相安而雲搆之使貳于奴日炌果杖雲而責俊財婦不平以言侵日炌炌喝行刑指合不即開隸虐其腕盡腫婦欲自刎炌又令隸共持之縶婦手寘諸獄久之始釋會巡按御史路振飛按部華亭婦匍匐訟寃振飛難之婦即引刀斷喉以死尸舁置迎賓館外不及屏會給事許譽卿來謁振飛出迓之主賓距一門未及揖譽卿見婦尸即整衣冠再拜顧振飛曰公亦當拜振飛不得已亦拜猶以日炌故止罪松一人譽卿爭之曰使國家得烈婦數輩

何事不可爲又何患小人內亂而　狄外訌也今讞者必以曖昧不明之一夕疑婦不得爲烈使貞（沈刭明淨婦以此得旌）烈之氣百折不伸不知世無死節之淫婦彼其憤不顧身志亦足以暴于天下矣幽魂沈痛墨吏橫行流聞華轂亦非公討之得也日炌于是被論去官死而婦得旌洪冀悉收治如法嫗子阿虎死於雷時松守方岳貢猶惑于日炌曰婦三宿徐氏何以云烈諸生顧貫生曰如公言蘇武在匈奴十九（貫生以一語傳）

年亦不得爲忠矣守語塞初婦在繫時洪黨百計脅之婦欲死不能將見振飛取中外衣密縫之自誓必死將殮觀者環而泣禮書董其昌爲之肖像題其端曰赤侯王瑂謦卿視含殮恐傷死者意不沐浴不更服覆新衣其上而已衆醵錢爲櫬歸葬支硎之側先是代洪賂日价者一人造言峨婦者又一人皆吳江孝廉漏其名婦族父季襄亦孝廉也受洪金亦心動華亭人爲詩文弔婦者千數襄恐寢之沈正宗極憤歎形之書傳其不避嫌怨指劃詳明與歸有光書張貞女事略同而文不逮初士柏且死婦泣與訣曰吾其爲皇甫氏乎皇甫者婦伯母早孀守義逍於舅姑自經婦殺身成仁卒能不食其言如皇甫氏康熙四十六年丁亥四月距婦死七十二年矣符驥客華亭汪氏翻舊帙盡得其實乃牽連書之毋使烈婦無傳焉

不但烈婦正氣凜然並給事亦生氣如對回想

七十二年前如龍如鬼情狀真一一在目立言之功豈淺鮮哉宮如岡

王烈女傳

泰州安豐場人王北望女潔，先民心齋苗裔也。家貧，恃女紡績爲生，常苦不給。媒因言於北望：某室溫飽，即女歸，不至爲阿翁憂。北望輒報可。久之，乃知所許者爲諸王故家人子，甚悔無及。女恚曰：人各有偶，吾家貧，宜爲貧家婦，何有過聽媒氏言，而以求溫飽故重辱我，以必死自誓。家人守之嚴，不得死。康熙三十一年冬，民間訛言欲采宮人，天地絪縕，所許者且以婚期來。女私問其弟曰：門外水能溺人乎？（如話）弟幼無所知，乃實告之曰：水淺，惟某處河溺則不復生也。抵夕，女故作歡容，北望婦以女且喜，不深疑。女乘間縫衣裳甚固，自投河而死，如弟所指水深處。張子曰：予讀史至平陽公主事而悲之，當武帝之世，漢家豈少一賢列侯，（純是真液凝結）而區區傾倒於前日之騎奴，及其死也，猶合冢象廬山，書之方策，何其羞也。王女之皎然不降其志，不亦偉哉。

論贊如五代史之學史記，而氣加遒逸，出手在六一翁之上。郭子宮

吴蘭紉傳

吴蘭紉者，(書法)姓孫氏，名芳蓀，嶰谷先生中婦也。賢甚，以字行，嶰谷稱曰婦，(嶰谷一眼)繼室雯彩時年十六，安詳而有秀質，先後十四年，奉老夫瀞瀡，唯謹，口體與志兼養，老夫晚景實嘉賴之。性和柔，能容其娣，不聞勃谿聲，與雯彩相莊無間言。雯彩前室遺子殤，盡心湯藥。女出閣，豐其奩資，爲後母加恩前子女，如是母嫠居，問遺不絶，與其單氏妹毛裏綢繆。夫家與母家交賢之。庶乎無非無儀，無父母詒罹者。康熙二十六年春暴卒，年止三十，老夫年八十矣。震來虩虩，其忍稱觴，乃嗚咽爲狀，垂示幼孫聞鏞。庶幾他日成立，知其母之賢如此。(前段自收拾)其兄公奎光亦曰：(奎光一段此段爲前段註脚)吾父老養於弟婦，聞弟婦之言曰：婦事舅姑，如事父母，有子而不養其親，烏乎有其子？有婦而不養其翁，烏乎有其婦？必敬必戒，視無形，聽無聲，父甚安之，逮於庶母。吾與庶弟皆自愧不如也。垂瞑猶以不獲終養爲恨，且曰：舍白日之昭昭，就長夜之冥冥，吾何罪而至此？吾存日不爲小嫡所喜，唾面自乾。今所遺無母之子，倘其卵翼之，則九泉之下，其又敢忘報！嘗謂吾弟曰：夫之道在敬身以禔其婦，婦之道在敬身以承其夫。又曰：吾生所見富貴之家，妻陵其夫，婦虐其姑，娣姒之間，小加大，强食弱。比比而是。昔賢謂嫁女勝吾家，娶婦不及吾家，旨哉言乎！吾有子女，必以齊大非耦爲戒。嗚呼！弟婦惟短於年耳，如生而令人飲恨，與死而令人悲思，其賢不肖之相去何如乎？(賢字一篇之眼)海陵張子道出白蒲，距婦死十有三年矣。于是聞鏞介其從兄棫芃來請曰：聞鏞其忍使先妣之無傳？惟先大父先世父之成言具在，先生其哀憐之。(一句收上兩段)張子曰：嶰谷先生賢者也，奎光又賢也，其言婦之賢并如是，而奎光自以爲孝不若婦，信哉善孚於閨門，誠有不能掩者。(附筆愈深愈妙。結出本旨。)由君子觀之，亦非異人事也。而匿者形之，則皭然

有迹焉、乃閒鏞知以言顯其親、蘭紉有子哉、看來亦有何奇、如大匠爲巨室、易見其規模、而不識其巧。皆抱雪

叠迹衆言、有夏雲奇峰之意。朱字綠

王節婦傳

婦仇氏、如皋縣人、王觀訓妻、父心一、官閤標守戎、世爲江都人、年十七、嫁觀訓、更七年、觀訓死、時舅姑皆老、遺孤志榮甫三歲、婦壹意仰事俯育（後文可悲在此）、謝膏沐、稱未亡人、其後舅姑相繼死、未幾志榮又死、遺腹生顥（爲作贊之根）、顥母陳氏守志十三年、又死、顥上有二兄（連綴死字）、又皆死、顥年十三、刲股進其母、又被創、幾死、婦撫膺大慟曰、未亡人何辜於天、而罹此鞠凶乎、顥幸安、仲孫遺孤禧、雖自有母、然婦尤念之、均不厭、至於有立、婦年二十四、即喪夫、中多死喪、撫三世孤（數語收拾得盡）、幸毋廢祀、越康熙癸巳、已苦孀六十二年矣、朝議破例特旌之、人皆爲婦榮、婦聞之尤悲也、踰一年、病卒、壽八十六、禧母饒亦矢不改嫁、有婦之遺烈焉、張符驤曰、江都樊經爲予道節婦本末、予驚曰、是何死者之多也（意深筆妙）、彼豈皆遽至于死、爲寡婦者可悲也、經以爲不忘所天、垂絕之託、故能再造王宗、

是固然。然予聞婦初從其父避兵掘港中，輒指池水誓曰：事果急，斯吾死所也。其靡他之志已堅定於處子之日矣。嗚呼，豈偶然哉！

另指一事作贊，亦屬常套，而此獨悠然不盡，則用意之妙也。

試讀作家此類傳，但覺蠶室廬陵猶有未淨處，贊語更沈痛委婉，感人入微。孫莪山

□海房先生依歸草卷三

海陵張符驤良御著

子沆重校

范家淺繆節婦待旌記

節婦李氏，泰州人，父正選。順治中為同里繆蒙立妻，嫁蒙立六年而蒙立死，越今上丙戌，於是婦守志已四十九年，於例久宜旌，而以家貧故壅于上聞。蒙立故病瘵，自婦之歸，常與蒙立異居，曰：願君頤養天和。而日視湯藥唯謹。既不諱，早寡又無血胤，其舅憂之，婦泣曰：婦人一天耳，夏侯令女之行豈異人任耶？乃謝膏沐，壹以禮自守。夫弟蒙騰不冠不敢見，與婦分財居，俾次子以友為之後，人以是多節婦，而亦誚蒙騰為賢。去年冬，予舟過范家淺，婦兄子四載留予榻，酒闌燈灺，言節婦事不休，予歎其為盛世完人，賜坊何晚。翌日低回淺上，見道旁綽楔之屬，間有存者，四載言其曾祖姑許字

忽生出一客，不測。

繆時雍者未嫁從死萬曆甲午建坊久圮矣予又
歎李氏女子後先輝映何其盛也女父科故諸生
州志祇稱爲李一女晚略可笑而予獨歎一十年
求朝廷加意旌別俾閭閻知所激勸而吏不善奉
行文移往來徒滋煩擾以予耳目所及如郡人袁
雲翔妻繆氏九十全節而以年遠故反遺之以吾
祖母同産許霖妻朱氏及江大鵬妻許氏皆以子
賤無力赴告於有司以吾外姑徐孺人亦已守志

依歸草初刻　卷三　二　海陵叢刻　第八種

二十八年而吾妻兄常恨不能徒手而與吏語加
是則賤貧而又無子者其又何望也豈足以數十年
問東南女子之賢者往往見錄于吾文吾文即可
以存賢者而終以爲不若王言之有赫也遂書以
貽四載使諷於其坊且以風其鄉之人

記一李氏而旁見側出不可方物乃知作者閩
中蘊蓄富矣感慨長矣　王慥仁

亳州貞女王素貞記

亳州人李殿機妻王氏女名素貞生而許爲殿機
婦甫二歲殿機父諸生範同以義死母給配象房
校尉王寵殿機冒從父姓爲王知禮素貞既長父
欲爲議婚素貞聞艴然曰父已許李家矣何問其
他父不聽私以意許富人子且俾以與求素貞悲
憤欲自裁富人子不敢逼隣有杜老名一魁者爲
其志則走人燕與殿機謀素貞兄訟殿機于官竟

依歸草初刻　卷三　三　海陵叢刻　第八種

以逃論並罪一魁素貞知之投繯有救得不死其
兄怒素貞之志數帶刀欲甘心焉其後母及兄之
妻常翼蔽之以免又閉置樓中絕食飲數日亦不
死于是母乃教素貞曰若父終無嫁李意也若何
不遂乘間逸去即從李于燕我爲若具良騶請訖
老與俱往從老死無爲也素貞泣曰唯命乃拜一魁
事之如父取道而去兄聞益怒僕追之將及諸河
會大風不可急渡素貞即禱于天欲投河死而風忽

反素貞得渡河追亦不及殿機之以逃論而復入（沈云通拔）旗也毋死賣身爲巴牙拉厄爾庫奴厄爾庫又詭以婢曰蕭有子矣素貞至厄爾庫感動竟脫其籍（三字通拔鄭重）不責錢也且俾以蕭歸南城御史阮爾詢聞而異之使厄爾庫爲成禮素貞顧不肯曰妾女子也謬（閔云轉得奇）於從父之義從一異姓男子走二千里非禮也即成禮無所施面目御史乃疏于朝試之果處子而（吳云着眼）得俞旨歸嫁仍召入大內后妃而下皆優賚爲馳

驛還亳州官爲治奩行婚禮於公堂而後爲夫婦（沈云憩起處）年三十四矣時康熙二十有八年也予考女子無自主之義未嫁從父此經之明訓近世乃有女未成婦而爲夫死與守者父不能奪其志豈不曰嚮已聞命矣雖世有儒者皆繩以中庸之道而不害（沈○發○好○才○見○起○行○書○法○之○妙）其爲高明之行況素貞初未與殿機絕也甫在毋懷已堅一諾幸覆巢之下尚有完卵而無亘者乃欲使貳于他族爲從父者不亦難乎方素貞之與

范俱北也跡涉于奔雖精誠貫金石不能不爲堅（點睛）白之累逮既得所天乃不肯爲踰垣之從必完璧（閔云前序○陣○見○筆○力○此○處○略○論○見○識○力）歸趙以自明而前之奔者不惟不足以爲累而適以彰其奇新安吳章篤行慕義聞遊于亳聞見最熟其後七年章識予於如皋請予爲記予採御史（吳云又補序一事）語且繹章所述牽連書此章又言其族祖恢復死於兵婦方氏執義不辱竟支解以死蓋女子之賢（閔云○一○結○怨○於）（閔○怨○與○轉○筆○緊○起○過○入○化）往往有皭然泥滓之中而不汚者矣乃如范老巴

牙拉其好義亦曷可少哉

前之逝以毋命後之婚以君命安放貞女處筆下具大神力而議論抑揚折衷至正事中事外拉雜淋漓歸太僕不是過也　沈躬思

叙次曲折詳盡其用筆命意真得太僕之神髓入後議論有關名教又能以淡宕出之可與貞女論貞女辨諸篇不磨矣　閔賓連

高潔簡要眼目了然其經意處真足躡古作者

之席予感歎貞女事心口間常不忘曾私有序
述得頁御文乃知予辭之費也吳蔚園
高佾剤以風神君雅好東鄉乃如此文天傭子
集中所未有范拙存
關目神氣純得之史公欲討古文消息者宜於
是求之繆湘芷

依歸草初刻　卷三　六　海陵叢刻　第八種

李氏二女子雙節記

海門秀才李碧二女子通州謝翼運王迅之妻翼
運迅先後一年死時碧女長者方二十九歲少者
方二十八歲皆守志不可奪翼運有孤曰天寵迅
有孤曰會期皆甚少二女子鞠其所生自丱角以虛按六筆略
馴至於成人亦勞苦而功高矣會期年二十四聘詳
海寧縣令姚夔女孫而天寵已娶博士周禎女尤何不了
博聞強識閎覽能文今巡撫都御史田公雯前督
學江南號冰鑑能得士試之日天寵立就五經七
藝都御史喜判其卷尾云此非一邑才拔之以冠
維揚一郡予嘗讀其遺文洋洋灑灑頗不類俗下此句並王在內
文字而卒皆以夭死天寵又無子以謝擢子為後又寫王一筆足前文○○前○序○過○此○一○句○領○起○後○半○篇○文○字
會期並不及娶以沒嗟乎天之於李氏二女子何
其酷耶夫婦者人倫之始風化之原此先王禮教
所甚重然吾觀詩三百篇其以節著者自共姜而
外無聞焉春秋一書上下二百四十二年之行事

依歸草初刻　卷三　七　海陵叢刻　第八種

其所載始終全節不失婦道者、亦維紀伯姬一人、蓋志行若是其難也、今李氏二女子年未三十、而志行卓然、撫藐孤成立、此亦奇矣、（一頓）天又不昌其世、俾二女子食報焉、而故戕之、使二孤皆不幸短命死、無以謝未亡人、而風示來者、此何說耶、（所傷在此）世不少好學能文如天寵者、非窮愁終其身、即短命夭折、（此轉更深、要知作者本爲天寵洒淚、而過而是二女合傳、故一筆賓主皆到也）不使久於人世、而閨閣之彥、巾幗之英、矢風霜之節、主持陰教、何摧折之亦不遺餘力耶、必廉恥道喪、無夫而有夫、有子而無子者、乃享康寧而長樂也、王迅婦尤窮無所歸、終老於母家、予既憫二女子之苦節、又悼天寵之才、（補出作記之意）於是乎記、

賓主歷然、詳略有體、前案後斷、章法渾成、明潔然此猶其粗像也、一種嗚咽跌宕、往復頓挫、不窮斯史記之所以千古、而歸公以爲即孟堅有不盡解者也　呂書友

曹氏女子貞節記

女子而不婦、詩書之文罕稱之、其無稱者何也、女子固不得以節顯也、古來以節顯者、自共姜而外、如令女毀容、荀采致命、皆既成婦也、而不忍負其所天、此之謂節、若謂成婦而夫不幸死、則於大義無相從之道、而或慷慨捐生、或終身不字、在世俗雖稱爲奇節、而君子則以謂干造化之和、乖陰陽之氣、蓋賢知者之過、不宜使之有述於後世也、然又嘗謂世之未成爲婦而亦有不可以不爲其夫死與守之理、則揆諸婚姻之本末、與夫死生離合之大、故其卓然爲高明絕俗之行、而要以弗戾於中庸之道、則今日曹氏女子之志節、又不宜於世無稱也、女子名祥、生於泰州之梁垛場、父建中存日、以許孫翁子繼芳、皆在襁褓中、二父死、繼芳家中落、娶有日矣、納幣不滿曹氏意、其母兄怒叱繼芳使者、是區區者纔得半耳、趣告爾主增吾幣、不

者女非若婦也使者反告繼芳繼芳大恚恨不復通從容走餘杭越數年不歸人多謂繼芳竟死於客云女聞之悲不食者累日乃泣告其母兄曰女身故孫有也不可以二母兄難之謀奪其志女恚欲自殺乃止嗟乎貞女之自守可謂難矣予昔嘗竊取歸子之意以爲男女居室而後夫婦之道成夫婦之道不成則無相死與守之理然繼芳既已納幣請期摽梅迨吉乃竟債於增幣之言而客走

此其所以可稱也

以死爲女子者從一以終不亦可乎女今年逾六十侍孀母五十年跬步不離或勸之祝髮不許曰如此是自絕於夫也兄貧死無依以十指自食終老友人袁漣琛棨張氏婿也爲予稱其事蓋詳請予書之

稱許不溢分寸時手遇事好爲鋪張却多不中理陳若愚

清響園泛舟記

閏云驥與沅　與園

驥來州城喜與繆沅遊沅有清響園在北郭外丁丑秋再沒于水有土一丘凸出于洪濤氾濫中驥每過沅尤樂與徜徉其上清響園者餘園也往者兩家先生講習於此驥追從其間今遙遙二十四年亭榭無改一月而三遊其地爲愉快焉沅嶔嵜歷落人也常恨爲妻子昏宦累不得走窮山人足不到之處一平胸中之憾可與傾吐者莫如驥與

次驥與沅泛舟於園　次沅與驥與園東第一段

次沅與驥泛舟於園東第二段

茲園沅與驥談最奇文善笑即不閉口則怖人每至茲園則仰瞻雲日之麗俯瞷淵魚之出沒懸崖古木盪其心胸以爲可以發吾狂而不能舍也沅葹山谷詩一卷浮白共讀之口脂流沫飛鴉拍拍林際沅睨驥曰涪翁寧知百世後相賞有如吾兩人者乎往驥讀嵩山兄弟集其所以傾倒於坡公者略如涪翁蓋不啻七十子之服孔子矣古朋友文章之愛至于如此後世傾險反覆乃云文人相

次泛舟中情事

員云所答昇所問妙

軋豈不謬歟沅少聰警日記數萬言其先大父謂之曰汝能讀書乎吾且爲若搆樓貯之以恣若沅如是指點其處即玆園也然樓竟不成又其母孺人存日好繡佛常雜鳴閭隣家磨聲即蹴沅俱起諷吟與梵唄相錯如是者一歲有半沅言此皆如夢也相與黯然者久之乃乘流至其家沅起筒篋中出先司馬遺墨及所鐫石曰心太平者爲贈驤珍重謝焉酒過醉語多不能憶既寤沅爲古風一篇請驤爲之記云

篇中寫沅之性情品槪與己相得處及一日遊覽時之情事錯綜敘出無不宛然在目真神品也　閔賔連

借涪翁說法處見良御血性　貝虞肱

湘止數言文人相軋百世後是非乃定驤則謂當時後世之人心一也果是涪翁自然埋沒坡公不肯交遊間見此文者多訝湘止何爲愛山

谷詩此又是百世後是非猶不定處要之此輩原無一定之是非也

徐氏三節婦記提

南沙徐氏六十年間有三節婦、其曰樊氏者、夫士誠、乙酉死于兵、時幼子産纔四月、長者亦七齡耳、婦慨然砥節、字其孤、與娣陳氏相憐、陳亦早寡、夫士誠死、遺孤甫九歲、並撫之有立、樊享年八十有二、守志四十八年、陳年三十二稱未亡人、壽七十歲、家並之賴、夫同産士謹左右之、三韓周君來攝州事、高其節、顧以格于令甲、請坊不可、然于華門圭竇、不數見也、其族子起蔚妻繆氏、孀居時甚少、二孤又皆在乳、宗人多齮齕之者、婦竭力保護之、甲申、予在南沙、適晉陽柯君來表其門、乃知婦自二十一歲喪夫、今已三十餘載、與前時兩族、姑並皭然無滓、照人耳目、予性喜道節烈、而深疾近附筆添出感慨世誣罔失實、方白君在位時、鄉人有以某氏妾請表者、彼寡婦人、乃作何事、予恨不能鳴鼓攻之、嗣又有介黃丈仙裳書請予爲傳者、其母三十八歲

而孀、而詭言十八、雖大節無黙、而一字之贋、何以傳信方來、故竟裂其稿、若三徐節婦之事、有足書者、予因歎洗發婦人以撫孤爲職、循分自盡擺以報死者、非以要異數也、而爲政者必亟表之、以是爲扶奬人倫之事、顧人心之僞、即此一事顛倒彌縫、其又何所不至也、非加意甄別、則涇亦何以自異于渭哉。

書一事必不肯但書一事、周秦來亦未見幾家如此做　范心淵

保定李烈婦記

烈婦辛氏，保定府諸生李壞妻，歸李氏一年而壞死。婦且哭且拜於舅之膝前曰：婦有從夫子地下耳。舅時慟絕無所聞，一小姑附舅耳言曰：父不聞嫂之自矢乎？舅乃驚語婦曰：兒不幸以天年終，吾行爲婦置後，婦第順變守志，毋爲此以重傷老人意也。婦唯唯。舅見婦不食，則使小姑終日伺之，又使家婦及其母黨交慰之，婦亦唯唯。越一日向酉，即乘間自縊於垣隙，未殊，家人百計救之，卒不可活，康熙六十年秋九月初四日也。與壞並二十有二歲。二姓故北新安右族，婦父禹奕、叔禹籍皆守部進士，舅曰如璐，翰林院檢討，學者稱佩五先生。婦漸漬姆教，長嫺儒宗，宜其誓死無難。獨是世之不死者，非不知死之可貴也，全軀之念重而赴義之念遂輕。世家巨族明習詩書，每有臨大節而不及田間婦人者矣。婦第能以果行仁，遂與紀姬荀

采所成不異。及觀其處死之際，又何其從容不迫也。使烈婦稍露圭角，未必得遂志；即死，又使縊時有救不死，是徒增婦之痛苦，而遲成烈婦之名。高故先生方以子婦無命爲生人之至痛，而諸遊先生父子間者，直以烈婦之死爲門戶之光。不特先生可以豁哀，即壞亦可含笑於地下也。先是，先生妻封人沒於京邸，方度爲櫬，而壞夫婦適死，即以其木殮之，此與書傳所稱連理之枝又何以異？其年冬十月二日，從封人之喪歸葬其鄉。一時賢士大夫致賻恐後，符驤獨與林舍人佶求拜烈婦之靈，又行觀烈婦畢命遂志之地，相與齎咨涕洟，低回不能去。不日烏頭雙闕之旌，名士歌詩之盛，皆可永諸百世，而符驤猥以言先之，蓋適備官于朝，親見死事如此其烈，而歎其傳之不可不廣，庶以風厲遠俗。嗚呼！如李氏婦者，一蓋棺而論定矣，處死之道可不審歟！

貞御自言住京半年所聞桐城夏氏曲阜顔氏江都景氏所見保定李氏事皆甚奇感歎難禁率爾捉筆予謂李氏近事洵爲吾郡之光乃如貞御刻意顯微闡幽亦史館之一奇也 天池

景氏貞烈記

高傑既死潰兵南下寇掠江淮間揚州治東有李墅河者土人景自潤團鄉勇禦亂寇臨河欲渡自潤連發鳥鎗殪數人寇抄出其背衆驚散走自潤奔回謂其妻妾曰寇將至矣生死汝自裁之即鞭馬北去寇至曰汝半邊鬍子之室人乎告爾王所在則免死半邊鬍子者自潤頷有二毛用以爲號妻朱氏謬語寇曰吾夫自此往南不甚遠也然公等亦憊矣即飯而後逐之詎爲晚乎與妾王逡巡治具度自潤行已遠則以穢置食中厲聲罵寇曰奴能食此乎寇怒斫朱死持王將汙之王又紿寇曰吾計不若從公俱去耳寇喜曳之上馬王瞯路旁有巨桑輪囷即引半面觸之肉糜爛寇又亂斫之以死亂定自潤歸瘞二婦曰幸而不辱〇常氏者開平王苗裔也遇寇逼不從斷其左腕常仆地佯死微覘寇過者皆以馬捎指常或笑或太息常在

細寫朱氏　王氏　細寫常氏

死人中臥三日冠去乃歸遇醫皮僅聯屬不能運
肢體父以爲夫家無所用之矣其故所許字景千
忠者乃喟然曰以此女爲無可取則所取者其必
在能冠者乎卒娶之閒居戢二指猶能績景氏可
不謂多烈歟方冠退時鄰婦有不及避者或問之
曰汝何以獨全鄰婦答曰冠亦人耳何傷于我乎
聞者恥之嗚呼恥其何傷而傷爲可歎而已

如李龍眠之畫仙鬼變相色色神動　吳觀侯

沈安人旌節記

如皋沈生全德喜讀書好善如不及事其母安人
以孝稱嘗謁予而請曰全德母幸與恩旌將建坊
於里門以榮國典而光家乘願先生有言以記之
予曰然安人貞操亮節送往裕後諸大端皆遠近
所稔聞予待罪史局於紀節孝爲尤宜況重之以
姻親申之以吾子之請以宣上德意其敢以不文
辭遂書曰安人姓陳氏父萬爵母韓泰州海安鎮
人幼通書史曉大義年十八適皋邑文學宗姬事
舅五玉姑季孺人甚得其懽心處娣姒以讓與宗
姬相敬如賓宗姬未婚時以力學致疾甫結褵常
分室而寢越三月而宗姬沒安人誓以身殉宗姬
垂瞑與訣曰女死誰爲吾代子職啟後昆者婦人
之義以守節撫孤爲大徒激烈從死非吾所望也
安人泣曰唯命既歌黃鵠一屏鉛華以禮自守布
衣蔬食終其身未嘗露齒姑病刲左股以進創特

甚幾斃、或尤之、則曰但得姑痛雖百身奚恤然姑竟不起舅亦尋逝遺命伯叔與仲婦分財居安人順變守約田廬器物一無所競雖篤愛全德不少姑息尤以習染爲戒全德亦力矯浮靡潔修自好予數與之接挹其舉止言論退然若不勝泊然一無所營而毅然以君子長者自期待竊歎安人之能教也（歸重安人束上生下）（補接）全德之生也宗姬沒已八年安人急請於兄公宗聃而立之以養以教馴至成人嘗泣語之

曰吾不即從汝父死者重承立後之託也（苦心語聲淚俱迸）女果奮自振拔樹立不凡吾異日下報汝父亦可含笑於九京矣全德恪遵懿訓究心墳典圖籍之富爲士大夫家所罕及而獨恥近名誦讀之暇儵然意遠吾又竊歎全德之賢（兩段分應顧盼生姿）能以善養而不沾沾於一時之榮譽也安人現年五十有五已砥節三十七載雍正甲辰以今上登極覃恩特旌如例（束）族黨以爲至榮安人聞之尤悲也曰從一女子之分豈以邀

異數哉嗚呼其可風也已全德字井聚需次儒林郎與次兄沆有妻兄弟之親安人兄壻也予故樂記其梗概以復之

先公自訂全集軼此記今年甲戌道過林梓井聚舉以見示歸檢舊稿記出丙午之冬墨瀋猶新手澤宛在固不忍廢也況安人之節井聚之孝爲 先公素所豔稱全集之軼當爲一時失檢之故因類登之軼稿未入集者

尚多暇當廣搜以備續梓〇井聚長女適縣諸生胡之本未嫁時嘗兩封股療安人及其母皋人稱之次女許字錢善昌善昌夭女自經有救不得死守貞錢氏中女適范全智未一年范死亦矢志立後蓋王母之遺風遠矣俟作三女子節孝記附此記之後以著沈氏一門之烈子沆謹識

李登雲尋母記

李登雲者吾友李君善樹僕也其先泰興縣人賣身吾州陳給事家陳女女善樹以登雲媵登雲生（吳云提）八月而孤母嫁安慶人鞠於從母數歲時間走其父壠上伏哭（李云哭字起頭）極哀墓爲之崩及來善樹家善樹則夜讀書聞登雲哭寢門外詰之（吳云簡筆最悲）乃曰小人生而母遠嫁是以悲善樹亦憐之自是登雲之哭與善樹（薛云伏）謳吟相答習以爲常然登雲逢安慶人輒問母所在（前一個無錫）一日請於善樹將求母去善樹難之登雲哭曰（李云從第一哭字生來薛云一聞中省多少筆墨）小人積痛三十年常恨不得母今聞母見在也小人誠不能自割遂渡江至無錫倉皇行路中一老嫗見登雲即涕泣不可忍（吳云奇）登雲怪之請曰嫗何哭嫗指登雲面曰何甚似吾往者艮人也登雲告以故即其母（李云哭字收場）母子相持大哭其母之出嫁安慶也更（吳云截寫其母之五易夫不是播揚母短正見復遇之難）嫁無錫已又嫁江寧卒歸於無錫爲庖丁妻凡五易夫登雲行求無錫尚以其母自安慶來嫁也止（薛云註此句通體靈動薛云遥接刊排句）三日歸報善樹曰（吳云應恨不得母）幸而得母登雲生八月失其母（吳云總結）更三十四年與母遇後迎養久之乃歸無錫終焉（薛云上已記過此下借宋孝子事咏歎作收）蓋予兒時讀小學至朱公壽昌事知公之爲孝也故人有官鳳陽者爲言朱孝子里近在天長之秦欄鎮至今俎豆其鄉豈不宜歟登雲之事蓋相類（吳云一頓）然朱公失母雖歷五十年之久未有若是之轉徙（吳云曲一筆綰合中間情事好）也誠孝格天一朝合并異矣哉吾州二十年來巨室家庭至有不可道者嗚呼彼登雲者何人（李云冷然而止）

母子會合處出筆伯手必費筆累墨此陡然而入當日血淚如見可擬化工方平云歐陽不能移易一字非浮譽也○登雲僕役耳其血誠有巨室所不及者艮御此類文激揚名教爲功不淺 吳蔚園

刻劃處絕似龍門老子結有關係尤是作家著意處小僕藉大文以不朽矣 李若木

依歸草初刻　卷三　二十四　海陵叢刻　第八種

依歸草初刻　卷三　二十五　海陵叢刻　第八種

海安鎮關壯繆侯廟碑記

侯之宜祠也舊矣余不敢以世俗荒謬無稽之辭信侯失其所以為侯而又不敢執形生氣盡之說謂侯絕無與人間禍福事以重疑侯也侯生平大節光昭史冊村嫗牧豎皆知愛敬其為人而二氏猥援之一以為伽藍一以為伏魔夫以侯之氣誼正命而行豈肯傴僂二氏門下而使侯蒙伽藍伏〔令日幾為此於洗出真面〕魔之號於身後侯則何辜且使侯之神靈深入乎愚夫愚婦之心徒以伽藍伏魔能作老佛功臣侯〔實是如此〕何不幸雖廟食百世不安亭矣蓋侯之自足長留於千古者其正氣也生而為人沒而為神詩曰文王陟降在帝左右此說之見於經者也後人持其正氣而儼恪以交於神明誠有所謂洋洋乎如在其上如在其左右者昔狄梁公巡撫河南奏毀淫祠一千七百餘所獨留夏禹泰伯季札伍員四廟〔誰敢如此道〕四君子之氣未能不盡而神未必有知後人繩其

清風仰其駿烈以為不立之廟則無以志景行愛戴之私故夫土木禱祀亦後人無窮之意耳而謂神真在是豈理也哉雖然物極於神則靈而神歸〔此轉入允不會下〕於天則實天無厭吉相凶之理則神有福善禍淫之權侯得天之正氣以生全天之正氣以死侯之生死皆天也人之失其正氣者天弗福侯即弗福也侯嘉靖間已追王思宗又加帝號竊以為侯當漢末造一心王家百折不挫志殲逆賊身雖死而其精爽所結猶世世為炎漢孤臣故今廟額宜仍〔是〕漢壽亭侯舊號其服御亦如侯生時以成侯志節〔論每出必精當〕而不必飾衮冕稱帝稱王以後世之爵位為侯榮侯而有靈必然吾言而又嘗以國家設教每郡縣不過一學侯所在廟貌稠叠竊以為侯雖宜血食〔說得侯亦心服〕百世其功德不宜有加於至聖先師異時司掌故者請所在祇立專祠一所而所謂伽藍伏魔之號與一切浮屠老子之宮咸廢除之其亦侯在天之

禋所樂聞者歟、里舊有侯廟、歲久傾圮、今僉謀鼎新、而屬予銘其碑、予爲揭其大義如此、若諸父老以佛老之故、而疑予言爲不足以重侯者、則非予所知也、

與其說得神奇、不如說得平實、此爲艮御二十歲作、當時見地已卓然若此　李蒼巖

江都縣樸樹灣關廟碑記

予幼嘗有文以記公諡言伽藍伏魔之號之誣、稱帝稱王所在廟貌稠疊之謬於典禮、好學深思之士頗有然吾說者、然公即不緣帝王而始尊、亦不緣伽藍伏魔而始響答、而所以感發於人心、赫聲濯靈發揚昭明、異於一切之所謂外神者、其生時好左氏春秋、軼倫超羣、爲武侯所豔稱、守炎漢、封疆仗節死綏、爲傳彤程纖贍、尚諸公好義者之勸既皆不謬於儒者、又爲二氏之徒所傳會緣飾、使愚夫愚婦皆常若有一赤面美髯者之立於其上而陟降於其旁、是以至今市井呼之曰爺、庠序呼之曰夫子、崇號極於勝國、而廟食膴襲極於本朝、嗚呼、自有祀典以來、孰有如公之盛者哉、前同州知州待次二千石吳君廷偉于役西藏、往返一萬三千餘里、初不能不怵於其役之勞、而齋心告公、獲有寧宇、無逢災害、下至僮僕駝馬之屬、亦皆藉

庇神力以免於奔逸死亡、是以吳君之子文煜於樸樹灣之趙家莊、建公廟以志不忘而吳君請予爲之記、夫神明靈異雖儒者所難言然由上蔡之說以進詳乎孔子之所以告宰我者固確有可以徵信之理也予生平不用卜而逢牛三弄之讖亦慄然有動於予心遠祖觀察府君幸脫於火事載邑乘不同因果小說故予因吳君請既樂得而書之又新與公之裔曰上進曰暾者同官翰林方辛丑四月今上臨軒謂上進曰爾亦關帝之後人乎上進謹以羽遠孫對知聖明之未嘗一日忘公也不然正陽門暢春苑何地而皆有公廟博士何官而以命公後人乎上進最善予言襲封博士者爲河南關氏公長子平既從公死難無後次子興興子統蜀破轉徙嶺南今子姓繁衍占籍南海各縣環九江堡而居者不翅萬戶也五月十三爲平之誕日俗誤以屬公公誕實六月二十有六日又言

周神宗己未得公玉璽使置于西湖之照膽臺玉與篆皆漢物非贗夫漢季去今幾千年矣天子殷殷恤其苗裔前代斤斤猶不忘其一璽豈非以公忠義可師而風厲封疆使胥爲仗節死綏之臣哉夫古來以諫死者始於龍逢以討逆死者始於公關氏之著於史冊者雖略而有公與龍逢已足導忠諫及一死事者之先路武王下車封比干之墓而孔子又書其碑不識龍逢今猶有墓乎未也嗚呼予豈獨爲關氏一家言哉

上十篇已足破俗使浮屠老子之宮毋得傅會後及家世逸事及夏時鼻祖不但筆力古勁結構亦神明於腐史矣　關樵峰

自强堂後記

新安程君道光僑寓江都之市能爲詩而篤交遊驤因李君驎錢君程煥得識君君顔其所居之堂曰自强君因二君使驤爲記驤曰自强之義二君言之審矣驤即善言何以加於二君既重違君意則誦二君之文以正告君曰此衰世之感也夫君以爲富貴者不可資緩急而取諸自强欲自强之道求之耕與讀可謂能反求者若驤之愚則有進於是耕者古之大聖大賢當其困時皆不憚親爲之然猶曰此康身之具也至於讀則將明吾學以利濟天下如君之言其自强之本心無乃不正乎且夫富與貴亦無必得之術也子貢之貨殖子張之干祿皆不爲夫子所悅顔淵陋巷不改其樂而夫子亟稱之然則爲君之後人者賢則使之勞心於讀愚則使之勞力於耕窮而在下祇安其半畝之宮達而在上雖動猷著廟廊而非有加於我固

不必戚戚與衰世之感也君新安人也昔者考亭先生修明孔孟之道一時小人詆之爲僞學而光顯至今章句集註與四書六經共壽君又河南之裔慨想兩先夫子之餘烈雖黨錮一時終俎豆於千祀此自强之鵠也不然者聖賢之欲行其道亦急矣然而難進易退不苟合當世以取容甯不屑圖卿相之尊而斤斤顧一身之緩急必不然矣然則記斯堂者亦正其耕與讀之心而已

議論必衷於正如良御者可以立言矣　阮退思

仇十洲畫記

商丘吳丈示我仇十洲所畫蘭亭高會圖自右軍以下爲主客凡四十有二人亭以內據几疾書者一人隅坐者二人一人觀作書一人凭欄觀亭外游鵝池水繞亭足循池逐鵝游者一人池折而右曲水流觴列坐其次或仰而思或俯而書或促膝而其賞或隔溪而遙語把卷微吟者六人而向背喁于或相應或不相應者又六人立而題石者一人負手旁觀者二人欠伸者一人醉寢者一人痒搔背者一人解衣坦腹者一人濯足者一人臨流並坐欲濯不濯者一人抱琴者一人弄琵琶者一人傾耳而聽者二人一人坐一人叉手立隔溪手語者又二人或離立或趺坐總不離酒卮與手卷者凡九人攜酒榼後來者又二人內拽杖者一人自右軍支道林而外總不能辨其誰何而曲盡其態各開生面無一人之或同者焉或捧硯或負笈

或候門或提壺或挈榼或當壚或臨溪而流觴或狎池而受盞臧獲之數凡十有四人而亦無一人之或同者焉爲亭爲橋爲峯爲竹木爲雲爲水爲徑爲瓶爲盂爲鑪爲竈爲硯爲水注爲杖爲羽扇爲管絃爲釣竿爲手中之卷爲池上之鵝爲態亦各不同觴之順水流者十有三而取之手者不在此數凡此者皆其大略吾語焉而弗能詳也而當年所謂天朗氣清惠風和暢者一一如逢其故曾不知其人與骨之已朽而俯仰之久爲陳迹也當司馬之世士大夫皆脫略相高悍然以禮法爲桎梏度其時祓禊成俗不必蘭亭而高會者亦衆矣豈無崇山峻嶺茂林修竹清流激湍如序所云而今已皆成腐草輕塵也豈非以其人哉昔人稱右軍有濟世之才而不用放浪山水非其本心今觀其與殷浩及會稽王牋可以想其未出之蘊而茲亭觴詠亦恍然有沂水舞雩吾與點也之趣非聚（借坡）

（仙○詩○作○贊○最○遒○）蚊金谷可比也比者禦兒呂晚邨先生修明洛閩之學予欲往而從之遊因以徧覽山川訪禹廟蘭（閒情）亭之遺跡而忽焉不果今披斯圖幾幾乎如置我（逸致低徊不盡）山陰道上行也既書以歸吳丈並用自備遺忘圖雖往矣吾猶若旦暮遇之

予爲此記頗學昌黎家法獨以未悉四十二人本末則語焉弗詳終不自慊後於格古要論中見金華宋濂所作李公麟圖記乃知圖本公麟

而仇山人特搨焉者也米顛稱公麟圖與褚遂良所搨蘭亭序柳公權所得羣賢詩爲三絕今不可得則此畫爲可寶也然以予執金華所記校仇畫終不合乃知十洲又自出己意非專搨唐人本也又金華記公麟畫自右軍外當有四十二人名姓爵里並歷歷初無支道林而仇畫合右軍祇四十二人於其數内又裝點一秃髻之老僧則恐其亦有所未及深考也然其畫極工緻所謂狀人人殊一時清標雅致浮動樽俎千餘年後猶可即圖以想見其事者則古今人亦未必不相及獨予作較金華爲簡此固視所知爲詳略而亦以徵予拙也然昌黎金華所記畫並爲他人有而此圖乃歸於予予所得不已夥乎

張海房先生依歸草卷四

海陵張符驤良御著

子沆重校

伯祖頑甫府君墓誌銘

在宋中葉、海陵張氏有三公者、爲吾宗所自出、凡四傳而支分派別、其小宗曰勝七公、頑頌有明宣德十年南都鄉薦、官國子助教、其先教諭已時士子祠其像於學宮、學者稱茂才先生、用伯子遜

齋公又貴、贈奉直大夫刑部員外郎、此吾本支所自出也、遜齋公嘗與羅一峯倫疏論大學士李賢奪情、無親有直聲於時、仲子敉高尚不仕、儲文懿嘘稱之曰劬學敦行、名次其兄、是爲裕齋公、裕齋公之季子曰芸窗公霆、生懷仁公琛、懷仁公之伯子曰泰岩公鎰、始徙海陵之海安鎮、泰岩公之季子曰竹岩公杓、配黄太孺人、是爲府君之考妣、（一段詳世德表系）裕遷（次用兩居焉）芸岩公別子之後有爲司馬者曰鳳樓公桐與竹岩公爲兄弟、而芸窗公累世不顯、然皆以善聞於鄉、懷仁公號孤孫、以德行爲鄉約長、至泰岩公兄弟有聲庠序、泰岩公年八十餘、好著書、高夫人白髮皤皤、輒紡績與共燈火、顧以不善治生產、家中落、或日闕無儲、未嘗不怡怡然也、竹岩公徒手作家計、然之書以治生、顧望其子決科以衛門戶、族之籍諸生者、每歲必有饋遺、仲兄遇公、殷公曲意下之、務得其驩心、生五子、伯曰蒼巖、府君諱也、府君

生而勤斂精心計、嘗自岩公總家政時已私畀數千金、既析箸、夙興夜寐、習於勞苦、農深思遠、家道寖昌、予讀蟋蟀之詩、蓋勤儉之至也、其詩有曰蟋蟀在堂、歲聿其莫、今我不樂、日月其除、而又曰無已大康、職思其居、好樂無荒、良士瞿瞿、蓋風俗之厚、而長子孫之計者類如此、後世或以儉嗇譏之、亦不明於有家之常道也已、故張氏之盛、其度越流俗者有數端、無聲色之好、無博奕飲酒之好、無

鮮衣怒馬，尙勇鬬很之好，至於今而漸非矣。獨治生纖嗇，以貲爲生，有無罕通，首尾自畏，此亦不可不塞其流也。聞府君兒時，見有樗蒱者、袖手旁觀、伯考居所，公見之怒、且訶且撻之。府君歸，愬於肖岩公，公喜爲兒禮。今且有兄弟交博，恬不爲怪者、嗚呼！世愈陵遲而前輩遠矣。元配陸孺人、先府君十三年没，壽六十二、府君享年七十有九。諸孤斯範等奉其匶，合窆於黄自量祔先考妣之兆。嗚呼、張氏世爲海陵人，子孫廬墓皆在焉、泰岩公雖遷海安，猶返葬於州。肖岩公始謀窀窆於此。府君兄弟五人，而府君齒最先，次吾祖爾弼公，次叔祖維四公、次帝臣公，次帝簡公。維四公與帝臣公皆先死，別葬。府君以丁卯季冬下世、而吾祖亦以戊辰六月搆危疾不起、嗚呼！肖岩公之子五人，今惟帝簡公在矣，豈不悲哉。銘曰：維我張氏，蕃衍井疆、斷自六三、恐冒汾陽、迄助教公、五世其昌、篤生二祖、兄弟遹皇、顯晦不同、時論頡頏、芸窗繼世、潛德弗揚、有子懷仁、爲善自强。泰岩肖岩，再世恢張、或勤稼穡、或治縹緗、爲裘爲冶、靡用不臧、昔有端木，異取兼營，既通六藝，亦累千金，苟非其人、各有不能、於惟府君，學書不成、自其早齡、力田治生、勤愨自喜，辨色而興。爰配孺人、戒旦雞鳴，不辱其先，以詔後人。

（文情從「土祔兆」一句生來，真覺哀纏筆底。）

此等文純得震川氣息，吾與執升浮白而讀之，百過不厭也。吳澹寧

江處士墓誌銘

先大母伯姊適江氏者、早孀、有大節、是生公及公弟二、監公字二酉、諱必榮、在許氏諸甥中年最長、大母齒視之、不能過五六歲、而曾與於大母氷人習書數、爲里中童子師、粗通文義、或爲詩、亦俚而可誦、驟兒時、亦嘗從公正句讀、辱公夫婦愛也、公持論風生、善同人意、跛一足、鬚髮皤皤、率眞無僞、遇事啼笑如嬰兒、予旣平徐氏之難、嘗於鳳凰山巔置酒酬客、酒三行、伶人從容演玉杯至張權就刑西市時、公欷歔流涕、幾欲失聲、昔有演精忠者、一庖丁袖刀而觀、顧見岳家父子遭秦檜媒孽、旣獄、忿甚、卽揮刀殺郞檜者、郞檜者亦何罪、而好善惡惡之誠、之激發於人心者、眞不自禁、其所以然也、予蒙難時、與玉杯所演何以異、豺狼之逼[illegible]魑魅之與爲徒、公爲懿親、其亦不能無慨[illegible]熙二十年六月初六日沒、年六十七、配朱孺人、子

二、孔詩、孔禮、予與之銘曰、陽秋其腹、懸河其口、爲公誦詩、蓋左之無不宜、而右之無不有、獨不良於走、

熙甫之言曰、畫者於人之耳目口鼻肥瘠大小無所不肖、然而不似者、其必有得其形而遺其神者矣、此眞寫得處士活現紙上、陳伊宣

太學生陳公墓誌銘

公姓陳氏諱之襄字自力別號毅庵先世有遭虎
於田者牛奮力與虎鬬俱斃是以得脫故陳氏亦
世祀牛墓遠近皆聞之祖夢兆官鴻臚寺序班鄉
里稱長者父應桂爲邑廪生崇禎時與楊芳等並
以氣節相高嘗以事質成如皋縣令令不直應桂
桂卽庭譙令不爲屈至令道出海安猶率諸生要
於途必得平焉然後已其好剛使氣如此公生而

美丰姿言論侃侃類引繩墨切事情然性尤易忤
頗落落不可一切以酒自豪率眞任達有禮豈爲（問）
我設之意獨好爲韻語書法畫意以龔賢爲師補
邑庠增廣生員晚入太學（一句是綱）嗣季父後病革乃俾三
子晏龔其宗祀生平不喜浮屠處分身後事皆井
井有條理其一日不作佛事吳俗佞佛謂佛眞有
渡世慈航也二日不送飯吳俗好鬼謂人死後眞
有魂魄入地府見閻羅等十王而必經由城隍神

如人間地方官遞解地方人也三日不蔬食吳俗
親將死卽爲飯僧持飲酒食肉戒四時不復血食
也此皆習俗移人牢不可破而公毅然禁之絕夸（問）
教之昏正神鬼之享有守禮君子所難能者且日
祭必以伶人侑之燒紅釭奏鼓樂俾諸郎各誦治
命一通也以康熙三十年七月日沒春秋五十有
九家君子有詩悼之曰易簀偏能禮法循也（又借一語作贊）符驤
（另敘）兒時辱公愛以女團圓許字焉女五歲痘殤公夫

婦每見驤未嘗不泣女亡後四年而驤始別聘今
妻陸氏蓋公夫人宜子歲常一舉焉雖團圓早死
猶冀更得女以字驤而卒不得女比驤受室生子
女公夫婦聞之輒自悲公下世後一年長孫女亦
夭折婢往省之練夫人黃髮皤皤撫今追昔泫然
泣下遙遙三十年猶不能不於其五歲之殤女動（是○爲○頂○古）
無窮之悲也哀哉練夫人故慈利知縣應魁孫文
學緯玄女丈夫子七人暹昱晏晟暄昇早暄早亮

亡銘曰生牛腓字詑前賢撐拒虓虎死尤傳不有厥祖何會玄公才蹶起萬夫前生平作事苦迍邅死後區晝猶井然把公行事勒新阡隻字無諛厥甥頭柔情爲公嬌女牽悲從中來不終篇

隻字無諛作者自許之矣一種蒼凉綿邈咏嘆不窮歐歸千古擅場只會得此景致耳 劉雍州

盧恒齋先生墓誌銘

予自己卯得識無爲盧之巽之臨壬午與之臨再見石城訊其兄則黯然曰已化矣今年乙酉又見之臨道故甚歡予感憤時事將以十四策遮道上謁之臨見其草顧謂予曰如君言不遺二人憂乎予瞿然改容因問之曰君堂上皆善飯否之臨聞予言卽涕泣不可忍久之乃曰臨天下之鮮民也排場純是史記蓋予與君雖相識六七年皆廻場屋卒卒往返間忽打斷盧言自出感慨見其制舉業不過以爲時文之豪無暇深言他事今乃有不盡君才之歎而天性骨肉之感尤有可感者予其能以無言乎此下皆本盧言而代之無爲南北之衝孫權築塢以拒魏者發揮邏天下承平流連風雅搜米顛八公之逸事而明末再燬于賊蹂躪無餘盧氏雖席戚茂公之遺烈亦破碎而失其常業至于國初頑民猶抳險以抗王師事敗沈志一等此句正非問文皆駢首就戮而禍及其姻黨於是盧公應爵亦不保其要領而恒齋

先生已死而復蘇則之臨之祖若考也方城未戒嚴時先生告其先人宜速行即不從頃之諸舉事者亦不聽去王師以拉朽之勢玉石無分先生被十餘創頭顱破裂矢交于肩先生仆地佯死一卒猶剸以刃穎出其背亂定從死人中魃行至家有蘇得不死時之臨兄弟尚未生也先生盡以先人釜業讓同產而舌耕養母稍稍積贏餘置義田贍（此爲誌墓之正文大節十餘只用一百字了之）族黨凶歲煮粥活人而又廉於取州大夫稔其才

既以邑乘屬先生仍用幕賓相招先生引嫌終不肯入其後遇璺吏無禮於先生吏挂議去慮先生銜之則奉金爲壽先生又不受拒奔女不信浮屠凡此八皆以爲難康熙庚午仲冬二日沒距生天（再疊局法　創補略）啓乙丑享年六十有六嘗被創時鏃著骨未出迎陰雨輒痛絕既潰益不支尸居餘氣能知遠浦亡（可悲可涕而流撮八事亦附見）鴨家人以爲怪沈孺人刲股以進服之有瘳其先兩策危城皆中全活無算至是乃不保其親幾以

身殉則命之不可知也之臨爲予言至此復嗚嗚（戰明盧言雜法起結）泣不已先生諱綜顯字右文廬州府學生考亦遊（界）於庠祖希周太學生曾祖泮萬曆庚辰進士官至四川威茂兵備副使沈孺人即沈志一女也生崇（映前）禎戊辰七月沒康熙癸亥七月壽五十六是生之巽之臨皆無爲州學生女嫁無錫縣庠生曹思恭其苦節有可哀者孫曰德燕德烝燕生維岳維嶠（帶筆）維嚴嗚呼予忍不銘銘曰桓桓盧公是征應龍彼（補筆）樞者誰賞不酬功延至孫曾猶以凶終再策危城指畫從容天不降康命輕於蟲就屠如飴吾翁婦翁刃則有鋒斬頭陷胸鬼錄不登空谷來跫亦有醍醐楊腹是充載游廣漠鈞天是逢帝謂恒齋汝無夢夢全軀作人再造盧宗兒爲祭酒女亦寒松虛生浪死俗狀塵容後或有述視此幽宮

六一之回翔佐以昌黎之奇崛正使嗜淡者咀其至味鬪險者獵其皮毛弇州但推熙甫誌文

寳則銘詞何嘗不古 方靈皋

吳節婦墓誌銘（何書法、）

康熙四十年春休寧吳節婦没其孤太學生維佐、不遠千里、以書遺其弟章曰佐不孝不能飭躬修行以邀天眷而養生送死之道又缺然多悔痛心裂肺無地自容惟是先妣一生苦節有偉男子所難者寂無傳焉則何以顯懿範而垂示方來然達人諛辭又不孝所不敢浮慕也在吾鄉惟以請於誠齊施先生遠則求有傳於泰州張先生先生其許我乎、且曰方正學有言養有不及謂之死其親殁而不傳謂之物其親皆罪也物之尤罪也謹北望稽顙惟吾弟披情愫以介於先生其誠如此按節婦姓劉氏處士吳少由妻歸處士六年而處士死（此等已成套語有下文實落遂不覺其套）婦慷慨欲以身殉處士之姨母曰張節婦者往救之、曰是藐然者襁褓中物耳兩世一孤責在汝矣婦乃幡然不復言死顧以家殷故（故字逗、）居茗洲久為盜所覬覦（字讀）一日盜排闥入以佐去、茗洲在萬山中、羣凶所滙既得佐喜曰此奇貨可居也婦聞變從屋半墜下幾斃乃收淚謂人曰盜所欲者吾財耳於是空積贖佐歸稍長使就傅既而曰學道治生皆本業也佐以是服賈而用貲爲上舍（隨筆收聚）落筆灑然輒能文其意如上所以告章者知婦之能教也宗祠就圮婦輸金鼎新之有贍室者分與之財而於孀寡愛護尤至曰與我同苦況者也凡砥節四十三年距生崇禎十年十一月壽六十五子即維佐

孫嘉默嘉積嘉貞當明之季吳氏有婦曰汪氏者於婦爲娣姒其矢志立孤相若也一門之內閨風而興者又五六人何女子之多賢歟閨閫之彥平居無可著見獨死喪之酷天每以此激成完人故（胸中感慨借題發揮可見起首數行不是泛下）立言之道本與德功同爲不朽惟是董狐不世出雖有韓歐作者世或以其偶一諛墓而疑之又況於爲世俗之文宜不旋踵而宿爲寡婦之子者（王李文已不堪讀遂不知埋沒多少志行）不知所託即曠代之節亦與爲沉埋銷蝕而正學之所謂物其親者其罪亦不可逭矣（一氣）婦之節本無可物之理而維佐之純孝又不忍物其親則予重（收拾如魚在網）承章請而泚筆爲之銘不自知其能使婦有傳乎未乎銘曰猗歟節婦邦所尊天與綽楔旌其門綽楔千年有不存尚茲來者觀斯文

正學語遂有發明時下碑版名士何處生活伍

芝之軒

吳夫人墓誌銘

吾友吳訒齋繼室秀林卽世、既作傷逝賦、其語甚楚、而仍屬予銘其幽、予惟伉儷之間、賢者以爲增重、故安仁微之義山之什、喧騰於學士之口、而感發乎千百世下鰥夫寡婦之心、震川以學道老儒而猶以此事爲生人之至痛、能禁吾訒齋之不忘情乎、秀林姓范氏、諱淑鍾、秀林其字也、先世休寧人、轉徙推上、父某郡諸生、母山右喬氏、秀林生而慧敏、蚤受書已見大意、長自修整、燕居無媟容、二十四歲始歸訒齋、嫻於婦道、待前子有恩、終身不形忿戾之色、見訒齋爲詩、心好之、習爲苦吟、飲酒時與訒齋隸古僻事爲觴政、賓至無措、剪髢剉薦而情不衰、女紅之隙、蒔花瀹茗、翛然自得也、康熙四十二年九月十二日殞於産、年僅二十有九、葬當塗東鄉之馬庫、訒齋刻其詩爲秀林集、予閱秀林集多可喜者、如訒齋所稱德言工貌、已隱然兼

之、而不能久生於今世、閨中至友、古今以爲難、幸而得之、又不獲白頭以相守、如燕于飛、貍或啗之、如魚比目、獺或祭之、如琴瑟之靜、好火或燎之、宜吾訒齋之不能忘情也、訒齋名正炳、當塗博士弟子、所産子曰國瑞、銘曰、既與淑配、豐其遭、胡爲中道分其曹、福命相妨堪悲號、誰能百年同堅牢、賴有詩推閨中豪、秀林兩字聲價饒、誰者誌墓夫子交、海房張氏勞搦毫、

著墨不多、齋容無限。程偕柳

程式嵏碑陰

人不免一死、或以兵、或以刑、或以水火、或以餓、或以七日不汗、爲途不一、苟吾有以召之、其爲死也抑又何悲、顧吾雖無所以召之之理、而數有所不可知、侍中之血、龍門之腐、綿上之焚、汨羅之溺、絳侯之殍、賈誼李賀之短年、凡其可悲皆有可解者、今且慘浮於兵刑水火、而其既死也、直同於野馬飄風、百無足與數公相次比、雖其父兄師友、暗然不能發一語以暴其冤、是使逝者長啣恨于九原、此可爲深悲極痛者也、嗟夫式嵏以卓犖之才、攻苦食貧、資館餼以佐甘旨、其主人鄭氏故繡衣也、式嵏嚴介之性、不能包容於其臧獲、積嫌成忿、乃用巫蠱之術以詛式嵏、式嵏遂發狂、時有鬼魅附耳語、一日從閩下得一木偶、備具式嵏干支、即焚之、然式嵏卒無救以死、康熙三十六年七月二十日也、享年僅三十有二、主人治棺槀瘞式嵏於某

（千古大精文）（入事）

方式嵏尊人故長者、不能詰也、其後六年、項子穎几屬汪裕惇士買山蜀岡之右、而請予誌其陰、式嵏有文名、小試輒冠其曹、尤爲海寧侍郎所器異、時潯江太守以清彊聞天下、式嵏於海寧前特疏其短、未幾太守舉賓興禮、虛左待式嵏、式嵏竟不至、又以友故忤泰州知州賴遂寧、以無事故人狄時雍死、式嵏經紀其喪、矜恤遺孤、分與之餼久不厭、而臨財確有執守、未嘗苟取、嗟夫人不免一死、死或重於泰山、或輕於鴻毛、充式嵏之志與氣、可以成湯陰之忠、可以續蠶室之史、可以倣屈子之騷、可以厲介推之節、可以作細柳之容、可以痛哭於立談之間、可以撰文於玉樓之上、然數公者皆爲河岳、爲日星、而式嵏則不過爲野馬飄風而已矣、其感憤激昂、徒託空言、而著書又未成、可見者獨其詩歌與制舉之文、而亦未大顯於世、子是以序而悲之、雖然、人或七日不汗死、或饑餓不能出

（回斡起處激）（蒼雄迭）

門戶死、或蹈水火死、或被酷吏貝錦萬端死、或如國初破揚州時、擧百四十萬一夕駢首死、皆命也、而式嵌何必不以厥死、式嵌姓程氏、諱揚燿、未聘無後、父山普、上舍生、祖治、以乙科爲句容縣校官、其世由新安徙淮安、今僑揚州、式嵌終江都縣學生、詩曰、旣與世違、何必久生、鬼來瞷之、山人高明大義是篤、窀穸斯營、我放厥辭、垂戒千春、

口口口口至於妖邪盛行、而文人賢士竟無罪而寃抑以死、眞世道之大變也、讀之如陰風怒號、無數鬼哭、依草亭

陳孝女墓碣

予與陳君石鏡同爲泰州人、而所居距百里、初不相見、耆然竊聞君天下之偉丈夫也、去年冬、始見君州邸、意色慘沮、重有不自得者、叩之、乃曰、子今日之史公也、而予天下之窮人也、予欲有求於子、而悲氣塡塞、久而不能以出諸口、蓋吾女死於毀、毁非令甲所貴、而不一號於能文者以叙述其行事、是徒沒吾女之苦志、而且何以豁吾之哀、蓋君爲二十歲時、卽卓犖負四方之志、娶孺人葉氏、不期年卽遊京師、時孝女方在抱、諸公要人無不欲交君者、君用是客燕十二年、始一歸視、則孝女已髮覆額矣、家居不二十日、卽又北去、止京師又六年、將有事蘄黃、便道過里門、則孝女益長、擧止端靜如老成、中饋女紅皆嫺習、助母理內政、君倉皇促裝卽發、以孺人一日暴下爲之少稽、而孺人竟不起、孝女哭踊無時、君卽以禮譬之、終不自抑、一

日君入城與太守語家中急足以孝女訃至距其母死百餘日耳康熙四十年八月十五日也嗟乎以毀自戕雖不見旌於令甲然制律者之意以爲必如是以爲孝非所以爲訓而或有能行之者亦豈不足以生史册之光後世臣死其上婦死其夫

（鴉筆必有發明）

皆有異奬而子死其親即不得爲孝非法之平也

（先安此何好）

予以爲爲妻守義爲子承家此不易之常經而間有纏綿篤摯之性至於戕生而不悔則懸一格以

旌之而槩與之以綽楔不當取彼而獨舍此也孝女生依慈母死亦共之哀慕之深至於身殉嗟乎當其境者已極人世可悲可涕之事而家有光而戚有榮一抔之土與白骨而俱芳也予又何惜不文之言以表其墓上哉孝女名窗沒年十有八歲未字葬在梁垛場某方君名國樑今待次知州

從鄭人對翻出道理論事如海房乃爲不拾人牙後慧文氣古淡又不必言　白楚惟

奉政大夫提督浙江道學政致仕陸公神道碑銘　代少宰王峯趙公作

康熙三十一年秋七月十一日浙江提學致仕陸公吳州先生卒於家其明年冬十月公冢孫明經祖游克治葬事奉公及元配向宜人之匶合窆於某鄉先期述公夫婦事畧並實以許翰林汝霖所爲狀請予採次其語揭諸墓上予憶丙寅壽公忽忽六七年寧意我友遽至於此欲辭不獲而爲之

言蓋晚世文章之士能雄長於帖括之場者有矣

（高唱入雲陸公一生以文字占）（時名故直提入論）

能卓然爲古文之業以名世而行遠乎能爭名號於少賤之日者有矣能念茲不釋於富貴老壽之後乎天之生才既有利鈍工拙之不同而人之志氣又爲之迎距於其間是以其所以成就之者尤不易近古最著者三人曰李太白蘇子瞻陳大士（証）太白斗酒百篇子瞻筆妙天下大士湯熟文幾首飯熟文幾首與其嫂相鬬爲戲輒不失度雖研窮（有分）

精微三八不必皆其至者而要以揮灑自如見者驚猶鬼神此境不知從古復有幾家也而吾謂公實近之公文不加點落筆萬言自其七八歲時早能爲驚人語吾聞其歷童子試也帖括不具論於（段詳序其好爲古文至富貴老壽不釋處以貫首股之意）王縣令則有吳陵賦及各體諸詩又上書如昌黎體於韓郡守則有冬雪賦於曹司成則有石鼓二詩於陳州守則有天下文章莫大乎是論又上書如昌黎體前代暨本朝場屋所重皆在前場公先

後對策皆卓卓可傳甲辰改策論公益得用其長至今尤傳嶽號禮成一表冠絕今古廷對已領袖傳臚以極言京察大計主銓者忌之抑置二甲七名其在中秘也一切制誥機宜文字多出公手宰相讀公所爲則喜不喜他舍人所爲他舍人或當爲皆陰以屬公公一時名流輦轂其分考直隸及充粵西總裁程式序絲動可垂永至督學越中也田中丞觀風武林公以執事從喜心撫髀無不咋舌自是每於唱名散卷之後獨坐絳帷盡拈其試場所命題日未晡已脫稾如干首生童旅進請業公面爲甲乙其尤尤者寵以詩篇查翰林試童子時公賜詩曰他年勉應韓琦識誠佳話也其歸休也惟以詩文自娛四方來求者踵接而公益不厭又以其餘力作爲詞曲一帙雙鴛流傳名部皆取辯於杯茗立談之間他人紙墨（輕掣處）撚鬚終日不能成或塗改不存一字而公爲之裕如遇大小試他人

搖首苦吟嘔心出血面無人色而公爲之暢然此（轉軸）當由天縱非關學也然吾聞公少與張詞臣友善兩家封翁延武進名宿爲二公師二公相謂曰江南人好讀半截講章及摘段時文爲捷得之術吾不欲從之遊也張封翁恚曰是名孝廉不堪爲童生師耶詞臣遂拜公不得已亦拜公與詞臣雖執弟子禮日間爲俗師之學而夜則與詞臣共燈火陳隱數十爭砥礪爲古作者之辭章更闢館童皆

睡去二公燒廢字爇餘酒踞柳城而飲飲酣則清歌達旦率以爲常所謂雙虹堂也遇盛夏常以雙足置甕中禦蚊嚙雖廁上手不去卷其勤苦如此（此段洗發陸公砥礪成就處以應首段天人二句之意）夫天既篤生公以英敏絕世之才而公又自力於學以無負其所授自信過銳雖有拙工庸醫無所售其方伎而錮蔽其聰明雖窮苦不足撓其心雖紛華不足易其嗜好然後知人之才天與人相參焉而自棄者誠不得歸其咎於天（隨出一筆正）使公得從歐陽

（與前段不必皆至意相照）六一曾南豐遊與之上下其議論其爲不朽之業又宜何如也（轉軸）然太白失節於永王大士隙末於東鄉儒者以爲貶議至子瞻侮聖人而佞佛老尤得罪於名教公在浙時逆知祖弘勳之邪謀而先去之與詞臣交如魚水之合晚年猶自稱雙虹老人著書皆發明經義不墮外道吾前欲以三人例公（又開論以盡其）九原有知恐我友猶然不屑也而公之事封翁及（行事）贈母也生事盡孝死事盡思在中秘時早慨然有

白雲之感處伯仲子姓之間也友且和居官絲粟無染屏絕請託其治刑書也惠愛結於人心而死者不怨其督學政也遴拔及於側陋而棄者無後言致政後徵書屢下而公還山志切無復宦情居鄉恂恂不以賢智先人而又盡變澆漓凌奪之習此皆行爲世法可質幽獨無愧聖賢（一評收拾全）不得僅以文（文極緊）人傑士稱之者也宜人佐公成名嫻於內則尤善處諸姬有螽斯樛木之遺風非直差賢勝敬通而

已其即世以二十九年十二月二十四日先公二年卒公才難爲其後而長子諸生與齡慧而早夭鄉論惜之祖游及次君明經籛齡皆不隕家聲者也祖游母徐守志撫孤已二十五年恩旌有待眞（收得有逸趣）昔人所謂爲門戶之光者要之陸氏雖以提學公高才成進士有以駿大其家聲亦因宜人與其孀婦兩世淑德貞操爲之增重云詩曰江湖散人生民厥始毘陵山陰各有別子作縣於皋勤官而死

延及竹溪、亦以令止、公也挺生、名譽鵲起、念載名
場、行雲流水、不朽者文、何愧魁紀、泚筆直書、奚兀（世次名號官階詳誌中、是發、體）
自喜、陳思江令、焉足差擬、矧其制行、更臻醇美、名
在天下、誰不知汝、彼螳者臂、鬼子敢爾、甲第牛毛、
不以此役、終公之位、不過學使、槩公才德、誰與倫
比、嗚呼陸公、千人之英、我望而呼、鳳凰景星、位不
稱德、中歲投林、一朝騎箕、厥世上賓、寧有芙蓉、往
主厥城、厥諱曰舜、厥字玄升、學者咸稱、吳州先生、

先外舅爲東南才子、負海內宿望、而於館甥中
極賞艮御、此文亦所以報知己於地下、合艮御
前後序、書卿嫂叔文觀之、其爲功於督學者大
矣。李退之

汪處士墓表

季世之天與三代異、三代之天、必視三物六行耆
而賓興之、此天之有定者也、季世非反其道而用
之、則其眷必不隆、而人亦遂以爲賢德無食報於
天之理、而斷勝於一日之數命、此天之無定者也、
然而賢有德者、既不見眷於天、而其人亦不甚慕
於其非常之眷、但以爲吾如是以行之、而心安而
理得、以俟有定之天、徐起而責其報、而其既獲報

也、不必以科名田宅輿馬僕隸、極一時之榮、而第
使其子孫曾玄、世爲通經學古、敦倫好義之彥、其
年必壽考、其象必寬裕和順、其門第必淸白無可
嫓黜、其晨夕必不絕伊唔諷咏之聲、蓋予於處士
而嘆季世之天、其猶有可言者也、凡新安之汪、以
越國爲祖、其遷東林竹村者、以天閒子爲宗、至處
士乃再遷華亭、處士父太學汝、汝父有瑞、有瑞父
志大、志大父音和、音和父啟、啟父廷鸞、廷鸞父雲

保卽天閒子也許文穆公爲之傳自處士上溯天閒子凡八世太學有聲萬歷之代而處士爲其仲子與董文敏公友善因移家焉遭國變感憤乃取生平著述盡付之火以退庵自號歷抵燕趙齊魯吳越之墟以舒其湮塞不平之氣所購金石刻殆數萬卷撰三邊舉要草野見聞錄蓋優游林壑者幾三十年太學病篤處士搏顙呼天願以身代若有神人授以丹藥進之有瘳旣浮家峯泖故山薪

木荻粟之利半以給其宗人而鄉黨之急者則爲剬其盈虛而時其出入例以仲春出穀秋成乃按籍而收之民以爲便或有不償者亦不復責也金文毅公旣死所在宿兵山砦大帥尅期將屠之處士具牛酒詣軍門說以仁義之師勿妄殺帥納其言嘗買妾詢知有夫立還之村隣有以井稅鬻妻者處士聞之不忍卽爲輸錢太守舉鄉飲酒禮虛左待處士以康熙九年九月歿壽七十五配三孺

人朱氏程氏徐氏並葬休寧縣之大來山子三人孫十人其季子太學生鉉鉉子思述思遵景洙宗藻尤篤交余者也余不及見處士而與思述兄弟遊嘗渡江拜太學於堂亦皤然老矣酒闌燈灺談先人已事並視以尤侍講侗朱檢討彝尊所爲傳皆與太學語合王尚書日藻題其墓曰逸民而碑文則舉以屬予予以爲如二君所傳三物六行巳隱然兼之顧不獲賓興於朝僅用大布衣老死巖

壑就世俗言之可謂不甚見眷於天然而跡其所行則已可以俟有定者太學每與予言未嘗不以（一二抱前伏筆作結）人心風俗爲憂以讀書種子爲急思述兄弟名在天下不論論其諸孫長者十五六歲巳博通六經少者八年九年亦能舉尚書周易戴記四子小學之詞予憩其修吉堂十餘日見諸孫皆辨明而興夜分而卧一門之內洩洩怡怡有天倫之至樂姑婦娣姒無反脣相稽者一寡媳戴氏早厲冰節而

號完人叱咤之聲不及於僕御賓至如歸數百里之內飢者與之粟寒者與之衣故園補助尚仍其舊若是則處士之貽穀其可知也矣處士諱國柱仲卿其字予為揭其獲眷於季世之天者猶如此使處士生三代盛時其用三物賓興又何疑也然則以予而表處士其兩無慚色也夫

本三槐堂銘而更拓之收尤淋漓鬱勃 宮恕堂

二張先生阡表

先祖諱一倩字爾弼先父諱斯道字敬修學者稱寧海二張先生崇禎時鄉人俞侍御鐸張京兆幼學及不孝婦翁督學陸公舜相與為曲江社而皆推先祖為盟主先祖顧欿然不自足持所業往正於張西銘西銘曰此吾畏友也一時名士皆願納交先祖又謝去過無錫慨然慕顧高二君子之為人思以道易天下鼎遷後荷衣箬笠以終其身而所造益宏遠不可測沒之日督學有詩哭之曰三塘七里二張傳蓋兼以憶京兆云先父才尤踔厲制藝之妙流傳海內韓宗伯亟稱之一薦壬子有名挂吏部曰世爵晚年亦無意榮祿嘗歲祲活饑民無算見酷吏敲朴則憂形於色明習掌故新學宮除三十六家保正策孫少司空必敗有以子死許者施順天時知泰州杖而遣之曰曾參詎殺人者耶當路諸公間造廬問所以為政先父談言微

中、於地方時有裨益、凡交遊晚入仕版者、先人皆過之甚疎、賤貧者轉暱之、而於文字之友尤爲珍惜、後生時文穎出者、經先人提掖、始無越畔、至儒者古文之學、則得其傳者或寡矣、顧見不孝切切好爲論議、心甚喜、則又曰志乎古者必遺乎今、且奈之何哉、蓋先人雖韜晦不事、猶以門祚之故、不能無微望於後人、其輪囷鬱勃之氣、亦欲於不孝洩之、而不孝又不能以彼易此也、方先祖無恙時、

常喋喋使人不得休、一日往村觀穫、驢失足、擲先祖於地、先祖以手按股、而曰不知孫兒今日曾作文未、此事距今已三十年、家人猶用爲談柄、前歲不孝有遠遊意、先父以拜塵爲患、不孝自矢、萬不至此、父曰、卽不爾、往何爲、先母凄然曰、是欲爲黃泰來耶、不孝懼而止、詎意斯言遂成妖夢、吾張氏之先、世世爲泰州人、遠祖頎任國子助教、卒贈奉政大夫、高文義公表其墓、繼世或隱或見、悉有名

德、曰孜、行至高、其沒也、儲文懿公銘之、孜兄文、與羅一峰論、南陽李者、官至浙江按察副使、其卒也、程篁墩銘之、孜子雲、林東城爲銘、雲之孫曰兵部郎中桐、銘之者李京山兵部、於先祖爲世父、諸君子類非諛人墓者、今世不乏文義文懿其人、徒以先人有命、未敢妄援、卽不孝游好、如朱庶常書、戴進士名世、皆嘗諾不孝以銘、庶常竟不及爲而死、戴又遠在日下、用是啣哀吮墨、略陳梗概、揭之新

阡、使後之君子、知先人高才偉抱、嘯傲終身、而不孝所以粗通文墨、安心牖下者、皆賴先人之教、祖母許太君、號五老、善人、母孺人韓氏、李宗伯槑邨論而定其謚曰莊敏、皆可以覘其性術、不孝思之矣、少日兩世承歡如昨也、倏皆歸墟於此、豈不痛夫。

（敷語收拾得盡）（關筆淒然）

敍世德無一字緣飾、何其質也、詳略斷續變化之至、而情文生焉、較勝瀧岡阡表。昆師

萊陽姜仲子生壙誌

生壙者達觀者之所爲耳、一息尚存、志不容懈、遑於吾生謀身後之事哉、於身也爲不誠、而又以不肖待其子、有道者所弗取也、若仲子之爲是也、其志苦、其行芳、予知仲子爲深、則義不可以默、蓋仲（頓筆）子者、萊陽姜貞毅公之子、而忠肅公之孫、忠肅致（愴然）命危城、闖門喋血、貞毅直言去國、國圍餘生、猶用（首尾寫世德極簡）鐵衣埋骨宣州、不修怨於故主、幽噎沉慟、不復以

殘骸上先人之墟墓、遺制後賢、毋有同穴、風動吳人廟食茲土、予過虎丘、畫船珠袚、坌湧纖雜、歎爲山光破碎、而以五人之墓與姜氏父子祠、故低回、久之、而仲子籜冠野服、盡遣妻子入城、支離一身、獨留以奉香火、嘗與予啜茗登樓、欷歔四睇、萬花冢翳、鄧尉、安亭之間、先孺人之玄宮在焉、西望敬亭白雲深處、貞毅公窀穸於彼、北顧萊陽、吾祖若伯叔父母之血肉糜爛、漬草土而飽烏鳶、吾先人

念祖之堂、猶有存焉者乎、聚吾祖若父若母之神而對越於一樓、生以吾處於樓之中、沒以吾瘞于（刲題不測）樓之外、距樓數武、松種成陰、仲子故無恙、日引四方交遊、告以首丘之處、而生壙遂成、然而附身之具、則以俟諸後人、故仲子之爲生壙、同而實則與（回抱起處洗發明淨）俗戾者、彼以身爲重、岌岌乎懼軀命之不保、而計出於無聊、仲子與祖父爲體、茫乎懼形神之不相接、而謀發於深愛、百歲後不欲以少君祔、以繼貞

毅之志、是茲丘之上、吾輩有時而不來、而仲子無時而去也、卒以此虔劉闔閭、與顏佩韋、楊念如、馬（同時一慨）杰、沈揚、周文元相輝映、豈不偉與、方忠肅公死時、（文字到發盡）（時文起一波而不與題遠純是古人結撰）貞毅在詔獄、貞毅弟貞文上書請代兄、繫此國勢何等時也、而懷帝猶不之許、其剛愎豈不足於亡國、初學記載姜氏一門忠孝事、所以牴觸本朝者亦至矣、讀其書者、寧知斯人一載之下、遽蒙面易心、陷于首惡而不顧哉、予幸生太平不諱之世、嘉

仲子之志行而喜爲天下後世道也仲子名實節、學在其字山東萊州人行年已五十有八康熙甲申春二月記、

一片精神純以實義行文望去都成異采（兄星閒）

顧孫壙志

嗚呼汝嫡母賢慮吾嗣之弗蕃是以納汝母於曾（王云一筆包多少）孫方娃之初以連舉汝兄弟汝生也賤而汝嫡母（曲折）（李云如畫）鞠汝不異於曾汝舅姑晚有二孫左右顧汝兄弟而色笑自汝之生吾讀書在外聞汝頗牙慧呼無不宜予亦以爲喜比予下第又久客江都舅氏自（如話）里中來謂予曰甥亦宜思歸予尚不知其言之悲也俚云三場燭以照兒痘則吉又好事者常竊闈中飲器歸遺小兒予燭多餘而器亦善竊未免乎俗之見也燭明在案而汝不見馨升在器而汝不（王云泪漬紙上）饗已乎天哉遂誌其墓以序予哀亦使曾孫他日（白）過而存之以爲此吾母之遺愛也（然合法）

瑣屑事出手偏韻似蹇叔哭師一首作法（余羽尊）

泰華河海之才約而爲尺幅山水郄自委折層疊無不盡致唐之柳州宋之舒王也至於嗚咽滿紙則又掩卷而不忍竟讀（王歙州）

縉雲訓導許先生行狀

先生姓許氏諱既德字來集號過菴徽州歙縣人也先世自許村徙唐模至曾祖以鹽筴起家考嘉球太學生妣汪氏先生弱冠遊武林隸籍爲諸生國初一司訓縉雲不兩年即棄去歷抵齊魯燕趙秦楚之境輒齟齬卒以困頓而歸歸里時年踰七十矣以康熙癸未十月初八日沒享年八十有一（世系出處年壽俱兩節寫過）（一句撩起煙雲）

予初識先生於師六編修座上編修與予縱談江

右古文源流意多合先生唯唯已又盛稱予所爲古文不在東鄉下予謝不敢當編修且譽且睨先生先生又唯唯予以爲先生溫恭靜默人也（亦作兩層寫）嗣先生偕休寧蔡君瞻岷過予又偕丹陽丁君柯亭過予則議論風發屈其輩流頗有見於瞻岷講學之疵黃君交三請序刻其詩間用已意竄易字句先生大不懌以告予曰君以爲當易否予曰某字易之勝某字本文勝先生掀髯笑曰善予又知先生

持論不撓非苟與時浮沈者也自是遂別去不復見然予獨私念先生不衰許氏爲新安著姓編修兄弟又大震於吾揚先生攝敝衣冠與編修遊處同爲集字詩甚夥編修特禮重之不僅以宗盟故相厚善自編修沒而先生益落落少知己（編修起結）縣令歙門徵及邑中事先生正色曰吾卧病無所聞見顧（此處有行俱可不朽）告其守嚴禁之歲活人無算嘗與柯亭論天下事先生亦非無意於世者在永寧時俗好投崖先生

至鬚磔目張飛揚跋扈之氣猶浮於眉宇嗚呼先生其得屯之義者耶（此段似不切要正邑史家用意處）檇李高君大立以績溪知縣廢聞先生沒爲文以祭至曰使孝本居官受賕枉法先生當遣猙獰惡鬼飲其血寢其皮勿以舊游故庇之如孝本而無故被誣也者則此蘋藻之奠非盜跖所樹先生其亦含笑而歆之可也予無兒於高令而獨歎先生以嚴正不回之性身死未幾遂爲人所尸祝則又以見先生之果賢而天下之（二句收）

藏否是非未必盡當也配貞白里鄭氏先没子男五人孚定宣寰寅孫亦五人頊頔顧頼頻孚嘉爲詩文史自娛以予舊與先生游屬爲狀予非能爲飾口者姑以道予之所知而已

攝通篇數滴不漏

寫得鬚眉活現末幅别起一峰託寄遥深不是尋常碑版家數 吳肪日

張海房先生依歸草卷五

海陵張符驤良御著
子沆重校

與范令則先生書

州城判袂不覺更番裘葛矣改歲以來竟未一通候言緣旋歸之後東西撑拒猝無便羽又因徐丈之報常往復於心擬不日來臯可圖頟手而事與願左有增惆悵即日天氣鬱蒸幸惟爲道自玉毛詩叶韻不淸一向鑾念得可笑近讀尊著聞疑多所救正如隔句用韻與一句疊韻皆前輩所未發而先生自具正法眼界爲功後學不細但細玩其間亦似有不必叶者妄意以爲韻必生於截截處求韻不得而後或求之上句或求之本句或求之隔句既截處有韻則止以一韻到底不應又拖入他韻破碎文義如訪落章既通哉之子家爲一韻則不必更以時矣等字爲腰韻又不必更以予乎

一段韻之當正

等字爲腰韻矣又如臣工章既以工公爲一韻下必通茹介畬爲一韻明年人爲一韻特求末句韻而不得則不免牽扯上文帝字與艾字作隔句相叶矣而中間又以求牟換韻毋乃不必乎又如思文章直當以稷極育界爲一韻到底特夏字未有叶先生欲移界與夏相叶此爲可通似不必更謂天民一韻又如酌一章只當以晦介受造嗣師分叶而又欲以師時熙三字攙入似亦不必凡此皆

依歸草初刻　卷五　二　海陵叢刻　第八種

不肯種種淺率之見未知高明以爲何如至小毖一章先生以荓蜂二字分叶上下桓一章先生以邦年兩韻領起下文如有瞽篇叶法此類雖朱子復生無以易之即周頌一卷覺得與鄙意離合者如此他可類推也然此猶是聲韻上事至於道理尤不可信後儒曲說輕易詆毀考亭如論文王至德便譏武王非聖人論泰伯至德便要周旋太王不曾翦商連朱子註語亦老大不以爲然此正後儒

滿肚皮後世私心不可與論聖人處晩邨先生於此理辨析至精一洗蘇東坡金仁山之陋老丈豈未之見乎至生民玄鳥兩篇過信慈溪黃氏之說沾沾以無人道爲疑看朱子於生民註引張子蘇氏之說足以破後人巨跡之疑而黃氏辨以爲稷之棄也當以先生如達不坼不副無災無害異焉而棄之如鄭武姜生莊公莊公寤生驚姜氏故名曰寤生遂惡之如其言則莊公以難産而惡稷必

依歸草初刻　卷五　三　海陵叢刻　第八種

不以不難産而棄矣夫不難産正人情之所喜豈反以爲荒怪不祥而隘巷平林寒冰之投置不休乎可見朱子無人道三字不是亂下老丈乃欲於載震載夙另轉作還宮以後有孕如薄后夢蒼龍據腹而高帝就成之此則未免粘帶姜嫄之聖何慮其他正不必作此迴護如展我甥兮語也然黃氏又有駁正華谷之言則似以其矛刺其盾即有餘矣稷契縱生得神奇畢竟是帶得姜嫄簡狄氣

也不比空桑之說全沒把鼻。此又可以見理未易明、物未易格、聖人心竅未易猜摸得着也。總之鄙人（新說詩了）不敢疑朱子、晚郵所云朱子便道烏喙可吃也只得依他吃、料朱子必不以烏喙誤人性命耳。凡議論爲傳註蟊賊者、決宜沙汰淨盡、不可開後人離畔之意、或慮謬種流傳、此而不載、別爲他人所祖述、則與一個判斷。凡後人務爲新說以畔朱子者、皆經朱子之辨難、不則亦朱子早年未定之說、而如其章句集註、決不容有毫髮之惑者也。恃在知愛、謬爲折衷、如有未安、切與提耳。

艮御之言是也。韻之當正、理之當正、當□□□一一爲我改之。范令則

再與范令則書

前札誤託陸氏一蠢僕郵置他許、幾致浮沉、後得慧黠者乃與究竟、既以爲慰、間中復自疑懼、以爲辱長者收之聲氣之末、忘其塗垢而賜之拂拭、爲幸已多、乃不揣固陋、輒敢帝制自爲、妄持議論、縱長者不加嚴譴、然自顧抑何狂悖也。惶恐悚息、不寧累日、乃蒙嵩使寵以長教、奬誘過情、兼命卒業、顧淺陋何足以及此、然亦不敢不盡其愚。竊嘗以爲六經之中、惟詩之感人最神、而其爲解亦最易入、蓋貞淫善惡、古人之已事、靡不可以鼓善心而懲佚志、而其名物之難曉者、不過昆蟲草木之細、雖不得其解、亦不足爲病、況考自前人、種類已明、然得其解者有矣、未有能得其意者也。朱子稱大程子善言詩、不曾章解句釋、只轉一兩字、點綴地念過、便令人省悟、朱子集傳的是如此。舉二千年以上之王公卿士野人女子、其謦欬只於幾

個則字矣字傳出豈非神品學者只守定（只合如此）一部集傳而旁通之語類序辨以曲暢其趣有餘師矣何用後人許多葛藤乎顧麟士雖號尊朱然隱然常露離畔之意晚邨先生不喜楊顧說書看來詩經說約亦多乖角但詩要韻相叶纔好吟哦諷誦朱子本得之吳才老教人三分理會這去處麟士乃云有韻而後有詩此卻成倒語矣有意而後有辭有辭而後有詩有詩而後有韻作者固然讀者亦

要見得今日名士哆口教人學詩要以三百篇爲宗亦近似好言然使學得好只成閒話此杜老之所以不免爲河南所訶也而今要發明詩學只讀朱子之書一以朱子之說爲的而羣訟咸芟除之不惟謬種流傳斷不可從即合者亦何能彷彿其什一也即叶韻亦經朱子所已定者爲安其後人增補移綴者大概欠妥後人讀書不如朱子之多用心不如朱子之細朱子不曾叶不能叶而後人欲强叶之朱子所已叶而後人欲更叶之恐終不的今只宜取（只合如此）朱子所已叶者音釋分明以便初學句讀亦所謂述者之功倍也若螽斯卷阿之類我丈遂悟疊字廻文反覆體所自始與麟趾騶虞之類隔章用叶一句用叶此卻別具解會益人神智不淺獨騶虞篇叶法不肯循以朱子牙公雨叶爲疑朱子所云溫公疑孟某卻不敢疑孟此亦迂儒常態可發一笑也然先生老於此道閱年七十易

稿十三乃就斯編而不肖晚出失學淺率躁妄心在口間輕易立說輒爲異同罪在可誅乃蒙博採下問不棄芻蕘長者愈以謙受爲德而童子愈以掩人爲能此則有乖范老子之訓矣如何如何望不吝傾膈救正之至前書所云徐丈之報乃謂晉人明甫非我仇讐也先生偶未會鄙意蒙教以虎彼禽獸置身舜顏確是名言然亦可見陶朱公之爲我不忘會稽矣又承教以戮力文戰深荷期望

不薄、然道不加修不免如謝女所嗤塵事經心天分有限耳天儒雅量一編亦有管見需次以進猝不能應姑以歸趙也、

張子少而聞道茫丈老而虛衷俱當於古人中求之眼前不多見也陸天隨

寄李樗公師書

三歲不見、想歎爲勞、師門之睽隔、未有甚於此時者不識今後良晤當在何年、即日天氣栗烈、佳什所謂嚴寒正是調元候也、伏惟尊候萬福、遠人遥企、夏間曾辱手教、有此願發得甚大、恐難之語、駭（一段論仙）愚竊以爲格物窮理、如伊川先生其攘斥外道者不爲不至、而其論神仙家流、固許其保形煉氣、能久生於人世、以譬諸室中之爐火、而世傳伊洛高弟亦往往有行之者、吾師既操必壽之理、而又專用力於長生之術、則何願之不滿、而何事之足爲我難、然伊川知之而不爲、而其高第弟子、又或爲之而不效、於是後之講學先生、不難抹撥一切、導引吐納之術、奉一漢武世上豈有神仙之言、過而存之、驟獨妄意以爲天上本無、而世間自有、蓋白日飛昇、其事不足以徵信、而至於還嬰育宅、絕人世一切牝牡嗜慾戕生伐性之具、宜皆可以求長

生得長生而或且知之而不爲與夫爲之而不效者則如上蔡所云其初有爲之心多欲以助養吾浩然之氣非爲長生如道家夫是以自古無不老（周孔所以老死）死之儒者吾師撥棄一切以專求所謂長生則宜爲之而無不效直到充養完粹實能伐毛洗髓駐顔卻老以至於綿壽無算其理固斷然無足怪而以驪之頑梗（折置身在外好）且自歎歲月之如流而冉冉以將老不得邀福於師門以下比於淮安之雞犬雖曰天

命豈非人事哉往者厠門牆之末陪杖屨而聞講（一段論儒）論多歷年所先祖又喋喋不許一刻閒逗有可以作聖之基而年少不知學問今不幸先祖往矣而吾師又去烏頭無力鉤吻爲災追維疇昔惘然自失然一言之得永矢弗諼去年蒙惠越遊圖詩有云處實無處華名爲實之賓所以慰誨者甚至師友間久不聞此語忽得提耳激勸爲汗背赤面者累日又蒙教以師聖師天驪愚固斷不敢當此然

絶學唱復明亦不欲委之身以外也而章末乃有還尋泗濱之語欲驪竿頭更進一步此則非驪愚所敢與聞夫驪不師聖則已如志於孔子則舍呂（一字不模糊）氏將誰從乎毋乃吾師實未盡讀呂氏之書而沾沾猶爲姚江護法也姚江之謬驪愚固未能盡窮其底蘊即如無善無惡心之體能視聽言動便是（數語是王守仁罷）性只此二言何其酷類告子禪宗也至於悍然無（從祀鐘案巧吏不能翻也）忌直以朱子爲洪水猛獸吾師以爲乃如此人尙

當俎豆宫牆與考亭並存而無一是乎驪往者切切爲師陳說師略無難辭然獨不謂善嘗戲驪曰如其禮樂以俟君子何其絶類馬服君語也今驪雖荒謬無似道不加修然斷不敢調停朱王以得罪於名教固篤奉呂氏之書以終其身當亦如先（至此將兩件合攏說）生之專用力於長生以務求駐顔卻老之一日夫神聖與求仙雖殊塗異轍然均之任重道遠遙遙不可必得之事則莫若各求其近而可徵者蓋作

人必孔子而厭世，必上昇然此願發得甚大，恐難誠有如吾師所云者。不若先定其趨而求從人之門，吾師之導引吐納，驟之私淑呂門，背是道也，未知吾師終不河漢此言，否反風更祈惠教爲望。

嘗恨黄太沖門第文業爲時所推，而行堅言僞，不能受禦兒忠告，皈依姚江，顯與考亭爲敵，幾乎誤殺無黨也。而樗公先生古貌質行，不當以太沖爲比，但不欲抹摋良知之學，乃是文定一針之訛，以至於今習氣未除也。此書委婉詳盡，如置身延平師弟之間。楊匯南

與宋汝吉書

與汝吉別將一年，每展汝吉所贈序，如見汝吉也。在揚議論不合，原非冰炭，而傾嶮反覆者厠其間，遂若兩賢勢在相厄，已爲可笑，而驟自興教一別，傳語差池，惡吾兩人者遂假驟名作書痛罵閔賓連與吾汝吉，驟聞之惶駭，汝吉若或不辨真贋，便積怒深怨於驟，汝吉則可謂不知人，驟料汝吉胸有明鏡也。（吳云：詞氣雍直，剖心洞喉而出。）（一鎖）驟與汝吉生介江淮之間，大概同是性快人，不似吳兒越客羊腸轉曲，不可知，即如前在揚時各執一是，總緣此心忒不耐欺，不肯苟同。天下有道者自能出而折衷之，且亦昔賢所已別之門戶，徒費旋斡，不曾有分毫氣力扶助得古人，反滋道聽者之口實。尊序所謂終有合者，驟既不能驟降心以從汝吉，又豈能强汝吉之舍所學而從我乎？（放聲吐露，直御不欺，如是。）驟不若是之愚且悖也。（再鎖）且君子交絕不出惡聲，從文字爭執者公心也，何至於絕，何至於出惡（李云：語藏神明。張云：正須識此意。）

聲記臨別時與汝吉笑言啞啞得汝吉贈序雖頗
恨汝吉唐突崑山老子不肯與驤同姓瓣香讀至
終篇又感其左顧之何殷而立言之婉約而有味（吳云又一鎗開筆）
也外人顧謂驤欲致死力於汝吉豈有酖人羊叔
子哉此間人不讀書好騰謗議如驤刻天傭子集（執不合者告以此可知無一可告者可哀此而不知真吠聲之類也）
有一字異同者俱分注其下而議者橫坐驤以點
金之罪於拙集不能諍其所短而橫加驤以妄拜
汾陽之名至於節婦序則猥以色養舅姑等語爲

非禮於義人傳則猥以鋪張故事爲大逆一派穢（可哭）
腸鬼趣起而塗飾生人之耳目汝吉雖自認與驤（顧毋）
不合者其能不義憤於中爲驤一作同仇之氣耶
外人又謂汝吉怨驤因遷怒震川惡語醜詆至不
忍聽聞驤謂汝吉之戾即何至於此歷選往代之
人楊墨佛老最爲畔道假使程朱入寺不應便以
糞著佛頭何况文章之司命乎驤謂汝吉有則改
之無則亦與驤罵汝吉之言子虛一視其爲妖誕（好收拾）
真可嘆也因便輒布誠懇總之以朋友文章爲性
命人遇事即不能不爭爭已則忘驤料汝吉肝腸（片血性）
同此如雪反風定不吝一傾倒也

前釋已所無後規汝吉所有一片血性之文〇
君子未嘗無交亦不濫交未嘗辟名亦不求名
以張子之踔厲英發沐浴於古人者久自必有
真知已出把臂入林可以無憾固不必急急納
交於近日之名士及其不合又勞勞剖白挽回

也　吳蔚園

發攄明快絕似天傭集中文字　李北岳

讀此書知良御不惟以厚道自待抑且以厚道
待人　張山來

陵海房先生依歸草卷六

海陵張符驤良御

子沆重校

復白楚惟書

聞聲垂二十年而投分者僅三四歲至於講學之親則數月間事而已猶以帶水無緣合并盡啟秘鑰此弟之既以爲幸而又以爲恨者也弟少時失學於古人一切文墨議論皆略見大意而未能究

極其精微中更多故塵夢勞勞求如荆川所云在陽羨山中取程朱書讀之半月者未有斯會也然生平不習爲離理之文即小小韻語亦厭棄浮華而未脫陳腐外人或以爲笑若弟則清夜捫心第恨其研窮之有未至也故前牘自靖其愚不爲一字之緣飾以欺我友就中所云辨古文家數走聖人肚皮者亦是管中見地不虞兄過而存之寵以長教縧分縷析而曲暢其趣也夫文字何古何時

同歸一是所謂一是者言理必本朱子言文之神氣必取史公不以史公之氣行文者訓詁之陋也不以傳註之理爲理者辭章之謬也稱此而求能文不必明理明理不必能文古之聞人其可議者夥矣於此不得不歎韓歐二川之爲至兄言聖賢界上義理文字不容一毫奇詭一毫走作時文必以二川爲的又言時文不體源八家不可云時文八家不體源史漢則不名八家非兄深造有得說

不到此而又言今之爲古文之學者亦祇能溯源八家八家之於史漢具體而微者也時文之於八家又其具體而微者也此則弟猶未能無異夫今之時文其於八家何所爲具體得其一體者其在正希大士蘊生平至於二川則直以八家爲時文矣其偶未能脫去方幅比偶者時文之格式限之兄之所謂微者也然時文至震川則亦不見其微矣又上而至於八家其視史漢微乎不微乎八家

之有不及史漢者柳州之刺促也半山之斷削也蘇氏父子之粗莽而少深永之味也若昌黎廬陵南豐則直有數篇文字佐佑六經爲史漢所道不到者矣故論古文用筆之變如左檀高赤莊列屈宋非斯賈董淮南長卿莫不各踞其勝而以太史公爲宗如劉向班固揚雄范曄陳壽潘陸燕許河東協律敬輿持正莫不名家而以韓文公爲歸如曾王三蘇貢父原父無咎以道少游魯直同甫文

潛盱江后山莫不共有千秋而以歐陽子爲的如青田潛溪正學遵岩姚江荆川鹿門文長圭峰牧齋東鄉子柔平叔莫不心摹手追各有自得而以歸太僕爲稱首是以荆川之言曰唐之韓愈即漢之馬遷也宋之歐陽子即唐之韓愈也而弟又足之曰明之太僕即宋之歐陽子也此弟未敢以爲微者也今取三子記序碑銘之文上而與史公之序贊較何毫髮之不肖似又取三子指事切理之

文上而與晁賈之時務較誰爲不及試使班馬屈首爲二川之時文未必當家也此弟所謂無古無時同歸一是者也適不自料私舉二千年以來之古文而盡折衷之欲使天下之人知古文之妙必不謬於聖人蓋開天以後有氣則必有理而理又不可以無氣斯義也人得之爲最靈文得之爲至文其不能無離合厚薄之差則區而別之以垂法守而昭鑒戒使承學者明於趣舍而無越畔然而

爲時文之學者則必啞啞然笑之以爲時文自有格式豈可混同於古文此尙不懂於吾友具體而微之義又烏知弟之所謂不必微者哉前輩講學先生之不足於文者彼薄古文家數而有所不及辨也正希大士之不能繼軌二川者彼不得聖人之心而用之也由弟言之何周何秦何漢何唐何宋何元何明何古文何時文求其一而已矣謀既一錄弟本無成心偶然爲之不免先儒所言是錄

爭端者鴻飛冥冥敬聞命矣拙稿前獲教示愈咀愈旨何日親造玄亭細領妙諦乎弟雖縱論至此然欲不徼適成其魯莽必如兄之所謂徼者然後可造於精醇而又不能猝至兄其何道沃我蓬心榮譽未忘乃徒爲空蕩無涯以自誤弟之可笑多類是也顧非兄誰發吾狂者

得力深故言之津津正恐士大夫家白首不解此種說數　金軼東

復吳蔚園書

昨承長教啟沃蓬心幸甚幸甚弟自十五六歲時即有志聖人之道而因循作輟荏苒無成所幸靈根未斷舍本就末不免如河南之所以譏昌黎者故連年雖出意見著一二種書原不敢以是爲究竟而外間淺學者並與此而抹搬之以此使狂罵座時或未免使盡得知己如老兄以向上事相責弟唯有省愆救弊之不暇其敢便舉頭天外耶來教舉正學先生集見示此誠弟所服膺論文字容與廻翔之妙尚遜震川而言之有物可起而措諸行事明文斷以此公爲弁冕故他日殺身成仁皆從此做出事業若論當日亡國赤族高風勁節固不容有一字之嗤點而致得國家到此境界想平日講究亦有迂濶而不適於用者以此使人誚道學爲無用直至姚江以權謀術數爲事業我輩讀此公集便想我當其時果做得如是人又想程朱

筆底轉換不帖帖似孟倘書書中論孟子一段

當其時肯復做如是人此便是致知格物工夫不止文字會好也賠時便好劇論如皋客中相識我蔚園此真望出意外恨人事擾攘未得細與杷梳理窟然已心許吾子爲知已矣臘底既躭隱疾又苦積雪未得走别正以爲歉而來書諄復且喜高明之拳拳於鄙人也入歲二十日料理選事諸本鱗立如獺祭魚又如乞兒搬漆椀忙中率削不盡所言

前書自言其志未嘗有所效鄙誠於艮御而覆示云云謙退質直若因鄙言而有創艾之意者此艮御之所以軼於庸衆也所論明大家支派見頗不相刺謬特不及艮御之精深曲折耳吳

蔚園

復陳大始書

自晚邨先生没驤抱山頹梁壞之痛者十三年於茲矣思先生而不見則思從其門人子弟遊冀得聞先生之緒言以求進乎道而不至與世俗相浮沉曩者頗忿外間小生張口便駡呂氏輒抗顏而與之爭乃昔之駡先生者今又羣而駡無黨驤痛心疾首如身受切膚之害足下所見與崔信夫書泚○云亦可知其概矣然又嘗以爲吾黨既共事此道其

三語可味大始不○明此義

外禦也不可不勇而其内省也不可不嚴故昨在白下偶作書致無黨諍無黨二事意無黨而歉然不安也則必以驤言爲忠即無黨而傜然自足也亦必以驤言爲諒爲功爲罪一聽無黨之相處可矣不圖足下之見之而勃然見於面也驤從先生存日久知其高弟有陳某者而心儀之言面無緣也猥承物色於金陵又爲拙集撰序獎許過情本非驤所宜受足下因言將有四書正義一編之梓

錢請驤同舟下邗江，欲驤與所善員虞肱共商之，驤亦辱收厠名其中。既足下自悔，不欲人掩其功，在驤則赤心片片，但知爲宋呂二先生表章實學，原不從浮名起見也。特因致無黨一書，謂驤言過戇，遂決然棄去。驤固無所逃罪，然私心以爲驤雖王云：筆姿洵由天授。狂悖，賢者亦當諒其意之無他，以爲今天下尚有古道相處如張某其人者，則且沒齒有知己之感。今輒以傲岸少之，其所以責驤則得矣，而於足下

依歸草初刻 卷六 九 第八種 海陵叢刻

未爲厚也。昔朱子與陸子靜、陳同父往復辨難之書，其詞旨嚴切，無所回護，然未嘗以一言之不合色然而起。先生亦言吾輩今日少面折庭諍者，正賴此一路，庶幾得聞其過。又云彼豈有憾於我，只是蠱惑深，容氣重耳。其虛懷下人如此，況我輩初自云：大妙。無門戶水火之見，祇妄附於友仁之義，而言語過激，遂蒙督過，此豈先生設教之意耶？再承論刺拙取此上半篇云：此白心服，無可辨處。集，此則甚副所望。村俗匠人，本不當呈技於輪扁，

偶爾災梨，原欲是正有道。其間出入處自多，恨不得條析見教，豈敢悍然自是。但即所摘張士誠傳，以爲不當連稱我字，又與明祖爲列國，驤雖不才，竊奉教於君子矣。從來爲一國立傳，則我之作史之體自皆然也。春秋左傳以魯爲主，請置不論。馬沈云：証我字。遷以漢室史官而爲魯世家，則我魯；爲吳世家，則我吳；爲七國世家，則我七國者何也？又儼然以分爭之楚項而與本朝開國之高皇並爲本紀者何

依歸草初刻 卷六 十 第八種 海陵叢刻

也？朱子敘列代正統，如書漢高則起於五年滅楚沈云：証列國。之後，書隋高則起於開皇九年平陳之後，書唐高則起於武德七年破夏鄭之後。今作史者以正統王云：折得倒。歸明是矣，而於其並起割據之時，不容士誠作一列國，果何義耶？驤作士誠傳，於前紀其起兵之年，於後亦不掩其降元叛元之實，如綱目書李密例，沈云：好，此併。以爲如此措筆頗爲徵信，而足下非之耶？然見有沈云：然則大王云：此論尤見度，御無我。異同，不妨並存，以質後世。足下猥疑驤與士誠同

始爲友諒後人耶
鄉又爲士誠之後人故內士誠而外明祖耶又謂驟折衷一書不當以先生文入選此論殊所未喻又云外間論驟刻天傭子集不無改易驟凡例中所云比例韓文考異者足下又豈未之見耶至尊序過情驟原不欲輕爲刊布恐遽然削去人或疑驟易於去就有累足下知人之明今既出台旨敬聞命矣前路遙遙願足下此後簡交遊矜筆墨恐又有狂生如張某其人者增足下初終離合之感沈云黯然

也臨奏惶恐

稱我者龍門之例列國者紫陽之法此史家之粗跡也而世多聵聵者何耶許師六

歐陽五代史亦多用我字而皇帝即位等語直加於篡弒之人不害其爲良史也文人好辨大始良御兩書俱當存之以待有道之折中而余特以誦其文爲甚樂耳王景州

王論最當古文一道天下雖大寥寥無人易堂往矣繼起樹幟者舍良御其誰閔賓連

良御常言吾輩所以與世力爭者原以閑先生之道而非爲禦兒植門戶之私此片片赤心也而不爲大始所喜者何耶繆湘芷

再復陳大始書

前接足下第二書時，以一夕之留，不及作報章，且以爲吉人之辭寡，徒呶呶無爲也。抵舍後，足下郵書三四至，則其辨愈肆，而其氣愈驕。已又從人得見陳定九所作陳大始傳，乃竊傷足下舉動之舛，（沈云：先斥其傳。）即欲捫舌，何可得耶？夫古之有傳者，皆作之於身後。（吳云：可笑。）足下故無恙，而倩人爲之立生傳，於足下亦不吉矣。生傳之作，在古人惟退之有王承福，子瞻有方山子，然皆近於戲，非史傳之正則也。且傳以核其事也，傳足下者於足下生平別無可稱引，而唯詳載與驤辨難始終，然則足下舍與驤辨，即一無足傳者耶？足下傳甚先，首言足下博學，通詩古文辭，善書法，從呂晚邨講程朱學有所得，此一篇之綱也。下文自當臚其目以實之矣，今懸空立此數語，而突入與驤辨吳張一傳，其言累紙，讀至篇終，一場沒收煞，則前數語不爲贅旒耶？語云：君以此

始，亦以此終。足下之不釋然於驤也甚矣，驤敢不竟其愚。足下譏驤傳士誠不當連稱我字，（沈云：次辨傳中論士誠一節，洋洋前書所未發。）驤前書歷引魯、吳、七國之嘗稱我者，以解足下之惑，（吳云：妙諦。）足下以爲史遷仍列國舊史，未盡削去也，此語何所受之耶？足下言項羽本紀未嘗我項羽，陳涉世家未嘗我陳涉，（沈云：跌宕好。）足下知之乎？史公之不得我項羽，猶今日之不得我明代也。（吳云：分明。）項羽之不得沒其紀者，史家是非之公；項羽之不必概爲我者，史臣向背之私也。（分明。）故史公不敢我項羽，等而下之，明代即不敢我士誠，今日即不敢我明代，而於士誠轉無忌也。（沈云：好折旋。）當蒙古時，宋之爲正統易明也，而當時之史官不敢堅持是說，何也？（沈云：隨風生濤，文瀾至此，可謂縱恣矣，却齊言名理。）即呂先生舊時言宋後變例，有綱目所不載者，又易明也，而足下謬託於不知，何也？此即史公我魯、我吳、我七國，而獨不我項羽、我陳涉之意也。（吳云：分明。）足下又譏驤於士誠未滅之先，遽稱明祖爲太祖，與史公稱沛公、漢王不合，似矣，然史公

指其當下而稱之驟（分明）乃要其成功而稱之、義固各有取爾也、足下既知天下未定於一、雖漢高未得（分明）爲主、而又何疑於士誠之當爲列國耶、且言豈一端、各有所當、以爲不當稱我、則魯吳七國已有例（吳云下此數語尤爲圓通無碍、可見作者原不必定下我字、但以爲不可下則又不必耳）之可援、以爲必當稱我、則高祖本紀以下即史公亦未嘗數數然者、或隱或見、明者自有會心、特以（遒辣）英雄舉事、未既厥功、後儒好以成敗論人、偶然我之、遂滋浮議、不獨一足下也、足下又詰驟以我士

誠者、亦將例而我陳友諒韓林兒、何爲其然乎、然（沈云跌宕好）亦何必不然也、綱目之法、成則其大書也、不則其分注也、士誠友諒韓林兒（白云林兒在明猶義帝之在楚大始）明太祖之在元、如劉項在秦漢之間、未容差別、此義班固未之或知也、至（只知撻商有明使不識此義）（沈云次言其序與艾集皆傳中所序者）前書論尊序、已有聞命之語、今讀吿不休、且著於（吳云可笑）傳、是以序之所在、果足以成驟之名、序之所去、即足以形驟之寢驟、一笑置之而已、然以足下釋茲在茲、正當刊入拙選古文折衷中、以爲足下不知

人而輕爲浮譽之戒、而傳尾尤鑿空說謊、究驟改易、天傭子集此、不過爲莫須有之煆煉、何足以服天下、平抑君子交絕、不出惡聲、竊謂陳大始傳非（沈云此段又原陳傳之所以作、而舉交道之宜、以告之、聲情激越）傳也、乃市井之吿密也、方其積怒深怨、造言污衊、何所不至、然正不足當大方之一哂、足下以驟之（吳云二語張陳列傳）浮慕呂先生、而下交以驟之忠吿無黨、而中變、此始終離合之大概、而他無與者、足下祇以驟遺無黨一書、即足下郵子慮無黨之嗔怪、而新故遠近（吳云得其情矣）

之間、不能偏協、故爲此以謝無黨、驟意無黨家法（沈云良御語如此）正不如此、即足下不滿於驟、曷不明著其始終離合之實、以正吿天下、而驟雖受賢者之呵斥、亦無（沈云良御語如此、即大始之氣亦平矣）所恨矣、今徒借辨擊以快私懟、又假手定九爲此無行之舉、此豈學者所當出乎、疇昔辱收驟於聲氣之末、驟私心欲效於足下者、亦有數事、因足下怒無黨一書、遂不敢及其他、竊疑賢者素以程門高弟自處、更不容後來人少有異論、此足下之錮

疾、而來書所譏高自位置、俯視一切者、願賢者之
有以内訟諸心而實祛其蔽也
常笑大始因無黨而憾艮御便似耳餘爭張歷
陳澤之事其生傳之作尤爲非理宜艮御之不
能無言世之君子讀艮御兩書而參之陳傳以
衷其是非則二家之爰書定矣　沈躬思
古人於友朋不廢箴規乃所以輔其不逮言雖
厲而意本厚也今則虛憍而好勝矣其言即未
常盡非而其意甚不可問此程朱罪人耳以程
朱之罪人又何須與之較長短曲直哉　吳蔚園
大始後書置列國不辨而止爭我字故篇中亦
專攻其蔽嗟乎禦兒不作誰爲吾兩人之折衷
者乎

上太守書

驤聞之古之所謂泰交者、非先有求於上者也、自
戰國處士橫議、歷詆侯王、雖其權術亦用以博一
時之前席、而行同妾婦、賢者所譏、降而後世號爲
清流、率由是道、所謂昏暮乞哀、驕人白日者、恐於
今爲烈矣、然而上下之交、無因而合、有志之士雖
嘗或感憤於棘闈之故、顧其勢不得不揣摩迎合
以求舉、而又見科目之不足以定人、則往往屈首
大賢之門、以希萬一之知遇、故以太白之豪而自
結於荊州、退之之崛強而屢干時貴、下之求上、蓋
非一朝夕之故矣、惟是下之求上不一其事、太白
激昂青雲、退之仰首鳴號、彼其區區之意、非爲終
身之結納、即丐其一朝之享以贍我、故書愈遺而
遇益疎、辭彌夸而情實餒、守道者所不爲也、今驤
爲明公部内一諸生、其於明公非敢言上下之交
也、又非有飢寒之訴也、明公進之揖讓而前、明公

標之蹇裘而去未甚有求於明公者也竊自以績學二十餘年於文字源流非漫無所窺者以爲明文自歸太僕後王李之學充塞宇內此古文絕續之機也艾東鄉出而後天下仰熙甫先生者如五緯在天芒寒色正其平生議論略備新編越今又五十年所矣文選之唾餘以及唐宋大家之毛角相持而未有以相勝閒不自揣論定天傭子集二十二卷附以驤自爲文二卷行世又輒以己意編

次兩朝古文折衷一書乃眷昭代先有成緒猶慮搜羅未備故決計北上徧游諸公冀成大觀而以爲不先叩憲轅非部內諸生之義也伏見執事下車以來雷厲風行野人耕鑿自安無用貢諛以累盛德至於篤交游敦雅道潛雪帆之詩王漁洋之集昌明古學功在雜林其二三雜文流傳部內後生小子有所矜式竊意鄙人之書未大有戾於高明也故願一觀光耀盡發執事之藏以爲快驤之所求於明公者如是而已昔者牛公之於杜牧也不禁其爲狹邪之游歐陽爱子固文至於降坡老之前茅而疑荆國之真本上之求下壹至於此驤之陋劣何敢自方古人竊謂明公追蹤兩公於數百年之上而實守其官則請得惡其所不惡而好其所當好爲非獨驤一人之私也驤再拜

雚拓中讀之激昂增氣○其痛快處非議論前人實自道本領鉅眼見之便當折節使斯文擔

子不讓寒儒獨任也 阮退思

張海房先生依歸草卷七

海陵張符驤良御著

子沆重校

宋高宗論

南宋諸賢所以謀國者是也而獨不深原高宗之（冒）情夫高宗爲二帝之親子弟欽宗即不論烏有父（序語提綱）沒於金而不降體乞哀者乎明知金假和議以欵我挾二帝以要我而必出死力而與之鬬有如金急執二帝而烹之終天之恨尙可逭乎故三鎭不可割也爲二帝不得不割僭僞不可貸也爲二帝不得不貸岳飛不可召也爲二帝不得不召今有盜（証明）刼質富人之父以求財爲富人者不散財以丐父命而急責僮僕以抗盜是捐父之生耳徐庶母執（証明）於操不得已而降之劉季不爲也論者謂季有雄略能置父於死地而後生之不知向無項伯則太公已久爲俎內羹矣高宗欲爲庶而諸賢導之爲（諸賢亦高心服）

季宜其不見聽也夫天下雖祖宗之天下而古來無無父之人彼以爲吾屈身事金而老人可歸尙有面目以對臣庶而國勢陵替非所恤也後世遂謂高宗之不欲反二帝也豈情也哉故當日者惟有不立高宗而別置君而拒金則黃龍可抵二帝（快論從來未及）可歸而復興宋業不難耳高既立斯不得不爲南宋矣英宗之北狩也舍太子而立郕王彼亦鑒於（証明）高宗也不然而也先之百計以要明也豈在金下哉故以諸賢之精忠謀國而不知二帝之不可以（收應）力取是不深原高宗之情也然則高無罪歟曰高初次東平時勤王之師不早動使父兄陷於金準諸不反兵而鬭之義高焉得無罪歟（亦不放過古文擒縱）

揣合至情非故出也千年寃獄得此平反　高蓼莊

范增論

漢高帝云、項羽有一范增而不用、此所以為我禽、至蘇氏著論、遂以為增不去、項羽不亡、嗟乎、羽即用增、亦何救於亡乎、（奪杖、便打、）夫秦失其政、陳勝首難、豪傑蠭起、項氏乘亂起於江東、增始說武信君立楚後也、亦陳勝之故智耳、勝欲得民、也詐稱太子扶蘇尚在、（只據史書破之）增為項氏長久計、乃立楚懷王孫心、（數語取）凡皆指以為名、用為收拾人心之具、故吾以為增之始說（亞父心肝、每笑長公力能誅羽、云云、有同兒戲）

武信君也、本非以為楚也、史稱楚王以宋義為上將軍、羽為次將、增為末將、救趙、羽既矯殺宋義、諸將乃相與共立羽為假上將軍、而皆曰首立楚者將軍家也、增不在列乎、吾意增必且與羽陰謀殺上將軍矣、（一句坐入深文、奇筆、）（此句破蘇氏）且羽使黥布弒義帝於江中、增絕無一言諫爭、而一則曰奪項王天下者必沛公也、再則曰天下事大定矣、君王自為之、夫天下者義帝之天下也、曾公沛公皆帝之藩臣也、增何所見而遽

以天下歸之項氏、乃屬羽自為之、而疑沛公之必奪之哉、知武信君之將興、而使立楚後、以張其勢、（總數語作收拾、即數鐵）因羽之不殺沛公、而昔言天下以規其必敗、（纓旋須打一結）（應）蓋至是而增不為楚之本計不可掩矣、即安知義帝之死、增不與有謀焉、而蘇氏謂其必力爭而不聽乎、（又放開說）且秦為無道、沛公入關、約法三章、除秦苛政、秦民大喜、惟恐沛公不為秦王、羽所過殘滅、詐阬秦降卒二十萬於新安、秦父兄怨章邯等三人入於骨

髓、而羽與之入關、分王其土、又屠咸陽、殺子嬰、燒宮室、收貨寶婦女而東、民益失望、凡羽之惡、皆增逢之也、當沛公之入咸陽也、欲止宮休舍、樊噲張良彊諫、乃還軍灞上、（乃打一此意）羽既尊號增為亞父矣、當無事不與羽力爭者、羽慓悍猾賊、楚王諸老將皆惡之、增獨與為終始、顧坐視其虐戾恣睢而不聞出一詞以救其失、且既以知沛公之志不在小、不類居山東時、而增何不以稱沛公者轉而諷羽、使羽

翻然改圖，而徒欲亟殺沛公，是沛公初未免如羽之失，而增獨不有舞陽、留侯之强諫也。（此句破高帝）然則使羽之積威暴以至於亡者，增之罪也。可曰有一增而不用乎？夫大臣之事其君也，務引之於當道。（以正論收結，是儒者見識，其筆情頓挈得之南豐）今至使其君負大逆不道之罪於天下，無所容，乃始委而去之，而論者猶惜其不早去，又幸其不去以免於亡國，（程朱爭去就，純是義理；蘇氏論去就，純是利害）則何其便於人臣好逢其君之惡，而以一去爲全身遠害者也。吾常以爲增天資刻薄人也，其學本之刑名，而不知格非之大道。羽即用增，亦無救於亡，而漢高與蘇氏之言皆未爲篤論也。

范增只是個有心計人，原不算識道理。千餘年來無人能指索之者，經艮御始有定論。吾笑漢家、蘇氏皆如大夢之未醒耳。王武徵

原生

（一句破仙，是客）有生必有死也。有生無死，則洪荒以來帝王師相皆至今存，而桀、紂、楊、墨不得起而姦堯、舜、禹、湯、文、武、周公、孔子諸聖人之政教以爲生民禍。（長句見精采）死者不復生也。（一句破佛，是主）死者可生，則唐虞之後復揖讓，殷周之後復征誅，尼山之後復纂修刪定。然而揖讓者已非堯舜，征誅者已非湯武，纂修刪定者已非仲尼，雖以三王爲君，而不疑於二帝；雖以孟軻、程朱爲儒，而不疑於孔子也。（通篇主意是破釋氏輪廻之說）今佛者之言曰：人之生也有自來，而其死也有所歸。又曰：欲知前世因，今生受者是；欲知後世因，今生作者是。以今之生者爲昨之死，而今之死者爲後之生，且使昨之死者不保其生，而後之生者必視乎死，則天地生人生物，其種類雖萬有不齊，而古今以來日相輪廻於兩間者，（說來好笑）不過祇有此數。且其善惡情狀細如絲髮之不可理，而皆有主焉以制其死生而權其輕重，吁，豈

不謬乎（二語攧撲不破）夫形具而生氣盡而死人之大凡也經曰天地絪緼萬物化醇男女搆精萬物化生又曰精氣爲物陰精陽氣聚而成物游魂爲變魂游魄降散而成變此何來而何歸耶先儒以花之榮落譬人之生死蓋人之生受身於祖父祖孫父子本一氣也生吾者祖父而父有父祖又有祖生於吾者子孫而子有子孫又有孫桃之實復爲桃栢之子復爲栢吾之生而少而壯者木之由種實而萌芽

而爛熳也吾之衰而老而死者花之由甲而拆而摽落也吾之生必有死死不復生者花之必摽而至於盡而不得謂他日之甲而拆者即今之摽而落者也（生死之故盡於此矣）故夫死則未有不氣盡者氣盡則知覺亦盡其或憑依爲姦必人之不得其死者也必人之乍死而其氣未盡者也（又暢言以盡其變）其氣未盡則觸之而動或闘而生有如佛氏之所謂奪舍者（帶神仙一筆）而非一定之理與天下之通義也程子論神仙者流固有保形煉

氣久於人世者若說白日飛昇則無朱子亦謂渡江以前說甚呂洞賓鍾離權而今亦不見雖神仙不能不終歸於盡者（此語非朱子不敢道）而又言孔子之氣當亦盡或以聖人之死當有以異於人者（看死而不亡語則道亦是釋）而不知其已落西歸公案也至福善禍淫不出洪範天人響應之理至於季世而其說亦往往不驗然聖人第言其理（是儒者語）之常而氣數之變則有所不可知若以釋氏言輪廻果報毫末不爽吾不知孔何罪而窮顏何罪而（果報之說至孔顏而窮）

殀豈其宿業深重固宜至於此極不然則輪廻果報之說何以證其不謬耶而猶以爲不落不昧脫離生死也則黜之甚者也吾知其辭之遁矣

天堂地獄佛氏亦自言怖令人爲善老禪皆心知其非而識字秀才反信得及當知此論猶是爲下等人說法也〇吳州先生著養生論極有功世道獨與驪劇論此理卒不可合常自言是再來人尤好談李嵩陽數世受生事才人之病

把芙蓉遮須玉樓幾重公案不肯消歸子虛便儘力回護釋氏去來之說何況一般不識字尷尬東西也

貞節論

婦人之道從一而終一者經也不易之理也而所以善其經者則有權焉婦人不知守經則胥而同衾肝而他醮靦顏事人而無所於恥若由乎經而不明乎權則徒知殺身成仁舍生就義之爲美而不知殺身舍生之未必盡當乎仁義反有不殺身不舍生而不害其爲仁義者蓋所執者一而權其一者未有也婦之有夫也始之媒妁以通之父母

以命之其繼也合巹以成之而廟見以禮之如是爲夫婦矣不幸而夫死此柏舟之詩所爲作而聖人之所錄也若夫死而決死以殉則吾竊疑之夫生人者天地父母之心也夫不幸死是受於天者薄也婦之於其夫猶臣子之於其君父君父死臣子之情至無已也然不以其情無已而必以其身殉之故三年之喪爲之哭踊衰絰以盡其禮以寄如是可以已矣死者無失其爲死而生者亦無失

（信手拈來皆成名理如西銘引封人伯奇不）其爲生臣宜爲其君死則堯舜之崩無禹稷子宜爲其父死則鄒人之殁無素王婦宜爲其夫死是（拉雜）太任太姒不得爲賢婦人而孔子之母無顏從鄒大夫於九京也且婦必爲其夫死則孟子不得三（又責以撫孤之義）遷以成其賢而歐陽永叔亦不聞畫荻之教無所爲文章事業也漢時荀采爲陰瑜妻十九而寡其父更以歸郭奕采以粉書扉云尸還陰字未成而縊乎謂如采之死可以無譏矣爲采者廹於

一旦必出於死爲義出於生即爲不義乃爲可以死若未居采之地不有采之父母則守貞殁世以（處置）全其天年固從一之正義也（一段論女子）至於女未嫁人而或爲其夫死又有終身不改適者乎尤惑焉昔歸太僕著論以謂男女無自相婚姻之禮其未出室也父母爲之許聘於人而已無所與純乎女道而已矣六禮既備壻親御授綏母送之門共牢合巹而後爲夫婦女未嫁而爲其夫死且不改適是六禮不具壻不親迎無父母之命而奔者也非先王之禮也吾嘗三復以爲至言男女居室而後夫婦之道成夫婦之道成而後委身事焉夫死不以易也爲某也婦者則以夫爲天雖父母之服爲之殺不爲某也婦者則以父命爲重而此身茫然未知其所歸古人之言曰不告於廟則終身以爲妾（此一証尤了然）夫不告於廟雖既成夫婦而猶比於妾况未見於廟未成夫婦而遂以爲已夫或爲之死或爲終身稱未

亡人也豈禮也哉故女未出室而夫不幸死爲女之父母者更擇人而妻之而女莫違焉（處置）此道之權也所以善其經者也（應○寢○化○）且先王之制禮也未嘗故絕遠於人情婦人不知從一之義辱身賤行更事二夫先王宜哀矜懲創之矣然且有異父昆弟之服者何哉秦漢以前婦道無成動而獲譏終其身爲廢人其賢者如宋桓公夫人賦河廣以見志若齊桓公歸蔡姬蔡人遂嫁之禮莫之禁先王以謂世

有高明貞亮之姿、剛之死靡他之節者、居則爲衛共姜、出則爲宋桓公夫人、此天地之常經、古今之通義也、其或不能、則亦順其情而爲之制、於喪禮不廢焉、使不肖者有所閑而不至於流、此先王之深意也、凡以云救也、若夫決死以殉之、與未嘗事之而以身殉之者、此雖人情所難、而先王初不以是爲教、蓋以此爲賢知之過、而於道未爲得中也、嗟乎、人之立節亦求依乎中庸已矣

雙收

不全抹撥

本震川之意而成文、更覺言之條暢○論理不得不到至處、取人却不能專執此例、然而世教之衰亦可見矣 沈朔思

七出論

余讀禮而歎古婦人之難爲也、禮之有七出也、所以責婦道者甚嚴、一曰不孝、二曰有淫行、三曰妬忌、四曰盜、五曰多言、六曰無子、七曰惡疾、此其條目也、君子以爲出之義至及於無子與惡疾、亦過矣、夫無子與惡疾、豈婦人之得已哉、先王之作禮、也以爲無子與惡疾不可以配孝子奉宗祀、故奪其情而爲之制、然竊以爲此禮亦爲妬者作耳、而婦人之本無子與惡疾者不與焉、莊姜無子、以陳女戴媯之子完爲己子、以是知無子之有不必出也、周恭叔幼議母黨之女、後其女雙盲、卒娶之、愛過常人、伊川先生有取焉、以是知惡疾之有不必出也、蓋嗣續之事大矣、男子居室、起於天地陰陽之義、有夫婦而後有父子、有子之樂、此男女夫婦之所同、不幸而無子、此婦人之所無可加何者也、先王必不以子故輕絕其婦、使人失伉儷之重、惟

奇

證

證

提出主意以下單重女子發議

（此段發明禮文無子必出之故）己不宜子而遂以成其夫之無子俾祖宗忽焉不祀先王必不以婦故輕覆其宗則出之故曰不孝有三無後爲大舜不告而娶爲無後也苟可以延吾後雖父有所不必告況於婦乎然以爲婦人無子則必出者亦不深原夫禮之本意也（此段推本禮意無子而有子亦必不出之故妙論天開）婦之有妾媵猶男子之有弟昆男子期於有子以繼其父婦人期於有子以繼其夫男子無子以弟昆之子爲（確論）己子同爲父之所自出婦人無子以妾媵之子爲

己子同爲夫之所自出如斯而已矣婦人無子夫即不得以爲婦男子無子父亦不得以爲子乎（應）故竊以此禮亦爲妬者作而婦人之本無子者不與也（又証）予讀周南之詩樛木螽斯凡以歌咏后妃不妬之德而美其子孫衆多彼百斯男者不必皆其所自出也若呂趙武氏之惡至於殺人主之子孫無有噍類天亦往往夭折其後嗣其流禍也遠矣復何面目入祖宗之太室乎故諸侯一娶九女庶人

無子皆得置妾明宗祀之爲重而嗣續之事非細（應）故也傳曰宗子無子庶子不得有子是庶子之子即宗子子也然則妻無子妾獨安得自有子乎苟（反說好又增無限波瀾在內）爲不妬雖無子而有子也苟妬焉雖多男無惡疾其出也庸可免乎故能孝謹不盜不多言者其人（論似過火然亦恰是至理）不必不妬即世之號爲節烈者亦或往往出於燕婉好合之私爲兒女子一時情至之事而其人不必不妬苟無子而妬雖孝謹節烈猶無與也況不

必孝謹乎（反覆條暢言之）不妬則能以貞潔自守而盜與多言自有所不爲至於無子而有子以光前而裕後其爲（歸重夫夫得主腦）孝也大矣又可出乎雖然嫡庶之禮亦不可不明也衞莊公惑於嬖妾夫人莊姜賢而失位綠衣之詩有深痛焉近時崔觀察夫人大懼觀察之不時有男爲廣置側室後觀察竟以愛弛薄其恩禮其女至以毋爲戒夫遂不祀由此言之夫婦之間蓋（曾目擊）（總收）交有責也予故推本禮意以爲無子與惡疾固有

所不必出然而今之爲婦人者易矣。洽按：易字與起句難字應

惡疾無子亦在出例議禮者自有深意此卻拌入妬者說遂覺辭强果足以奪理其爲閨梱出脫非小功也而艮御乃刑於其少君爲人情所難爲得毋閒此論而興起者乎 兄漢乘

續古今正統大論

安内攘外春秋之義也執此而論後世之天下則一篇大意義有所不可通蓋古之中國其幅員不及後世十之四春秋時秦楚吳越胥見擯於聖人又無論滇黔閩粵也自齊桓公死而楚始益大自韓趙魏分晉而秦始蠶食山東之諸侯溯乎前而言虞舜周文一爲東夷一爲西夷要乎後而言漢高帝明太祖皆淮南之匹夫亡命孔子生於衰周推原伯者之功故其言如此不知使孔子生春秋之後尚能執春秋之法以概繩漢明歷代之爲君者乎抑并執春秋之法以上繩舜文王之爲君者乎以孟子爲誣枉舜文王乎舜文王所生之地不可掩也不以夷限舜文王者因舜文王之德爲聖人而不敢夷之也不當以孟子東夷西夷之言例後世者鄭所南氏之激論也舜即不論雍州介在戎翟荆梁徐揚次第歸周皆虞夏所不臣者也皆禹貢所謂

荒服者也、謂文王武王非西夷之人不可得也、古之中國止有冀豫青兗、周始有雍、旋失於秦、秦始并有梁有荆有徐有揚、漢始拓有滇有黔有粵有閩、元明始益增置諸司諸衛、天下之文明日益啟、中國之闢日益南、自漢高而後、上而爲君、不敢外之不以爲君、自張良諸葛亮而後、下而爲臣、不能外之不以爲臣、自陳良朱熹而後、賢而爲師儒、不能外之不以爲師儒也、何獨至於元而外之、後世

之中國果不同於古之中國、孔子春秋之義果不（玉理不易）可以繩後世之天下、特有聖人之德者可居之耳、彼元者黜孔子爲中賢、夷儒家於乞丐、食忠臣之心肺、掘亡國之六陵、窮海外之兵威、任妖僧之淫衞、此暴秦所未嘗爲、而元並行之、其德如此、何以能享祚百年也、以孔子爲必與中國、而臨河則不渡、以孔子爲必外夷狄、而楚召則欲往、一則曰不如諸夏之亡、再則曰君子居之何陋之有、要於有

道以變之、而不爲其所變耳、使當時無桓公管仲之烈、天下不爲南蠻、即爲北狄、孔子能不被髮乎、能不左衽乎、泰伯仲雍不以斷髮文身貶聖、孔子亦不以被髮左衽貶聖、亦明矣、所南第知天地之常經、而不知古今之通義、以夷齊自處、即不能不菲薄湯武、如其言、古今正統止有虞夏兩漢耳、何又恕殷周乎、謂篡國之君、義不當以正統歸之、窮羿羸政王莽曹丕司馬炎楊堅李淵趙匡胤、其罪

均也、有少康光武昭烈之中興、則羿莽曹丕不成其爲君、無少康光武昭烈之中興、故晉秦唐宋概（收）成其爲帝、亦綱目之不得已也、然則宋後之史義不當架漏百年以待洪武之興也、願天早生聖人、特明宗誓天之言、實則天之所予、即人之所君、自天視之、其無中外也久矣、區區之意、有見於古今（所見者大）之大論、故因所南以發之、詎有所回護而云然也哉、

上下古今自成通論昔人謂伊川先生有不通處此論但可使通者知之　胡方呂

春王正月論

三代建朔不同而六經并用夏正未之有改其在詩曰二月初吉四月維夏六月徂暑十月之交皆以夏正言之不獨豳風七月也其在商書曰維元祀十有二月三祀十有二月皆言夏正也何獨至於春秋而改之凡春秋書春王正月者皆夏之正月也其以次書二月夏五月秋七月九月冬十有二月者皆以夏正言之也其曰春正月者春秋爲經世之書此見諸行事之驗也所謂行夏之時也加王於正者公羊氏所謂大一統也謂王正月爲周正月者左氏之誤也左氏爲王字所震故誤以正月爲時王之正月胡氏爲春字所震故誤以夏時冠周正爲說均之支離破碎非孔子筆削之本意也周之不改夏時既屢用於詩即可用於春秋謂頒曆授時例以正朔行事故史官必用周正似也此魯之春秋也非孔子之春秋也故有孔子書

春王正月、而左氏兩作上年閏月者、成公二十八年、晉殺其大夫胥童、哀公十六年、衛世子蒯聵自戚入於衛、衛侯輒來奔是也、孔子書正月、而左氏作十一月者、僖公五年、里克弑其君卓是也、孔子書春、而左氏作十二月、或作冬者、僖公五年、晉侯殺其世子申生、十一年晉殺其大夫丕鄭父是也、孔子書夏、而左氏作春者、桓公七年、穀伯綏來朝、鄧侯離吾來朝是也、孔子書九月、而左氏作七月

者、文公十四年、齊公子商人弑其君舍是也、孔子書冬、而左氏作秋、或作九月者、隱公六年、宋人取長葛、僖公二十四年、晉侯夷吾卒是也、孔子書十一月、左氏作九月者、僖公十五年、晉侯及秦伯戰於韓、獲晉侯是也、此皆左氏仍魯之春秋而未及改者也、孔子之春秋、皆行夏之時、如今之春秋所書者也、嗟乎、寅之爲正也久矣、湯武名爲建丑建子、而卒未嘗改夏之正月爲商之二月、周之三月

也、秦漢名爲建亥、而卒未嘗改夏之正月爲秦漢之四月也、其稱即位建國之元祀元年、或十二月、或十月、皆可考而知也、惟周之改月、或見於左傳、或見於孟子、而其見於詩、見於春秋者、初未改也、善乎九峰蔡氏之言曰、三代雖正朔不同、然皆以寅月起數、蓋朝覲會同、頒曆授時、則以正朔行事、至於起數之月、則皆以寅爲首、是則商周以來、正朔屢改、而夏之月數本未嘗改、亦已明矣、謂夏之

十一月爲周之正月可也、當夏之時、周之先公已用一陽之月爲紀、候之始、不待代商而有天下也、謂春王正月爲周之正月、不可也、考之小雅、既如（收束嚴整、如程不識之軍）彼証之春秋又如此也、使必用改朔以紀數、商也、周也、秦也、月屢縮而歲益差、將何所據以治曆、湯武聖人、不若是之舛也、嗟乎、自顓頊至禹、並用寅正、湯始創制、顯庸以新一時之耳目、而所謂夏正者、纘禹舊服、淪肌浹髓、小大由之、雖以湯武之仁、

嬴秦之暴而胥莫之與易也孔子以聖人之不復作也順天應時之治不復有也於是作春秋爲百王不易之大法豈斤斤守一周時以爲爲下不悖義固當然云爾哉不嵡乎此而拘牽傳會聚訟千年則愚之所不能不起而爲之辨者矣

典核詳明足息千年聚訟 黄昆圃

斬丘木之罪議

夫人之歿魂氣陽也而升於天體魄陰也而降於地氣在天而淸其神棲於木主體在地而濁其形則錮重泉是故塟者藏也孝子仁人之掩親也墓者慕也子孫所思慕也而蔡邕曰古不墓祭何歟胡氏解云墓藏體魄而致生之是不智也廟以祀神而致死之是不仁也聖人制禮專於廟享而不祭於墓其義精矣蓋古之說如此由我論之先人（費云一細到處）一尙衣傳器且罔敢隕越豈有歸藏之所觸目儼然而置而不顧者乎且古人亦重言墓矣子貢於孔子築室於塲周禮冢人之官凡祭於墓則以爲尸周公孔子不可謂不智誠使古不墓祭後人亦緣情制禮無當忘其所有事特陽以求其神於廟而陰以重其體於墓今以墓藏體魄而致死其親豈胡氏立說之意哉（亦斷挨不破 丁云筆筆曲折論）是以子孫思先人而不得見見先丘則如見先人矣凡墓中纍纍然封其壟銳其

（入丘木）首鬱葱其夭喬皆與先人爲體者也柳州祓放惟（粹語）松柏是念古孝子仁人之愛其親惟恐樵蘇之不禁而體魄之不寧於地下其用心類如此也故曰（引証）爲宮室不斬丘木推禮經之意以爲先人之有丘（戴云妙有洗發明得此義丘木可以永保矣）木猶吾之有宮室吾雖露處斷不可以奪先人宮室以爲吾之宮室奪先人之宮室以爲吾宮室是已欲處堂而以露處遺先人何待其親之不厚哉且丘木之下體魄之所憑依一朝濯濯比於剝床及膚極之而兆可遷域可毀狐狸可穴處豐碑巨（不嫌推廣）碣可爲鎮石而遠而城郭道路近而耕犁古人亦不必爲三事之慮是故斬丘木者服上刑也或曰（費云還他罪譴）使子孫廹於饑寒將襄殯婚嫁是急則可乎予應之曰是以丘木爲先人之餘帛贏糧也（語甚）襄者子程子言之餓死事小失節事大今斬丘木則免死而（丁云斬丘木者參之）不比於失節爲人子孫者且得藉胡氏之言以爲桀跖嚆矢哉

胡氏致生致死二語確有義在却因世人致死其親故借先儒翻案爲不肖發一痛哭耳字字挾風霜之氣　丁柯亭

纏綿悱惻起人仁孝之思　戴田有

立議高選詞妙不獨文章爾雅亦安所得聞此長者之言乎　費厚蕃

張海房先生依歸草卷八

海陵張符驤良御著

子沆重校

書陸蓮庵碑後

石港陸蓮庵碑者，通州周世議爲宋吳二節婦而建，而託於鹽運分司以文其事。世議工屬文，識道理，其言二婦死後，宜改是庵爲雙節祠，而以張嘉善所給田二十畝充祠費。又言吳婦金氏年垂六十，其節已成，宜返初服，死合其夫。惟恭之穴，意皆甚善。顧予於此重有感也。婦不斷髮，則奪志一髮之微，人禽之判也。斷之已四十年矣，白髮鬖鬖，勢不能更蓄，以上先人之丘墓。中古以前，原未有合葬，不以葬不合而亂其定偶。泰太后合於莊襄，平陽公主合於衛青，此之爲合，徒增穢耳。古之聖賢，潔身行義，有不能瞻狥者矣。泰伯仲雍之文身斷髮，而示不可用，竟死句吳，彼豈不能返葬宗周，而亦志絕者，以爲區區之小諒，不足以益吾之大節也。自是而降，亡國之大夫，多竄於緇流以成名高。明亡以來，茲類尤夥，由是言之，婦之有傳於後，不係乎髮之蓄與不蓄，葬之合與不合也。世議儒者，故云然。予之論婦，蓋超然於儒釋之外也。祠無主，不若以浮屠主之，永得不廢，庵仍陸蓮，以識宋婦（宋姓掃書）張氏皭然不污之志，而二婦首丘之地，固可以不論也夫。

周論甚正，此又翻出妙論，洗剝高卓，何文心之善變乃爾。黄叔威

天然證佐，拈來便合，乃知良御立論似奡，故非強詞。陸圖玉

書陳孝子傳後

邵陽李聖武爲予談其外大父母陳孝子沈節婦遺事，而曰：願有傳也。予讀郡邑志，載孝子陳嘉謨死孝本末，不及海巡之害，又不稱其婦撫孤守義（伏）（伏），爲有功於陳氏。聖武示我陳氏家傳，則事頗詳核，恨其文不雅馴，薦紳先生難言之。按嘉謨字我師，興化縣諸生也。順治六年，怨家誣其父弘道私販鹽利，就逮，孝子百計營救不得脫（數語括盡本傳），獄吏又不使孝

子時與弘道相見。獄且成，孝子乃悲憤嚙指，自爲書呈白運使。其略：以國家度支仰給東南鹽利，所在增置巡鹽官吏，而奸猾亡命竄匿鹽徒中，鉤致官捕，快其意所欲報。每一犯獲，必株連數十家，歲久不決，非重資以賂獄吏，無一生還者。夫以興販巨囤，其罪不過徒，徒而轉令牽引無辜之人，淹滯囹圄，破產不出，動受巨創以死，民之父母何以爲心？且今之巡鹽捕盜者（海巡之害），彼固私販逋逃主也，釋

此不問，而誣我善良，橫陷非命，養亂叢奸，鹽政且日壞。誠得雪父枉，革海巡，爲揚郡閤屬數十百里生民除無窮之害，嘉謨死不恨。遂沈邗關而死。更七日得其尸，髮上指，屹立風浪中。御史廉得其事，出弘道於獄，收葬孝子而旌其閭。孝子死時年三十有二，婦沈氏甫二十，有遺孕，生一子，守志四十（釋其婦）餘年，以康熙二十九年殁，壽六十三。爲子死孝，爲婦守義，孝子節婦兩有傳已。孝子既死，白運使得（與開首映遥接）

孝子所爲書，乃雪涕曰：父罪不至死，擬人何至是！而世之論者亦言弘道幸而得理，孝子猶可以不死。予以爲不然。主憂臣辱，主辱臣死，君臣之義也，況父子之親乎？當國初重煮海之禁，奉行者不善（此爲雅馴）其職，至與細民爭升斗之利，而吏胥豪猾上下其手，因緣爲奸，一經羅織，卒難自理，往往不死於法而死於搒掠。嗚呼！方孝子乞憐於獄吏（歸公每有此嗚咽跌宕之文，此真神），吏不許；乞憐於讐，讐不許；呼天不聞，呼父不見，而徒以其齒

悲沉慟，致性命於危流，冀當事之一悟，此屈子所以投汨羅而不悔也。嗚呼！其可悲也夫！

每讀君文，便覺深情逸韻溢於言外。　李詞臣

書石節婦傳後

鄧舍人漢儀爲石節婦謝氏傳，亟稱其撫孤有成，爲有功於石氏。予考婦早失所天，矢志至五十五年之久，此自文人所豔稱而有國家者之所旌別。然竊意天壤之大，幾此者尚有人，至其以一寡婦人毅然知尼媪之不可與偕而概弗與通，而鄧傳惜未之及也。吾常以爲男女者陰陽之靈也，彼僧尼既賊其爲陽爲陰之理，成其不陽不陰之身，而欲以誣惑世之爲陽爲陰者，顧其不陽者祇足以惑天下之男子，而未可以惑天下之婦人，則有不陰者得以入其房闥之中，恣其邪異之說，有不識不知之女子過而信之，忘其爲不陰之身而與之相接，彼不陰者又挾其遺脫形骸、陰陽不二之說，而媒以見於不陽者，其貞操絕世之姿即萬不至辱身賤行，俾死者蒙面於黃泉，而出入無時，男女罔別，重爲世俗所觀笑。嗚呼！是尚得爲完人哉！世

（此一段曲盡從來陋習惡俗，議論極正極快又極幻，其腕力屈折能赴過真，秦史二老子也。）

（今且有鸞紳先生數其婦女販依和尚者，真失其惡之本心者也。）

教之衰達官貴人之家往往聽其婦女與尼媪往來名曰信心好善而寡婦人之門尤爲易入恣行無忌其讀書稍明義理者或知此之爲非而不能防閑其母妻俾與此曹絶又往往然也予心傷之久矣而如皋石五中兄弟頗乖時好與予言莫契既乃知其大母高節加人一等至於如此既爲咏嘆嗟咨不能自已而又怪鄧氏執筆爲婦立傳獨此事漏而不書爲不可曉故輒論次之或曰立孤臣子之大節爲婦人者尤難之嗟乎是固然可傳然予不具論論其異者

拈不與尼媪往來一事說立論便欲干城世道不止吾家乘之光也 石五光

跋存善府君墓誌銘

府君字存善號裕齋別號雲莊老叟又號逸叟儲文懿公贈高汝贍詩有云因君苦憶雲莊叟也兩刻本皆以存爲從誤接文懿爲府君後輩誌中序兒時辱府君愛欲以女瑞英妻之不果知己之感愴然流涕文亦古淡可味世又傳遜齋公次女爲都御史徐蕃夫人初生時置牖下有雙蛇蟠互故小字盤龍蕃父爲小吏府君識蕃於羣童子中即以兄女許之蕃父謝不敢當府君解之曰門戶何足言也卒嫁蕃生嵩亦至都御史應雙蛇之兆其知人善鑑如此昔竇儼以女字丁謂能知謂異時必爲三公而謂以姦邪不爲正論所與儼則未之知也使儼有靈能無胡盧地下哉儲徐兩公並以清操直聲顯名當世不負所知府君之藻鑑精矣敘以女妻不果者或夭折未成禮也

論必瞥而可箴法必嚴而難犯 吳幔亭

查太君墓誌銘

查爲海寧著姓，自大參稍徙其郡之保安里，與俞氏世通姻婭。歷四傳而參乘先生諱枚者娶太君，年九十考終，則吾友可亭之壽母也。太君以雲君俞翁之女爲梅百查翁之婦，兩翁性豪宕，并喜施予，交賓客。太君漸漬家訓，與先生風義無間，夜則篝燈佐讀，常機聲軋軋，至耄猶不倦。事太姑嚴，繼姑林，并得其歡心。翁以急友難毁家，太君斥奩資

無恡色。嚴臨終執手與訣曰：願世世爲姑婦也。自是數丁大故，拮据盡禮，遠近以爲難。（以上誌太君，畢下全就可亭奉命久客，聞喪歸葬處感嘆着筆）可亭游學京師餘三十年，欲博一第爲太君娛而猝不可得。庚子已得而又乙，將求苜蓿冷官，歸而奉太君以終老，而一夕以訃至。予弔可亭，見其貌不悴而神傷，負罪引慝，有不能一日立於人世者。嗚呼！可亭何以釋此憾哉？（兩憾字爲呼應）然予聞先生客死河南，可亭零丁幾不能自存，太君不以藐孤少有姑息，早歲擔簦北上，瀕行命曰：生不成名，毋以歸也。故三十年來可亭雖間歸而娶妻有子，然卒以京師爲歸。可亭之不得奉甘旨，視含殮，正太君所樂，可亭毋以憾爲（好出脫，後半篇文字從此生）也。且夫仁人孝子必有所悔而後可以感發天下後世之爲仁人孝子者。今之望太學而來，其人未得升斗之祿，類不肯遽歸，逮通籍矣，例又不得即歸，至於階漸崇，任使漸重，而終其身遂不得歸。然則可亭之幸而得歸撫太君之棺以洩其無涯之

痛，將遂厭先生之封，與太君合葬湖山之麓，不猶愈於今之聞喪而不得歸者乎？嗚呼！古人高難進易退之節，而今人處易進難退之時，予久失怙恃，甫綰朝簪，已惴惴有不克遂歸之懼。將屆三歲之粟，請告而歸，守先人之松檟，間一鼓枻訪可亭於六橋烟柳之間，計太君之墓亦已成陰矣。太君没康熙辛丑正月二十有六日，距生崇禎癸酉十二月初四日，享年九十，即以是年某月葬金鍾山子

即可亭名克弘、庚子順天副榜貢生、女四人、壻皆仕族、早死、依太君以居、可亭配燕氏、有孫乾昌、縣諸生、次師昌、泰昌、銘曰、昔我嚴君、憂我拜塵、偕我聖善、阻我遐征、兒喪始北、得第在辛、焚黄墓門、猶恐生嗔、太君不然、廼促擔簦、勉爾桑弧、略爾清溫、黄髮皤皤、年躋九旬、過不酬志、予類椎秦、茫茫泉壤、何日繇綸、巍乎兩宗、簪纓若雲、豈有可亭、儒官稱身、有齡已錫、有德堪銘、湖山悠悠、有永斯窀、

借可亭作慨、所謂言之無罪、聞之足以爲戒、許子遜

跋陸夫人自序

予向爲陸洊祉傳、哀洊祉之績學而窮老以死、因推衍其夫人吳氏鬻彩、治生存孤諸大節、傳成三年、而予道出如皋、往視其孤球枝、則已能肅客矣、夫人年七十、益皤然老、乃使其子壻高深贊、兩延予坐、且拜於簾內曰、辱先生之有言以傳先夫子也、老婦不敢忘、顧老婦之爲陸家婦、亦良苦矣、老婦之妻洊祉也、非先君意也、縣令强之而委禽焉、

洊祉家無壁立、老婦未出閣時、二姓業以禮數相責望、既于歸、洊祉弗善也、以閒言屏居母家者十四年、洊祉固棄老婦、老婦亦無家可歸、乃盡廢奩資、析銖兩、權子母、久之、有田數區、奴婢器用皆粗具、洊祉悔而還我、公私積逋、叩篋中金盡償之、拮据綢繆、俾有寧宇、中間再生子不育、乃以宗祀計、復爲洊祉買妾、屈指添丁、以娛暮景、而洊祉遽捐賓客、族之無良者、欲扼吭而奪之、不爲洊祉遺腹

地譙羽𦐇尾每一念至鼻爲之酸子生善病百藥調劑垂暮之人心血爲枯然而感傷往事冀倖將來手種墓田松柏成陰同歸有穴豈知禍機之來不能以髮未幾妾復奄逝向之眈眈者百計羅織以老婦爲奇貨其能復作陶朱之素封而不思石崇之覆轍乎然且環視重足未知所終老婦終夜傍徨飲泣嘗有言以自序而不能文也顧先生垂鑒焉予曰江沱之嫡媵鴟鴞之君臣谷風之夫婦

皆變也然悔則爲江沱鴟鴞不悔則爲谷風所謂就淺就深何有何無者婦人之情類如是聖人憐而著之於經洊祉之於夫人亦既念昔者而追來塈矣夫人可無憾然且撫摩血胤相依爲命殘疆敗帙借之死生曰吾不忍夫子之無傳耳此趙后所以拊心而懷清之寡婦所未有也天祚陸氏必無他慮又況贊兩賢者左提右挈必能效公孫之義下報洊祉於九京哉且吾聞夫人之失母也象其親柰之𢡖乎如聞僾乎如見焄蒿悽愴不啻終身之喪嶰谷先生嘗稱之詩云孝思不匱永錫爾類於此卜球枝之必有終身之慕於夫人矣夫人字卿雲靄彩其名餘具詳前傳

代序處如聞其聲收場有典有韻兼經子史之腴人但驚其曲暢不識此老心手間具古今一大鑪冶

書周尼事

先大母存日嘗爲驤誦噇口周尼事、曰尼光其父周痴、母早死、無兄弟、有欲爲蹇脩者、言於痴、痴曰、吾歸而謀諸女、即歸而謀諸女、尼不答、痴强之、尼曰、女知事父而已、安問其他、痴喜出語人曰、吾女孝女也、義不嫁人、後有蹇脩者、痴謀諸女如初、而蹇脩者亦不復至、及痴死、遂披緇爲尼至今、而又曰、小子識之、他日不可使尼無聞於世、頃憶大母語既爲書此、而又嘆尼本難於自媒、特以孝爲說而卒以自賊、悲夫、夫徹其環瑱、至老不嫁以養父母、是衰世之高節畸行也、爲痴女者、或决贅壻以事痴、或俟痴死以從夫、則父子之恩篤、而夫婦之道成矣、不知出此、而淪於沙門、以賊其生、或以貞許之、不已過乎、雖然、自廉恥道喪、幾無不自媒以求悅已者、聞尼之風、抑亦可以少愧矣

（痴絕）（幾個虛字寫盡痴女）（處置好）

抑揚盡致、曰無不自媒、曰難於自媒、兩兩相形尤作者之徵詞也李吉四

祭妻嫂文

嗚呼吾猶記天隨衣絳衣親迎孺人於皋忽忽二十五年而孺人遂就木垂老之姑啼於室纍纍弱息踊於階吾即欲無哀得乎於禮朋友始有寢門之哭孺人吾婦嫂耳哀婦嫂非禮哀比於已嫂之婦嫂其爲非禮乎蓋予十餘年前顛倒狼狽其事不堪追述吾命在天不在佛吾外姑誤爲無益之禱祠予一日穴窗親見孺人與李氏姨從其姑敷

具向佛百拜不休喃喃如有所祝者吾得罪於佛而累他人爲之懺悔吾性冥頑至今未蠲積習而孺人之誠意有可感者於其亡也其忍以逐人自待乎孺人以產暴殞未及與天隨訣予同數輩張燈夜坐猶話前事四座動容孺人存時黽勉有無簪珥斥盡求數衣於質鋪而後得歛未死前一夕親爲二女櫛沐割雞釀酒待天隨降日之用吾婦爲予言此尤哀也孺人視吾婦如小妹吾無嫂即以婦嫂爲嫂歲時恩意周浹而疇昔之事尤往來予懷因託於文以著吾哀之所自亦使吾諸子志之雖無服無相忘也

不佞佛而感人爲之佞佛立言最妙哀字廻環作態　俞太羹

再祭先府君文

嗚呼吾父之棄藐孤也倐四十日耶此四十日之久行者亦可以思歸也而吾父獨未之思耶（思字引線）父未嘗思父之恝然於不孝也（用兩層鋪上未之思句）不孝何罪而見棄於父如此其甚也父不能思不孝之禍延於吾父也不孝又何罪而見罰於天如此其酷也思不孝之失（以下思字轉入己身）母也其痛苦猶昨也然而助不孝之哀者有洛而今已矣勉不孝以節哀者有父而今又已矣且母之初殯也父榻於旁不孝與洛共寢於塊而今洛已在郊矣父又在殯矣吾晝而摩娑吾父吾母之棺遺蛻斯在杳不可得而見也吾夜而枕藉吾父吾母之棺神魂安在杳不可得而追也思吾父吾母之二棺長閉欲見其面則茫如河源蜀道之險且遠欲接其言笑有甚於帝鄉玄圃之窐且幻不孝其何以已於思耶思之思之事未易一二爲人言也思吾父之每成一文或成一韻也必呼不孝

而示之不孝廻環循諷與父行歌相答間有一字之疑即請於父而更之父未嘗不以爲然又思不孝之每成一文或成一韻也必請於父以證其當然父亦廻環循諷不忍舍置其有不慊於心則塗竄以求至當不孝依歸初刻多吾父所手定此樂他族所未有也而今又已矣思吾父吾母之白首相莊終身不見乖違之色講習禮教夜分不倦不孝援据參互其間此樂亦他族所未有也而今又已矣思吾父吾母之昧爽以興嚴勅中外相戒唯謹而今譁然煩不孝之董率思吾父吾母之勤儉中禮一裘十年切肉必方而今眢然費不孝之丁寧思吾父吾母之披霜斬棘乜罶不驚田園式擴而今眈然闕不孝之措置思吾父吾母之必誠必信蘋蘩克腆窀穸有期而今傫然待不孝之經營（思字盡頭）悲哉悲哉又思不孝未生時詹事不完萊根罕給一燈寒夜父吟嘯於戶外母縫紉於室中而今俱

成陽世矣又思不孝生而類痞母至無禪父不以
裂帛自累不孝五歲而痘母日爲人縫衣以充肉
食九歲而痧父猶日負於背以示憐愛而今欲妄
想於椎牛豈有及矣又思父非曾皙之嚴母有伯
俞之痛守如處子唯恐踰閑再爲遮道之人幾成
清議之禍而今豈忍自由矣夫人戴高履厚不忘
地天食毛踐土不忘君上烏反哺羊跪乳豺獺皆（拉雜放入）
知報本矧不孝一身內外莫非吾父吾母精神之

所凝聚故吾父陰德在人且未遑論即在家言家
亦屬百世不祧之廟不孝涼薄何堪負荷而又敢
一飯忘我先人也耶牛眠不遠春以爲期不孝事（思字收場）
親之日將終矣未始而言終痛何可勝悲哉

脉線顯然可謂一死孝盡思矣情緒纏綿以六朝
婉麗出之不忍竟讀又不能一讀而竟　孫莪山

祭石太孺人文

嗚呼太孺人竟以喪歸耶以五遠之初有山西凶（二語）
問也對予嚶嚶咿咿涕泣不成語嗚呼五遠不言（一語）
我自知之抑五遠之不往猶五中之不反也而今（生出下二段）
竟以喪歸耶太孺人生淮以南去趙代三千餘里（哭慟兩路孝子）
以井臼爲媚好寧知其卒老茲土桐棺躑躅哉知
太孺人亦無是夢也而五遠身爲人子前年送其（五遠一段）
父若母並驅北去且默默自愧其兄寧復知有今
日事而且不得視含殮伸人子一日之痛悲夫此

五遠之情也而五中以丁年上第受天子百里之（五中一段）
寄欲叱馭而難已於瞻雲故遣使走三千餘里奉
其父若母同養於官此古人捧檄之誠也而養親
之日少養馬之日多使太孺人一朝棄養而五中（可哭）
爲忠與孝兩無所成其以喪歸也五中又以養馬
累故不能潔身扶櫬以反而猶問關旅食吾不知
五中之痛心又宜何如也嗚呼吾讀儲文懿公論

馬政疏以爲各邊自有買馬之需其或缺少兵部量給無有責賠補於民與令者今大同去京師纔六百里在前代爲要荒而於本朝爲甸服不知何（諷刺甚深然却是實話）以不專其責於行太僕寺苑馬寺之官而使令越（莽八語而何以字下得虛活言者無罪而聞者足以爲戒）俎而代之致令有撫字之心者不得施於民而止施於馬而令又易於受累不得比於先師之爲乘（筆有包裹）田也是何說也嗟乎廉吏不可爲而可爲何以一行作吏初不肯以苞苴自汚而不能不汚其汚也

（可哭）又非以養父母畜妻子而實以馬詩曰王事靡盬不遑將母太孺人能安靈牖下哉符驤與五遠有（略敘）妻兄弟之親而往年避仇於皋因請登堂拜太孺人太孺人固不之許也而曲有恩禮久而不厭豈直如古人所侈漂母之一飯哉然於哭太孺人也不（結出可知篇中總非浪墨）以私而以公亦使秉軸者庶幾聞之爲五中分太行之感也

震川云惟不切者爲陳言得此切實已難矣又動關國是是何等見地然親不如馬俗子少見必多怪也（顧端文）

張海房先生依歸草卷九

海陵張符驤良御著

子沆重校

徐氏族譜序

熙甫有言率百人而聚無一人知學者率十人而學無一人知禮義者嗟乎是豈獨歸氏之恨乎學雖不盡知禮義而求知禮義必不可以無學自子識草亭而信吾言之有徵也其地非型仁講讓之

俗其所與遊非盡周旋禮樂之君子而草亭粹然爲讀書好義之儒者蓋其先世不乏卓犖非羣之才自曾祖以來類以善聞於鄉而沈實貫通好六經義理之書勉焉見諸施行由族人而思及於邦國則草亭之篤生於今日非偶然也徐氏世家益都當重昏之世有避金冠來徙者其後三世爲宋官而管勾副使尤有大節後以不仕者幾十世而其族之習於八股者造爲家乘鄙里可笑草亭手自梳櫛蔚然改觀又洗遠祖與元之誣其有功於先人甚大而十五世之丘墓又皆得之荆棘狐兔之中而表以巨碣使苗裔茲茲有以考宗祠自其大父時已敞而春秋之祭必親必誠宗人之貧者自其大父父時已盡斂而煦咻之而餼之至今猶不廢秀者爲擇塾師使日與於學蓋草亭之躬行禮義如此非稽古好學者不能以爲也草亭是書表系序例旣一手將事而屬予綴其家傳者四皆

磊落可喜者蓋譜之有人不在通顯富盛而在於忠臣孝子節婦義夫絡繹行間即不然亦不失爲文章之彥鄉曲之愿如管勾副使其同時巨憝若韓侂胄賈似道皆何等人也而今更何在使韓賈後有聞人亦必恥以爲祖推而知祖宗之有望於後人亦猶是也彼侂胄似道者亦豈非不學之過即學而不知禮義之可貴歟夫學然後知不足而外之不學者或且以禮義爲芻狗也

文字固當得大檽柄然如此等題入近人手亦必有一篇模棱議論此何其清真雅貼也曾亮侪

天傭子集序

先大父嘗亟稱前朝啟禎間以文章負海内盛名者無慮數十家而原本經傳辨晰毫芒考鏡文字得失源流斷以東鄉艾公爲巨子公持論最嚴與南中諸公力爭至卒不可合其强有力者欲殺之殺之不可於是嗾其鄉之人而攻之至又離間其數十年之老友而後以爲快然天下至今莫不歎諸公之鬼怪而樂道公之賢且誦其所爲古文辭恨不能起九京而從之遊也天傭子集初刻不過五十九篇後增刻至一百八十三篇初刻出如皋范氏所蓄與驤合力窮搜至七十五篇范屢促付梓驤以樣本未備已之後驤復購重刻則向所搜輯十餘篇皆在焉惟誌大士墓文在人間之後故兩刻俱不載然未幾而公亦與世長辭矣公與人論文書以太史公爲不祧之祖歐陽史公之嫡子而震川歐陽之高足也菲薄東漢鄙棄六

朝、而痛詆鳳洲于鱗爲未進於古故其爲文、掃除枝葉剪剔皮毛灝氣流行一空依傍其言理壹稟程朱亦曉然知良知之爲非而至於古本大學則過信姚江以爲朱子復生當爲首肯所謂見處不的也有明三百年間宋潛溪方正學兩公實開文章道德之宗正學以忠建文死而潛溪羅黨禍謫死茂州自是陽明白沙之徒出猖狂譎詭竊象山之邪禪以畔新安而儒者之正學不明於世又濟

南北地之徒出剽竊割裂以尊史漢爲名而其文至於臭腐而不可讀公生當否極之後以斯文爲己任至於今日使學者望見門牆而識所依歸其道德文章亦足暴於後世矣　稱公之爲人剛方簡直至於殺身成仁而不悔其人品心術與復社之盟主固迴然沆瀣井泥之不同然猶識其理境未精於陸王陽儒陰釋之根有所未盡亦猶廣平龜山於聖人精微之奧不無疎漏至朱子而始集其成然廣平龜山親受業於河南之門其足以發明聖人之書而不悖於師說者朱子未嘗不深有取焉天下讀新安集者既以歎服朱子研窮理義之精而亦以稱游楊諸公有功於聖人之書爲甚鉅也驤自少讀　書私推爲朱子以後一人而公之詆排異學比於程門之游楊誠爲不愧然則所謂因其道而加精者詎非後死者事歟

東鄉爲近代豪傑之士世之卑論天僃子集者

皆未能到東鄉位下者也必如君文乃爲平允

汪鳴韶

依歸草初刻自序

天傭子集刻既成交遊中多勸予校刊其所爲依歸草以收附尾之利予誠喜心不自持而又以梓錢之慳不能盡發所藏姑節錄什一以付殺青者而序其所嘗用心者曰先大父績學嗜古自予七八歲時即教以秦漢以來作家文字俾與經書相經緯爲課程咿咿唔唔日記千餘字常寒夜共被鷄初鳴即蹴令舉所誦即熟如流水無一字齟齬

乃喜然殊不能通也如是者八九年一日翻架上書見昭明文選乃知古文自有駢體度不欲爲然奇其難嘗自以己意爲文進退古人落雲間見識大人嘗見切訶之稍爲剖晰源流因以知有震川荊川知有鹿門文鈔稍悟從前作者爲文之趣不在於苟爲艱深輒舉童年所誦者更一上口別得其神於語言之外而於古來作家又自有所偏嗜私謂古文中有震川可以彌廬陵而祖龍門雖退之先生且爲閏位至蘇氏父子直衙廡置之而已以東鄉之高識而猶有間言所謂不能盡如史記與夫稍振云爾者吾不能爲之通也顧自二十歲爲諸生更遭多難不能竟學時舉震川之文流連唱歎所謂熟處難忘者不自知其情之何以深而又以因事立言庶幾於窮愁之辭易好者每奏一篇大人未嘗不肯首積之十年小成卷帙今三十有三歲矣自以爲即壽止長沙已可以自見惟是

曾不能以秦語漢字擅作者之譽而獨私淑一震川且以名其篇流播外間難免匿笑不知所守者誠狹歟抑始爲有以漸見古人之深也予嘗嘆古人趨向一偏往往竭終身之精神而迄於無用如鳳洲空同其人或悔或不悔其究總歸於腐敗而予幸習染未深有家庭師友之樂顧因循曠廢亦粗識門庭而未獲所歸而先大父沒且十年不及靚斯刻之成且見其孫之離跂攘臂於先正大家

之後而或以爲快此又予之所以撫卷而三嘆也
自寫甘苦一片血淚 繆湘芷

庚辰元稿序

本朝會元惟長洲韓公爲不媿然公之自述其先訓也不過曰日命鈔録五經史記唐宋大家及成弘先正小品時蓺屏弗視也嗚呼盡之矣然使欲學爲公之文者亦如公之孳孳成弘以上盡屏時蓺弗視則宜亦無暇於視公之文而公之文何以嗜之者如彼其衆竊疑夫世之嗜公之文者終未大達於嗜一切之時蓺而公所以爲文之本在於經史大家先正者世固不暇以爲則不更數年而長洲之文亦將與震川荆川同爲庋置固其勢也頃得庚辰元稿爲之驚嘆前明三百年間論名元者荆川至矣震川乃不得元濟之昆湖能無愧色今天道半周而王子乃崛起斯位與公後先輝映明眼者自能賞識之世之嗜王子之文亦無疑也當王子癸丑之間文體極敝公稿初出一時時文家如爰居之駭鐘鼓家君子家至戶說後乃漸有

嗜之者而公見家君子文亦推爲江北第一人埀
書以起衰相屬俯仰三十年（爲後段感慨之根）升沈異路家君子亦
無意於場屋獨與子弟講貫爲古文每房書出多（展起）
不知其姓名而喜王子之克配韓公也吾嘗歎夫
世不乏自力（議論文情假設不可方物）於經史大家先正者也遇則爲荆川
不遇則爲文長遲之後遇則爲震川今王子與公
之遇不可謂不早世因得以早見其光華爲本朝
得人之慶假使王子遭遇老儒塗乙其牘如文長

何以得遇又使取王子稿姑隱其會元名色而詭
託於窮愁發憤著書者之所爲則世終無過而問
之然王子雖幸而早遇以會元傳其稿而猶恐其
幸則如公之見嗜者衆雖不能保將來之不與經
史大家先正同其庋置而猶可以不爲時萩之受
屏不幸則亦如公之文橫遭萬一之嗤點而弖亦（淚漬紙上）
且以扶同連坐而實則間世不多出之作者則又
何幸也因爲疏其克配韓公者以遙質於公且以

告四方之人
扶同連坐作者本自不諱第觀此序亦尤物也
方近雯

青囊再出序

余來郡城寓興教寺四方之交輻輳而至興化李淦江陰陳鼎鹽城宋永貽黃山釋海岳及歙縣汪京皆畸人也諸君子日從予啜茗縱談遇意有不可京轉耳搖目劇歌漫舞一時爲之破顏余初不識京京見余贈鼎長句以爲奇又知余操筆學爲古文辭心好之而欲余有言以傳其書余惟醫雖小道其功用亦贊造化所不及自後世庸師橫議（繆云太億已舉）

盡失岐黃立言之旨以顯與造物爲敵而民生不幸夭札無窮可痛也程子云人子不可以不知醫而余獨未之學每遇兩尊人病時伏枕呻吟惶遽無策委之庸醫數瀕於危罪無所逭（閻云四字句太多）比年讀禦兒呂氏所評醫貫一書略窺涯涘而亦不能竟學此京切切問序於余而余欣欣即欲序之又遲遲然（李云明結）後序之者蓋不敢以隔垣之見尼倉扁已驗之方（得好）而又以天下之生胥於是乎託命焉此不可不慎

也是書出山陰陳嵩京以爲神授余不敢徵信而獨愛慕京之爲人且以爲京年垂九秩而壯健如五六十歲人（繆云好回護不得此數語則序爲枉矣）此必有以深契其微而試之於用非徼然任其偏嗜以是爲階之厲也鼎又言京以供奉畫院罷去方今興酣搖筆灑灑自如比醫於畫功用懸絶（此之謂一棒也）而過亦因之京果擇術之精則無俟乎余之過慮也矣

不敢以隔垣之見尼倉扁已驗之方是作家立

言微旨未只歸重京之爲人則始終不敢徵信其書也行文尤有健氣偉論陵駕一切　繆湘芷

筆力軒舉如健鶻摩霄轉側純在空際其妙得之用虛　李北岳

贈繆湘芷序

予生不能阿附時輩以成名（一箭千秋）日者湘芷從其尊人墨書過予寓齋予思爲文以贈而未之敢也湘芷自爲童子時有聲近復領袖騷壇儼然與二三老宿爭雄長欲於湘芷盛有所稱引（紆餘善入）湘芷固無俟於予言如有取於忠告之義爲湘芷匡所不逮亦無可以益湘芷者且恐非湘芷意也及見吾友薛方平贈湘芷文若震於湘芷之名而爲之言者將使湘芷由此名益高益遠且大無論遐邇貴賤賢愚無不欽祗震服羨爲天人而後足以榮其身而愜其願是說也吾不知湘芷以爲何如予則因是更（一篇論頭從薛序翻出）有進焉韓退之歐陽永叔皆能不務爲浮名者也退之有云文章不爲當世所共怪則必無後世之傳而永叔則謂欲取榮譽莫若順時其言幾如水火之不相入然退之志在不求當世之譽而考其時如張文昌皇甫持正皆其比肩同輩人已相與

仰止如泰山北斗若永叔津津以順時取譽爲言而其所撰著亦祗能服南豐眉山父子之心而不必其厭舉世悠悠之口由此言之古今之毀譽何常獨見稱於賢士君子爲可貴耳（折衷允當）使湘芷即不得志於今時亦足自信其傳於後世乃今一至吾里而撼不可一世之方平正不必其名滿天下而後（一証）足以榮其身而愜其願也昔楊文靖公倡道東南其姓名至爲高麗國王所知而胡文定公獨以爲此事無足爲道居今之世欲使傭販輿隸無不欽祗震服何其不以龜山待吾湘芷也（又一証）張受先復社之名士也方其令臨川時艾東鄉以郤名譽擇交遊愼舉動三者相戒受先不悅予竊高東鄉之誼若受先之褊衷亦不敢爲湘芷願之也予私家著書思致平凡筆力萎弱不爲時賢所喜湘芷一見即曰此南豐之瓣香也又爲詩以貽方平曰吾儕慕至理斯世爛風雅然則爲湘芷者當亦如龜山

之行修名立而不僅與近世名流爭風雅之譽是則予之望於湘芷也夫

湘芷絕世聰明而轉不免爲盛名所累艮御之苦言藥也故以爲非其人不足重湘芷然亦非湘芷不足以重其人耳（黃交三）

後一夕感興詩序

予少與方平金溪爲莫逆交數相過從（看他排場）而以予家爲葵丘徵會之所惠存尤數自予蒙難以後屈指（三）七八年予足跡不踏薛氏土方平來會亦稀濶獨時時就金溪家相與作屋裏人語掐脊擢髓披鱗指髮乃至意之所結無不傾盡雖其家人婦子皆可辨其謦欬而會其旨趣此情真（情字一篇之眼）惟我三人同之也往予與方平會陳檕三許不勝離索之感方平

（緣起）於是有一夕感興詩並序其概以投予序所謂經時不見其中鬱結而湮塞如處甕而加覆如築河隄而障溜見便握手欷歔劇歌漫舞言汨汨而思滔滔則洪河之東注千里曲而百里折誠哉其有是情也予於義理辭章之學惟恍二子之我先亦不重爲二子所棄鄙顧予性不能包容於尋常人（一肚皮感）金溪則涇渭分明而不免詭世而玩物方平則小（憤從此生出）有日月之食時以微雲渣滓太清然旋亦渙然冰

釋使人樂其高明而忘其更仰故乎（一段拉拉雜）一自託於藹（釋聲與淚俱方平所稱以嗚咽迭宕之氣行於紆徐委備之中宛然一熙甫者也此類頁御最爲擅場）顯士之奴而方平爲之涕泗難忍再自托於容說之女而方平爲之咨嗟憐愍於其言聞者或笑乎何引喻失倫一至於是而不知離騷一書多借美人香草以發其無聊之感而寓以無窮之愛君子未嘗非之其在於詩則草蟲伯兮之婦人以其夫行役在外而感慕思念之深至於旦夕不可衰止而綠衣谷風尤以夫婦之變其詞至不堪使人三

復而眷眷不失其忠厚此詩之所以可興而情之（又足）非有所緣飾而致然也故常以此況我兩人吾嘗（上取配美人之意素性放聲吐露文情異常曲折）（飽滿）論蘇蕙天下之才婦人也至連波別娶而情好中乖然由陽臺言之爲妬婦者由蕙言之則爲守貞不二觀於璇璣圖成讀者或不能盡通蕙顧謂非我佳人莫之能解連波於是終遣陽臺而禮若蘭（此又兮外）情好逾密朋友之交安在其無是情也乎又感孟（洸發見主位極嗚咽點宕之趣正復咏歎不盡）子推論魯繆公無人乎子思之側則不能安子思

泄柳申詳無人乎繆公之側則不能安其身君臣（音節）（之際足見傷心）朋友之間大都外託氣誼內非骨肉也必其間有人焉或爲微賤之交或在肺腑之地爲之調護左右使之泯其猜嫌而彌長其恩愛此吾今者於金（收應）溪之止飲深有感也是日也取左傳而君焉取餘五字爲韻別限各體笑言以傾揚觶無算乎顧方（點出）平曰此後一夕感興也方平遂復有弁言其推剝（仍結到）復之義至爲精到而篇末乃有反日之喻以爲夫

（此意）婦至於棄惡從好其悔恨至不復能名其罪乎讀（又塞後路寓意深遠）之犁然有當於心而又有不能無感者其亦鄰侯舉黃臺瓜辭之義也夫

一段情緒寫得汪洋綿邈真色人讀之可哭可歌哀哀諸公大都無血性漢子莫想道得一字半句也　兄孺子

近日外間亦知俎豆歐曾然學之每成膚殼前後丟幾個虛架子煞尾用幾個也字矣字搖頭

轉目更不成模樣適爲王李之徒所笑倒也看
艮御是如何作文 冒青若

冒氏族譜序

予晚而始識如皋冒丈蒙求丈已年七十有九迺知丈與青若之祖嵩少副使兄弟也青若三世並負時名而不及爲譜丈獨慨然懼文獻之失傳既買田置祠與族賢歲時孝享其中而又蒐羅放軼抄撰舊聞續爲今譜蓋冒氏之譜創於方伯廷和修於光祿雙橋距今百年乃再修爲丈請予爲之序予聞如皋冒氏由通州分司東林再傳濬德先

生永樂間屢徵不出弟永宗以孝廉爲冠縣教諭方伯其曾孫也方伯子弟或令興業或令富陽或丞肥鄉迨其孫曾或牧德慶或牧寧州或同知承平并以文學世家而副使最著副使子辟疆則又遠近所號爲清流者丈用武科致身兵部推守備不肯就青若兄子亦以建昌遊擊告歸蓋冒氏之閥閱可稱者如此予又聞許忠懸公爲冒氏壻婦弟汝弼才而早歿配李恭人以節顯賜坊集賢橋

之東子如如臯輒樂佷徊其下而不知其即丈之
毋冒氏又有三婦一亦李氏夫死於兵竟自經以
殉一吳氏女未嫁而夫稼死女剪髮自誓五十年
如一日沒之夕以稼所聘小簪爲含具其一顧氏
夫與晉早亡亦苦志至三十年臨死出與晉遺文
付其家人即恭人孫婦也顧此三人者皆不得旌
蓋恭人之風於是爲足於感人而丈之能顯其親
其勤亦不可沒冒氏又有節烈婦人與其閥閱後（子又問二層中帶多少曲折）

（有識力）先輝映如此世俗所艷稱常在彼不在此也惟讀（一句宕起烟波結重後一層有光芒）
書明理之君子則以茹荼爲聖善之事以名節爲
飲食之恒以綽楔爲門戶之光其丈夫得志於時
者亦必其厲高節蒙顯名乃爲不貽羞於巾幗若
區區用科目取尊流俗其繫人宗輕重有無之數
爲何如也嗚呼吾豈獨爲冒宗言哉

高論閒情密法種種皆備不襲明允族譜套語
斯爲淨洗面孔 胡方呂

募修廣福寺序

（展局義蘊使極玄遠）
自先王之教之不明浮屠老子之徒徧天下佛最
晚出其教彌盛儼然與先聖爭壇坫生其間者遂
視如三王之不可少一爲與日同亡之事勢蓋幾
十百年於茲矣然郡邑不過一學一學不過數椽
常蕭然不蔽風雨而塗膏釁血黃殿瓊宇與民雜
處比戶不休者大都皆梵王宮也吾不能人其人
而廬其居而猶張其軍而助之幟復何以爲心哉

顧天下以爲非此不成福田利益而吾鄉廣福寺（轉筆曲而有味）
者爲李唐建國千載以來不祧之香火又經吾外
大父陸比部之整頓與先大父之所嘗護持數往
過之竊歎夫成功者退大厦難支而不能不動念
於主僧之請也秦漢以前佛未入中國亂時少而（秦漢以來儒者少）
治時多其民皆見化於其君之德與約束於有國（此見識）
者一定之法不必求佛而後可以蒙福自後世政
令煩苛科條嚴密民不聊生然後求福於佛佛果（虛接）

（一筆）足以福人而世爲何世也嗟乎聖人不必生生不必在位在位不能不恨於施之不博濟之不衆而欲佛於冥冥之中以一手足之烈爲衆生厚其美（滿肚皮不以爲然却滿口爲他出脫以証）報而薄之罰此必不得之數而佛之爲教則不惜（折縱之不妄有一筆寫兩層之巧）頂踵以利天下至於捐身命以肥無艮之鷹虎不若聖人之從井則不能被髮纓冠則不能無征誅撻伐則又不能其兼愛普度至欲競勝於聖人之仁宜人之信從者衆而祈報者夥也人勞苦則呼

天疾痛則呼父母聖人之不作民以佛爲天爲父（說到此成何世界）母而大聲疾呼以冀其援手也久矣故居今日而（此寬一筆與前尾句應）求福於佛佛即以福報之此亦感應必然之理斷（忽颺開）斷無足怪者獨怪以積惡逋誅之人而區區恃飯僧祈佛以爲懺悔彼攘斥異端終不自毀其道以從於邪者宜爲佛之所深棄則是佛之所謂天堂者必以待積惡後悔之小人而佛之所謂地獄者必以待守正不阿之儒者其亦難信也然天下豈

（又招合）有不恕之聖人哉聖人不責人過而責人之不改歸斯受之而已矣度佛之心亦豈有異於此故悔之一念佛惓惓以是望天下而未嘗背於吾聖人之教人有望慶福而樂襄其成者是亦佛之孝子也寺舊有住持敗梵行而汙淨土鄉人逐之僉議舉悟大師以爲督大師苦修質行不事浮露異於世之杖佛者初入叢林慨大雄之傾圮顧瞻彿稱欲佈告多方而喪敗之餘未遑他請今經營略定

邀靈於佛將謀鼎新而丐予言以募遠邇予爲發（後段）明其不背於吾聖人之教而又能補先王之化之（前段）所不逮者如此豈獨蘇學士聞而樂施哉雖韓昌（强詞果奪理乎）黎歐陽六一亦無以奪吾言矣

只在福田利益上說○佛書無論精粗要於近理而亂真賢者溺其虛元昧者躭於利益均聖道之蠹也然普天下裝塑大半爲昧者說法爲善降祥一段道理竟被佛家弄成鬼怪至袁了

凡出越發穿鑿得不成道理每與艮御劇論此事未嘗不相對憤惋也艮御此文其得大慧之故智而反用之者歟 石五遠

張海房先生依歸草卷十

海陵張符驤艮御著
子流重校

古今類奇序

魯士勇於著書萃古今事爲類奇而屬予爲之沙汰既卒業而歎其類之果奇也夫此類非曾士一家之言亦非古人概爲不經之論其作也亦有所見其沿也皆有所因正變相尋是非雜出六經語孟之外其足以資人見聞者富矣一以理繩之則家語檀弓三傳已不能盡衷於正降自戰國子說叢興東漢以來與兒讖相終始言人人殊惑世之書何代蔑有好奇嗜博之士常浸淫出入而不忍廢彼去聖人未遠猶時有語怪之累後此不創爲詭僻則其書不奇不附會因果報應則其事不快故曾士之爲是也明知其不盡可以徵信而欲用以開鄙俗之胸爲談諧之助俯仰天地則稷下之

眾遜其荒唐激昂忠孝則楊漣留夢炎之子孫顯（誰能擊似到此）被衮鉞故予於是書贊其成而謂其可以質天下後世也往者於潛伍君作說詩樂趣請予序而予未及以爲顧常以爲資於伍說以作詩亦思過半矣曾士茲編其功用尤鉅也喜而爲之言

說來皆成異采遂覺序奇書亦奇矣 李岱雲

陸耆卿詩序

從來人才之生不繫於世類然大率亦本其父兄（虛虛引起）好以是爲事而子若弟薰蒸淪浹乃有不知其所以然者昔人所以致信於弓冶之必紹而賢父兄之不常在爲可憾也陸氏自督學公以風雅起家一時朋好自先大父外所最心契者有數故文字（一段序其詩）鼓吹亦兩家兒子爲夥長公子早世君最晚出公（暮年書且同字有眼史公排場也）未年往往屆輩行與吾大人爲詩尤數來稱君詩予亦頗從君以詩就正公公亦時時領之然予自度不能有加於君君自七八歲時矢口已驚人公既沒而君所爲益精詣予每一過君見君輒橫據几案口哦手披詩以外不見君更讀何書予向遊（劍南亦予云汝果欲學詩工夫在詩外二語）君父子間亦不見公時時督君也蓋君之於詩既（便是註腳）所性而有而又攻之不厭上起漢魏下迄元明君皆闖其門戶而尤貫串於杜韓蘇陸四家予初耳君詩裂繒割錦靡不可愛得於公所稱者然也其

後予數偕君爲詩，見君伸腕命紙，波委雲屬，頹放自喜，寫無形之境，傳不盡之情，則予之所自得於君而公所不及見者也。（虛收一筆）君所造自此益遠矣。（宕起）凡人之才不必其相兼，（烟波）司馬君實以高第進士而不能爲四六，杜子美以詩之聖而太瘦苦吟，獨公如王家武庫，如富商大賈之所輻輳，取之不窮，用之不踣。（虛字挦挠見神力）當公試天下文章莫大乎是論，發揚踔厲，下筆如春蠶食葉，可謂壯哉。及名立宦成，入爲天子撰制草，而出爲燕齊粵越之所矜式，後生小子徒掇拾其一二篇什，以公爲一鄉一國之才者，淺之乎論公者也。（言提其耳）而君爲其哲嗣，年富力强，且何事之足爲君難，則必不僅以聲歌名世，具公之一體而後有以世其家學。（結穴）予與君用力雖殊，而指趣不遠，然予少好爲永叔之文，中不能不歧而爲詩，而迄於兩無所就，（又點逗）君獨儆精於詩，以幾於成。（又虛筆收住）夫然故放而之他則沛然，何難竊歎人之才分相越，豈不遠也。

依歸草初刻　卷十　四　海陵叢刻　第八種

（收掉謹嚴而氣象極潤，達似曾子固文字）

予嘗論世家之澤，當追蹤劉向、班彪、蘇洵父子，於千載之上。家庭唱答之樂，何羨於三公萬石之光榮。（只序其詩）蓋予序君詩，而亦往往爲之愴然以感云。

稱其父以勗子，語意悉地溫厚，以爲青衣罵座便是孤辜作家。○看他前後連逗六七箇詩字

黃儀通

依歸草初刻　卷十　五　海陵叢刻　第八種

兄漢乘集序

往予識漢乘時，漢乘樸訥不外炫，予固已心異之，比於漢之藹石君，故嘗爲文贈漢乘，以爲如漢乘其人，即悃愊無華於世，亦豈有識也。今年夏五，予有事如皋，過存漢乘，酒闌燈灺，盡發其藏，體數易而辭靡弗工（用周勃語好）。好予呼漢乘兄，獨不素教我，漢乘且笑且謝不如予（謝處仍畫出一朴訥人），誠不敢謬爲稱引，如漢乘之所至，於今豈易指屈耶。予交漢乘，辟之剝筍然（剝筍知交可入詩譜），釋盡而

其穎自露，亦可笑也。嗟乎！漢乘知予於十年之前，而予知漢乘於十年之後，然予道不加修，而漢乘文日有名（語簡而味濃，郁索之不能盡），言行之際，有志者事竟成，竊歎人何務於外炫而荒落者爲可悲也。嗟乎！才華不世出，而全而歸之（結穴），質行者尤難，近時即不少愿謹椎魯之士，而無當於風雅之鼓吹（與寬有識有爐），以漢乘之秋實而又益之以春華，不爲愈勝歟。漢乘隨任朝城（又別寫一事作收），一切經畫多出其手，又以其公餘搜山川之勝，凡秦漢篆籀，

向之好事所不能及，漢乘皆擷其英華，積久成帙，比於歐公之集古。予嘗見其書，愛其博雅嗜奇，如置身闕里之堂而登日觀之頂，欲從漢乘更借此本觀之，雖窮老蠻鄉，自得其意於湖山千里之外（實三得意處），而漢乘之勤爲不可及也。

文至此直是樸淡無新奇可喜，而自成一篇絕好古文也。錢達人

趙太孺人壽序 代叢翰林作

方少宰趙公來官吳會時家君子暨諸父之居如皋曰與可者皆有不次之遇嗣予倖竊科名備侍從又得拜少宰下風因以識辰玉公之爲非常人而少宰即其諸父也一旦公以試吏去予既重其別而又慶公實莅皋士俾予宗人亦實承其休頃之與可鄆予來道公新政甚悉且以太孺人壽言爲屬（公一叠是客）予習與公居知公之爲人嘗舉明道之言以爲一命之士苟存心愛民於物必有所濟皋在維揚十屬邑中風最近古未號難治異時寡君好（拗振行間有漢文氣脉）（一氣）折鞭箠使之故畏其威而不懷其德公仁心爲質予雖身依末光逆知公新政布濩有如古人所稱爲衆人父不若爲衆人母者微與可言予固已心（太孺人一贊是主）識之而與可又盛稱公有一善必本之太孺人蓋公之一慮四必求其生不得而後死之必待其革不得而後威之異時一孕婦坐法公呼入將治之

識其衣爲太孺人所憐予即不忍太孺人又時以酒肉棉絮徧賜諸囚囚食德皆飽腹勝鄉民惟手（叙詞）（用合發）足不利便耳蓋哀矜勿喜太孺人之所以教公者往往與古聖賢之意有合而太孺人之慈與公之孝遂俱無負於吾皋人之望由此言之太孺人之食（一筆側到太孺人是主）報未有量也且吾聞公初莅皋士也使迎太孺人（文章到說盡處忽放開）於官太孺人翟茀魚軒導從而入公亦被章服拜（作閒筆而勝理實處歐陽每有此家數）太孺人於車前皋人以爲榮予謂太孺人曷貴此推太孺人之意其必目擊我公永稱愷悌之長以無𨽻其召父杜母之譽然後榮問及所生耳今公（好洗發到底一意蟠結）果以仁聞乎於遠邇而皋人且緣華封之義以進祝我太孺人則太孺人之融融洩洩而稱斯觴也不其休乎然後竊歎吾交公之不虛而少宰公亦（以少宰起結）驩然一笑喜公之內擢有聲也

意勝理勝氣勝法勝詞勝有一不勝不成作家

兄孺子

陸節母五十壽序 代侍講許時庵師作

去年冬查翰林來京師爲予言先師冢婦徐夫人行大行矣賢子儒林徵詞及予予開緘視之則夫人之壻張生實贖（伏線）其事師爲近代賢人與師門者以爲寵自予諸生時已聞吾世昆之才有德焉而早夭而夫人孀居砥節操後予視學江南則夫人教成於家行符於國予以未得爲夫人請旌别貭疚於心而夫人忽忽稱五十觴予珥筆承明之廷

於紀節孝爲尤宜矧推其所本無忘吾師之耿光（打一照面）休烈則效言其又何辭生盛言夫人之賢以二十（隱括中五端在内）早孀女子上媚翁姥下篤孤孽醍躬接物紛有條理予因是益聞所未聞而又言夫人之節不以師（從乞言一）門顯而適爲師門重此則猶未盡其說夫天下賢（實翻出議論）婦人雖極高明貞亮之姿亦大幸其家之長不湮沒茍且力追古之賢者其特立不回之節有以風（引証好）厲之以相觀而善蓋卜子有言新婦學於舅姑者不及舅姑古人謂之不幸予於夫人而歎先師之（一篇主意）明德遠也（此段一一印合以盡其說）師爲考官時苞苴不行力揚側陋不媚嫉以妨天下之士夫人之律己以清也不亦宜乎師爲秋官多所平反求其生不得而後死之夫人之待物以仁也不亦宜乎師爲僉事力持風節不隨俗毀譽以阿上官之意夫人之持家以肅也不亦宜乎師倣屣一官難進易退累徵不出夫人之約身以禮也不亦宜乎師修綆汲深獨抱遺經自

成今古夫人之長齋繡佛也不亦宜乎予以爲生（一致）猶未盡其說者此也然非夫人之高明貞亮足以（隨作折見主位）闡揚先師之道用以嗣向宜人之徽音於不替則（全篇關鍵在此）亦何以至此且古人往事言賢夫婦之相成者有（此論更補前說）矣未有言子婦之克繩者也方先師崎嶇戎馬志箪金甌幾不保其首領奚斤斤於六歲之孤夫人以一弱女子提挈儒林以養以教以有今日師亦幸安恬無事歸與宜人受夫人之色養者又二十年

然後知夫人之節視他婦人爲尤偉又況其諸懿行（又環抱中段一）又盡章章如是則予與生之說俱不爲無見夫先（筆又一鎖、忽宕）師文章道德流播人口久而彌光然或以其不能（開發總論爲吳州先生一生出處大事因緣其洗）綏冠爲疵是大不通之論也方先師來視我越時（剝極高卓真光芒萬丈之文）即受命爲學臣不受命爲閫帥值封疆有事異已者齮齕之而強委重焉又不多與之兵而使與二三百羸弱老卒以與畔臣抗是結羣羊而攻猛虎也昔曾子去武城之寇當時亦以爲疑至孟子論（引証好）著於七篇而後千載無異辭故論先師之去越也當以曾子爲比而不當以子思爲比（了當）世之好持文墨議論者彼何知聖人不差之權度而好爲黠嗤（一語縮歸主位教前一段議論都從這裡過所）是猶爲夫人者不以立孤爲賢而必以殉亡爲賢（謂來從月脇天心滴向冰壺玉椀者也）也亦不合於中矣夫人年方艾已守志三十年綸綍王言指日可至夫人即不待是而始榮而有國家者之所旌別其孰外於此故吾因生之說而更廣之以復於儒林其以予言爲然否也

自成法界不一字染節壽文章習氣崑山老子孤行今古不過如此○所謂自成法界者曰裁製有體廻合好氣魄大多讀書識道理漸見古人深處自會此不可以文法套借者督學家得此一篇足矣　薛方平

書桐城夏氏錄後

吾讀桐城夏氏錄不禁掩卷而三歎也封股愍孝耳而出於八歲之童稚殺身臣分耳而出於去位之縣丞從一亦女子之常耳而出於同父之姊妹天地清淑之氣獨萃於一門乃使我矌覽古今而浩然有無窮之感也語云求忠臣必於孝子之門然書史所載亦何可多得又繼之以弱息相勉爲共姜伯姬之行世德之相承如夏氏爲可風厲百

世者矣蓋予聞桐城諸生夏子孝甫八歲即能封股肉以療父疾其後父以天年終子孝廬墓盡禮里人號瞻雲先生是生安陸知縣氏懷氏懷生統春是爲黄陂縣丞死封疆最烈者遠近號忠烈公統春二女長嫁潘大培守義十七年死次嫁諸生江迥不食殉迥死有一於此即爲門戶之光無賁驍賢愚歌誦如出一口何祖孫父子麟麟炳炳一至於是抑統春之死尤有難言者矣古之死封疆者一斷頭焉止耳紀信乃以燒死顏杲卿乃以罵死楊邦乂乃以板夾鋸死然均未若統春之死之尤酷也右肱斷矣又斷其左割其舌矣又剜其目至於糜爛其肌膚使之氣血交盡而後罷百年而下聞者且爲之不堪況親受其酷者乎然統春則何有於此其視身藐然不過如孝子之一臠泊然不過如節女之一餓今亦既俎豆有永矣獨是當年之任專城而苟全性命者尤衆也嗚呼丞在平

世倒不得可否一事及丁國難乃不難與城同盡然則古今之成仁取義豈不視乎其人也哉康熙辛丑距丞死八十年矣予弟方爽請書之以附傳和公序錄之後

流連往復何遽遜昌黎叙張中丞傳後

記李編修言曲阜顏氏事

康熙六十年秋八月丁未李編修克敬過余寓飲酣談及曲阜故人顏檢討光敩海內所稱學山先生者也光敩同母兄弟三人伯光猷由翰林出爲安順府知府稍遷河東鹽法道仲光敏由中書爲吏部考功員外郎父某母朱氏曾藩近屬也明懷宗十五年冬我師入內地郡縣失守時光敩祖廣明以河間太守闔署自焚家人呂口從烈燄中抱

主少子逃匿後爲壽州通判光敩父聞亂急省親河間我師已下兗州道梗不得前父踰城傷足爲邏者所及見偉幹修髯不忍殺詰所藏具以實告即共與至家發藏果然旗長知爲亞聖裔乃大驚曰二等聖人後固如此其不欺乎遂詢一家老幼所在則答以親守巖疆妻子逃散死生皆不可知旗長始言河間守已焚死或言近郊一少婦不肯入伍被斫父曰此必吾婦也往視猶未殊急裹創載歸則又驚曰二等聖人家男女盡如此節烈乎已而圍解呂口奉主少子歸（二句接上生下）獨不知光敏所在光敏甫二歲孫嫗抱走被擄嫗故黑而有力汲水負芻粮兼二男之役營中利賴之不殺其兒或更相嗢抱至關外始得間脫走距兗州百餘里嫗一日盡氣奔回則巷無居人蠨蛸在戶以爲主家已喪亡倚牆悲哭不能止曰吾重趼至此祇爲顏氏一塊肉今安所置之乎良久得一人告以顏氏皆歸

曲阜矣此乃空宅也嫗聞收淚遽起時日將暝嫗又狂走三十里抵曲阜顏父在庭嫗無所見直入（怨笑怨）內室以光敏置朱氏懷中曰還主嬰兒拍地大笑（笑情事如見）不止朱曰汝顛耶嫗笑既久乃徐言亂離後情事甚悉朱曰自今以往嫗永子之可也後光敏得官常迎養嫗逮嫗死爲持喪三日光猷光敩皆先母十年死朱氏享年九十一日沐浴冠帶與家人訣曰吾可以逝矣端坐而瞑朱檢討錫鬯王司寇士

禛皆撰次顏氏墓上之文而編修又已為孫嫗傳
予俱未得見然即編修所云亦可以書矣（二句收上生下）編修又
言朱夫人族某遭亂散走婢張氏抱嫡子流離旁
郡行傭不給一巨室以朱氏子為嗣已用巨室籍
為諸生會今上初載下寬大之詔俾先朝苗裔得
復本姓歸其田廬張氏乃為朱氏子泣言所以朱
氏子既復姓乃置酒召耆老及諸所與遊者言欲
為張氏加冠事之如母張氏艴然曰吾朱氏之不

成妾也今主君主婦何在而吾敢乘時竊位吾以
姐始亦以姐終願勿復言編修遂作張姐傳編修
云至此聲情激越坐客有歎息泣下者予謂顏氏
自平原以後世著忠孝至河間父子胚胎薰習不
媿亞聖後人所謂忠信篤敬雖蠻貊之中行矣孫
張以蓬戶女子亦能卓然有立異哉非精誠貫乎
金石交於神明其孰能幾之遂次其語以備遺忘

出色寫河間父子寫朱夫人孫嫗張姐並寫旗
長編修無不如聞其聲說顏子是二等聖人微
號妙不可易　闞淩雲

書吳端人進藏路程記後

聖主不無事而勤遠略準噶爾賊妄阿拉蒲坦憑恃險阻刼斂湯古特與我爭此西藏蓋以藏地僻處西域為前代之所僅嘗至今上即子養荒服未必勤兵及遠不知藏於古為絕漠其在於今距西寧不過三千三百餘里距成都不過四千九百餘里以今上神武何難折鞭箠使之乃以撫遠大將軍王總諸路大兵駐穆魯烏蘇便宜調遣而以振

武將軍傅爾丹征西將軍祁立德踰阿爾泰山擾其東靖逆將軍富寧安繹騷其南定西將軍噶爾弼平逆將軍延信率四川雲南陝西之師分循拉里路苦苦腦兒會同取藏平逆既連摧賊鋒而定西用皮船渡河遂乘虛收復藏地我友端人吳君（二句伏下一段感慨議論）則從平逆之運根太守最著勞績者也凡行百有四十日而至藏又二百四十日而反於西寧為途其一萬三千一百七十里君以于役如是之久且遠又寒暑飢凍疾疫之交集於其躬而所歷山川及其人物風土輒援筆覼縷不忘纂述君之用心可謂勤矣然吾竊聞用兵以來已六七年於此而（可恨在此）見賊之時少運粮之時多見賊則可以滅此朝食計日凱旋不見則歲役於轉輸人以飢死以疫死不知凡幾始猶荷鍤相隨後則併垂死者而委棄之烏鳶啄其目豺虎嚙其肉而不復能相顧恤幸而以喪歸者不過一肢一髮之微辛丑九月國殤

入城白衣冠而相弔者踵相接也此皆心膂爪牙為從龍之血胤其無名位而枕藉於道路者又何可勝道哉如君出萬死不顧一生以赴公家之急幸而比於仲升之生入玉門柄國者宜思何以獎其勞庶使後之人有所歡欣鼓舞戮力行間而不厭而猶泄泄也吾又聞漢之西域其國日身毒亦曰天竺為佛之所從出去蜀不遠今之西藏得無是歟夫由西寧至索羅木不及千里即見河源與

星宿海、又不過七百餘里、即爲移會烏蘇、爲撫遠駐兵之地、現有晾經臺跡、是言之聲教所訖、不爲阻且遠、漢武雖怨結一時、而功德亦不朽於萬世、今之賊妄阿拉蒲坦、必繫其頸、犁其庭、掃其穴、乃爲快於中外之人心、第未知其地果可郡可縣、可耕可蠶、可出賦稅以奉公上、如昔之牂牁越雋張掖敦煌乎、未也、（收湯含蓄）此則非區區之愚所知、即君之才賢而遠到、恐亦有所不能測、惟是今日之事、祇爲

一藏、藏祇爲一大拉喇嘛、其居金殿、其懸蟒蝎虎豹猩猩蝦蟆之皮、其俗垢面露穢、而無所於恥之男婦如此、則何貴於大拉喇嘛、毋乃湯古特者、方嚮慕中國之有聖人、而爲吾聖主者、不惜以中國之治治之、如此則堯舜猶病者、而吾皇不以爲難、其亦絕異乎漢武之所以爲心者矣、然則不遠逐賊妄阿拉蒲坦、不可以柔湯古特、不柔湯古特、及哈蜜、不可以安諸蕃之心、而大拉喇嘛者不過仍其國俗、而非上意之所重乎、竊謂能仰窺之、以視吳君、並一時借入藏者、以予言爲何如也、吳君名廷偉、江南徽州府休寧人、籍高郵州、前陝西同州知州、有惠政、今待次知府、

此類韓歐集中亦少見、遠付後賢自當論定

序

歲丙子予來江寧寓龔孝水樓上有款門而至者
相見道姓名則泰州張艮御也爲示以所作依歸
草予與孝水覽其文心奇之曰何其似歸熙甫也
尋一往返卒卒別去不相見者凡四五年予再至
江寧於戴田有憂患集中見所加硃墨評跋往往
擊節予姓名再三致悅愛之意則艮御筆也又得
所評天傭子集服其表章前達意甚善屬有癸壬

錄之編乃作艾御史傳寄艮御久之未有還報一
夕予訪友承恩寺前忽一人立道傍熟視予良久
予不自覺其人忽大言曰君非朱字綠耶予乍聞
呼者還視不能識曰子誰也其人笑曰字綠乃不
識我耶姑與君揖因自通曰我張予遽曰豈艮御
耶何爲至此曰予冒風濤爲君走五百里而君乃
不能識以我之於君則君爲何如也遂大笑狂喜
抵其寓買酒飲至丙夜送予步月還蓋艮御與予

別已久又昔之日相識淺然艮御乃時時藏予胸
中又冒險遠來相就此誼殊非世人所有見者以
此過爲甚奇而予益以此大奇艮御也嗚呼文章
之士天下多有而仗氣節扶植倫紀以直諒信義
之概求申於當今之世顧不難哉夫天柱地維所
以立而不傾者恃人之氣與性有以維繫之耳至
發而爲文必探天地之心明帝王之制具古今之
變濟道德之窮而後可以歷久而不敝若區區於

波瀾意態間求之則其說末矣古之君子務養其
德於溫厚和平而洞察乎天地萬物其文無苟作
作則天下終必賴之要其人固已千古不待其文
之傳也予初竊以艮御文人耳今乃知艮御之篤
於人倫無險阻遠近易於一往而必求遂其志以
予之不才而悅愛且如此況勝予者乎以朋友爲
五論之末而肫摯且如此況重於朋友者乎艮御
心折熙甫故名其集曰依歸乃熙甫言孟子不見

荀卿爲可恨而與唐應德王道思同時彼此落落道思竟若不相知者亦可怪也然熙甫與王元美同郡始以道不同而互相譏焉則多交一不相知之人不如其已向使艮御不先下交予或亦覿面而失艮御然又使予與艮御同鄉邑斷不至如熙甫元美之違於始而合於終也依歸草之可傳讀者具知之予故不復論爲奇艮御之氣與性之足以厚天下之人倫而知其可進於仁義之藹如也屬艮御二刻又成於是述艮御交予之故爲序其簡編使天下知艮御之爲人不徒以文章自見而已也宿松同學弟朱書

自論

文章千古事得失寸心知驟初刻中文字最被彈射者張士誠許義人二篇其說詳集中復陳大始書及批韓遜之所作王解子傳（予評云外人見義人傳指以爲狂不知戡亂者一時之權闡幽者百王之法彼漢唐初定天下即封雍齒堯君素而頃年亦有王師南下以義兵拒命死者咸與列史傳之旨況義人愚忠自靖並未與聖朝抗也而顧不得比於頑民必湮沒其跡而後快國家亦安頗此諱言節義之士子哉）然亦有數處未愜人多不察而高郵李北岳頗能言之如原生之落語錄氣也（引程朱數語）崔節婦傳之落六朝氣也（剃髮諸陳四字句）太學誌之落文移氣也（吳傑數行）薛方平書之落尺牘氣也惟尺牘一語未的餘皆犁然當於驟心今二刻未知能一洗諸病否總之文字固不到古人位下然做到處正恨古人不見我如劉孺願詩詞序練忠貞咸參軍傳李登雲王貞女記諸篇使不遇明眼人亦徒抱荊山之慟

駢體古人不貴而陽羨以此專家翙興朝曾舉宏

詞豈容臣不知四六勉登二篇用備一體

康熙己卯仲夏海陵張符驤書

依歸草二刻目錄

卷上

依歸草二刻卷上

海陵張符驤良御著
子沆重校

與呂無黨書

驤揚之東鄙人也、窮鄉晚進、眇無知識、獨於令先公先生幼切私淑之誠、每推爲朱子以後一人、此雖驤一家之私言、抑亦天下萬世之公論也。浮議何足恤、自癸丑以來、天蓋樓之言盈天下、天下以

爲家有其書、由驤觀之、彼庸劣萬輩、何知吾先生鑠顧凌高直接徽國之心傳、祇以評點所及、足以供科舉文字之用、故驤以爲先王之道、原未嘗一日得行於天下、天下之張吻鼓脣以向南陽不倦、今日三吳之後生也、先生即世、足下與陳大始席父師之餘烈、猶得爲天下之盟主、而大勢所在、已（陳云我未嘗）與吾吳八水火、如東鄉與金沙婁東故事、驤亦竊附庭聞、櫟園之義、爲艾家拔趙幟立漢幟、今刻天

傭子一種、初出固爲東鄉闡幽、實所以爲先生護法也、外選昭代古文、折衷天蓋樓前後諸序、俱已登板、私以爲稿序不欲雜入記體、故於五家大樽二序、輒節去大人曰數字、以爲此原先生之言、（白云後見大始亦云然）故竟注先生之名於題下、其六科大序足下自足以傳世而行遠、似不必更掠先人之美、此亦足下所宜樂聞也、仍望以先生全集見貽、爲揣選光驤自認呂門私淑弟子、豈惟先生雖足下與大始之道

德文章皆吾師也、驤惟有服教畏神之不暇、豈敢復有異論、但驤竊不自揣、（王云太直）私心不滿於足下者、亦有二事、周龍客見地、即不的然其爻子衛道之功、亦何可沒、東皋一選、流布人間、大半出櫟園之力、其語錄之刻、雖擇焉不精、其意固欲使先師之道傳於久遠、朱門如勉齋漢卿者幾人、驤以爲足下重刻講義、天下明眼人自能辨其是非、而大始製序譏彈太過、非同室之義矣、雖道理所在、不容模

糊然一則曰謬舛再則曰妄意龍客其何以堪天下知者以大始爲先生明是非也不知者則以爲大始亟亟求伸已説而欲其書之孤行無偶也雖文出大始足下亦當救正年來浮光掠影竊附師門者亦有足下與大始皆引而進之其才華劣於（王云挽强之力）龍客十倍而龍客父子又於呂氏有首功而待之如此其薄䛔以爲此足下之過也其二則何屺瞻選戊辰墨卷雖辨擊不無疏處要爲能言其所欲

言諸貴眈眈欲削其迹而火其書而終不足以服一時之清議足下選乙戊房書序中多臚罪狀有同告密其間駁正屺瞻處亦微失風人之旨遂使爲屺瞻護法者譁然以向足下其意以爲足下爲諸貴指使出死力而排擠之故彼中有其父深山學道而其子奔走公卿如鶩之語䛔最不平斯言然足下亦宜善自循省以無忝先生之家法凡䛔所以效此區區者非爲和同調停之説使足下置

一切是非於不辨亦欲足下善藏其用以免於青（自云本願如此而不見原於大始乎）蠅之玷䛔與龍客屺瞻皆無交言出乎心非有要結之私門戶之見由龍客言之周無負於呂由屺（薛云兩筆如鐵劃收拾前文齊整○王云筆底波濤噴湧真龍門所云決千里之河而注之海也）瞻言之其服膺足下駁正語小之評天下且以爲屺瞻之通懷而好善而足下之嫚罵而好勝此則䛔區區之愚欲效之高明未知以爲然否也知言集雖未成書當日想已有端緒其略亦可得聞乎春明欲襆被走越中一慰十年溯洄之思未知足

下能不遐棄否因風望光可勝翹切

讀此書頗怪艮御高自位置俯視一切且古人進言自有次第艮御與無黨素未識面并未詳其事之始末即有所疑亦當質問不當遽加詰責也艮御於古文一道自擬辦香震川上溯六一者而歐極往復唱歎之妙歸極古淡有遠味今艮御辭氣傲岸無論責善未當即以文言與二家門徑似不相合　陳大始

其論周何二家事最爲平允文章雄快又不必
言雖然惟善人能受盡言恐古道不行於今日
久矣王景州
無黨駁屺瞻處最正真御所諍恐不足以服其
心然真御自是一片赤骨力天理人即以文言
其往復馳騁紆徐委備之妙所醖釀於歐歸者
爲不虛耳薛方平

與范教授書

拙存足下驤賦性不羈自其少時讀宰相三書笑
未能也故比年交游頗廣然循其愚賤自安之本
分未嘗妄投一刺於先達之門獨從人聞江都顧
太史非泛泛冠蓋者比以爲長詩歌則必有文字
性命之好窮而後達則必恕於接人頃遇足下又
盛稱太史頗肯驤之文章不可不見審是即驤何
惮一曳裾也迨投刺則辭曰他出越二日彼以刺
來則辭曰久病病與出皆情之所有而驤獨異其（分、念、燐）
既嘗他出而又辭曰久病也其無乃賓以一翰林（可笑）
驕天下士耶夫榮名寵禄高才捷足者皆得之聞（即以刺刺語妙）
太史微時懷刺過東海錢塘是二公者不聞出與
病之異辭也今驤之才萬萬不如太史而太史之
獎進善類不宜亞於二公是則太史之休譽并古
今士氣所關驤亦以此一言區區報太史知己初
不爭一太史之干旄詞門以爲足以榮一張符驤

也。退而懼也不敢復進詞氣何等猥瑣觀此誰不激昂稱快者而聞者足以爲戒是辭令妙品 李虬峯

依歸草二刻　卷上　七　海陵叢刻　第八種

與許進士書

務生執事驤疇昔荷令先祖太史公文字至愛雖忘年下交然於執事則同學兄弟行也其後執事連掇巍科驤頹廢如故其視執事則又儼然先達矣太史公遽棄榮養驤感激舊好欲致瓣香於几筵值執事之他出今者束裝北游便道摳謁又逢執事謝客恐執事者之不鑒於鄙人通門之誼輒奉四韻自布腹心而已豈敢忝竊非分慱執事之過情謙退哉館閣中重言科分此邦之人尤輕肥自喜自諸生而乙科而進士而翰林以爲有等則只爲二字寫其稱亦以是爲差絕夜郎自大意非是者則羣誚爲不達時務人以驤與執事之雲泥路隔猶抗顏而講同學之雅妙已可謂不能爲諂而執事顧緣世講以重於鄙人在執事則古道照人矣而驤其何敢受乎原刺謹事使拜繳恭維執事弘此意以延天下之賢人天下賢人引領翹足願歸於執事之門而爭爲之桃

依歸草二刻　卷上　八　海陵叢刻　第八種

李驪至愚不才敢先布休聲於輦下

合與范教授書讀之具見良御不激不隨得性情之正彼以傲岸目良御者此狂國中人語也

程亞韓

袁天授集序

（蔡云開口憤世）天下之所少者勢也非才也勢之所在（伏）羣天下智勇才技之士不難使之屈首以從我其勢既去（伏）則已亦將轉而奔走乎人又不幸而其才非上駟（伏）不足以歆後有勢者之求則僅食之此門下之客身遘其會有不堪回首者矣故吾嘗謂生斯世者當（宋云借弇州說法好）如弇州之世家膴仕既足以奔走一切而其才又陵轢萬有羣天下智勇才技莫能與爭至今論者以爲弇州不能屈一荒江倡歎之熙甫而回想其（李云此處先伏一熙甫爲後文張本）時弇州之勢爲何如乎自吾少時聞如皋冒氏以（蔡云已到題又詠一客文氣愈寬然）積強之勢傾家結客海內望走如職貢惟恐後時（有餘）及其衰也過富人之家叩其三銖如項王弄印不（入主位）輕予矣每與青若相視而歎而吾州袁子天授當（應）其先公盛時好納交於四方之名人銅盤之會動以千指計毋夫人羅酒漿無所不得其歡亦猶皋之有巢民也然未幾主人遽（應）捐館舍天授以九歲

為孤子門祚遂衰母夫人揞柱十五年幸無廢祀今所棲者僅夏屋之餘耳（宋云此轉安放天授妙有身分正與才非上駟等語反相照為序集之正文）然天授自奮其才蹴踔於千人之上乃使四方之聲應氣求者環而物色焉（宋云即整）不惟勢之所去不足以為累而益以顯其名故吾又謂（勢跌進一步拾高才字名言名言）世仍未有如熙甫之才者也世而有如熙甫之才者勢在己則用以鼓舞天下之人才勢不在己（蔡云忽插入自家好）亦用以獨善而不為一時浮薄者所屈若此（蔡云仍兜轉應起意作收）者吾願與天授交勉之然而今之有才者亦懼矣

謀國者皇皇求利於下富人朝納粟暮拖朱紫名器日以濫而才之產益緊為途愈廣愈未有安置（宋云可痛）真才之路乃使天下智勇才技之士搤腕撫髀歎龔合肥徐東海之不作雖以吾上所稱冒氏與君之先人亦慨然於盛筵不再也故曰天下之所少者勢也非才也

一肚皮不合時宜直發攄得如許奇暢末段借籌時事天下第一句話非艮御不敢說　蔡瞻岷

艮御文成於前近遂寧侍郎抗疏於朝遂與之暗合公道原在人心也則艮御之讜言勁節亦於茲卜之矣　宋射陵

汪生集序

沈云甯

呂門高第弟子陳大始初善予，因予遺書評呂無黨，謂予彊直不可近，寖相攜貳。吳人畔予者遂爲大始立生傳以醜詆予。嗟乎！大始豈以海內晚進（二句已擬起）有志之士，非阿附呂門，則不足以聲施後世乎？凡（汪生）吾儕之私淑禦兒夫子者，本非以博名高也。以予（禦兒一篇之綱）之狂直，前書所評無黨二事，及與大始往復諸書，不害其爲攻玉之義。以謂雖詆排愈急，其爲私淑者自在也。大始門戶錮習，害予之多言而中，然以予故私淑乃師者，不可斥爲邪黨；又嘗出手爲予序依歸草，不宜先後自相矛盾，乃用曹瞞故智，塗抹字句，以冤韓遂，而使四方之爲馬兒者環而攻焉。嗟乎！何其鄙也。往者汪生初識予於江都，即投（丰）二詩，所以稱引者甚盛。予卒卒別去，未有以報。嗣予復如江都，又僑州城，生皆來會，會則促膝縱談（二句分賓主），憤予孤直之不容，予亦黯然不能出一語，唯歎大

始之可惜，而禦兒夫子爲真死也。（此段用合發慨）大始初因予交（詠歎之妙）三原員虞肱，又因予交江陰陳定九，又因予交黃山釋中洲。既與予不合，則摟定九爲文以駡予，欺（一片眼淚）中洲馳書越中諸知交，播揚予短，又鼓虞肱爲之破梓錢茂予首功，而獨不能奪區區一汪生之（又聯一筆有情）知我。嗟乎！予復何恨乎？生憤俗學之醜正，與韓歐之業不修，議論繁興，以有此集也。（到此方入集）允生之志不懈（醒志字與前應），以益進於古，其爲升堂入室無難者。吾意爲大始（到底不丟大始）者，遇汪生其人，皆當引而進之，告以先師之家法（血性語是一篇結穴），相與博求得失異同之趣，不宜妄自菲薄，以呂門爲要結之私。予雖屏棄海鄉，日抵目以覲大始之改其故步，然而大始聞此言，必怒之矣。嗟乎！是又使予多言者也。

其慷慨憤激處，足令人涕洟〇余謂吾輩當自愛，是非高下自有天下後世在，嘵嘵不已，得毋矜而爭乎？然無奈其文之佳何也。沈朗思

每一落筆，真氣坌湧而出，不事妝點，可謂文如其人。李北岳

生人立傳，原屬可笑，然乃定九之過於大始無與也。定九亦曾爲予作傳，予力阻其刻，不謂遂災棗梨，予亦無可如何。張山來

依歸草二刻　卷上　十五　海陵叢刻　第八種

劉孺顏詩詞序

孺顏之女兄與予妻爲姑嫂，相愛，予因妻兄陸天隨得交孺顏，温然如玉之在璞，使人有意乎其爲人也。去年予至皋爲外姑徐節母徵詩，未及孺顏，孺顏不言，意甚恨。今年春王三日，同孺顏飲天隨家。八月又同孺顏待月桃葉渡，一再徵詩，孺顏乂手而成。予顧孺顏君即不言，我自惆悵也。十月之望，經云予復以折衷選事至皋徵詩，詩且多，然後孺顏之技傾筐倒庋而見試於予。東一、筆、以下、發、論予嘗謂人才不必相兼，以予之敝精於古文而少見者，動多所怪，予曾無所於恤，而自不能不爲中道之慮也。矧詩詞兩道，誠未稍稍致力，予斷不能毁人之長以護己短，故予於皋人之以文鳴者，予雖以識路之老馬，且恍云好不敢爲臨歧之訴，況於素所未講之詩詞，又況於妥故爲孺顏之詩詞，予何容置喙於其間哉。釋云反說明者好夫進修之道，明辨與下問而已矣。予至皋而明者以懸河之

依歸草二刻　卷上　十六　海陵叢刻　第八種

俞其武詩序

往者吾君子序俞公膽人制舉藝也盛言其文之奇與遇知於主司之奇所以傳公者甚不薄其後序以他故不行然聞者且莫不以吾君子爲公知己及予操筆學爲古文因欲以購成一代之書竊（薛云歷落歷落）怪以公之才自舉業而外一無所著見而其同懷（落史家排場）孫子乃往往有賢聲陳芳得名最早頗聞其好爲雜體將有俞子第三書行世矣而其武爲其從弟

才又最高性喜爲詩搖筆縱横早有成集四方之來止是邦者多以其武賢豪意親之人言俞氏有（沈云放開）子矣予嘗謂人生兩間要當有專長以自壽以吾州之荒鄙而代有聞人今即不遑遠引如王心齋之理學沈鳳岡之忠讜華南畹之天官吳陋軒之（閻云拉雜放入妙）詩黄童之奕柳敬亭之說書與俞公之制藝皆卓（沈云合攏）卓名家海内承學者未之或先也其武誠不忘先人之烈則帖括固其所有事而又旁求風雅詩筒舌騰其謗議予心異之而不得其主名使得從之上下其論不有益於彼亦有益於我也若夫績學（王云至語雅調）冲懷動見省采則老有葆璞子少有孺顔吾不識何以得此於兩人若余者悠謬何知而適以成兩君子之賢也矣然孺顔於予之選再四從臾他人而已不欲與豈亦猶予於詩詞不居作者之意乎夫孺顔才實兼余尚其敞精摩厲爲之吾選猶可待也

意言雙妙天生巨手近代所希欲不戢服何可得也王景州

吞吐出没得其意於言外是昌黎筆墨丞叔未見如此做沈躬思

轉換離合妙難方思繆湘芷

詞版流布人間名滿天下吾不爲其武難獨以賢
如其武多才强力如其武與其徇目前悠悠之口
沈云跋冷
也毋亦近取諸公遠取諸陋軒乎予才下不及其
武遠甚其武因其所善袁子天授見予古文而謬
許之若予者内訟諸心未見其或過於近世所推
閔云作家苦心
之寧都歸德至如吾上所云卓卓成家者下之亦
知是薛云史公固曰倡優所畜流俗之所輕也
懼不得比於黄柳各以一菰雄長海内而獨不能
沈云
不爲其武天授所私故予序其武詩亦欲以報其

自然合法
武知己而開府參軍之譽固無煩縷舉也夫

請出膾人陋軒壢壇使時下一輩詩歌舉業名
士無處生活所以期待其武者遠矣却隱然出
身分古文一席語果大而非夸 儲同人

就海陵論海陵以制菰許膾人以詩許其武又
於詩中取野人作陪極推許其武處却無過情
之譽於古文雖不放倒自己又恐不能如末技
之反傳深感其武之爲知己此絕有斟酌處若

庸筆一涉自矜便俗煞矣古文妙訣如是如是
細讀再四彌歎其高 閔賓連
看他步伐開展機趣洋溢實自游戏古人之場
一時名家皆爲形穢矣 薛方平

柳亭詩序

柳亭叔父之學爲詩也以仙裳聘君爲之婦翁而親承其付授故其風格爲近似而又數遭骨肉死喪之慘（一擊）其悲憤無聊一發之於詩所謂詩至窮者而後工其弗信矣乎世說樂令之譽洗馬也以爲其胸中必無膏肓之疾詩人所黜稱也（頓挫）柳亭詩驟不敢爲阿好之辭竊見聘君於叔父有作即未嘗不稱善以叔父視聘君今日之彥輔也以聘君視叔父不爲璧潤歟（又一擊）驟固非有知者然竊以爲詩有李杜猶儒宗之孔孟（此語人不信）古文家之史遷此無待言也其後承流而得法者斷在趙宋諸君子近之詩家欲舉元和長慶以下一切俱廢而於宋人爲尤惡何以異於伯安詆朱子爲洪水猛獸而滄溟自詡不讀漢後書也叔父所聞於聘君者（又一擊）其有旨於是歟往者羅一峯之疏論南陽也實用先觀察公扶植綱常之句而觀察詩遂開張氏風雅之先嗣是

則職方公勿忘勿助兩言最啗人口吾張氏詩人（頓挫）衆矣今即不遑他引如二祖者皆有成集而傳者祇此二章職方又逸其半（結文）則詩之爲道果不在區區聲律之間而一繩以王李之曲說其視扶植助忘等語皆所謂臭腐而不諧於律者（到底不盡）輒欲藉口叔父一進狂瞽於聘君之前聘君其許我歟（緊抑）吾張氏自觀察以來胚胎問學而叔父之學獨得之婦家其居家孝友善氣迎人又有以免於騶釣之累以是歎聘君之大有造於叔父也於其序言之委也私爲箋其源流以歸之

聘君一篇之綱筆特隱約入妙　王景州

世之寡識於文則妄指秦漢不敢旹韓柳而輙詆歐蘇於詩則妄指漢魏盛唐不敢薄錢劉而輒誚溫李蘇陸此皆夢中囈語聞之欲嘔也得艮御一標正旨雲霧始開文更千廻百轉起伏現滅其得於史公六一者深矣　王歙州

詩經擬題文選序

同鄉兄弟之以古文爲時文者，曰沈躬思、緝之、顧臣廬，予與躬思補諸生時，緝之、臣廬皆甚少，今忽忽遂與躬思狎主文壇以有茲役也。予嘗謂不知其時文，視其古；不知其作，視其選。晚邨先生使人求太僕之所以一者，而曰以古文爲時文，是二之也。今至驅之以古文爲時文，而惺駭而不敢信，故予年來私出意見，修明古文之道，而鄉之人或從而揶揄之，曰是何能時文？以躬思臣廬之時文之奇，而鄉之人又非之，曰時文何必然？四方不少高識之士，而諸生之時文又例不得私付剞劂以暴於世，可見者獨其詩古文與所選耳。然則以時文無所著見於世，而或試之於古文，或試之於所選，均之抱挽回風氣之苦心，而古文非所以爲招於是。躬思臣廬憫其識之闇而錮習之難返也，乃用潛移默奪之術，而大聲疾呼之，三爲時文者曷從

識，且又既其號曰是擬題而爲之，而使爲科舉速化之學者矯首同歸，則其救世之心不彌苦，而挽回風氣不將捷於桴鼓乎？吾嘗推晚邨先生之功，如墮陰霾者而暴之以白日，如漂巨津者而援之以舟檝，如瘖者痿痺者而授之以相與杖，其闡明四書章句集註，亦既無剩義，其點勘癸丑以上諸科之時文，亦既無遺憾，獨古文經義不暇以爲，不能無望於後之人，則予與躬思、臣廬、緝之請分而治之，而躬思、臣廬之詩選適成，所以破經文擬題之陋，而誘進之於學古通經之趣者，將以是編爲嚆矢矣。躬思，今字與之，予仍呼躬思，以志十六年同籍兄弟不忘其舊也。

激蕩雄渾，用意用字離合隱現，具有匠心，不能盡言其妙。陸天隨

錢孝廉年譜序

老友錢君達人之自爲年譜也，自其少長、事育、師友、教學、舟車、離合、困亨、晦明不齊之數，備見於譜，而交遊聚首之樂，以及癸酉鄉舉一時之意氣言之，尤爲津津。（引子）蓋自君有年以來，於斯譜盡之矣。（何處別開靈境）然正有未能盡者，君與吾姪霖洙皆同舉。一日有觴君及霖者，主賓相揖坐，茶數巡，門者言某公子來，主人即趨出，揖公子坐上坐，公子亦無辭讓。茶又

數巡，主人數問某翰林何不至，或言尚未就道也。（宛似魏其武安列傳）頃之，或言已就道矣；又頃之，或言車已及門。主人躍起曰：「翰林來乎？」乃蛇行出，伏道左，肅翰林入。既至堂上，相見以次揖，就坐。主人目屬翰林，虛左揖之。翰林乃顧君曰：「是最長，當坐。」次吾、次張君、公子下坐。既定，然主人目恆注翰林，酌則曰「請飲斯」，食則曰「請食斯」，終席未與君輩交一語。君輩徒視翰林以爲飲食。翰林、公子皆不能久坐，先別去，主人乃更與君道寒暄。君嘗爲予言，霖甚恨此，以予幸備斯耦，又豈不以堂下見處乎？（諧妙）蓋風俗之污至於如此，其又何怪？（忽結忽起，俱是古人波折）君齒尚未衰也，賈勇而前，看花上苑，吾不爲君難，（更妙）何沾沾於疇昔之一席，而亦竟不可必得也？（妙）會君問序於予，予爲增譜其事於首簡，庶以曉後之觴君者，而凡爲君者，其亦可以自厲乎！（妙）

此爲嬉笑怒罵，皆成文章，刻畫入神處，長公正輸此手。宜左人

送如皋周侯序

天下非難治也九州之大兆民之衆其勢若渙而難理而其休戚實懸於縣令天下之治一縣之積也縣令之於民跡最親而澤易徧也然而推行無本則極操切之術雖縣不可得而理矣周公之爲如皋也甫下車即能革前令諸粃政又數月也民舞於市士歌於庠其先治大埔也撫殘黎興學校幾奏最矣而以艱去位埔人惜其去則相與刻石

誌功德今吾皋人其猶埔人之情乎然吾聞公內行甚修異時太翁宦粤東遭寇亂勤勞王事卒於其官公徒跣扶櫬以歸觀者感泣太孺人善病公遂習於診治常親嘗供湯藥不假手婢妾夜必炷香籲天冀益母算香不燼不起太孺人棄養公哀毀骨立卒爲兩尊人行營域之西尤恪於其事規畫措置可爲法守蔡庶常玉躬公甥也生而岐嶷公語其父曰欲成令器盍使從我不數年果成名當公之官大埔時庶常甫得舉公執手丁寧勉圖一第朝夕所需我預備之矣是科竟報罷公喟然不怡旣以艱歸則督課如故而庶常遂得售往者石君五中嘗爲予言公之賢如此頃五中使來益悉公新政予以書答曰有是哉其久知之矣本公之所以孝於親者因以施及於今之疲癃殘疾何民生之不遂本公之所以教庶常者因以施及於多方多士何學之不興蓋吾徵於前言而知

公治縣之易易也吾嘗謂諫官卑行其言縣令卑行其政一命之士苟存心於愛物必有所濟者矣公之來也使皋人有神明父母之譽封以內有不善者輒相與戒曰毋乃吾公其實聞之公之考滿也使百司咸欽諷誦之容其庶事有不便者悉奏罷之如是乃天下之光非一縣之私慶也如皋故吾州屬邑距予居不五十里猶吾桑梓也予知交姻黨悉在皋公猶吾父母也幸方際公之來而早

褒其冢峻擢以去誠爲天子得人賀而慈母之弗釋於其懷其猶吾㓂人之私也夫

推行有本一語是經教養二字是緯推廣縣官諫官關係處俱有把鼻之言干城世道不小唐

石邠

員母壽序

予少讀斯干之卒章而疑之以爲如詩言是古所稱賢婦人者必無儀而後可也凡夫葛覃卷耳樛木螽斯之所以至雞鳴草蟲谷風之所以存苟有可歌皆其有儀者今但曰無儀何以處夫婦人之無非而有儀者乎既反覆於考亭之說然後知夫有儀者未嘗不爲古人之所稱特以婦人祇門內之修有儀而不得以儀顯而所謂養舅姑寡酒漿之婦人儀日以顯而非亦日以多欲求如斯干之后妃詩亦不過以是爲無儀之婦人而已矣乃今云爾者皆以至懿之德而寓諸無非之中雖聖如（此語獨透）所稱願者而竟不可得以吾聞三原王孺人之賢相其夫子員翁篤交遊周人之急完婚話喪待子姓尤有恩意翁之所以多儀者孺人之所以無儀也然當翁少時結褵未幾遽以筴遊吾郡遭易代之際四郊多壘羈旅間關徒興屺岵之感繼而尊

人下世亦不得歸視含殮而孺人養志備物送亡事存以婦道而兼子職至今三原人人能言之若是即古之風人恐亦不能不名其爲儀也夫雍州水深土厚其生人皆敦龎渾厚有文王后妃之遺風揚州爲暴隋故都嬌誕繁華習以成性雖起后妃於今日母儀茲土亦未能使之革心以從我也而孺人仍其國俗雖不能變易風氣而亦不爲風氣所變易則豈非無非無儀無父母貽罹也歟

今行年八十矣賢子天馭方肄介吾友呂書友來乞予言爲壽予非能立言者姑爲疏其有進於斯干者以頌之

觸手略有發明○文字逢時不易叢君與可遠來求代作趙太孺人壽序頗聞其以落落見斥此文係原本稱引未盛又恐不可主人意只得潤色付之然予終存此本徐文長曰適避匿入人家見壁間歸有光文今日之歐陽子也世無文長壁間之文直可不作

讀許氏遺訓書後

風俗之淳非一人爲之也黨庠里術先王所以納斯人於軌物者甚詳而有法季世禮教崩壞襁褓之中習而爲媮比其長也遂不難等路人於所天故吾嘗歎夫王化之行雖有窮奇之惡而不能干也世教之衰雖有考亭之聖而不能返也然而質行之子時或卓出於其閒雖學問之氣不深無以周知義理而天機未鑿則門內之修往往與載籍

所稱者有合吾是以撫遺編而三復之不能自已也先祖妣出鎮西許氏同産弟君彌翁諱溥以孝弟力田重於鄉垂没作世訓以遺後人後四年翁家子應忠俾予書其後憶予省翁時秋暮極天寒草滿月寒畦翁喜予至支離病骨强與相勞苦久之推枕出一編示予即斯訓也予讀之黯然因口占三韻翁亦頷之然翁是冬竟不起遺命二子有疑必以謀於諸子應元及韓甥豹今兩公者亦古

人乃使我益深西州之慟也翁幼年學書父没遂佐兄徭役持籌學稼樂其天年然必得甘毳以養母母病臟毒不良於溲翁舐痔曲致之與兄不忍異居即異後視財無爾我篤於周親迎昭陽李楞公先生於家爲二子師館餼之豐邑中甲族所未有與人交要爲有始終者孺人江老無違言對子婦臧獲皆怡怡如也嘗與其子奕勝謂其子曰吾技固勝若習見其如此然諸子亦不以是驕蹇

逸於禮法尋閱人多矣未有如翁之質行者也史稱萬石君家法醇謹而河東柳氏尤有家法今考其世皆父子祖孫奕葉象賢型仁講讓樂善不倦故四方亦漸有效之者以至文正之義莊公藝之忍字江州之義門其始皆發憤於一人而其後乃能世守成法以不變且又加勉焉則撫茲遺訓繹思不忘端望於翁之令嗣而朝廷將復孝弟力田之科使如翁者皆有所感發而爲善則風俗之淳

其尚有冀乎
末流之敝積習難返近顧里門私有浩歎得許
氏遺訓可以大砭夫世人得真御斯文可以不
祧於許氏矣 唐石郊
許翁是真古人真御是真古文有此文方傳此
人可見躬行君子其遺際文人亦有幸不幸也
黄儀逋

祭范封翁文
嗚呼余初未奉教於翁而獲交於拙存歎翁之能
教也余交拙存亦五十日而近耳讀拙存詩若文
亦不多即何以稔拙存之賢而信翁之有子推本
於翁之能教哉君子之觀人也知其一事而已矣
予未交拙存即聞拙存前官天長以昔稽冷曹而
勇於興革其大者尤著於釐正孝子朱公壽昌之
祠有以維人心而正風俗自非拙存之賢何以不
恤舉國之誚而奪其羣然所尸祝之梵宮而用以
祀隔世已朽之人與骨之孝子而使長人始而疑
終且見化於其教又非翁之能教何以使拙存之
識所當務以教孝為職而且奪羣然尸祝之梵宮
翁不惟不以為戚而反以為喜則必拙存推所以
孝於翁者以教於其官而翁嘗推所以孝於其親
者以教拙存也故曰知其一事而可以觀拙存可
以觀翁也且吾聞翁病廢十年拙存就養無方日

與醫師處、以是遂能於其術、而翁幾綿一紀之算、辭此而求、而知翁所以享拙存之色養者固已多矣。蓋信拙存決於正孝子之祠、皆本之躬行庭訓之餘、而非以欺世而干譽、則今者靈輀往即於翁、可以不憾而有憾者、拙存孝子之思固無窮也。能不從拙存爲翁一沾涕哉

（扭住不放　仍能教好　收亦古宕）

祭薪翀之文苦無情緒、却搜出一事作結搆、可悟好文字只是有法而波瀾鋒鍔適因之而奇矣　許師六

祭許太史文

嗚呼、古文道喪久矣。讀公之書者、庶幾古人門庭、彷彿焉其可窺。何予之譾才、公與周旋而莫遑、猥見屬以鉛槧、使折衷其是非。以予言之不文也、曷以來求。其開府而賞奇、羌倒屣之維艱、尚執手於言乎。予不忍於停披、知吾道之在江西也。乃昏暮歸歧、頻傾樽與細論、寧歎老而嗟卑。有彼傖之無知、橫禍棗而衡詩、知予心之不然、遂反脣其相譏。笑狂國之狂、公知我有所不爲、果韓愈之亦人、任讒言之高張、其又誰信之。今公神之在天、謂後死者之實誰與於斯。自夙昕定文之約兮、纔全豹以窺辭。惟公之望重斗山兮、國有誄而里有悲。感予懷其焉涕兮、不以公而以私。神默默鑒此誠兮、展生芻其來思。

爲古文洒淚、墨瀋涕痕、點滴不浪　石含銳

情辭婉麗、似歐公摹六朝文字　泰以御

師六嘗言古文一道前賢讓此後生也幽噫激楚不堪爲知己之贈黃仙裳

依歸草二刻卷下

海陵張符驤良御著
子沆重校

呂晚邨先生事狀

先生諱留良、字莊生、別號晚邨、姓呂氏、浙江石門人也。先世河南人、宋南渡時有爲崇德尉者、阻兵不得歸、因家焉。高祖淇、錦衣武略將軍；曾祖相、沔陽通判；祖煥、山西行太僕寺丞；考元啟、鴻臚寺丞。其本生考曰元學、繁昌知縣。繁昌之考曰熯、淮府儀賓、尙南城郡主朱氏、是爲先生之本生祖妣。先生未生而孤、幼有異禀、穎悟絕人、八歲善屬文、十二歲即與里中人爲社、一時名宿皆避其鋒。（一段言其出處大節）時國勢窳潰、內外交訌、先生慨然有經世之志。未幾、李自成陷北京、烈皇帝崩於亂、先生哭臨甚哀。或過而勞之曰：「莊生何太自苦？」先生正色曰：「今日天崩地坼、神人共憤、君何出此言也！」於是散萬金之家以結客往來湖山之間跋風涉雨備嘗艱苦其詳不可得聞然怨家嘗以訐先生先生從子亮功獨自引服亮功竟論死而先生幸存隱於醫嘗提囊行市以效古人自食其力之義遠近爭求之先生歎曰豈可令人更識韓伯休耶顧先生身益隱名益高戊午歲有宏博之舉浙省屈指以先生名薦先生自誓必死以免其後三年而郡守又欲以隱逸舉先生聞之噴血滿地乃於枕上剪髮襲僧伽

服曰如是庶可以舍我矣或疑之曰先生言距二氏今以儒而釋天下其謂之何先生亦不答嘗言綱目以後天下之局大變而義不明者更須爲之閑距凡友朋涉世者先生贈言必寓規諷之旨或北行來別以隋珠彈雀爲喻先生曰莫道不是珠且恐不得雀耳況此非雀也一彈之後豈復有珠哉門人在燕者寄問曰長安富人肯爲某捐納以其輸錢得官於心未安而止先生答曰此固是矣然

賢者見識於理倘隔一鍼以某今日觀之以文以錢有以異乎無以異也其嚴如此先生於諸儒語錄佛老家言靡不究極其是非而於朱子之書信之最篤病夫世之溺於異學而不知所返也以斯道爲己任故其教人大要以格物窮理辨别是非爲先以爲姚江之說不息紫陽之道不著又以爲闢邪當先正姚江之非而欲正姚江之非當真得紫陽之是其議論壹發之於四書時文評語老友

桐鄉張考夫以書來曰行年即同衛武已去其半中夜以興橫渠猶將不及事固有大於此者乃爲無益身心有損志氣之事耗精神而廢日月且將久與汙濁中苟盜浮名者流動若絜長角勝者私心竊不爲兄甘之先生曰（赤心肝片片流露）道之不明也久矣今欲使斯道復明舍目前幾箇讀書識字秀才更無可與言者而舍四子書之外亦無可講之學（緊接上段洗發）窮鄉晚進有志之士聞而興起者甚衆蓋自朱子沒黃勉

齋輔漢卿僅足自守不能發皇恢張再傳盡失其意王陽明乘吾道無人之際祖大慧之餘習改頭換面陽儒陰釋以惑亂天下之耳目至詆朱子爲洪水猛獸晚年定論之作顛倒彌縫尤爲陰譎羅整庵陳清瀾雖嘗極力辨之而所見猶粗無以攻其堅而撲其焰後此講學諸儒未嘗不號宗朱而究其底裏總無能出姚江之圈繢先生當否塞之後大聲疾呼以覺一世如執贄者而予之以杖天

下之學者亦漸曉然知紫陽姚江之是非判然如冰炭之不相入世皆以歸先生閑闢之功焉先生又疾世之講學者多以聲利相招集以爲學者當先從出處去就辭受交接處畫定界限札定脚根（又照應首段意）方可下手入德而負塗之豕往往害先生之潔身流行而讐之謂詆無狀天下皆怪歎其爲人而於（補叙）先生究無損也自傷幼孤不逮事繁昌祭祀必盡其誠不以病憊自免仲兄性徑直先生視形聽聲

極意承奉即有所諫正必緩解曲譬勿傷其意嘗遘疾爲之終夕不寐思所以療治之法復初乃安叔兄好結納嘗爲友代輸漕粟一夕空其囷先生驩然以兄親愛視財無爾我不少恡惜篤於交遊入其室者供讌贈投歡盡忠竭經籍玩好雖見攫敓而不忤而於貧交死友尤所鄭重甲辰有故人死於西湖先生爲位以哭壞牆裂竹提於西臺之慟已而葬於南屏山石壁下他日過其墓猶作詩

曰僧帽故人今不識酒樓往事老難忘癸亥忽賦祈死詩六篇其末章云作賊作僧何者是賣文賣（一生苦語一篇關鍵）藥汝乎安嗚呼其志爲可悲也竟以是年八月十（是儒者語）三日没病革神明不亂徐曰我此時鼻息間氣有出無入矣言畢叉手安寢而逝距生崇禎己巳正月二十一日享年僅五十有五墓在識村東長板（另叙）橋西祔於太僕之穆驤自幼歲即讀先生書而知好之既長出交於四方之名人其爲浮慕先生者

多有獨以爲朱子而後傳聖人之道者惟先生一人是則驥區區之愚而已顧恨不及先生之門竊謂先生之言廣大精微無所不具門人周在延陳鑑各以己意編次雖繁簡得失不無互異均之發明章句集註之奧學者亦可以不外是而求之矣（結穴語）獨嘗以爲近來人心風俗俱壞匪直文字一事凡先生之言旁涉世故人品皆今日膏肓之藥嘗過不自揣採摭一書欲使天下之是非榮辱有所定（苦心畢倒）使天下之假道學假文字不敢吐氣使天下浮談不根者稍知向學使天下羨二爲之光榮者可以知恥顏曰呂子近思錄鋟板將出先生下世十四年子葆中領皇朝丙子浙江鄉薦（分明朱子矣）

呂先生傳志之十年而不敢下筆頃從員虞肱見無黨所撰行略愛其文而私心有不能無疑者因參以別本釐爲事狀一篇然終不敢列於傳者蓋有待於筆削且以爲非門人小子之所

得爲也然先生之出處言行此要爲舉其端矣

陸少君行略

吾友陸金谿少君即世求哀辭於四方之能言者而屬余爲之先蓋自國初以來東南女子之賢者往往見序於予文少君履常處順又相夫未久若無奇行可稱說獨念予治詩兼學禮所謂無非無違者誠意以爲賢而不能强今以從古其一二用奇節偉行著見者亦大率得乾之氣爲多雖素常出力而揚扢之者不以爲盡合於中庸之道故吾

獨於少君之没不復惡夫涕之無從也少君宗氏本如皋世家其父祖並名諸生自其少時已教之讀書能見大意及于歸容止甚都六親交口爲賀予謂少君之美則何有於此久之或稱少君能諸技巧予不以爲多又或稱少君能詩於近代獨好杜于皇手鈔成帙皆予目所親見然亦不以是賢少君獨習見其夫婦久與相處從無疾言遽色房闈之內以順爲正婉娩自將十二年如一日此坤

道也予每爲人言作婦當如陸少君予與薛方平每過金谿則少君喜爲治具即金谿有他友至少君未嘗不勉狥夫子意爲之拔釵貰酒得人人歡惟予兩人私相識也庚午辛未間吾三人聯榻溪（方平取此下數行以爲得史參序事法）南一夕金谿刈稻西郊未反時滿城風雨未續龍山之約相對悵然昏黑聞剝啄聲則少君遣人餽餉至矣比方平傷逝之篇猶及此事金谿常手少君扇爲竹西女子王正畫予攫取之少君意不

謂然乃使人婉詞來謝予亦終不能奪也少君之柔而有禮又如此予從媚姬間察知婦人之賢者多不能不以才自累其所以然者知無非之爲無（洗發精神方平嫌其麁恒不入古文家數）非而不知無儀之爲無非又不知無違之爲無非則獨立意見跳踔自喜徒見天位乎下地位乎上此牝雞家索之義也若少君亦可以無議矣少君死時年僅三十有一金谿善方平與予予兩人數過金谿近在寢室未嘗自外然非禮不言遇少君

寧家則登床而呼比於稽阮之任達金谿亦不以為忤及少君死而繐帳飄零徬徨四顧（鬼聲啾啾）至於飲泣乃使人不忍有倚門之嘯矣嗚呼孰謂少君之賢而竟止於此徵金谿請予固不容以無言

翻身法純學歸太僕　沈朗思

賁上舍傳　刪時作

賁上舍者名琮字黄理如臯縣南村人也村有一大樹可數十圍直上高十餘丈偃覆如蓋上舍之居近焉因名其村曰獨樹村村之樹為大村之（涉筆成趣）人上舍為豪上舍初試於學使者屢不得志迺循例入北雍為上舍生能詩歌及六朝之文章又工書法則挾其技徧遊諸公間諸公無不知有賁上舍者然遂（感慨）不幸以旅死也常稱李二曲之言曰方今無異學俗學即異學也詆世之粗視聖道者不越乎飲食日用君臣父子之際而以為精微之妙有不存焉且曰世儒言知行必先知而後行不知孔子何以三十而已立五十而始知天命也考證道之功必曰為山九仞功虧一簣何以朱子曰一旦豁然貫通也於季路問事鬼神必曰夫子抑子路也何以程子曰實所以深告之讀孔子之言出入無時莫知其鄉必曰心有出入矣何以程子曰

心無出入乎問吾道之精微、必曰條分而縷析、分更而分漏、何以朱子曰滿山青黄碧綠無非此太極乎、謂道必物物而求、學必歷歷而深、何以朱子之詩曰日予昧前訓、坐此枝葉繁、發憤永刊落、奇功收一原乎、收仕吏不著論蓋上舍之論學如此、先是上舍有女帶叙許字曹期、未嫁而期夭、女投繯者再、上舍亟解之、女守志四年、而舅繡又病革、女遂歸曹氏、爲繡持服、卒嘔血死。上舍四子易詩書戴皆好學有賢聲、

上舍次君韓授名詩者寄我贈張艮御長歌、所以傾倒於艮御者至矣、而艮御此傳正以不粉飾爲高 黄交三

仲猷公傳

仲猷公諱裔緯、行四、與吾祖爲從兄弟、皆泰嚴公所自出也。考樞娶華氏、生裔經、華死繼陳氏、實生公及公弟裔綿。公少有至性、倜儻負氣節。甲申之變、明思帝死社稷、公草莽中以頭搶地、輒號痛不止。會故王子起兵海上、壯士繆景先團鄉勇應募、公仗劍從之。繆强勇有力、乙酉夏諜報官軍至、可數百人、意輕之、衣絺衣、持槊躍馬、言曰看某掃盪

敵軍。公麾衆鼓而前。時四方亂、苦戰、而吾鄉故僻壤、狃承平、人不知兵、聞繆言、皆恃無恐、或更徒手搖扇從觀兩家决戰、如兒戲。官軍阻溝爲壘、繆衝突不得入、衆稍散走、官軍乃張兩翼馳射之、矢集如雨、繆揮槊格鬭、不能傷。一健卒出不意伏弩中之、洞喉、垂死猶力殺十數人。公婦兄薛亦從戰死。官軍長驅進、掠公婦與俱去、婦不從、投河死、惟公得脫。既鼎革、猶著故衣冠、不薙髮、家人懼叵測、强

之則曰欲除甯使盡耳遂披緇故人皆稱四和尚云公時方壯盛至老死不蓄髮再娶貧甚環堵蕭然不蔽風雨販鹽爲生然必旦夕得甘毳以養母母死既葬奉神主日再上食不輟如事生禮歲時伏臘必伏哭盡哀中無城府好面摘人過人頗畏憚之遇族子弟嚴未嘗稍假辭色子弟望見輒避去易簀之夕言笑如平時顧其甥練曰死必火化我遂瞑練行泣失聲復張目曰毋事徒亂人意乃閉目不復言符驥曰以驥所稱伯祖仲猷公蓋聖世之頑民也本朝申大義爲思帝復讐討賊海內以次削平而公等以草澤數人欲抗大軍存朱氏血食固以難矣雖然匹夫志在不可奪也妻死家破混跡緇流鬻魚鹽以養老母終其天年其至性誠有過人者而或者以愚訾之嗟乎是固然然公而不愚公不傳矣

募人賑粥說

民生之所急在食君相有宵旰不寧之荒政而比里亦無可以恝視之人情今環市芸芸鵠面鳩形嗷嗷待哺皆吾一體也於禮民間原有任䘏之義吾安居飽食而忍聽其轉於溝壑何以爲心幸生沛澤之朝而有九年之水揚州屬邑歲隸波臣一帶高鄉僅免沈竈易地相處可爲寒心連年疊奉賑蠲湛恩汪濊顧有司奉行不實朝廷德意不被窮閻雖監門之圖未達於上聞而常平之倉徒耗於中飽此可爲太息者也今與諸父兄約思所以起溝瘠而勸衆擎者其說有五聖天子方蠲歲賦以重蘇吳人吾曹將食無糧之田而此曹已作自前之殍今即以朝廷之蠲代朝廷之賑不亦可乎開年燕會動費萬錢例放花燈上元鼎沸今請省無益之費爲有益之施其從我乎好言福利不樂頂踵今請移佞佛之心爲給孤之舉亦未必非福

乎萑苻充斥大盜小偷脫有不虞胠篋而去未或見德也何如以齎盜之糧爲嗟來之食乎凶年多厲人人自危請足百年飽則無咎今爲善日樂和氣致祥或亦厲疫之所不能災乎吾本以盛德之事望人而詞傷於激爲說亦汚願父兄悉此心耳其數在人各自勉不限斗石其穀亦不拘米麥黍菽惟在療飢其薪取足以備爨其地取之佛寺土廣易集其事主之寺中長老以杜侵漁其期永之

明年麥秋以便就熟

說得可聽此盛德之事人自不肯爲耳　吳澹寧

倚雲草引 一本作序

往驤序吳澹寧先生存耕堂詩先生有取焉且言孫執升亦喜子是作數年來驤雜文頗行於世而先生與執升竟未之見也先生乃出其倚雲近草仍屬驤一言驤前序大意謂詩必今者而後工推言先生以霞舉鵠立之姿無羨於人間之腐鼠故其詩格亦近是以是爲能知先生而尙有未盡者語云詩以道性情固也極詩之正變不齊何一非

情之所鍾而朱子乃爲之注曰其用歸於使人得性情之正然則即持是說以衡三百篇以後之詩正則爲靖節少陵昌黎劍南之忠愛不正則爲玉溪之浪子連州海外之怨誹而近世之以詩爲媒者又不在是數故夫詩本性情在今日已爲膚詞而後生猶陳王李之芻狗用以秤量詩格不其左乎今讀倚雲草者於寒月歌見其激揚節孝於岳墳見其洗發幽忠於白公隄笳拍圖見其砥厲末

俗美惡不掩於試新醅穀日雨雪送人遠行及見訪不值諸篇見其志在蒼生於哭陸氏兄弟見其不忘死友即泛及於遊歷應酬之作亦必言之有（以上所謂一言以蔽之曰正也）物義垂勸戒若夫性癖躭佳動懷梅雪比於楚歌之重叠者又無待言矣然則舍是說即何以盡先生之詩乎吾嘗歎夫聲氣之役所謂其人意中擾擾多周孔者也而亦有以冷爲詬病者貌先生之衣冠以遊於驟徒覺其齟齬而不合而先生名且

益高故又以爲詩之所以工不盡緣於冷而緣於性情之正即以追蹤靖節諸賢無少忝者而驟之（收拾不得）無似重濡毫序先生詩竊考亭之義焉則多言不虞其覆瓿矣

寻舊敘澹寧詩風致多而一本於情性良御復補出正字發攄明快倚雲草非此不能傳其傳矣〇十載前讀存耕堂序便以六一稱之老筆紛披與年俱進吾目中未見其偶　孫執升

涉江草引

考亭有言韓子雖以力去陳言爲務而又必以文從字順各識其職爲貴持是說以繩今之爲詩者孰能逃吾之鑑哉詩道之壞一二選家奉其妄庸之師說憒然以文氣不貫之心手而輒敢加是非於作家故吾嘗歎夫明之七子優孟也雖盜竊衣冠而猶得其形今之選手則穿窬而已矣然其初實作俑於七子彼以理勝爲腐藉口盛唐以杜老

之皮毛易肖也而競鼻祖之謫仙一席至今將廢至謂太白才詘於近體退之永叔有文不必有詩康節詩之別傳風雅正位茅葦彌望由君子言之何古何近何詩何文總歸於文從字順耳父執方宗子先生爲人有太白之豪學備衆體而尤老於詩顧其作不肯一挂時選今將梓其涉江小草行世以寻爲稱家者俾敘一言夫先生之詩之美不待寻言而始定也而心亦賤夫世之爲選者與考

亭所稱韓子者有合以是爲知尊先生當無憾乎言之不文矣

苦心舉似近日騷壇藥石（辟方平）

內人生日詩引

溯己酉十月既望屬山妻始降之辰（閔云鋪叙從容）設帨俄爾三旬共牢於茲一紀士兮百行疇（便跌宕）則能兼女也嶔音僅而小擅無父何怙桓少君墮地之年與鬼爲鄰衞洗馬親迎之日有衣盡典毀妝全不似新婚得我爲夫對牀宛其如舊雨鎮日車中閉置不事號（虛對妙）呶頻年廡下親舂相安卑賤猶於二謝未厭傾筐過及三都爲謀壽棗年非當廢會無枕簟之躭樛（反用妙）蚤能垂遂獲麒麟之報五年以長悵機雲入洛方（自注妻兄陸天隨現客長安）初二姊難歸讓邢譚維私並貴憶卑人之淹卧不（劉李培原石五遠）保偕老之期幸初度以周旋敢宿乞言之諾知夫子之交多長者愛及其烏但華衮之施詎偶然引先於玉用賡俚句敬博召篇

句句實錄非雅製不傳此賢媛也予嘗歌唱隨習見行文樂之句私謂得之〇儷體玩其字字相生處看來只似散行故佳擴實無一不妙乎

尤愛其虛對反用二語真才子之筆　閔賓連

閔賓連墓表

三十年前當康熙乙亥之夏予因王武徵識賓連賓連語予曰惜不令錢湘靈見子也湘靈嘗言自王于一死而揚州無古文自吳野人死而揚州無詩使湘靈見子所作豈敢遽出斯言哉自是予入郡必過賓連賓連一日又慨然曰古文一道天下雖大寥寥無人易堂往矣繼起樹幟者非子而誰易堂者寧都魏禧也又曰繼自今幸益進以經術時予年纔三十餘再幾一世常愧賓連所云也

先敘交情用頓挫作領筆

予非好諛者顧賓連嘗稱易堂于一野人及雷伯籲孫豹人諸先生之烈操繩尺相天下士斤斤不妄許可一時浮環之士罕當其意者而乃獨愛重予予以是常謂知己之感於不諱也賓連病時猶使人負出靡事覓予既死其後妻及長子婦皆死仲婦及孫又死所存惟仲孝嗟倮然並兩耳賣卜於市無人念其爲賓連子者劉闇齋獨過而矜之與

予謀所以全其生者予竟不知賓連猶淹淺土也
急買地蜀岡封之而仍表其墓蓋距賓連之死已（幾入表墓）
二十有一年古之文人多不能保其身後即近年（以感慨爲映帶賓主分明）
如野人伯顧概可見矣而賓連尤甚蓋名高造物
所忌無足怪者賓連眼明口直工詩札及行楷篆
籀所藏經籍玩好蕩然無遺獨纂黃山志行世既
久遺籍聞在吳劍宜家將求而梓之並爲仲續娶
延賓連一綫之祀未知造物意竟何如也（天乎奈何）賓連徽

州歙縣人寓江都籍揚州府學生諱麟嗣姓閔氏
一字檀林以康熙四十三年六月初五日没年七
十七賓連手疏其五世祖曰顯通配汪氏高祖源
清配王氏皆墓在環山源清又配李氏塟閔家山
曾祖世錦配胡氏墓在龍潭祖皆有碑祖承伊配
朱氏前母方氏前妻程氏并祔龍潭之兆考覲文
別塟長翰山生母陳氏又別塟富饒仲言賓連因
省墓而病以至於死餘不能知徽俗惑於風水喜

分金跡是言之竟何利而自環山屈指而計又豈
獨賓連有庭堅不祀之懼乎予表賓連亦存其五（閔氏之鬼同聲一哭）
世也

歲甲辰應舉金陵以病不果與渡江東歸
先太史適在江都營塟賓連先生而表其墓
書丹爲館前輩程午橋先生塟日會者數十
人皆一時碩彦有各體歌詩以紀其事　子沆
謹記

為閔賓連子求助諸公啟

閔賓連先生者天都詞客揚州寓公罵座雖有似禰衡青眼亦時為阮籍收名定價兩兒竟命夫孔楊選勝分題一日遂壓乎元白篆籀立斯邕之上支賦介遷固之間黄山志固其不朽之編歙縣表亦屬可傳之業其他片言居要入座有何不歡雙鬟發聲引手公然畫壁夫何魯靈光之殿同歸叔灰蔡中郎之兒絕無傳業一棺冷擱二十年狐兔

為鄰危卵孤懸六七葉箕裘將墜此符驟嗟咨動色悲纏十字之碑彷彿來魂哭結三生之石者也爰有請者難於默然范純仁雖勉助故人蘧伯玉不獨為君子孤非甚耄寧窮老之當歸子即病聾詎牝牡之不識若與謀其休養孝磋可無妻而有妻完其室家賓連或無後而有後借勾踐生聚之計為詩人緜一脉於無何有之鄉本周武興繼之心代孤魂求血食於不其餒之日循分各盡量力

而輸起溝中之瘠於須臾延庭堅之祀於萬一行見歐公堂下紛來上冢之人亦使閔家山頭不止還鄉之鶴是在布金長者爭憐慧業文人此啟一出閔在東醵金買宅項鳳千獨力為之娶妻且歲給廩米六石亦可無憂飢餓矣但薪油鹽豉般般欠缺若致室人交謫是孝磋無室家之樂而反有室家之累所希同類更為遠圖恩在善推言不盡意

孝磋客冬得子孑名之曰念祖闇齋盛稱其子支異日果能亢宗則鳳千之功為不可泯也賓連隸書蘇黄詩一幅為吳作山藏弆者雍正三年九月忽託孝磋轉以貽孑孑未及領而作山沒孑竟不識作山何狀玩其序跋諱亦高字天若時年已八十有一矣後二年丁未三月孑復來郡城喜故人之有孫又憫孝磋之窮自鳳千五斗而外無以為終月之計欲歲斂二十千錢

付之而弖仍爲之倡以此間人士之多宜尚不乏雅流如鳳千者也更十數年即可見此孩成立弖當出賓連手書欵縣表並此幅還之俾知乃祖棲棬之萬一孝磋其持弖言爲劵乎

是年丁未　先太史起復入都甫抵郡城疾作而止孝磋來見因跋此於原啟之後未幾而　先太史見背嗣後流連丁大故橫罹雀鼠自救不遑遂未能佽助孝磋每以不克繼承先志爲恨乙卯丙辰間往來邗上嘗過訪鳳千並謁其尊人書存先生已相繼下世問孝磋夫妻及其子則亦皆死矣嗚呼　先太史於閔氏父子故人之情分所應爾顧不諒於天謂之何哉獨念鳳千在東諸君子古道深心竟付流水後來復何所勸尤可悲已雖然此天也諸君子之高義自在也唯　先人與賓連先生碧落相尋不知若何抱慟耳

閔先生墓在法海寺前官路右側流每到郡必往拜焉遺碑載道完好如初追仰父執摩挲遺文直欲問天無路矣又念此抔然三尺安保百年流亦冉冉乎將老豈得時來墓下所望項氏多賢及此邦人士多方庇護俾免樵蘇之傷牛羊之踐並查孝磋坵壚在於何許固長逝者所增感於地下也弖流泣記於邗上旅次時在癸酉臘後四日

代朱雲哭母乞言啟

嗚呼、陟岵載咏、生人聞而寡歡、白華失音、鮮民爲之隕涕、願以餘年不廢嬰兒之戲、詎知今日早爲無母之人、然或細細爐烟、曾親湯藥、望望厠牏、屢奉中帬、則罔極深恩、猶可略酬涓滴、終天永恨、尚或稍謝劬勞、而云也行負神明、禍延先妣、幾逢二豎無端、而遽入膏肓、久感七情、乘虛而交攻肺腑、百身莫贖、縱嘔阮血以奚庸、一七弗親、徒望梁雲

純用虛字運掉、是歸公以古文爲時文法

而欲絕、罪孽至此、視息何爲、蓋先妣黃太孺人者、系出清華、性本婉嫕、當未出閣之始、念王父多忌而難生、即能借箸以籌、與家人深思而慮遠、顧相攸莫如韓樂、亦擇壻欲比衞清、乃歸嚴君、逮事祖妣崔家王母、頻叨湩乳之情、鄭氏賢媛、不避踰垣之暴、姑曰是善事我、人言此克宜家、慈儉不敢先、符老氏之三寶、貞吉無攸遂、協家人之二爻、詎向皋廡賃舂、相莊多擬梁婦、倘遲鹿門採藥、偕隱早

代朱雲哭母乞言啟

嗚呼、陟岵載咏、生人聞而寡歡、白華失音、鮮民爲之隕涕、願以餘年不廢嬰兒之戲、詎知今日早爲無母之人、然或細細爐烟、曾親湯藥、望望厠牏、屢奉中帬、則罔極深恩、猶可略酬涓滴、終天永恨、尚或稍謝劬勞、而云也行負神明、禍延先妣、幾逢二豎無端、而遽入膏肓、久感七情、乘虛而交攻肺腑、百身莫贖、縱嘔阮血以奚庸、一七弗親、徒望梁雲

純用虛字運掉、是歸公以古文爲時文法

依歸草二刻 卷下 三十 海陵叢刻 第八種

而欲絕、罪孽至此、視息何爲、蓋先妣黃太孺人者、系出清華、性本婉嫕、當未出閣之始、念王父多忌而難生、即能借箸以籌、與家人深思而慮遠、顧相攸莫如韓樂、亦擇壻欲比衞清、乃歸嚴君、逮事祖妣崔家王母、頻叨湩乳之情、鄭氏賢媛、不避踰垣之暴、姑曰是善事我、人言此克宜家、慈儉不敢先、符老氏之三寶、貞吉無攸遂、協家人之二爻、詎向皋廡賃舂、相莊多擬梁婦、倘遲鹿門採藥、偕隱早

羨龐公以至寤寐憂勤視明星於夜夜抑且有無黽勉御旨畜以年年備歷艱難生雲兄弟青燈命卷即殘夜尚續其膏綠雨侵牕至漂麥猶嗔其顧援衣而勤刀尺自出機杼當食而話農桑使知作苦雖貧兒無狀依然負米之風而賢母有言惟聞以善之養陳遵投轄要知後閣還窮茅容割雞翻爲留賓故設此雲等感與慚并曾無捧檄之期夢繞膝前恐有絕裾之慟也頃爲雀鼠之交制屢走

風雨於二陵當賤子躡屩入郡之秋記先妣執手臨歧之屬歸與何日無爲終訟之八行矣遄征速慰倚閭之望斯言在耳去日無多嗚呼豈知慶卿（微事）未還之日早白衣冠仲孺有服之時猶爭田竇也（至此幾與其年不異）乎奔馳已後凄其望里之呼奮飛不前慘絕離家之客無母何恃真同天翻地覆之情至慟無聲不盡石爛海枯之恨望黃泉而不見緊我獨無撫女手之卷然問天何酷伏希仁者俯愍先慈苦罹百憂壓得中壽倘聖善無聞於後即不孝上通於天慨錫琬瑶用光泉壤則跼天蹐地無能答此恩私鏤骨摧肝不足鳴斯哀感者矣無任瀝血有甚懸旌

運腕靈徵事切臣不能爲四六故是高才諛語

吳濬寧

殿試策 辛丑四月初二日太和殿召對

臣對臣聞帝王之怙冒萬邦而綿曆萬年也必有端拱垂裳之度而以人立政大小恪恭在位然後無爲而治於以奠百代之苞桑必有赫聲濯靈之威而居重馭輕中外幾務悉康然後久道可成用以躋四方於仁壽起視一時之臣節爭相砥於無黨無偏而忘家忘私無在非翼爲明聽之彥環顧一時之邊防交相厲爲足兵足食而公爾國爾無

往非熊羆朱虎之儔蓋上有耄期不倦之實心則大僚庶采胥洞鑒於臨朝淵默之內所謂天不言而歲功成也上有健行不息之實政則青海流沙胥歸誠於深宮劼毖之年所謂文覃敷而遠人服也聖主知其然故與二三大臣蚤夜講明所以用人出治固本寧邦之道以腹心任密勿以爪牙任封疆寄撫字於臣鄰示羈縻於荒服而其時臣工莫不奉宵旰之思竭匡襄之力故能不下階序而

四○詩○函○蓋○詞○約○肯○遠○

化馳若神而非漢唐以後緣飾苟且之治之所可幾也欽惟皇帝陛下泰運綏猷乾元壽世靈長有道備百福而協應升恆保合太和綜三才而成能參兩性安之謂聖金聲玉振接堯舜姬孔之統而作君作師鼓舞以盡神風動日暄極覆載照臨之區而同文同軌固已麟麟炳炳家遵令甲以無忽蕩蕩巍巍士頌成功而莫罄矣乃聖德淵沖疇咨益切廣資獻納下及芻蕘進臣等於廷而策之以

公忠體國保舉得人核邊屯而戢戰卒之大計臣之愚陋非有宣猷贊化牧守疆圉之寄何敢以未試之學侈談當世之務顧幸蒙涵濡之澤久矣常恨不得一吐其所欲言茲仰承清問其又可不直抒胸臆以效愚者之一得乎伏讀制策有曰人臣必能公忠自矢表裏如一乃不愧心膂股肱一體之誼而深戒欺妄私僞心術隱微之害大哉王言此誠萬世久安長治之所由裕也從來罔上行私之

人、其跡皆託於公忠而心常鄰於比匪、而詈謗不撓之士其跡似涉於朋黨、而心共發於諄誠惟在明睿之主、有以燭其隱而辨其微、其或言之未當而意之無他、則亦寬以法綱而不塞其忠諫之路此我皇上所爲諄諄以精白乃忱靖共爾位望之諸臣、而諸臣益相勉於粹然無私凛然不欺之行則不爲聖世之所賤矣夫公忠自矢何代無之上有堯舜之君斯下有臯夔之佐又有蚤失檢而圖

晚蓋者矣聖人在上常以君子長者待人而不絶

轉換不測古文神境

人於不肖天之生才無盡猶有伏處畎畝懷貞履潔以待上之求者要亦非多讀書窮理之君子不足與於斯也伏讀制策又曰國家需人維亟屢申保舉之法而援引私交徇情請託何由而推賢讓能爲朝廷收任使之實效此任官惟賢之盛心也夫薦賢義主於公而或者以情面徇私交或者以刺謬累舉主雖曰內而九卿外而督撫提鎮未嘗

不同、而賄賂彰聞、皁白淆亂、則在外者爲尤甚、其弊亦起於近代避嫌太深處分過重而不爲人才惜也古者觀人於類而立賢無方舉子舉臣舉讎此觀人於類也舉御舉越石舉管庫此立賢無方也若避嫌當深則祁奚不得舉其子貞惠不得舉其臣而無以盡知人之明若處分當嚴則四岳皆無辭於薦鯀之誅而諸葛亮且爲舉馬謖而受過矣夫所知不得舉而舉所不知則賢者不免寄耳

目於人不肖者乃至受金錢於暮夜史稱亮能盡時人之器用而暗於舉謖、趙普頗遺四方賂遺而又能補牘執奏則推賢讓能之事果未易任也伏讀制策又曰屯田以備粟量敘効力種地人員以獎成勞而興屯利然冒濫不少欲講於核實澄清之要此又籌邊養兵之盛心也夫冒濫之弊無事蔑有而何獨以患屯田大約治法多而治人少其要在鉤稽成數不以新屯混舊屯不以民屯冒軍

屯經界井牧槪有條理不過一二艮監司辦之耳而
當日趙充國上便宜十二事諸葛亮使兵民雜種
渭水之間其艮法美意可以復行於今日者或猶
當師其意而通變之夫亮與充國立意不同而與（句中有句）
屯則一今欲兵食皆足必無過於與屯之利者第
恐猶不能不煩司農之仰屋也伏讀制策又曰兵
者不得已而用之何道而使士卒斂戢而無驕悍
之心持重而養敵愾之威此又我皇上戢兵養民

柔綏邊方之至計也夫將兵者在於將領而御將
者在於聖心爲將者狃於戰勝則兵必志盈矣爲
將者忽於凱旋則兵亦意逸矣司馬之治兵也能
使婦人來如處女去如脫兔而矧其爲今之敵愾（入得不覺）
者乎且人情憚於赴敵而樂於凱旋則還卒之情
有詩人所不能傳而入我皇上之寤寐者矣今藏
地克平永清沙漠深入不毛犁庭繫頸皆非將帥（此等誰不知之誰不當言之然而誰能言之）
所難第不知得其地果足以爲守得其人果足以

爲用由是思之則膚功旣奏之後恐更有不能不
仰勞聖慮者也夫禦外之術得其道則鳥馴而獸（要語不煩此所謂仁
擾不得其道則生事而啟釁以皇上之知勇天錫（人之言也）
豈不足於御將戢兵而以驕悍爲患毋亦策及於
此而意有不盡於此者乎則邊臣有所不能窺而
盈庭有所不能贊者矣總之皇上惟以爲天下得
人爲心惟以致海內乂安爲貴故奇尤異敏皆所
夢卜而求而第恐臣節之有未砥侯甸要荒皆所綢

繆而計而惟恐封疆之有未修是以咨儆彌切於
永清兢業倍勤於大定任人則逸道在聯 廣爲
一體而懸韜設鐸使拾遺補闕必無面諛而退有
後言足民則强道在視絕域如一家而舞羽櫜弓
使遠至邇安盡奉朝章而永無攜志聖神文武向
後益厭夫推崇符瑞禎祥從玆總絕於言議治安
可保不舉塞上之烽清晏長逢滿放田間之犢生
民未有至德難名我國家萬年無疆之曆積諸此

矣、臣草茅新進、罔識忌諱、干冒宸嚴、不勝戰慄隕越之至、臣謹對

係對詳明、識力筆力膽力皆高出一切、世人豔稱董賈、得吾艮御、不得專美於前矣 何雨民師

會試第一問 辛丑二月十五日

道之統緒、匪難明也、溯流窮源、其略亦可得而言也、第恐信之不篤、使陽儒陰釋之學深中乎其心、(擒賊先擒王)而洪水猛獸之誣惑誤乎來學、則日中必昃、爲可憂、而薪傳將絶、有動有心之咨嗟太息而莫可如何者矣、執事以有宋五子與孔廟四配、爲皆得統於師道、此亦統緒之無可疑者、然稍疑朱子學庸兩序、孟註終篇、獨以二程接孟子之統、而不及周子、由程子五傳而至朱子、其淵源至爲明曉、而朱子不能無疑於師說、愚雖不學、固粗聞其概矣、周子以太極圖說手授二程、可以知濂洛相傳之心法、而程子言天理二字、乃是自家體貼出來、其因材造就、亦似較濂溪爲平實易曉、延平教學者靜坐中看喜怒哀樂未發氣象、朱子答楊道夫書以爲此乃舊時著語稍過、而延平之充養完粹□□□於稱歎也、故溯流以窮源、則朱子之師承由□

□□□龜山而逆泝以至河南猶河南之受學於□□□其源皆不可沒也若明其統則朱子且祧二程□□接孟子然則序注之不及濂溪與洛閩淵源延平答問諸書中之往復辨難其又可以統有所歸而致疑於離合進退之間乎文王之見知舉望散而不及周召孔子之見知舍顏曾子思不道而任之一己豈可以是爲孟子咎又豈可以是遂不足於周召顏曾子思也夫道統難合而易分由孟子迄宋所謂不妨千年架漏者也中間如毛鄭孔馬杜王孫胡諸儒皆有功於傳註而於道甚疎僅僅一漢之董仲舒唐之韓愈能窺見道之大原而亦不能與於斯統又何怪程朱之後源遠而流益分也哉朱子之徒首推黃蔡元定書傳命之考亭勉齋之語類經朱子手定皆可俟諸百世者我皇上既合君師之任於一身因升朱子於十哲之次使承學者知所信從宜乎海內之士蒸蒸向風（功○令○在○此○）

矣然而陽儒陰釋之徒常晝伏而夜動是以草野私憂過計深有見於陸王之說不息而考亭之道終不著者然則摧陷廓清不於當宁之望而誰望歟（而○去○習○在○彼○真○可○怪○歎○）

明目張膽不肯含糊是非想見平生擔荷張儀封座師

會試第二問辛丑二月十五日

三代以上之天與季世異其休徵美應施於有德如鑑隨形不爽豪芒故人君亦樂以祈天永命責報於穆之表溯文武以前安樂壽考其爲數皆可考而知也然三皇之世既書契之未興五帝以來復紀載之互異所謂天皇氏兄弟各受命一萬八千歲及羲農軒昊其即位之久近皆以意約略傳之雖起一行於今日恐亦未能取諸史而一一

分別其得失也即如舜年百有十歲此史之最信而有徵者而博物之昌黎乃言帝舜及禹年皆百歲穆王在位五十五年呂刑稱其享國百年昌黎仍之以享年爲享國書史傳誤如此不可勝詰也召誥一篇拳拳於歷年之久近以敬德爲延年之本其言與假樂洪範相爲表裏顧其一時老臣豈不能博徵三五廣驗天人而沾沾於三宗先公其爲數似未侈而其理乃至於今爲不可易後之人

無吏可以推廣之者天保之詩雖本忠愛之誠而川至日升已開後世臣子貢諛之漸然萬壽無疆之祝既屢見於詩歌竊嘗反覆其辭卒與召誥之旨不異七月之義不過使民有以相生相養江漢之義不過欲其君之矢文德而毋極意於武功然則舜之格有苗禹之戮防風高宗之平鬼方穆王之諫征荒服宣王之薄伐玁狁其皆能得養壽命之原而漢武帝在位不過五十四年毋亦當時在

廷推廣誤及於長生服餌而所以祈天永命者猶有缺也我皇上御極六十年於茲鴻禧寶祚綿於無窮蓋四千年所未有之盛爲獨際乎皇古一定之天固非愚所能仰窺其萬一然竊念皇上郊祀必躬親則所以敬天者至矣山陵必躬謁則所以奉先者至矣表章六籍日相尋於東梨則所以興學者至矣興發補助歲耗天庾則所以撫民者至矣芻糗以蒔士騰馬飽則所以養軍者至矣海隅

日出輯瑞貢琛則所以柔遠人者至矣尊號不受謙尊而光則所以立君極者又至矣所謂俾爾戩穀罄無不宜永錫爾極時萬時億者而又濟之以神武不殺則所以介純嘏之錫而成億萬世之丕圖者或在此敢以獻之黼扆

推廣入微非一味頌禱可比李臨川座師

會試第三問 辛丑二月十五日

蓋孔子晚而學易而後人欲童而習之其亦不自量其無知以蔑經而侮聖也夫易之爲書雖起於象數而廣大精微無所不備今將由之以寡過則莫要於觀其辭而玩其占以求比於朱子之本義而輔嗣王弼以後議論繁興雖以伊川之探幽極微而朱子猶不敢以爲是然則易簡之理從可識矣夫伏羲文王周公孔子以四聖人之心而言之各成其爲易由是言之果不在於多言也上下經卦數多寡不均朱子以卦之正對反對互觀之正對止成一卦反對遂成兩卦合正與反總爲三十六卦上下經各十八卦爲數未嘗不均其法以上經之乾坤大過頤坎離下經之中孚小過共八卦爲正對而以上經屯蒙及下經咸恒以下共二十八卦爲反對取乾坤以下正對之六卦合屯蒙以下反對之十二卦取中孚小過正對之二卦合咸

恒以下反對之十六卦正觀之止成一卦所謂三十六宮都是春也取三十六卦中之反對者合正對之數而互觀之上經之屯蒙以下下經之咸恒以下一卦遂成兩卦所謂三十二分爲六十四卦者尤見法象自然之妙也其略蓋如此學之者固不可廢伊川之理而尤不可先失堯夫之意蓋易之本起於象數伊川雖不謂然而朱子以爲易之緣起止是如此故觀其詞而玩其占可以明乎吉

凶消長之理進退存亡之道九卦以反覆而愈明四片以加倍而益見是則希夷堯夫之易爲洩造化之秘而朱子取之以爲有當於神明默成之道者也而後人猶欲於本義之外自生障隔不幾如燭籠之多骨愈掩光明也哉至於序卦雜卦二傳歐陽永叔因序占反對難通或疑序卦非聖人之意此與歸熙甫不信河圖之意略同有非淺學所敢置喙者若欲窺聖學之高深得二卦之明義劉以俟中秘之賜書豈目前所能引伸觸類以塞執事之明問者哉

此義不甚分曉闈中識翰撰鄧君東長竊其緒論綴以舊聞只成隔壁聽也存之以志吾愧自注

會試第四問　辛丑二月十五日

從來有治人無治法、方其俗之汙也、雖闢門之詔日下於人間、董正治官之言日陳於當宁、而不能保其登進之惟賢、時之清也、雖沿科目銓注之陋、而得人未嘗不盛、由隋唐以來、銓曹科目之所進、其人才亦約略可指數矣、然而科目之中、幾見志不在溫飽者乎、銓注之中、幾見有不逐隊行者乎、蓋其孰得孰失、亦有可得而言者、堯舜在上、明四目、達四聰、一時岳牧皆聖人之徒、故疇咨亮采、極千古之盛、雖四凶未即放流、而人不以病堯與岳者、諒其心也、周公用管蔡、而人不以為周公過者、亦諒其心也、而其法莫詳於司徒所載、必得三物六行者而賓興之、故一時之人爭自濯磨以奮於功名之路、孟子所謂修其天爵而人爵從之者、後世則專試以言矣、詩賦既皆聲韻之學、浮薄而不足觀、射策八股之文、亦皆紙上空言而不足施於

行事、故有識之士、慨然致歎於鄉舉里選之必當復、非無謂也、我朝黜陟大典、內任之九卿、外寄之督撫、公聽並觀、何遽不如咨岳詢牧之意、而奉行者多未盡善、蓋皇上以古之岳牧視今之督撫、而不知人心之非古若也、宋太祖於受絹者則賜絹以愧其心、而至於中令之補牘、執奏則再三而不以為忤、今之封疆大吏、第與朝廷各除其所欲除之吏而已、守令之由行取也、吏部不能核其臧否、河員之由咨送也、工部不能稽其賢不肖、營私植黨之類、日有見聞、何以澄官方而收撫字之效乎、抑愚聞之、表端則影正、謀國者不亟亟以捐納為說、則所銓皆異尤、而不識字之富商大賈無所售其金錢矣、不惜隆恩異數、以逮肺腑之臣、則所揚皆側陋、而任子不必爭起家於科目矣、伸直言敢諫之氣、不使姦回讒諂得以操其短長、凜憂盛危明之心、不使宮妾宦官得以熒其視聽、是在聖明

加之意而已。

此篇收場與第二問中幅大有陸敬輿奏議及朱公掞上殿之意　夏曉堂師

會試第五問　辛丑二月十五日

六經而下文之重於天下也尚矣、顧其源流正變、隨時盛衰、如天地之有晦明、草木之有榮悴、山川之有童峙竭流、有不可混而同者、其功至於佐佑六經、爲名教之干城、而其敝也亦至於生心害政、爲孔孟之蟊賊、不可溺於文辭而不講其是非也、執事乃舉宋元明三朝之文人而折中之、夫北宋人皆知有歐蘇曾王、南宋人皆知有尤楊范陸、蒙古人皆知有虞揭黃柳、前明人皆知有宋楊李歸、此於三朝文人亦可云得其要領矣、然數家之中、別其稱祖者何人、繼別者何人、似續者何人、非種亂宗者何人、必奉其祖宗以考其似續、而非種者鋤而去之、乃爲不謬於聖人之道、否則所見若辭章之微、而所係者人心風俗之大、此不可不審也、論者徒知以文論文耳、而不知以道論文、以道論文則歐曾爲功首、而蘇王爲罪魁、虞揭宋歸其有功者而嘉靖七子以下又罪中之罪者矣夫北宋四家之文可謂勍敵矣而蘇王畔經侮聖即以文論亦覇狙之習深而溫厚和平之致少其說屢見於程門高弟之刺譏不待朱子辭而闢之也朱子雖不以文重而英華天縱其淵源亦本於南豐其餘南渡諸家皆渢渢大雅之音也而一飯不能忘君者舍劍南吾誰與歸歟又其寄題朱子武彝精舍句曰有方爲汝換凡骨來讀晦庵新著書其識

趣高於盲翁百倍文山正氣一歌足與天地相終始此又豈止以文重者伯生復初皆以宋室遺民寄情翰墨而使潛溪得其薪傳者黃柳之烈也東里西涯繼潛溪而簪筆亦足潤色鴻業而皆讓歸公爲弁冕錢虞山稱其視介甫子由但有過之無不及者今讀震川全集可謂之不能復古乎自是濟南北地竟陵雲間之徒分路揚鑣拾秦漢齊梁之唾餘以篝鼓天下窮鄉晚進之士從風而靡賴東鄉艾千子奮臂一呼而後天下瞿然復知有儒者古文之學其說以歐陽爲史遷之嫡子而震川爲歐陽之高足亓儒子一編可稱狂瀾一砥矣其相與琢磨者如文止大士茂先士業澹餘皆一時豪傑之士故古文之學振於西江八十年來無有敵其響者聖人在上觀乎人文以化成天下必有非常之才繼東鄉而起者愚拭目以觀其制作之盛矣

此篇以翻駁主司策問爲總裁所賞詳本房總批茲不復贅自注

會試五判辛丑二月十二日

同僚爲友道原取於協恭庶職必親義尤防夫越俎故丞即例不可否判豈假諸他人相雖主决疑難案寧侵夫署尾今某本非僉議竟託和衷類孟德之捉刀猶可説也聽子皮之借面詎可行乎彼既侵官宜有常憲同僚代判署文案

心存儉約取者固戒其苛物有常經造之亦懲其妄故利賴不廢於神明之後而朱陽乃奉爲公子

之褒今某罔念明章敢奸成法當盈者絀偏使後世有以加宜樸者華動爲天下斂其怨爾既蹈夫三尺我豈有以五刑器用絹布不如法

化行南國第瞻棠樹生前德感行間或表峴山身後故孰殺孰嗣公道久而彌彰傳信傳疑僉論偏而罕暢今某見居職任輒獵浮聲用南面爲釣譽之區植豐碑於古道借官場爲希進之術留口實於行人相習爲欺世盜名合磨以礱沙大石見任官輒自立碑

太平之世本無久役之宮功經始之民詎有難休之物力敢奉命而出深感當宁之仁而潛身以留自干司敗之罰今某已離業次竊奉宸遊若竊原廟之鉤罪已煩於擬議設塗豫生之廁跡奚免於朝章往即爾刑自貽伊戚宮殿造作罷不出

朝廷立法不因貴戚而隳臣下奉公敢以袒護而廢故朱公在楚赦不逮於中男衛侯爲因刖已施

於鍼士今某既干獄訟曲庇家人無如我何竟弁髦夫國憲薄言往愬恐逢怒於秋官科及其身疚無所逭官吏詞訟家人訴

六十年時憲曆頒行賀表辛丑二月十二日
伏以德冠百王通古今而獨貞其元會曆綿千歲、
極高遠而上引夫星辰照本離明寅乃命爲平秩、
體符乾健底庶績於蠶熙普天傳一甲子之編率
土奉大春王之朔慶流典冊喜溢臣鄰臣等誠懽
誠忭稽首頓首上言竊惟混沌循蜚之上總荒遠
以難稽冈提疏仡以前盡夸誕而鮮實所以昌黎
封事獨表軒轅以來粵稽帝代賡歌斷自勳華而

後定八時以敬授答昊惟欽積久道以化成頌言
多壽堯百二而舜百一不貽既耄之譏文九七而
武九三類有繁祉之介其間殷湯亦年百歲厥後
穆滿在位百年三正遞嬗稱壽考者約略如斯五
行接推號靈長者難更僕數論臣子忠愛之忱盡
行虎拜以何疑即野人頌禱之誠每奉兕觥而不
倦天真可保辭不盡於九如山亦能呼願豈奢於
萬歲然而壽以觀德武丁太戊八猶未慊於懷曆

以傳賢粲武明神天若誤紂其算神龍麟德虛傳
晷刻之書天寶開元浪有大衍之製從未有氣和
萬彙立霄堮以成能道貫三才準中西而作憲如
今日者也茲蓋伏遇皇帝陛下質本金相功深玉
几仁育義正蘊涵五德之粹精秋肅春溫斟酌四
時之元氣聲爲律身爲度垂衣裳者已六十年行
可法言可師祠春秋者徧千萬國命以凝而愈固
福以召而來崇用咸五而登三業光前而裕後原

貞元之迭運德本當陽值花甲之回旋物仍資始
爰自孟冬之朔恭行頒曆之儀節届司寒日逢乾
玉靄雲尚繞隆照橫空曆數綿長儼珠聯而璧合
璇圖悠久亦蔀首而閏餘數去干支似核成湯之
裔生來爻象如拔太極之圖賜之百僚賀壽世壽
身之有永傳諸絕域羨卜年卜世之全昌何況巍
巍福祚長此安窮炯炯光華昭於何底此殆開天
所僅覯抑亦巧曆所難推者也臣等學昧管窺情

深華祝非洪劉之差算未暇考乾象而驗天官有王勃之精思竊敢論成數而推土德幸際舒長化日惟知歌咏太平伏願禹鼎恒安堯蓂益茂葭管應候復其見天地之心鳳凰紀官煥乎有文章之盛將見人皇四萬五千六百歲不過開天既有之奇姬籙八百七十有三年亦非極盛難繼之業矣臣等無任瞻天仰聖踴躍懽忭之至謹奉表稱賀以聞

四六殊非當行座主圈點如此磨勘之日聞以清出爲成絅齋先生所善存之 自注

初入翰苑記

符驤以康熙辛丑成進士年已五十有八矣其年夏四月三日壬辰上策貢士於太和殿賜克食頒一日辛卯就南豐湯編修倓宿稍稍從編修遊翰林院院在東長安門東北向院外積沙數尺不去或曰去之凶稍入得二碑一没字一故明掌院學士題名始於陶安朱升後磨滅多不可辨識循階而上有堂三楹扁曰道德仁藝則巍巍宸翰也制曰朱子四齋銘曰志道據德依仁遊藝朕取其言正理淵深讀書正學之本故書此以示警勉之意而故尚書韓公菼頌其後曰大書特書天文發蒙字炳爻象經義昭融警覺提撕振古洪鐘聖德渾全藝事旁通乾體日彊筆健飛龍得心運手元氣化工壬午五月五日也今會試首題爲據於德三刻珓與扁合堂左右廡所以居庶吉士者今半就圯從右廡入有殿元廳編修小葺之課徒其中從

左廡入爲土地祠、祠昌黎韓公堂後一楹、扁曰玉署延英、左典籍廳、舊爲綠陰亭者、樹已蔸然圍近二十尺、右檔案所貯、延英之後三楹、扁曰丹地深嚴、二扁相向立、皆萬曆戊申置、又二屏在延英者、曰整齊嚴肅、在丹地者曰中正和平、二屏相背立、與丹地對峙者曰敬一亭、明世宗定大禮後所以建、首輔張孚敬碑記可考、稍西爲至聖廟、廟内古松近萎、南則五雲多處、後來者可葺以居、東爲掌

院、教習吉士之地、貯書籍印信、堂相向者各三楹、穴其中爲池、時有紅魚出沒、以餅餌投之、即爭蝕唼呷有聲、後一小楹、刻石曰成樂軒、書之者松谿子、前輩推其年、當爲分宜嚴嵩、人爭唾之、嗚呼、可唾者獨嵩乎、唾嵩者又能不爲嵩乎、越三日乙未傳臚、賜鄧鍾岳吳文煥程元章等進士及第有差、而符驪以不當言事過激、抑置三甲三十四名、或尤符驪何必爾、則謹謝之曰、符驪老矣、豈能復入

天子之庭乎、符驪十七年前、常感激草便宜十二事不果上、今上召試、豈宜一無所建白、雖日上以名求、然下以實應、禮也、即被斥、固不恨、然對策頗爲人所傳誦、十有一日辛丑、召見澹寧居、上雅重老成績學之士、符驪得與吉士之選、符驪初謁上於江寧、再謁上於揚州、三謁上於京師、及此而四矣、符驪敢鄉貫舉、稍言前在揚州塔灣進迎鑾詩十二章、上頷之、前明館課嚴密、中葉託故以去、無

肯鬱鬱居於此者、是以前人有綠陰亭下檢醫書之句、然選額至隘、如常州唐公順之、吾郡儲公巏、先公文不如今之解元會元例得入選、凡與玆選者雖至爲庸鄙陋劣、皆優遊養望、不數年而入綸扉、然後歎羅公倫指斥宮妾宦官及本朝韓公菼請撤藩兵、皆朝陽鳴鳳、不可多得、而以符驪愚陋妄欲追蹤後塵、宜其方舉步而即躓也、然符驪雖最爲無知、而時有弋獲、猶憶丁亥迎鑾曲中一請

捐四十七年地丁一請備草澤潛謀不軌其年蘇州逆謀竊發而皇恩竟免江南來歲正供未出野人思議之外今年會場五策言尊號不受西師當撤亦徵與聖意脗合而深惜天顏咫尺對策之被格於外庭也翊日壬寅賜頂帽銀五兩於午門外十有五日乙巳從鍾岳等在院望闕拜表謝恩又五日庚戌至院分書符驥與馮拭黃秀吳敵昆等例以老得不習國書五月十二日壬申上以掌院事工尚書徐公吏侍郎湯公教習庶吉士徐公于役未歸丁丑同館挾冊謁湯公於教習廳館師循例批十七日三字於簡首白髮鬖鬖與兒時入學境象不異四顧諸公可共發一笑也是日戶部例給坊銀三十兩竊按館規朝廷待館師之禮亦委曲繁重矣其制中堂先拜館師者二次吉士拜館師者四次館師謝拜中堂者二次吉士謝拜中堂者四次於衙門先輩及主考本房座主無不拜然

後中堂舉館師酒次館師回中堂酒次吉士奉館師酒次吉士奉中堂酒次吉士請衙門先輩奉酒衙門先輩辭次中堂回吉士酒次館師回吉士酒吉士辭然後中堂及衙門先輩致賀吉士然後吉士復舉酒安席中堂與正卿上坐亞卿學士宮坊俱下坐講讀史官旁坐次日吉士詣中堂謝尋詣館師院長及諸公謝其禮文如此進反疏數莫不有義所以敬隆師傅而摩厲人材爲朝廷竟養士之局今中堂不來院中一切登拜獻酬之節俱廢而館師亦不甚以節目望之吉士符驥又聞順治辛丑以前師弟子初見例用致語今并此而去之百務日趨於簡而吉士遂不足重然則後之吉士宜如何自重其身爲衙門體統惜爲國家綱紀惜也因牽連書此呈同館諸公且使沂渭有聞焉辛丑五月望後三日戊寅庶吉士張符驤記

跋

吾鄉張艮御太史依歸草凡三刻其詳已見於退庵筆記中而傳本多殘闕次第又各不同欲求善本頗不易得近聞汪君希古言沈愚卿處有刻本甚完好因假得之其書十卷續二卷爲太史子沆所重梓蓋第三刻也余乃以他本審其篇次並以焦里堂先生叙並太史世系於是太史之文釐可言備矣夫古文一道成之難既成矣知之難知而能傳則尤難以太史之文初刻時年才三十三耳已卓卓可傳厥後翔步木天年幾大董所養益深所學益邃故其所自定稿幾百餘篇文亦益峻流之所刻又其精者也而世不甚傳豈非以呂氏之禍陳大始之序而因有以尼之耶今姑舍其一二可商之作其他篇固皆日光玉潔無可訾議其咏咀之愈出其神理殆由震川以追步廬陵南豐上接龍門而吾鄉二百年來曾未有能繼太史之學

爲太史之文以恢廓其門庭使等寧都之魏桐城之方方軌並駕者後生小子或且不知其姓字豈非重可太息者哉然則余之爲斯刻也固有所不得已也卷中批點皆當時知交名流能道太史爲文甘苦者悉仍其舊可謂度盡金鍼矣故不敢遽明人評點時文之譏而去之也民國十年辛酉十一月韓國鈞跋

跋

癸酉春在龍門書院婁縣沈約齋明經書案見有張氏依歸草二冊假之回館旋雜置叢書中去年秋乃得檢出重閱略悉此老結撰苦心雖俗句俗韻未能刊除殆盡而行文有首有尾理落脈通無拉雜堆垛之習艮由知取法震川故也其傳記碑志等作顯微闡幽尤有關於名教往者曾見儀徵劉恭甫購得刊本四冊校此鈔本尚多五分之二而此鈔有一二爲刊本所無者蓋彼本刊於雍正以後因其涉及石門呂氏而刪之非有脫遺也因倩同里江盋齋照錄一本原錄仍歸約齋藏之他日當假劉本補鈔成一完帙以備康熙間人著述之一案桐城敬孚甫蕭穆撰

甲申集　夢餘集

（清）俞梅撰

《甲申集》一卷《夢餘集》一卷，清俞梅撰，據泰州圖書館藏清稿本影印。

俞梅，字師嚴，一字太羹。清泰州人。康熙四十二年（一七〇三）成進士，授翰林院編修。聖祖南巡，特命梅充揚州詩局纂修官，分校《康熙字典》諸書。五十二年典試山西。孫嘉淦、王師等出其門。

《甲申集》内有多首詩作於甲申年（康熙四十三，一七〇四），即俞梅成進士次年，此爲集名由來。《夢餘集》内詩歌則作於乙酉年和戊子年，《淮海英靈集》丁集卷二收其詩四首，頗有代表性，如《舟次燕子磯》：『乍脱風濤險，維舟燕子磯。雲空山影瘦，潮長浪痕肥。狂客吟秋水，孤帆下夕暉。倚篷無限意，目斷雁南飛。』

（周　忠）

甲申集

海陽俞梅太美氏著

舟晚和肩山袁子韵

定、蒲帆拂曙行。半篙春水鴨頭輕。幾聲啼鳥驚殘夢。一派晴波浣俗情。對友忘形存故態。揮毫隨意恥浮名。倚舷共指垂楊路、曾此孤蓬記北征。

舟次雨後和肩山韻

雨收雲脚尚留痕。春水船高碧樹昏。殘照淬波明泮渚。新鶯擲柳靜孤村。乍晴乍陰天何意、如夢如醒客愴魂。敢惜飄零春易老、遂忘開慶且呼樽、

舟過杳阜寺恭嘻

宸翰紀事和肩山詩人韵

金田花雨散蔦蘿。碧樹幽森寶徑開。湧殿飛樓從地起。揮珠灑玉自天來。烟鬟繚繞含遙翠。鏡水空澄絕點埃。東海小臣欣拜仰。依稀身近五雲臺。

京江晚渡和肩山韵。

潮平風細、帆逐片雲輕。鉢出金山和尚舟、鐵甕城。廟堂惟耀德。江海久休兵。爲語邛須友。方今正某英。

前題和肩山韻

晴江橫匹練。六幅挂殘春。山色濃如掃。波光淡着皴。風歌消一擊、梓感頻、檢點遊仙夢。依稀記未真。

舟中讀溫飛卿集感賦

彈絲吹孔竟終身。不惜今人惜古人。蹟有清詞誇八叉。餓貽濁行笑千春。途時只合呼牛馬。落筆空能泣鬼神。白壁青蠅須自省。誰因才思怨庭筠。

舟中讀蘇文忠集感賦

淡持文字姜坡仙。元祐真成一代賢。兄弟只憐官兩地。君臣從不憾三遷。身存嶺海蒼涼地。心寄柴桑冷淡篇。眼世襟期誰得解、蔡銘恆記卯君傳。

同肩山眉山登慧山次肩山韵　古名九龍山

髻染青螺九點烟。森森古木翠烘天。尋幽勝地聯三友。消渴開亭品二泉。泛底風雲何浩浩。眼前燕雀自翩翩。

山靈有幸邀　淵鑑。石碣羣驚筆吐蓮。有御書品泉小額

贈丹陽令張行一。

一琴一鶴寸心赤、綰綬延令多偉績、百里得結金石交、直使陳雷媿膠漆、揚清移種夢溪花、化雨又施山水窟。我亦扶策遊京華、濫竽館閣叨恩澤、幾年離緒何蒼涼。燕雲江樹迷茫隔。回思舊歡不可續。每憶當年數晨夕。連騎時射雲中鵰。把酒長横花下笛。北海文章東山碁。更許兩心同一癖。何當从別數千里。三十六鱗阻消息。去年陟屺旬歸、閒居政聲重南國、龔黄舊德固足傳、卓魯新猷史可式、姓名指顧卜金甌、又看大庭列三戟、青史本爲賢牧榮、他日爲君欣珥筆、金玉切我飲食思、幾欲披雲覿顔色、一筆未遂秋風行。扁舟特踏春濤出。無限襟期不盡言。共上青山拾雲級。

贈許文蚤。

十載心交托許論。青蓮慕東記情真。棋枰幾對梨花月。文酒長酣燕子春。控海才原稱卓犖。贈山詩定遠風塵。年來冀北江南夢。不盡離懷語故人。

半塘過詩人黄儀逋墓作詩以弔次眉山韻二首

天涯孤塚水邊門。寂寞人間北海樽。三尺荒烟埋醉骨。萬山冷月照詩魂。芝仙非鬼余終信。欲殺能憐世莫論。獨惜孟光墳墓遠。隔江愁緑鎖眉痕。

蔓草如烟鎖墓門。玉樓有記博霞樽。名山已稱千秋志。遠水難招萬古魂。人世醉生可哭、天涯夢死何論。囊空四海餘詩債。應借重泉潑墨痕。

雨中同雲標齊雲集江舟次用義山咏柳韻

風濤迎雨怒難消、東舫西船水一條、遠望雲山迷鹿夢、聯吟兄弟愧蛙腰。頻彈短燭銘殘淚。欲挂長虹續斷橋。且倒玉樽澆磊塊。遊仙枕上夜迢迢。

舟中夜雨不寐拈雨字韻。

孤帆容易到天涯。水冷雲寒心惓雨。聽雨傷神彈點點。背燈憐影覺絲絲。幾何人壽常爲客。未免情痴動有詩。歸夢寥寥緣睡懶。過當愁味是俞兒。古味知者

可憐兒一首疊前韻。

零風剩雨思無涯一線長江實遠而不禁春衫紅染淚
怕教雲鬢白成絲飛來燕子愁中句記取梅花石上詩
杜牧三生原自夭銷魂情態可憐兒

和肩山述懷詩三疊前韻

桃花流水問津涯不是憐才豈好而拍斷紅牙歌白雪
滴殘舊雨泣新詩（綠）巫山是夢還非夢團扇成詩未當詩
莫謂寸心渾似鐵癡情尚剩一些兒

擬西崑體和斧雲韻。

索笑猶思對錦缸藍橋水漲渡無缸海枯不爛三生石
香炧空留半焰缸離緒千絲腸盡絜愁塵百斛力難扛
重衾幽夢何時續清淚如泉釀幾缸

容舟夜話同肩山眉山斧雲限字

沈宋風流散若烟挑燈清話透中邊埋愁人世原無地
行樂吾心自有天兎角龜毛徒說夢蛇神牛鬼總忘年
為歡冷淡惟今夕欲訂千秋只眼前

和斧雲雨舟晚望韻並倣其筆意

平原夢繡棣吳絲一枕酣甜晚覺遲片席挂風雄走馬
雙橈蕩雨細哦詩懶雲低臥疑埋日倦眼頻挼不辨時
綠鬢黄頭歌欸乃揶揄姑殺刺船兒

夏夜讌集姑蘇旅舍分韻得四豪

不是詩豪即酒豪而來詩酒屬吾曹同心同夢堅詩壘
孤館孤情濫酒槽詩可忘憂如瑞草酒能銷恨比靈桃
業詩廢酒兼今夕詩酒求仙調亦高

香江新月限字

滲滲金波水氣通半輪追日礦天中蛾眉淡染青山外
兎脚斜飛碧漢東盈手素光何瀲灧破雲纖影總微濛
推篷忽作乘槎想直欲尋源鑿太空

賦得浮世無如枕上閒同肩山斧雲限賦。

浮世無如枕上閒絕妝紙帳即蓬山千秋砥眼滄桑裡
萬事回頭烟霧間對面九疑真夢境遊心八極假人寰
何須絲竹誇高臥願列南柯小吏班

紅塵不到黑甜鄉，浮世無如枕上閒。真假何憑爭駭鹿，
雨雲到處是巫山。蝶魂栩栩同飄渺，蟻穴悠悠獨往還。
百日閑門成睡隱，十洲三島縱疏頑。
九曲羊腸萬疊山，雨雲變態有多般。餘生自笑年來誤，
浮世無如枕上閒。美睡豈同占六夢，高眠何用慎三關。
古今一樣邯鄲道，未遇仙緣便覺艱。
漫閒倦眼看塵寰，蝸角紛紛爭觸蠻。俯仰因時多跼蹐，
欠伸隨意任循環。澄懷不逞人前智，浮世無如枕上閒。
夢與梨花同爛熳，江郎彩筆幾曾還。
築築翀翀天不慳，遂遂栩栩百年閒。春食卧雨吳綾皺，
夏掌歌風蘄竹斑。秋夢尖蓉常對月，冬偎冰雪懶開關。
止遊都寄仙人石也非浮世無如枕上閒。

甲申初夏，舟次蕪臺，遇吉友張公亦從京口至，因
想舊歡，酒冷放棹時，依依昨日事，水窗盃酒，共
話疏懷，復出酒德詩索和，率筆八章，用誌一聚。

飲作長鯨吸浪聲，糟丘壘出醉鄉城。翩翩最愛張公子，
按戟猶能屈萬兵。
廿年常記酒邊迎，氣誼如君得重輕。誰謂次公狂不改，
一次醉眼更分明。
一飲何辭一百盃，催花鼓急響於雷。共誇豪興增千倍，
却爲他鄉至友來。
共醉如花卓女壚，百年金石重劉盧。臨行馬上如船上，
大白三浮興不輸。
金閶十里畫綿駒，翡翠成茵愛碧蕪。買得梨花春最好，
不妨重醉紫霞觴。
憶昔西湖湖上遊，碧筩清興近如何。輕舟記得當年事，
明月蓮花幾萬科。
花月雲岩喜並車，腰間應不惜銀魚。頻年別緒憑樽酒，
屈指從前數鳳書。
七賢六逸舊推尊，一論無功今尚存。自是醉中多妙理，
難爲醒者繫微言。

幽思廻文詩。

舟輕似葉雲山遠，淚染紅箋一寄郎。樓上獨眠愁夜永，
夢牽心曲九迴腸。

容思迴文詩二首

香魂夢裡風花落，冷月聰中容思愁。長短漏傳驚夜永，
淚垂雙眼望高樓。

裳衣濃淚紅燈剪，冷酒盃中容對愁。腸斷萬山青入夢，
漏闌長夜此停舟。

留別雲標斧雲兩弟和斧雲韻二首

痴雲低壓氣難扛，風雨孤舟冷照缸。幾夜清歡開纈眼，
他鄉離別前吟缸。行行入世卻如霧，去去連牀夢倚扛。
回首江濤聲漸遠，故園烟水穩漁矼。

如小義許寸心扛，破暗還憑一盞釭。促膝論心沉玉漏，
把盃邀月倒兕缸。掃天欲借箕迎帚，濡海難停筆似杠。
採得萬花隨手散，長江千頃化平矼。

雨中過虎丘和扃山韻

空濛山色更相宜，拂面斜風織雨絲。熱豔吳儂催返棹，
殊狂墨客笑臨池。閑鐘不醒人間夢，照眼驚看画裏詩。
喜見雲嵒真面目，賞心對此是芳時。

登靈崖山

萬重嵐翠合，石鼓振雲端。極目湖山小，飛身宇宙寬。
池流日月一，揄出林巒。黙坐琹臺上，天風入指彈。

遊吳下支硎天平華山五首步高丘公原韻

石室寒泉路，行行此暫停。松聲真似梵，山勢忽如硎。鶴
去孤雲白，崖陰積蘚青。支公棲隱處，巖戶晝長扃。

千尺濤飜雪，山中舊隱居。水雲原黯淡，竹木自扶疏。遊
屐非徒爾，尋詩喜宴如。古人不可見，日落起長歔。

曲逕遶花庵，千巖冷翠含。泉聲晴亦雨，樹影晝常嵐。春
茗酬朋侶，殘陽蚤放衙。公餘閒杖屐，常此縱幽探。（謂高丘公）

風雅多留贈，名山以更傳。泉聲千古沸，翠靄萬峰妍。石
壁參真像，天池植玉蓮。西來清淨地，隨意屢超遷。

宛轉橋邊石，留連落照間。人皆從志去，我尚待僧還。萬
笏觀山翠，孤舟自水灣。廿年兩經此，百歲幾朝閑。

湖口謁胥王廟和江從湘碑上韻

祠宇峙湖上孤忠弔伍公怒濤嘗齧岸老樹欲拏空仰髮千莖雪丹心萬古風沼吳終飲恨骨冷氣猶雄

登胥山望太湖用謝靈運湖中瞻眺韻。

朅來太湖口停橈上高峰舉步苦千盤曲折攀危松忽忽發天籟林壑何瓏瓏縱目渺無極傾耳疑懸淙群峰縹緲間望若塵外蹤源洞百川委別開天地容嵐光遠欲暝樹色羅丰茸高鳥摩白雲輕帆挂長風共屈三萬六銀濤浩重重對此發長嘯心境將毋同恍如遺世立然與造化通

登天平山用文恪先生元韻。

半生魂夢繞西山況復天平擅幽勝蔚然深秀覺心親蒼然奇崛起瞻敬萬笏林林拱一峰泉湧白雲清耳聽石屋谽谺天籟鳴石鐵懸空湖光映嶺紆磴曲闢龍門盤旋撐拄勢難定嵚崟奮武登其巔片石如雲天半橫俯瞰羣山四羅列拔奇挺秀逞妍靚日落風高難久居樹隱石嵌迷故徑十步一折出羊腸手披足躡盡餘勁輕身履險共攀揄安知好奇惟不傍危機竊怪世間愚坦懷獨羨山中聖滾滾撲面元規塵烟霞有癖好其正

登華山敬和

御製詩元韻

萬仞蓮華湧天池雨露深龍鱗松影茂玉乳石瘦侵幽谷鋪瑤草長林集瑞禽名山停　翠幄登眺豁靈襟

小華山和眉山韻。

幽森夾道萬株松翠柏青篁間數重嶺聳玉屏驚過鳥泉飛雲竇繞游龍蓮花幾見天池湧佛像依然石壁逢蒼秀西來無更好十山影裏一孤峯

和漁夫橫塘送別元韻

橫塘話別綫移舟山水情深不自由離思遠牽應有緒殘陽暫掛奈無鈎湖光瀲灩明漪瘀黛影迷茫暗鎖愁此去欲知遊樂否逍遥聊爾效莊周

和漁丈痴懶解嘲韻

世人愛我懶我愛世人痴痴懶各有癖人我兩不知非懶無痴趣惟痴多懶時天然痴與懶人我共相師

滄浪亭步商丘宋年伯元韻

文瀾滚滚如風漣寄情應愛滄浪邊江海之濤分一勺曲曲環抱同天然中有一亭存故址相傳幾至三百年積公愛此托遠心略添樹石招雲烟元規紅塵飛不入栖神甑志殊悠焉野服葛巾何洒洒名言達論俱便便作記遂入名山記嵩華泰岱同昭宣年復一年石骨古土花縷上青銅錢蒼松龍鱗結寒翠時有白鶴巢其巔辟疆園子不可並圖畫直足爭輞川林谷變遷本莫定忽空尺五春風天芳蹤一去莫為繼雨烟吹爛花頭椽厥後所守非一人烟霞有主主不專世事久遠易湮沒何望祠祀及豆籩荒榛大莽塞遺路忽得來者相周旋商丘先生愛名勝慨然特往山中船殘山剩水映眉宇啓衣不禁心淵延鳩工十載廓大觀重添樓閣光林泉携琴呼鶴時一往手籤玉軸充滿前澄心一片素若水文情書癖何須漪鐘鼎功績況本重伊吕勛德誇齊肩買絲競繡滿吳中共知公好非予偏為君和歌頌君德千秋風範憑君傳

初夏遊鄧尉諸山用劍南遊湖中諸山韻

香水沿好山空青搖舴艋採奇不憚僻造幽歷諸嶺圖畫洵天開四時换佳境高步雲峰巔湖光收萬頃洒然會心遠徘徊忘時永日落山猿嘯佳城人跡屏千林陰森古翠浮銅井靈風坦以至毛骨徹清冷遠波瞰遥峯修眉落鏡影雙目窮四照朗若晨星烱倦倚虎山橋烟霞歸管領得此常棲神何羡箕與潁

有山暮歸讀眉山詩人二絕字字在我意中亦復字字出我意表愛而和之亦不知我知眉兄眉兄知我也並録原倡於前

閒裏看山一日忙詩留石壁飯僧房千峰不挂斜陽住明月迎人出上方

自到青雲自不知看留題處近天維明朝縱返吳江棹夜夜西山夢裡詩

詩囊貯得小奚怜，竟日盤與遍翠巔，山色泉聲題未了
暮鐘隱隱又何方
十載青山托故知，重逢欲画想王維，殘陽莫笑徘徊久
除却林泉不要詩

別山一首和扃山韻

每到姑蘇逸興多，浮家常住水雲窩，歸程帆影斜霑雨
回首嵐光淡掃蛾，避俗避心良有以，遊仙清夢入無何
好山別後詩腸繫，遮莫千峰引睡魔

夜舟聽雨步扃山韻、

孤舟聽雨獨悲吟，暇轉車輪意悄深，落落生涯頻吊影
茫茫世態總寒心，蒼蠅大笑多同調，白雪高歌孰賞音
風逼一燈光欲死，殘更聲斷夜沉沉

飲惠泉酒和扃山韻、

雲根石竇一泓流，爭釀清泉糟作丘，入口尚餘山氣味
傳盃如見玉沉浮，雪乳澄壺底艷、香濤沸甕頭，痛飲
狂歌春滿腹，趣生疑掛釣詩鉤

歸舟過橫林道中同扃山眉山賦

浪跡江南梅已黃，輕風五兩送歸航，重重燕尾拖嘉穗
簇簇魚鱗剌嫩秧，山色迷離雲影亂，波光黯淡雨絲長
米家書画清流載，日日聯吟筆墨香

賦得古浮人間徹底痴、

炯海茫茫風浪吹，情深偏不合時宜，腸凝冰雪終難化
痴入膏肓尚欲醫，半世驚心春夢短，千秋掛眼夜眠遲
蠢沙莫笑非同調，占得人間徹底痴

夜閨廻文詩、

橫波眼角挽侵涼，睡懶偏愁清夜長，明月映幃孤瘦影
冷風驚骨怯殘粧，生憐可意君思我，死恨真心妾負郎
鳴雁一聲更寂寂，情痴好夢遠牽腸

夜舟聽雨步扃山韻

浮家四十日，屏翳苦爲魔，夢冷蒐迷蝶，心驚变化蛾，短
檠燈黯淡，長雷路蹉跎，入耳風濤壯，孤蓬可奈何

歸舟江上阻風感賦、

詩畫人情斷畫腸。天涯寬夢亦蒼涼。豺狼易向千山避。刀劍難從一咲防。自有短長分尺寸。誰因清濁咏滄浪。臨江不用燃犀照。如此風波轉泛常。

大清閒散人詩。爲袁子眉山作也。眉山曰。人以詩傳矣。余曰。詩以人傳矣。時陳子眉山在座。浮二大白相慶曰。人傳詩乎。詩傳人乎。一而二。二而一者也。飲此則吾與二君俱傳矣。因筆之以誌一時之韻事。

海濶天高著一身。形骸何淡亦何親。批風抹月皆無意。臨水登山不問津。看破乾坤都是假。放開心眼獨存真。清時却羨安清福。成就千秋閒散人。

贈陳子眉山叠前韻

含秀由來天地身。詩狂酒癖總堪親。閒情似水依林壑。豪氣如雲接漢津。濃寫鶯花俱雅素。醉摩蝌蚪亦淸真。眉山詩書識筆俱妙浮家日夕相酬唱。恍對羲皇以上人。

長命縷擬應制五言十二韻

景運天中會。朱明赤道長。敷榮豊萬物。占候極諸陽。開草傳佳節。簪花飾艷粧。鋪兵雙綵勝。續命五絲韁。霜繭裁龍布。冰綃剪鳳皇。榴爭紅綺簇。萱學翠眉裝。玉琢蟾蜍白。金鎔了鳥黃。臂纏蒲艾葉。腰貼並雄囊。骨秀淸無汗。羅輕午自涼。龍舟觀渡聚。梟鳥作羹嘗。符篆封神印。蒲樽薦廟堂。家開重午讌。戶祝萬年觴。

擬午日暢春苑觀競渡應制

上苑酬佳節。宸遊樂事饒。水嬉仙仗引。舟動彩雲摇。有浪都成鏡。無人不逐潮。蛟龍分小隊。金鼓迸輕橈。徐疾歌聲調。縱橫氣化驕。八門頻作勢。五色未相淆。雪浪千重湧。水花數里漂。九天親賜采。一路共爭標。廣樂開宮讌。雲璈頌聖朝。赤符迎瑞集。綵縷祝兵銷。蒲艾齊呈秀。葵榴各逞嬌。萬年全盛世。雄酒壽神堯。

雨中渡江

空濛天水合。一葉逐潮掀。雨淨山浮玉。風驚浪拜豚。飛雲迷遠岫。放眼失遙村。百感茫茫集。長江萬里昏。

家信至吳閶　家先生有宜陵觀渡之樂急命返
棹以圖承懽中途以雨賦詩祝晴
遊子勞勞膝下離隔江寬夢繞椿枝遥聞競渡來蘭槳
急掛歸帆侍玉卮欲借好風開暝色劇愁苦雨悞佳時
雙眸只盼紅輪湧爲祝羲和馭莫遲

和眉山贈別韻
酒盞棋枰相伴閒聯牀風雨渡江關歸舟頻檢詩中畫
惜別同尋夢裡山水石性情原冷淡烟雲文字盡癡頑
挑燈共訂千秋約猿鶴沙虫一瞬閒

夜泊廣陵
江風終沸耳又聽廣陵濤歸夢三更斷孤舟一桅高
分明月冷兩岸小厖嘷竊語憎童子殘宵寂寞熬

舟過茱萸灣喜晴用盃前祝晴韻
荒哇烟艸尚披離驚見殘陽碧樹枝人採翠蒲迎午瑞
村沽白酒辨雄卮沿途金鼓鬧飛渡遍野清平樂盛時
聞道高堂東雅興追隨惟悵一帆遲

燈船競渡紀遊和眉山韻
龍舟入夜復爭奇燈影波光共陸離金鼓管絃聽沸沸
家人父子對嬉嬉及時行樂情何適秉燭爲懽性本宜
突兀一聲飛瀑黑千桃搖碎碧漣漪

吳遊回里從兄簡心贈五言排律一章倚韻奉酬
浪跡輕千里揮毫滿百篇形骸聊免俗聲律敢爭妍白
雪慚同調青山許息肩扁舟歸海國遠夢繞湖天竊笑
余心拙須知君腹便清詞摩詰畫雅韻伯牙絃風月供
吟筆雲霞織彩箋閒情如止水幽意托啼鵑適性懷偏
好忘名思愈鮮千秋歌共賞五字妙難傳莫歎身睽隔
相期去渺綿唱酬消永夏長枕北窗眠

甲申初夏偕眉山眉山吳遊西月詩酒流連日夕
懽聚返棹歸里離索興悲追憶舊遊悄然而賦
用簡心兄吳遊回里贈詩韻
沉寥聽雨夜檢點贈山篇劇憶聯牀好爭誇闘句妍臥
雲舒醉眼出月聳吟肩處處保佳地時時領靜天甚遊

千里共醉唱一舟便不盡綢繆意空傷離別縱縱呼太
白酒漫賦衍波箋清夢疑爲蝶痴情欲化鵑自憐詩骨
瘦誰信筆花鮮秋水迢遙陽新詩次第傳軟紅塵碌碌
堅白質綿綿展轉悲離索幽齋任懶眠

同年湯鶴聞計偕北上和留別原韻四首

聞風悄雨妬年芳知已欣逢靜嘯堂丁字簾開吹少女
守文枕底認中郎此時如入衆香國他日何須七寶床
回首東華清夢冷軟紅十丈正茫茫

幾欲呼天一問之對君忽爾釋憂疑和風淡蕩花開早
苦雨連綿鳥語遲得失寸心人豈解文章千古命難司
祇憐唱罷驪歌去何處追尋紅葉詩

香透簾衣錦繡開燈光人面映瓊臺莫憐春色堂堂去
爲愛新聲得得來眼底燕鶯都究轉路傍桃李任栽培
當歌對酒休辭醉得意看花莫教回

頻斟別酒話離情莫與紅塵使倆爭聊爾聽歌消寂寞
仍當攬轡思澄清三春花月閒情懶萬里風雲壯志平
北別何須悲晼晚蕙風破眼到龍城

輓繆補山姻兄四首

問疾朝昏到寢房依依執手泪沾裳兩人龜訂千秋約
一病誰知十日亡才足濟川生未顯心堪誓水死猶芳
白雲卅載君何處長向東風哭夕陽

堪悲石火爛浮烟四十九年竟脫然攀手無言空幻想
正襟含笑謝塵緣一生忠厚承先志半世才華付後賢
君死路人咸感泣蓋棺論定始稱全

鷄壇牛耳賴司盟何意騎鯨返玉京骨冷肝腸知尚熱
魂亡氣節覺如生一時不朽人前智千古長留身後名
但惜懷才遺盛世傷哉大器晚無成

高卧東山傍白雲生平隱德我深聞恩聯九族居能讓
義薄千金券可焚爲友解紛情懇懇因親受過意慇慇
眼前多少欺心者他日泉臺難對君

琢玉齋詠珍珠蘭 一名魚子蘭

靜閒一室愛孤芳空谷何人鮮斷腸映日玲瓏舒嫩蕊

迎風旖旎散幽香，曆曆翠葉摇濃綠，夥夥珍珠綴淡黃。七喜酒闌人散後，尚餘蘭氣襲羅裳。

坐雨之作步家伯兄韵

蕭然岸幘倚書巢，不鮮人憐自鮮嘲。百丈閑雲徐出岫，一條古水豈藏蛟。胸襟在我明於雪，眼界由他細若筲。丁字簾飛斜雨入，輕風吹夢繞瓊茅。

二觀楼納凉同簡心兄肯堂弟限字二首、

素綆銀罌供井花，簾垂深院絶塵沙。新茶煎椀黄金蕋，香藕登盤碧玉芽。斷續虚窻數點雨，官私兩部幾聲蛙。封胡最艷風雲思，不愧才名重謝家。

狂吟潑墨染芭蕉，少女（徐）齊来不用招。觸熱那堪隨褦襶，尋凉偕此避塵囂。第兄經月何當閒，衡宇重闗未是遥。合北風荷香沁骨，幾時東興過溪橋。

夏夜耕雲樓待月、

近水楼高夜氣凉，明河瀉影落池塘。幾番孤咏憐心拙，對此變清覺意長。柳外桂輪纔一曲，城中更鼓已三商。

臨風擬作劉琨嘯，河鼓無聲望渺茫。

醉中吟、

霹靂轟愁便欲眠，醉鄉瀟洒慕高天。眼花閬世無青白，脚軟逢人失後先。陶隱一生盃底隱，謫仙千古酒中仙。掀髯大笑呼明月，妙理難爲醒者傳。

醉卧耕雲樓憶漁支六弟久客吴門未歸、

醉裡懷人念愈堅，款雲伴月不成眠。每憐獨試鸕鷀杓，劇憶聯吟書畫船。磊落閑情知混俗，詼諧奇句定驚天。何時準返吴江棹，共倚荷亭聽噪蟬。

題朱天成扇頭画紅梅松竹月

萬斛儲香色淺紅，恥隨桃杏鬭春風。蒼松翠竹堪爲侶，孤月昏昏冷淡中。

立秋前一日七夕和家伯兄韻同肩山兄簡心兄其武斧雲兩弟賦、

空中五色雲，墜地光油油。咄哉此何夕，疑泛太液舟。相傳羅綺節，弄影巧針浮。豈羽魚龍夜，而馬牛如秋。雖彼

漢女笑倚開襟樓，芳漸欲飛秋色。月光偸廣寒本
清虛，七寶焉可求。八萬三千戶，云何玉斧修。羿妻尙耐
冷，天孫豈風流。勞勞鴛鳥鵲，何如東翠蚪。天上佳期幻，
人間樂事幽。離合自今古，天人不相謀。心空了無着，神
仙遞一壽。試聽嵩山石，玉如杵聲愁。靈辰接蕭辰，爽籟
動清謳。天河化作酒，一鼓飮如牛。

七夕後一日立秋和家伯兄韻

爽氣西來逼斗牛，蕭晨猶見火雲流。金梭昨日投丁女，
玉律今朝屬蓐收。蟬露滿林生夜夜，桐風一枕度三秋。
涼侵肌骨悲蒲柳，珠雨空爲萬斛謀。

新秋十四夜月同肩山漁夫限字

一到黃昏便覺秋，白藏爽籟動高樓。金梧風剪聲如裂，
銀漢雲穿影若抽。或啞或鳴蟬飮露，非圓非缺月當頭。
清光照徹魚龍夜，螢焰零星點點愁。

七月十六夜月疊前韻

清規乍成廣寒秋，香霧霏霏十二樓。月阿乙如落塊月，
光秋一線兎毫抽。掃開玉馬風爲便，洗出銀盤露滿頭。
昨夜中元何皎潔，圓時偏引缺時愁。

辭月欲睡二絶和漁夫韻

玉壺光冷逼殘更，沆瀣浮香引睡情。枕上寸心誰可對，
金波流到夢中明。

癡兒欲化莊周蝶，愛玩清光故故停。來夕却愁雲雨暗，
望舒珍重語丁寧。

近字金酸子大兄作詩見贈即次原韻奉答

妄期謝豹獻金鑾，能雨重枝擬一團。縱道此時能止渴，
可知何日不含酸。香生齒吻空爭羨，寒薦千盤未見胖。
氷雪性情原自古，太羹亦任點微官。

獨遊城西荒苑

乘興過荒苑，幽清性所宜。到來人落落，坐對石奇奇。率
爾捐凡想，悠然發遠思。吟成猶未厭，日夕尙淹遲。

賦得幽棲自懶動同肩山漁夫疊韻

世上如棋動，誰甘性一壺。祇宜棲斗室，何用逐雞刀人

熱吾偏冷身閒心不勞紛紛嗤我懶懶極自成高
不作浮雲想何須損一毫雲腸喇似月花靨險於刀句
屋聚書逸紅塵鳥免勞閉門聊守拙敢曰好孤高

秋景一首和斧雲韻

金勁羣生漸息幾敗荷殘蓼未全稀疎林過雨鳴蜩靜
衰草含風病蝶飛雁青女自来砧杵急黄雲欲盡野田非
更憐蒲柳先零落只有桐枝待鳳歸

秋夜書懷同漁支限字

秋色一樓滿危欄夜獨凭繞堦螢熖散着草露華凝雲
破開金鏡河低轉玉繩漏驚懷舊淚風逼照愁燈地僻
幽情勝天空爽氣凌撫心如有愧閱世覺無能願化漆
園蝶羞為紙穴蠅畏人真似鬼好事不如僧狂放妻孥
笑孤高僮僕憎但懸三尺劍敢謂一條冰冷處頻舒目
閑中半曲肱浮生皆夢幻穩睡竟何曾

秋葵同眉山共武限字

冷艷圓葵更氣鍾莊分幢列影籠鬆傾心仍霽歸金盟

翠葉驚風化籜龍衛足劇憐成小智傾陽最羨寄高蹤
鵝黄淡染天然色開遍清秋少媚容

秋夜雨後聞蟋蟀和斧雲韻

宵清雨歇静書幃蟋蟀吟秋炎冷非壁隙啼風燈影暗
草根泣月露華稀幽人聒耳難成夢懶婦驚心未擣衣
徹夜啾啾尋不見朝来荒砌緑苔肥

甲申中秋三更作

冷逼銀蟾顥氣清平分秋色正三更（時是夜子秋分）光吞列宿
連天白影挾繁霜着地明織夜蛩吟聲斷續書空雁字
勢斜横何須一嘆兩孀後對此孤圓太瘦生

秋野和斧雲弟韻

凉入郊墟天改容蕭蕭落木影鬖鬆沙明可数雲邊雁
水冷難尋葉底蛩斜日昏昏沉古岸殘霞淡淡熊遥峰
牛羊欲下歸鴉噪幾處茅簷急暮舂

和漁支八月十七夜補中秋詩韻

中秋過雨久牛渚未題詩月色前宵好才華此會奇梯

雲人莫許竊藥事堪疑、圓少偏多缺、霜娥夜夜悲、

將之金陵歌筵留别漁夫弟疊補中秋詩韻

不盡西堂意、相逢便賭詩、樽前秋月淡。江上暮雲奇。分手情何限、聯床夢亦疑、涼宵歌究轉、無那曲中悲、

西堂讌集疊前韻

鸞簫如唤月。羯鼓似催詩。燈影層層艷。歌聲轉轉奇。當場人我幻。掉臂古今疑。夜永知秋老。難忘宋玉悲。

予大三弟即席限字索咏燭淚

沉沉譙鼓似秋雷、風過幽窗燭暈災、紅淚一條垂鳳脛、青烟幾縷散香臺、最憐欲燼流偏劇、直待成灰乾恰不若半輪天上月、清光無恙任徘徊、

秋夜放舟

年來常作客。忘却别離愁。槐夏綠歸第。橘春又放舟。夢醒百里外。月出五更頭。風颭凌晨驟。秋聲滿柁樓。

廣陵旅次别大兄渡江即疊贈詩元韻二首

聯床孤館夜、雁唳一聲秋。以我浩然歎。悵忍耐得愁浮

雲何着落、素念欲歸休、去去孤征客、變飛羨野鷗

去住何曾著、茲遊當暮秋、有詩。載遠夢。無酒破離愁。金工終自愧。舟車半卅休。勞勞渡揚子。羞見避舡鷗、

登江船口號、

十載重經此。江山尚宛然、呼來破浪艇。愁殺欲風天。山光迎曉日。秋色落空江。風力一帆健。飛潮送小艘。

余丁卯歲讀書繖山遺谷、閱今十有七載、江行遥望、感而賦此、

浪急舟輕焚櫓停。片帆天水劃空青。隔江亂岫藏雲影、對面孤峯露纖形。山似故人常入夢。心如遺谷自通靈。臨風凝睇悲塵俗、松韻泉聲何日聽。

舟次燕子磯、

乍脱風濤險。艤舟燕子磯。雲空山影瘦。潮長浪痕肥。狂客吟秋水。孤帆下夕暉。倚篷無限意。目斷雁南飛。

金陵舟次懷袁子眉山陳子眉山、

慣學雲將汗漫遊。荒江寂寞動離憂。春風共醉梨花酒。

春日同年遊與西月
秋水空淨桃葉舸，忽對好山思好句。每從清
夜憶清流。涼天如紙懸新月，愁聽驚濤齧石頭。

白門旅夜有懷諸昆弟
余年三十六九到石頭城，太息秋將老，相思雁幾聲。同
艤山水癖，暫冷弟兄情。的的殘燈暗，孤懷對月明。

旅夜懷肩山眉山
心苦肝酸念淡交，方知如水一如膠。秋風吹我來江上，
夜月懷人人枕坳。對酒孰能誇毋戰，子謂陳裁詩誰與辨
僧敲。子謂衣東潮早晚飛歸棹，冷醉閒吟任笑潮。

金陵懷古
可笑秦淮自在流，如何不洗六朝羞。下車誰弄桓伊笛，
艤月難尋孫楚樓。桃葉渡頭秋水冷，烏衣巷口暮烟浮。
江淹才盡非関夢，夢裡悲吟弔莫愁。

金陵旅夜奉懷家大人
膝下承懽心尚孩，幾年離思在燕臺。每憎金印誇蘇子，
惟羨斑衣舞老萊。畢世只求依父側，片帆無奈渡江
來。謝公墩伴荒涼夜，瑟瑟秋風吹夢回。

金陵承恩寺喜晤喬子介夫僧舍挑燈樽酒清話
用白樂天醉後狂言韻賦贈
有酒何愁客路貧，有詩足誇行囊殷。四海兄弟心知少，
和其光兮同其塵。更怪冰炭置胸臆，黨同伐異徒紛紛。
伊余歎來客建業，卜萬古寺叩承恩。率爾喜逢率爾友，
抵掌一笑無寒溫。乾坤清氣散僧舍，眼中之人我與君。
把臂共話平生夢，酉醉頻傾燭剪銀。青眼高歌忘爾汝，
掀髯大笑向余論。利齒兜詆嗽名容，一語一回天地春。
竊歎世上悠悠者，形骸膠漆心匪仁。如我如君淡如水，
僕棲逆旅如一自。青雲之交非盃酒，此生甘讓寶應人。

胡園看桂奉懷芝山前輩
天上秋光入古園，清香瀟灑沁詩魂。恍來月下逢仙友，曾端伯以岩桂爲仙友，借指胡氏昆仲。
疑向花前對狀元。紅桂爲狀元，借指胡前輩。氣
散乾坤留異種，影搖風露挺芳根。遙思玉宇瓊樓伴桂
子，珠璣落酒樽。

夜飲桂花下聽李子驄度曲感賦

名園金粟綴秋姸，東興重遊對綺筵。綠蟻香濃花裡度，白頭音妙月中傳。（時子驄年已六旬，聲如妙年。）山長水遠三千里，夢斷腸廻十五年。離合悲歡渾莫定，婆娑影裡共留連。

金陵旅次懷繆湘芷用玉川子有所思韻、

憶昔高歌眠酒家，對君慵看長安花。詎今分手四百日，天南地北思無涯。南北一輪月，圓少偏多缺。燕雲江樹影迷茫，小斷秋空雁書絕。雁書絕，望帝里，那堪獨上勞勞亭。五馬渡頭吟秋水，秋水清清白淺深，今人不是古人心。臨風懶奏伯牙琴，誰識高山流水音。悠然念遠人，空自筆生花，而氣淩雲。但惜文園難解渴，當爐此際少文君。

烏龍潭觀敗荷、

清涼山下夕陽紅，水冷雲寒渺渺中。款款枯容搖壞扇，陳陳碎影舞悲風。魚遊不見張青蓋，酒熟空思吸碧筩。入夜更憐香寂寞，烏龍潭冷月朦朧。

旅夜

宋玉悲秋氣，今宵信有之。空階蛩切切，孤枕夢遲遲。月落魂銷處，鐘敲腸斷時。天涯人易老，聊賦遣愁詩。

登清涼山望莫愁湖、

生平有癖好探奇，夢想清涼落照時。東醉登高誇步健，臨風望遠笑情痴。荒烟蔓草迷青眼，衰柳殘荷拂碧漪。說到莫愁愁更劇，一翻湖秋色動相思。

九日登報恩寺塔、

恰逢佳節到金陵，直上浮圖第九層。枕語聽來三界杳，宸章懸處五雲凝。日搖山影千重秀，風捲江光萬里澄。好語登高人着眼，龍蛇窟裡看飛騰。

九日同龔用九登雨花臺

共採茱萸泛酒盃，秋風吹上雨花臺。如茵淺草荒涼境，似蟻遊人錦繡堆。孫勝但嘲烏帽落，陶潛却喜白衣來。江光山色留殘照，野飲何妨踏月回。

金陵息息亭、

自寄遠廬裡，誰能世外逃。一亭當道立，萬竹倚城郭。忽息、何時息，勞勞到底勞。借勞：亭作对 往來驅瘦蹇，落日笑吾曹。

暮出觀音門道中紀事

一條古道陟崔嵬，萬壑松風入暮哀。村婦井邊提水去，農夫山下打牛回。祇緣名累他鄉老，漫道饑驅我意催。日落荒烟迷倦眼，江光隱隱望中來。

江村夜泊

荒村寞寂兩三家，一葉扁舟繫水涯。夜半何人長歎息，哀林驚起亂棲鴉。

黃昏風雨一舟斜，身倚孤篷心到家。遙想夜深人獨坐，暗將私語問燈花。

銷魂客路又兼旬，雨打篷窗風起頻。却怪年來常作客，黃昏愁殺倚樓人。

酸風苦雨夜淒清，萬里空江一雁鳴。殘夢迴時腸欲斷，愁腸斷處夢重生。

渡揚子江

波光雲影浩無邊，對此茫茫一慨然。水鳥避人雙翮健，風帆迎浪寸心懸。東西南北船來往，遠近高低山斷連。滿目江烟秋已暮，荻蘆搖碎夕陽天。

順風渡江喜而賦此

高掛蒲帆嵐氣侵，順流直下大江心。鯉魚風起樓船穩，笑倚蓬軒自在吟。

風吹輕浪送歸舟，疊疊雲山目不留。如此江行忘履險，片時百里到真州。

幽窗步玉山樵人韻

幽窗嘗獨坐，冷淡自寓懷。刺繡春慈倦，臨粧運步酸。花房閑處好，柳帶結時難。隱几愁多夢，茫茫雲海寬。

欲去步玉山樵人韻

欲去留無計，丁寧訂後期。須憐明夜冀，負好花時。寂意和心剖，盡言入耳疑。相欺何敢怨，只恐鬼神知。

晝寢步韓侍郎韻

晝長炎靄散房櫳，寒玉平鋪煖欲烘。倦閃星眸魂似醉，暗流香汗頰微紅。飄烟拖月憐腰怯，攏霧堆雲着枕彩。最恨鳴蜩驚夢斷，海棠風擺倚西東。

寄遠

每到斜陽便倚樓，天涯望斷欲昏眸。乍離片刻猶多怨，久別經年怎解憂。孤館只今多寂寞，空房從此少溫柔。挑成錦字愁腸織，和淚重封寄遠遊。

離情

無限離情欲話難，推窗愁對月團圓。綠雲斜墮釵頭鳳，紅粉常羞鏡裡鸞。度夜如年偏廢寢，雖生猶死竟忘餐。寄來一紙傷心字，雙手開封帶淚看。

無聊

不分情中死，其如魂暗銷。自君拋我去，使妾向誰嬌。夜月憐孤枕，東風笑瘦腰。寸心愁萬斛，坐卧揔無聊。

詠浴步韓侍郎韵

鬆雲重挽鳳雙簪，羞褪纖羅露玉森。乍坐冰肌嫌熱，久眠香水戀深心。梨花帶雨嬌無限，楊柳拖烟軟不任。浴罷津津揮扇懶，風簾月影碎搖金。

客夜苦雨

苦雨通宵水滿溪，誰何剪燭話窗西。失明最惜三秋月，起舞徒聞中夜雞。歸夢已隨殘漏斷，離愁直與濕雲齊。寒侵睡幌涼生枕，怕聽悲風哀雁啼。

簡梁石村兄

黄雲白霧幾朝昏，皓月清風愛石村。一任爍金騰衆口，獨困擇木念窮猿。千秋信有心堪寄，片刻疑無舌尚存。說道人情鬼夢怕，相逢莞爾倒芳樽。

欲訪石村，苦爲雨阻，詩以寄意，併借圍棊。

秋霖朝復暮，良友嘆參差。咫尺尚如此，天涯更可知。愁尋孤枕夢，欲付一枰棊。詰旦須携手，相思付酒卮。

歸舟風雨夜口號

逆風捲浪打船頭，雨壓歸帆客思愁。半世飽諳途路險，何如一夢老羅浮。

孤舟風雨送淒涼，百里盈盈，抵死長却怪，樓人驚夢斷，三更銅斗唱洗洋。

白雲深處看菊厗浦限一先韻

點玉浮金三徑妍，羣驚秋日勝春天。白雲深處開詩社，黃菊叢中聚酒仙。愛者如陶人共羨，餐之惟屈我終憐。冷香耐火霜能傲，占斷西風晚節堅。

前題和肩山韻

濃露繁霜任斷處，殿秋生趣逐魚鳶。延年祇用餐黃菊，不老何須飲赤泉。擁壞淵明憐俗態，伏馴紫兎愛枯禪。萬金難落徘徊久，白帝風光夢寐牽。

漁叟好讀書，長達旦。秋杪夜坐，忽得「月鈎斜挂五更風」之句。余與漁叟同癖，每親歷此景而不能寫，漁叟寫出，實獲我心。因用作起句，續而成律。漁叟見此，必啞然而笑也。

月鈎斜挂五更風，燕鼓𪔂𪔂逼夕終。霜重簾衣低著戶，雲寒雁字淡書空。千秋人畫殘編裡，半世心灰寸燭中。徹夜悲歌憐獨醒，何如一枕寐無聰。

惜一日秋歌和漁叟韻

白雲漸顏翠條空，悲風聲裡帶哀風。老菊作態留秋色，秋色三分一日中。一日中，三秋過，長繩難繫白圓肩，浪成歌，吁嗟乎！一日其如三秋何，三秋其如一日何。

顧景先者，吾州之謹厚宿儒也。五日之內，三代相繼而亡。袁子肩山竭力為辦後事。余深悲顧氏之慘，而重嘉袁子之義，因賦一律，以紀其事。

一門五日若浮煙，子喪孫亡父亦捐。絕祀孤魂悲地下，無依少婦哭靈前。人當生死交情見，力辦棺衾大義全。搔首問天天夢夢，夜臺何處辨奸賢。

初冬夜集念祖齋憶秋即席限字

地老天荒月改顏，難邊秋色忽全刪。白雲幾日風吹盡，青露明年雁帶還。夢裡詠諧呼宋玉，眼前消遣傲東山。寒宵剪燭拚沉醉，冷淡為懽兄弟間。

寒夜讌集倚雲樓酬贈田二右軍

田文真好客，肝胆幾人傾，似水月同照，如雲氣自横，登樓移二鼓，放眼盡孤城，酒力寒能破，霜風拂面輕。

賓主東南美，天真不避嫌，吟深霜管禿，夜定朔風尖，雲葉香俛吐，燈花玉箸鈎，冰壺如濯魄，人隔却寒簾。

感懷用石湖一百八盤韻即席同其武漁夫賦

羣鴉噪霜林，孤鶴唳雲嶺，眼中人皆醉，吾何忍獨醒，惜哉嗷名客，聰明空絕頂，看破一剎那，身與浮雲等，所以悄然悲，違世而梗梗，安得呼五丁，為闢清涼境，欲希一朝容，只空千秋屏，方寸畏人知，願就槐安請。

賦得心涵秋水居無俗同斧雲子大即席限字

城市苦囂塵，臨流搆小閣，抱膝獨長吟，清音振林壑，壑中秋水明，林端下日腳，心空境亦空，微風捲雲箔，吉凶總無關，何用卜靈鵲，樂處尋孔顏，靜裡希濂洛，幽居足平生，夢穩不驚柝，敢曰好孤高，聊以免俗惡。

月夜聞雁有感白雲主人限字與斧雲即席同賦

勞勞重勞勞，入世身如贅，一室足寬閒，九州轉湫隘，愛此白雲深，月斜光未壞，嚴霜何森森，草木苦枯槭，哀鴻貼寒雲，飛鳴何足怪，聞之摧肝腸，忽忽起噫，珠斗白孤横，雁字空分派，獨存千秋心，不管年華邁，熱處事可哀，冷處意偏快，牛馬隨風起，狐兔下風拜。

題安遺堂次張北溟原韵

舊譜新詩兩載年，足音何似此跫然，千秋堂輿窺先澤，一代規模擴後賢，長史豈因孟酒重，志和不待五湖傳，軒軒氣概凌雲漢，冰雪襟閑照玉船。

孟冬適延令寓深雪堂懷裴東先生兼呈諸同會

渺渺大天地，一身如匏繫，嗟哉行路難，半生浮名累，歎来客延令，徘徊何所憩，爰茲十畝園，軒朗而幽邃，校橋卧長虹，一派清流澀，門前矗踈楊，屋後合老篁，寒梅蘋曲廊，怪石嗷階砌，杈枒亂撐空，日斜光翳翳，城市小山林，悠然盤遠勢，古雪渫梁園，冷冽清心胃，我至竟如歸，無事修鍵閉，紅塵飛不來，頓覺幽懷遂，所悵園主人，長江隔迢遞，臨風一念之，千里默心契，雲樹影迷濛，相思何以慰頹，有素心人。謂延令諸同會晨昏欣把臂，冰雪濯肝腸。於物免凝滯。有時臨水吟落落，饒逸致；有時喝月歌朗朗，露肝膽。古人將毋同，今人烏乎異。恍對謫仙人，敢云香案吏。醉亦狂，醒亦狂，潑盡龍香劑。清，懽，夜夜，尋東燭成常，例。奚奴無好夢，重首常語癡。更慵夢中人，誰解黃粱味。而我喜長醒，不問殘燈事。浮雲變態多，砭眼形骸異。五嶽方寸中，鄰鄰空強悴。琴樽歲月寬，自有閒生計。我思彭澤詠，性本不狎世。留詩待主人，歸來應神會。

夜集安遺堂逢旦次肩山韻

主人何好客，重到玉山行。盡抱千秋意，難忘五夜情。清言揮未倦，冷雨聽無聲。不愧交如水，浮雲笑變更。

又新堂同人聽雨和肩山韻

綠蟻浮香破小寒，閒階凍雨洒闌干。重尋知己千秋約，遠勝平原十日歡。蕉鹿半生嫌夢短，管絃一夕引懷寬。浮雲世態何須問，濃處多危淡處安。

答陳聖則感舊篇

佳士何閑一品題，漫嗟神物久蟠泥。董幃已自年年草，劉閣還須夜夜藜。千里紫騮看奮躍，三冬黃卷好提撕。錦囊自得驚人句，幾度長吟月色低。

答陳聖則贈詩韻

幾度勞相問，霜華客路中。珠璣隨意落，金玉此心同。伏處貧何礙，逢時技在工。修翎今已健，拭目鼓長風。

贈大冶和尚

天地一大冶，萬物受鑄鎔。老僧名其名，此意將毋同。舉世盡積鐵，誰許作晨鐘。所賴竹篦子，朗朗擊虛空。天花看飛落，奔騰象與龍。莖草在微塵，化出多寶宮。

冬日過延令留贈朱閬山同會

一生恬淡愛文翁，鹿洞家規更不同。誰似襟期開霽月，我真談笑坐春風。南州榻寄清齋裡，北海樽分冷醆中。冬後梅花香正滿，長宵吟盡幾霜鐘。

安遺堂即事贈北溟世叔

不負年來顧曲心，森森玉樹竟成林。崩雲學得韓娥調，消盡寒更月半沉。
嬌韻流來字字香、柳風十倍脆鶯黃、不須粉黛爭顏色。
解語花原是六郎。
我亦狂歌鮮遣情。鶴鳴鸞嘯擬雙清。靈犀最喜人心慧。
自捏檀痕領曼聲。
絲竹還誇妙入神、輕吹淺撥總生春、隔窗大似香聲息、
檀口臙脂細語人、
春鶯聲暫轉秋鶯。半溢嬌喉亦自清。料得東風融巧舌。
看他百囀和銀箏。
秋水芙蓉不着塵。盈盈飛燕擬前身。逢場應自憐巾幗。
失笑常看捲半唇。
更愛初鶯語乍圓。重鬟小女唱平泉。韋娘已自空千古。
不道春風曲尚傳。
絳帳風流調不孤。我來猶記舊生徒。梅梢月色三冬好。
男美花奴女玉奴。

贈張孝芬會兄、

襟抱如君實罕儔、百年洒洒任天遊、吟枯一甕非甘隱、
生就雙眉不識愁。肝胆共誇傾口見。蘭芝舊許此心投。
相逢難盡相思意、不盡樽罍不肯休。

留別延令諸同會

雨見梅梢月一痕、暗香和影入清樽。六年絕得閒離思。
百里何堪愴別魂。青眼故人肝膽在。金蘭新譜性情存。
驪歌唱罷重留戀。凍柳蕭森折水村。
清懽無日不通宵。孤館何曾坐寂寥。情到濃時交自淡。
詩當別處興偏饒。一天凍雨隨歸騎、幾片殘雲渡野橋。
他日相思應有夢、梅花蒲樹月中簫。

送岸脩學兄謁選步家伯兄韻、

雲程鵬欲舉風翮振高圓。別思盈樽酒。離情落紙煙。
章看擇令驄馬待朝天。不下臨岐淚。襟期共浩然。

贈巡鹽御史

重聽薰風歌阜財、九天新簡㴑川才、千商共慶陽春
轉。萬灶同瞻化日開。白玉堆凝瑤島雪、水晶盤點上庖

梅。大廷吏借調羹手，㝉看三台輔化裁。

贈廣陵盐運使

舟揖盐梅舊績高，廣陵今又賦賢勞。南風沃野歌千里，東海餘恩及萬艘。烟火玉花晴煑雪，雲霞瑶圃暮觀濤。彤墀影響需良相，紫綬行看上綠袍。

甲申廿九日除夕、

崢嶸歲暮獨沾巾，思女真慚第五倫。只道來朝方餞臘，豈知此夜已迴寅。一句爲學貧何碍，五步成詩志未伸。燈火家家陳酒脯，寧如賈島祭精神。

夢餘集

泰州俞梅太美氏著

乙酉除夜廬墓詩有引。

梅自幼及長，習詩歌騎射，日奉 父訓，未嘗一日離也。初以諸生省試，離教月餘，輒返，後赴禮闈，既過而下第者再，每除夜思親，客途景悲，從中來，真不堪爲子。癸未夏，謬厠詞館，以爲迎養可遂，不謂吾 父六月訃至，竟不及見，歸未服闋，吾 父又舍我而逝，嗟乎，親不及待，子之年而子終無事親之日。凍雨暮雲，寒風衰草，羲和歇轡，靈爽何依，氣與時湮，容依歲斷，對墓門而啼血，獨搶地以裂肝。此梅終歲皆除夜，隨在亦廬墓之心也。口占十絶，聊當辟踊云。

石火年光影莫留，古今都似此宵休。忍同兒女燒燈坐，獨伴雙親土一丘。

露陳酒脯奠新塋，雨泣風嘯腸斷聲。臘盡淚痕流不盡，

紙錢窸窣帶哀鳴
和俗窮書鮮不疑，有生那免體親慈。浮名初涉微音杳，
只有新悲續舊悲。
丹旐虎騎白雲垂，夜魄昇霄不可追。天上歲除應有宅，
託生無路奈塵羈。
無計能回身後年，近春鵑血染荒烟。還樓詩竣如容假，
嗷學原平耕墓田。
允去金堂䓁守壙，　君親忘重兩憂勤。佳城索索風吹
雨，空白孤鴻夜叫群。
恨不自隨到夜臺，兩年悲緒一宵催。親無餘歲兒何守，
幽壙孤眠亭亦哀。
松楸爲幕草爲茵，骨冷情通生死鄰。別歲來朝猶有歲，
別親今世永無親。
風木徒悲子職虧，西曛逝水總凄其。有炎炙地終難暖，
氷抱愁盤但寄詩。
三載罹凶哭兩親，斷雲移節更酸呻。泉臺一閉春無信，
不道人間日月新。

自詩局歸省先塋讀壁間家伯兄丁亥寒食拜掃之作次韵二首。

佳城欝欝倚東南，展墓悲啼淚滿衫。永別倏經寒暑二，
相依只有弟兄三。　君恩畢世原難報，子道今生已不
堪。唯願誅茅新隴畔，幕松席草夢魂甘。
碌碌塵容對墓慚，九原知我意難堪。一抔土孤兒獨掃，
三斬板百草相參。泣雨夭桃紅染淚，啼風老栢翠侵潭。
蘭殽桂酒空羅列，爭似生前供旨甘。

和高山骨過韓王釣臺韻

一飯千金重，王孫落魄時。鹿亡思欲釣，猴沐視如絲。臺
把餘荒土，淮流激斷碑。憐才唯女子，萬古仰遺祠。

旅郎述懷。

形骸佁儗夢魂勞，朴散瀉漓意欝陶。刻玉豈能爲楮葉，
投竿妄欲釣靈鼇。每當两哭雲迷眼，更恐東歸雪點毛。
赤水索珠思罔象，何妨汗漫學盧敖。

贈房師李夫子二首

八年立雪門牆下未坐春風笑語中一顧久蒙空北地瓣香長此為南豐至公已作文章契深賞尤邀性命通難報師恩徒愧厲汗青聊爾志遭逢

上最鴛班鷺異數含香姓字 御屏開霜漏肅氣翔烏府琴鶴清音振柘臺華袞只今能補救繡衣尤足見風裁為言 盛世多名世首重南陽仙李才

壽座主曹蓼懷夫子

永叔昔衡文起衰救積弊今復覩嘉和千載乃有二九重慎魚水珥筆近清閟文教布 皇州慎思對 丹陛遠猷載冊府聰明更精銳鸞坡稱粹品鶴禁多鉅製指日承明廬金甌揮姓字岳降豈偶然生申乃人瑞伯玉本純德知非增叡智謝逮出臨安流風真可繼蒼生繫望深嵩祝情何異賤子忝門牆依依今八祀巨絙引微霄注晴不我棄茲及春明來寒谷迴陽氣舉袂拂松雲翹首頌韶麗願以寸草心上答傾葵意

輓東山汪前輩四首

六經心醉可曾醒留得香名重 大廷滿筆花光銷異綵一袍柳汁冷餘馨過鳳曆方三紀寵拜 龍墀僅七齡濺雨驚風情最慘分明慟哭有山靈

何期天上促修文落月殘鵑忍悼君一自對闈窺絳帳每欣開卷附青雲詞源潾沆傾三峽筆陣縱橫掃萬軍璠笈今名應未已珠田遐祉竟無聞

詩館年來喜共裒涓埃總擬答 君王幾忝魚魯心俱竭常抱縹緗夜不遑適意清樽思北海放懷雅謔想東方何從更見休文瘦書卷飄零藥灶傍

送君幾日返鄉閭惡耗驚聞鶴不還只道葛洪原貴客誰知許邁本仙班雲陰鳳管何年返花影鸞坡此日閒聖主憐才原最切萬蘇遙向九原頒

詩扇得子大三弟詩倚韻率成二首

自知庭草變寒前浪跡邗江氷欲堅瘦卧夢回三徑杳孤吟愁對一燈然聯床半世慚蘇軾得句今宵憶惠連

但願紫荆無恙在，任他風雨自年年。
萬卷縱横烏几前，校讐深夜坐能堅。展容常覺頓頓耳，
（玉藻注：頓頓，居喪之容）用力何辭揖揖然。（莊子：揖揖然用力多而成功少）清淚不
隨蓮漏盡，浮雲偏與蝶魂連。天荒地老勞人返，骨肉相
依度瘦年。

無題叠韻二首。

砭眼滄桑歎變更，回思前事記分明。燈殘冷照孤鸞影，
風驟驚啼別鶴聲。永聚百年終一死，乍分半刻已三生。
從來命薄唯伶俐，不是圓靈太不情。
愁聽鵑鳩泣三更，殘月昏昏孤燭明。舉步已憐非故態，
啓唇無奈學新聲。事多頭緒隨時亂，恨有根芽觸處生。
雨散星離悲片刻，不堪此夜夜中情。

吳門夜集限韻

共剪西窗燭，宵深緑醆微。揮毫三管禿，泛蟻百盃肥。幸
對忘形友，如披無垢衣。隨時行樂耳，纈眼散清輝。

秋雨和南坨韻。

冷敲風竹韵淒清，淒淒愁霖不肯晴。聽去荒蛩喧石砌，
坐來閑客隱楸枰。生憎落葉催秋老，欲掃浮雲讓月明。
丁字簾開舒倦眼，縱横積水與階平。

秋晴即席叠韻三首。

空白淨如洗，闌干日影濃。垣苔三徑襯，蛛網半窗封。鳥
語清雙耳，花香沁滿胸。秋晴無那好，萬卷寄疎慵。
晴空不可繪，如淡復如濃。日喜十分皎，雲無半片封。清
光流纈眼，爽氣豁塵胸。高枕領秋色，人間一睡慵。
白道飛羲馭，蕭晨霽色濃。高空排雁字，荒砌啓蟻封。雲
淨不留影，風清時蕩胸。東籬秋色好，芳馥襲人慵。

蕪城寓樓夜集和宫半村韻。

苦吟我愛賈長江，奇忌君過孟溧陽。同客蕪城謀一醉，
不堪回首故園荒。消磨志氣成詩癖，脱累形骸任酒狂。
秉燭夜遊何忍別，霜空冷月墮蒼茫。

長至前一日偕宫半村同舟歸里再叠前韻一首。

片帆同挂廣陵江，子夜艤舟轉一陽。捲浪淒風吹夢遠，

毆雲冷雁叫天荒孤篷貰酒何妨醉半世逢君不敢狂
離合人生渾莫定來朝此會兩茫茫

耕雲樓望雪用杜少陵返照韻

銀海生花一望昏冰天削出凍雲痕玲瓏剪落星河水
皓晶粧成玉樹村詠雪每思尋郢客呼童早爲掃柴門
今宵擬在南樓卧只恐寒光逼夢魂

金山雨中應制

一峰浮玉拱江天雪浪銀濤晶〻然抗殿巍峩凝瑞靄
長廊曲折繞祥烟雲連遠近島低岫風送東西南北船
靈雨共欣隨蹕降恩波萬里浩無邊

賦得夏雲多奇峰和高山骨韻

硉兀隨風湧輪囷觸石生排空千嶂聳挿漢萬峰陰晴挾
日威偏燄爲霖德莫名巫山空十二影逐夢魂輕

和柯高隱舟過烏江九里山霸王廟二首

百戰徒誇力拔山空留一廟夕陽間烏江風激聲〻怒
碧血苔浸點〻斑成敗難銷終古恨八千曾見幾人還
莫言過客偏嗚咽當日聞歌淚已潸
紛〻逐鹿亂離間猴沐何曾衣錦還叱咤雄心隨逝水
怒瞋遺像據空山碧翁救定原難強黄石書奇似可刪
更笑弓藏飛鳥盡釣竿安穩不知閒

雨夜述懷

玉女投壺天辰容阿香車動走蛟龍不堪碧落雲光亂
偏覺黄昏雨意濃瓜破人間多碧玉曲終江上賸青峯
此心从已憐飄霞願受槐安一郡封

詠蘭限字

最憐啼眼泣幽腮豈是當門忌未降燕姞夢回香慶腹
靈均紉後艷浮江獨生空谷言終少難結同心影不雙
室有芝蘭誰解入但揮劍葉剗殘釭

旅思

瑟〻風吹鬢與羇愁紛若麻中秋曾作客九日未還家兄
隔路千里親居水一涯相思輪轉腹夜半問燈花

舟泊界首。

率爾秋風客，輕帆破晚烟。舟橫古岸外，日落大湖邊。寂寞悲今夕，蒼茫記昔年。推篷問南北，碌碌總堪憐。

淮陰舟行。

兩岸秋無際，危檣拂曙開。片帆殘雨斷，一路好風催。白浪投東去，黃塵自北來。茫茫獨回首，澤國聽鴻哀。

舟過淮陰釣臺。

兀坐孤舟裡，蒼凉百感堆。河流秋色去，風送雁聲來。人世餘香餌，吾生有釣臺。王孫千古恨，祇有婦人哀。

泛湖遇風二首

片席遙飛去，茫茫未有涯。風聲隨浪湧，樹色隔湖移。欹側船飄葉，傾危命斷絲。狂歌當哭，身世總如斯。

天吳吹水立，小艇浪中馳。掀拔渾無定，揚帆任所之。神魂驚水伯，身命寄舟師。欲識操舟意，風波親歷時。

秋夜舟中見新月感賦二首

百里孤帆倦，長堤夜繫舟。秋花開滿眼，春夢記從頭。執卷燈如笑，推篷魂未收。可憐新月影，掩映別家樓。

野泊愁無寐，長宵魂暗驚。小舟抱月出，孤雁逐風鳴。對酒顏先熱，懷人夢不成。船邊流水急，憔悴欲三更。

旅夜不寐

何事長為客，勞勞負此身。氣寒誰致問，僮僕獨相親。病骨難支枕，霜宵易愴神。如眉新樣月，偏照不眠人。

從兄山琢別業落成，額曰幽棲，因拈老杜畏人成小築褊性合幽棲為韻，賦五言十絕。

寸心橫古今，斗室涵天地。室空心亦空，空空何所畏。

心虛竹為友，齋虛月作鄰。元規塵不到，著此一閒人。

歲寒松柏茂，新齋正落成。蕭然了無事，詩酒寄幽情。

幸有野情在，而無塵事攖。莫笑賦閒居，世人眼界小。

隨意構數椽，知非道傍築。何必居深山，城市有空谷。

世人不能狂，我輩何堪褊。閉門任天真，怨讟差可免。

寄跡恥隨波，卜居貴邃[illegible]。攜來無雜賓，酒聖與棋聖。

退藏非曰高，聊以免阿邑。事與今人違，心與古人合。

萬家烟火裡，所得獨清幽。掃盡浮雲影，清風滿小樓。

翔集身如鳥，池塘夢轉迷。上林飛欲倦，共向一枝棲。

旅夜感懷和三弟韵二首

霜月自秋秋，虛寮寒影留。把竿空有志，秉燭不成遊。難化盧耽鶴，終慚漁父鷗。池塘雖得句，無那畔牢愁。

皮裏有陽秋，孤身任去留。弟兄艱一會，虎鹿笑同遊。怕聽酸嘶雁，思盟閒宿鷗。寒宵長獨坐，眼挂古今愁。

九日招綠波遜齋昆仲寓樓小飲詩以代簡

匏繫蕪城秋色深，比來愁病二毛侵。非関積毀能銷骨，但惜相知不寄心。對菊且傾彭澤酒，臨風嬾奏伯牙琴。三山莫遂登高客，孤館危樓酎醉吟。

舟行苦熱

榜人循櫂觸炎威，舒息蓬窗汗欲揮。客路百從無便了，僕名風帆一挂似忘歸。名府急溜吞危閘，嘈嘈新蟬咽落暉。此去關津知扼吭，白雲千里障都畿。

舟次見新月同山貴步浣花韵

似鏡奩微脫，如弓弦未安。纖纖顆景外，耿耿遠林端。魄減珠胎瘦，明生兔腦寒。推蓬絲一點，光逗水波圓。

舟次山骨作感舊詩率和二首示意

夢裏江聲杳，天邊雲影妙。嵩綠成別調，擊楫向中流。既有江淹筆，毋登王粲樓。弹冠期共慶，相與訂千秋。

英雄亦有淚，端不為離愁。金屋嬌空貯，藍橋水自流。鵬飛九萬里，月滿十三樓。暢好鶯鶯夢，何悲潘鬢秋。

夜發儀真次晚研楊年伯韻。

帆隨秋月挂，舟趁暮潮回。徙倚窗窗畔，涼颸颯颯來。潔泗河溜急，欸乃棹歌哀。螢焰波光亂，輝輝映酒盃。

遊祐聖觀和仲九韻。

廟立斜陽匪厥初，橫空鳫影水中書。人稀狐鼠時來往，天老雲霞自卷舒。剩嘆孤吟聊敗壁，應知長嘯躍潛魚。撐幽古幹悲風撼，疑是神龍氣嘘。

賦得昏昏月一亭即席限字

閒亭秋色夜偏奇，宋王心情許月知。屏翳慣驅雲片片，吳剛懶斫桂枝枝。作明乍暗蟾光幻，如去如來兔脚遲。

猥有霜娥長不老人間二任息相吹、

彼萬派水潔漠泄尾閭有清復有濁誰爲掉尾魚機智
爲桎梏仁義爲籧廬自同草木腐心與神明居世欲還
太古焚盡五車書咄哉斗筲人叔敖以買譽吾自用吾
拙方寸周六虛何處亦何失俯仰隨所如
冬夜清吟漏嚴四下矣蝶夢燈下感賦次家伯兄

洄河溜急欸乃棹歌哀螢焰波光亂輝：映酒盃

遊祐聖觀和仲九韻

廟立斜陽匪厥初橫空鴈影水中書人稀狐鼠時來往
天老雲霞自卷舒劇嘆孤吟頻敗壁應知長嘯躍潛魚
撑幽古幹悲風撼疑是神龍氣噓

賦得漫：復蒼：上帝限字

微風掃盡碧天雲萬籟無聲正夜分半吐蟾光寒玉宇
斜飛露脚濕仙裙背燈憐影空長歎聽漏驚心不忍聞

夜白如年天白老人間幾度惜離羣

和應侍郎百一詩元韻

天地一何鑿混沌念之不百慮而一知斯言信不誣譬
彼萬派水潔漠泄尾閭有清復有濁誰爲掉尾魚機智
爲桎梏仁義爲籧廬自同草木腐心與神明居世欲還
太古焚盡五車書咄哉斗筲人叔敖以買譽吾自用吾
拙方寸周六虛何處亦何失俯仰隨所如

冬夜清吟漏嚴四下矣蝶夢燈下感賦次家伯兄
韻

月落參橫霜幾層寒宵殘漏滴難勝吟魂忽化蘧之蝶
舞影頻搖閃：燈倦眼生花空的亂涼天如水自淨澄
四思雪淡雲輕後香夢年：醒未曾

邯鄲客舍歌二首用岑嘉州韻

馬首風蕭蕭，冷烟埋古道。邯鄲倦遊客，棲棲復草草。長安回首在日邊，可憐身如不繫舟。檢點行李何所有，古書滿篋囊無錢。半生鹿鹿他鄉寄，客舍年年跋腳眠。

仗劍出國門，行行邯鄲道。緊誰立王孫，淒淒泣芳草。遥望客舍夕陽邊，渾水漾洄屋如船。主人留客多款曲，祇談風月不論錢。黃粱熟時夢未醒，鷄聲茅店幾人眠。

小春七日，次岑嘉州邯鄲客舍歌韻，壽熟之四侄。

翩翩正少年，眉睫露古道。活潑總天機，交翠庭前草。庭前風月浩無邊，文思真如下水船。恰喜小春逢初度，何以壽之曰青錢。酒酣客散家庭樂，橫陳大被枕書眠。

賦得一條古時水即席限字。

是水還非水，神光冷冷迸。碎霜空際舞，隙月匣中抽。蘋香風雲怖，一揮天地動。荊軻心不死，千古快恩仇。

伯兄奔喪回里和孟章韻。

純孝蒙淵鑒，身田寂寞濱。十旬行萬里，一夜哭三人。泣血咨遺命，銘心掃芯塵。終天何限（恨）風木望中新。

和沈滄扶瀬行留別元韻。

開赴修書召，才名重闕廷。思親千里夢，報主寸心銘。夜夜燃藜杖，時時辨楚萍。君須努力，天地正清寧。

和熟之四侄初冬風雨韻二首

碧沍新霜結，空齋獨凜然。風嘯多病葉，雨泣有情天。松骨寒偏健，梅肥冷更妍。忽聞雲外雁，聲苦苦相憐。

痴雲埋冷日，風剪雨鏗然。瘦影搖寒木，哀音裂漏天（何無）。人知骨鯁，舉世笑（嘆）皮妍。不見[illegible]頭易，何來王濟憐。

東園落照限字。

瑟瑟東園暮，松濤漱素琴。餘暉沿島外，片影接江潯（知）。少長絕繫唯，多短晝吟。古人不可作，此會獨傷心。

題曹使君真州署樓和徐前輩元韵

大江流浩萬里來岷嶓逶迤遶城邑清署俯盤渦百尺連雲起飛閣何峩峩簾捲嵐光入檻迴鷗影過庭木散清陰翠益交崇柯使君賞奇趣退食坐吟哦遶逶迤凌子建風流匹永和聖主崇文教大化駕菁莪廣蒐詩萬卷特詔訂其譌銓任慎委託雅知公十多忝竊廁諸賢石墨分三課感恩望天闕相與歌有那拾級陟重梯縱目眺層波是時秋伊始一葉落桐坡殘暑猶未減汗揮如滂沱微風至自西新涼生綺羅炎歊忽若遺幽香送芰荷羣公高興發連酌頹微酡江筆藻堪效屈墨氣欲摩余亦賦短詞蚓音涸電鼉頑附僕射後賴以永不磨

次徐二編修玩月懷荔軒使君原韻

江風鳴幽篁如鼓絃五十明月照中宵塵翳一時失銀漢澄如冰玉繩朗朗出感君坐玩之沉思何所極矢懷戒滿盈于道真有得詩句若芙蕖微含新露濕愧余非神駕欣接青雲翼朗吟不倦如入芝蘭室徧體襲清芬詎有嵇康興東阿自賞心光彩不能匿定如獲千將一日幾拂拭我亦叨盼睞闇闇且惻惻宗楼共徘徊晤對無厭色有德必思酬豈徒空相憶

曉起和斧雲弟韻

昨夜殘更夢覺興難具陳雨餘義馭懶秋老菊花分宿霧迷心病浮雲積肺塵沙虫猿鶴喚二見一番新

暮冬返里和南垞弟韻

入室還如客身閑心不閑酸呻常惱惱瘦坐獨顏顏冷窗催愁急寒花吐艷慳衰林懸遝墜倦鳥落飛還

五更枕上作

瘦卧霜衾夜耕単鐘敲夢尾離安床頭老鼠竄燈燼天外孤鴻咩漏殘風裂文窗窗雲侵隙月影闌干幾囬反側身如水晻曖晨光破曉寒

和沈前輩扂輿獨遊竹西諸勝元韻

廿四橋空剩一橋橋邊鷗鷺影翩飄回略約無窮意盈歲參差何處簫烟艸滿堤森峯導籃輿隨地樂超遥

登臨却喜遊人少，雲影山光風動搖。

潘太史招陪彭沈兩前輩遊虹橋即事即席限字

曲水橋橫尺五天，揭來能骨健如仙。一溪瀲灧吾心遠，千古繁華此地偏。歌吹聲中舟織水，綺羅隊裡筆生蓮。追陪竟日多佳賞，痕飲狂吟忘去聲後先。

詠櫻花即席限字

萬綠叢中點點紅，長贏朱實滿盤東。晶盤愛煞般嬌色，樊素含羞笑下風。

醉中吟和孫峻中韻

半世雄心付酒杯，醉鄉誰解抱琴來。推窗秪許邀明月，揮淚何曾到夜臺。太白詩常題市里，步兵夢只繞江隈。幕天席地真瀟灑，九點齊州一點埃。

題曹般六東皋草堂養親圖

大隱斯能養，承歡不外求。堂開人愛日，綵舞艸忘憂。野驅黃犢，衡門枕碧流。東皋高寄處，拜母許從遊。

旅夜話別同祖斧弟限字

驚春雁夜思無涯，客舘連床勝在家。話久不知燭欲炧，情深共惜月將斜。難舒療癖君臣藥，强對忘憂兒女花。半世曠曠離別夢，幾回失笑幾回嗟。

客中憶弟疊前韻

刺促男兒生有涯，愁中歲月夢中家。宦情落莫心肝直，雲影闌干星斗斜。憶弟倚樓悲斷雁，題詩擲筆愧生花。劇憐孤立原無類，潑盡龍香獨出嗟。

和州牧武鼎臣傀儡原倡拗絕

聽去無聲看有身，想來非鬼亦非人。詫詫人鬼關難破，却得神君辨假真。

機巧千般繫一身，轉移運動巧隨人。唯公慧眼明于電，不使當場妄混真。

豈是中央渾沌身，鑿通七竅欲成人。誰知機活靈光死，只有蒙莊認得真。

目眩吏離眇小身，肩肩其脛視全人。古今好惡何多癖，皮相由來總失真。

塊然形立贅疣身作戲逢場索解人獨有我公心若鏡
鬚眉難掩一毫真
暫見依稀夢裡身徐看遇莫眼中人本來面目依然在
砭眼難疑夢是真
大患多緣有此身嗟他雕巧强稱人聲音实貌偏多假
無識無知轉率真
絶似蘭陵代面身風前垂手若無人世間亦有千金顧
難買當筵一笑真
一般頭目一般身爾我相看彼此人呼問幾番無半語
不知誰假却誰真
優師攖怒幾危身計拙方知是冴人雕刻衆形空変幻
何如活潑任天真

戊子秋興二首病中呈家伯兄

揭來羸病横相侵更怪秋風着骨鍼鹿色侖華霜裡瘦
含香金粟月中沉顏い解渇思瓊樹揩ゝ忘機羨漢陰
獨惜隋珠難弾雀羽陵閑綴且高吟

病夫傴倈項空强（時患頭項病）到眼秋妍斷古香九畹美鱗
知幾許千林碩果獨留將從繩大木形原直韞玉清流
折自方行見瑤池飛越影何悲伏櫪少孫陽。

病中和可亭查表兄下第後集容園元韵二首

病入深秋帯漸鬆愁聽瑟響霜松何人不作逢時態
之子偏留悅己容龍伯目驚終釣荆山美璞且重封
惟憐通日耽吟瘦遮莫尋君飯顆逢
鹿ゝ軟紅飛十丈如何身似寄萍村秋風吹老懷鉛客
夜雨驚回覆葉魂一任醉吟眠酒市誰憐渴病賦（困）文園
須知麻折心難展旅館忘憂且樹萱

客夜枕上述懷再叠查何亭韵四首。

回首羅浮月影昏鐘敲夢覺泥（去聲）梅村玉壺光滿哉生
魄心字烟銷未返魂四十年來離鄭圃三千里外薦陶
園搔頭角枕頻舒息愁聽風摧兒女萱
秋霜點鬢影鬆身逐浮雲心挂松蒦落半生餘故態
儕（同儕）馳千里愧周容奚囊懶貯風塵句旅舍常思豹霧

封泣路悲絲了無味何如儚儚任遭逢

大風徹夜枕上三叠前韵一首。

終風夜突夢醒鬆，蕭颾如聞萬壑松。冷月無聲光羃羃，浮雲作態影容容。飄砂選想龍堆繞，釀雨應知蟻穴封。更怪軟紅騰百丈，飛蓬踪跡杳難逢。

病起憶祖斧子大西弟四叠可亭韵。

秋漸闌珊帶漸鬆，身如霜凋卧孤松。夢迴聞雁偏多思，病起看雲忽改容。隨水飛鳶存古語，臨風老淚〻〻封。他時欲遂連床願，會向春明花底逢。

秋雪和山骨卓如韻

迴風舞曉沙，冷逼萬人家。笑認凌凌雨，知飛淅淅花。雲寒玄鳥蟄，秋老白狼賒。上苑多瓊樹，爭棲玉羽鴉。

光明疑糁沙，米擲䕩經家。未審吹玄律，金風剪玉花。峯悼青女近，放眼白雲賒。遙想瓊樓外，蕭蕭啼暮鴉。

擬秋雪應　制三叠前韻

宵疑月印沙，曉望玉為家。黄竹賡璇祀，珠叢綴瑞花。雪飛秋色皎，鵠立漏聲賒。寶鼎爐烟冷，應知詠白鴉。

秋雪四叠前韵效歐公體不以盐玉鶴鷺等為比

不使皓白素鮮等字

流碭接流沙，秋光散酒家。影摇班女扇，色奪貝多花。郢曲歌難續，壘城望欲賒。暮林風瑟瑟，繞樹噪歸鴉。

病起對秋雪五叠前韵二首

顛氣度龍沙，秋隨夢到家。金風朝釀雪，銀海夜生花。著樹吹難起，縈空舞更賒。僛鬟不知冷，呵凍學塗鴉。

所悲獨瘦卧，十夢九還家。凍合漁龍夜，歌殘玉樹花。羅浮梅信早，越嶺犬音賒。銀霰祛遷髻，渾如帶雪鴉。

氷天飛片片，鏡海浸家家。北塞偏早時，秋雪已花。病餘詩債影，囊澁酒錢賒。冷韵敲難熱，揮毫墨染鴉。

蕭晨雪霽望　闕八叠前韵

殘雪泪泥沙，朝隮煥萬家。璇題融冷澤，銀榜散寒花。雲净秋容潔，天高眼界賒。九門光炅炅，睥睨著金鴉。

客思　戊子九月二十四日叠前韻二首

世事若搏沙，完全有幾家。棲腸餘藥石，眩眼任風花。解
渴瓊枝少，歸艱峽路賒。聲塵難免縛，庭樹聽鳴鴉。
撫腫復促沙，秋風夢裡家。敢云身休日，漸嘆眼生花。霜
露佳城杳，予因宦遊不獲歸展墓，志之泣云 菊松荒徑賒。難化靈畝鶴，
獨閒京兆鴉。
止憎蒸熱沙，只合醉烏紗。病笑指三月，寸懷判五花。云
胡官獨冷，暢好酒能賒。入篋亂妻緊，雲遼落晚鴉。

枕上聞鐘

所悲獨瘦臥，十夢九還家。凍合魚龍夜，歌殘玉樹花。雞
[illegible]
[illegible]
[illegible]
[illegible]

和高山骨寒夜述懷韵

蕭齋窈窈夜漫漫，小篆烟銷孤燭殘。撲滿空存叢縮瑟，
赫赫欲寄路艱難。愁聽冷雁啼風苦，拚取屏散著枕安。
何處鐘聲敲月落，一簾霜影五更寒。

客亭夜步疊前韵

雨散星離路沓漫，背燈憐影意懶（平声）。殘盡知龍尾逃（一作拒）。
蝸角名易窮，嘆羊腸（同跬）步難。客思（一作官態）孰憐多，儘家書
只報近平安。空堦夜靜梁間月，約流星也（出爾雅）流光射眼
寒。

枕上聞鐘

擾擾復匆匆，蒲牢吼曉風。一聲敲夢尾，萬事列心中。誰
辨懸將毀，徒誇扣不窮。兩賢題壁句，何用碧紗籠。

秋榜後寄慰從兄聰叟并述近懷排律十二韵

湖南經歲別，手足小心奇。□迷雲雁站，墮水鳶秋
風。魂斷突春草，夢依然千佛名原幻（千佛名經），李子榜日高年神（一作福）
自保自全（元倉用道云天下有道則神全福全）。情箋中消息，潤掌（謂如掌）
上一珠圓。白首欽鴻案（謂二親在堂），紅塵懶社籠。官閑心止水，主
聖旧當天。恩重知難報，才疎應式遄（詩式遄其歸）。鯤鵬終

欲息鼯鼠尚能緣（荀子鼫鼠能緣而不能窮木）敢曰從吾姊何妨自
我捐（竇嬰曰自我得之自我捐之無所恨）已思兄切更念母懸寄語
除三徑孤飛倦鳥還

病渴二首

一官落莫病兼貧愁裡生涯夢裡身撲滿無錢摧子母
養和（名几）有藥列君臣廣柳[?]處驚蛇影蘸石橋來謁玉
津帶孔漸移歸未得文園閒看獨傷神
二豎何事只棲身扁鵲空言生死人獨倢項強攜瘦骨
吟哦口渴圻焦唇藥無金石攻心病茶有旗槍戰肺塵
龕爝不堪牛馬走每聞鍾動[?]詩神

病起書事

沉綿公幹久（長卿病渴公幹沉綿）登項幸無傷（柳芳子登病重張萬福望見登項曰）
有此頂骨何憂病故用此二事[?]不驅窮鬼執皆笑癡王（字[illegible]）
患頂痛消渴疾余時
本處[illegible]也
全
爨烟銷土銼塵鬢點霜幢僕中偏熱安知禍
福鄉
不改狂奴態蕭然獨冷官八磚如李懶（名程）三策任商鞅

（名鞅以三策鑽秦孝公）
慷慨心肝勉倂張毛骨寒天時真莫測敢
謂著圖冠

瘦坐

瘦坐耽吟倚藥籠死生文字蠹書魚有消渴病同司馬
無耐官心異敏中碧落斷雲埋落日照黃昏冷吹剪
昏瞳羈孤不解瀛洲趣夢依然茅屋東

秋思枕上和林春驛韻

蟋蟀虛寮碎秋聲逐漏殘星霜雙鬢改蕉鹿五更寒悲
泣隨楊墨文章謙馬班思漁東晦色一烏浣塵顏

寄三弟椿

所悲姜被冷寒夜泣離鴻夢裡西堂月愁邊東海風三
年慚刻玉兩地嘆驚蓬裂[?]遙歸騁千思寸楮中

寄南坨弟椎

忽忽念元敬離樓木樨（相如賦）鍛見寸中藥鐺煎病老筆塚
瘞詩窮雁影三千里鵬程九萬風遥憐垂翅客心跡不
同（一作詠馬桐訃）

思歸作

何時能小歇，虩虩利名關。悲泣抗揚墨，文章縛馬班。漫
驚攀芾錫，劇想桂枝攀。夢繞萱堂北，飄蕭遊子顏。

七律二首寄睨弟媳並慰三弟子大

憶昔燕城行醮禮，亨本入家艱。羣誇窈窕出名門。誰知鳳
集真成夢，王遠母夢鳳而有娠，聞弟媳產亡，故云。獨惜香消不返魂。空
室宜家剛一載，如烟如霧遂矇矇。更悲泣葵柔紅紅後
認取翁姑在九原。兩先人不及見弟媳，吾父易簀時，又以不見弟媳爲恨，豈料弟媳于歸一載，即相從吾親於地下，慘極痛極。

念爾秋風歌鼓盆，神傷骨立誰論。夜調錦瑟冰弦斷，
曉泣青鸞玉鏡昏。不信離魂泉下去，難疑竊藥月中奔。
寄言弱弟須珍重，姊對忘憂兩紫萱。五叟謂庶母二位

戊子上元花燭詩代友作 東園

禱結正佳辰，團圞月色新。杯交三五夜，玉立一雙人。歲
喜天開子，春當斗指寅。燈光燭雲漢，飛下石麒麟。

日下懷袁子眉山得排律五十韻

室遠浮雲障，梁空落月低。靡靡友愈遠，迢迢路多迷。惜
別言曾贈，臨岐手未攜。眉山作詩贈別，即有延令之役，余瀕行未獲握別，至今歉然。
最憐針芥合，其奈影形睽。浪逐隨波鳥，難忘釘坐梨。思
牽腸欲斷，病染面將黧。嫩對杯浮蟻，真同車載雞。蒼蠅
時大笑，候雁獨酸嘶。底事毫釐判，遙程分寸躋。費時離
玉楮，刮膜礪金篦。蕭散□肯瑣，□玼玷白圭。楊毛無可
拔，淄鬢不勝篦。標榜驚□棲，楊感盯眭。猿窮須擇木，
兔狡漫忘蹄。劇畏悠悠口，鋒芒濟濟鷄。鷄惟存皎皎，志胸
次瑩玻瓈。背羨鸞棲枳，今悲蚋聚醯。槐根原有穴，李下
卻無蹊。車笠徒相誓，雲泥儼心攜。舐知蛛罥網，寧計蚓
穿堤。懷鼠羞過鄭，吹竽濫公齊。莊生空化蝶，墨子巧爲
輗。擬樹忘憂草，將尋獨忿扉。如蜂鑽故紙，似馬跳奔騠。
未獲一長展，真慚三絕批。君恩高泰岱，臣報眇秤稊。
俯仰頻搔首，浮沉恐噬臍。冷宮門自掩，遠客藥誰齎。擁
腫人爭笑，寥翹僕暗詆。畏寒朝向火，懲沸夜吹齏。孤燭短檠堵，
漣鋼漏長，鎗斷甑塵生。涯依佛，娌蹤跡託詩奚。目斷層霄

鵲魂銷尺澤鯤此身終畫虎何日始乘鸞 北闕紛衿
帶南鴻阻帽帨登門羞御李命駕願攀嵇只有心綿友
曾無舌示妻困思伏櫪驥差鵬翮藩籬我仍狂如故君
當笑向西哀門知積雪劉閒定燃藜南面書千卷束疇
雨一犁清談傾大茗
虞洪子以山採茗遇丹丘中大茗相給
豪飲肺鮮
蠵隨遇能排遣逢場任俗襟懷納江海筆舌吐虹霓
風月恣批抹鶯花供品題俗竹皆坦坦無事不折折
音提
礼記吉事欲其折折爾
免作焚身象何勞測海蠡良朋成義隱拙
宦欲雞棲重訂金蘭簿聯吟雪水溪
清流
元觀塵不到
面目
根腕
步小梯

初冬得家書三首

風日淒淒別恨新半年南北斷音塵每驚節序頻揮淚
忽得家書倍愴神石火電光悲骨肉
時聞岳母
弟媳訃音
米珠
新桂嘆鄉鄰
又聞泰邑春旱
秋澇人民乏食
欣老母身康健妻子承
懽慰遠人
總覺冬寒體凍皴黃雲蒼霧鎖歸津園丘田首三千里

親友牽腸四耐句邀客執惆悵病想迎儂印分以韻節
鄉書莫道來容易風腥連宵花結頻
強仕空言仕爲貧長安乞米幾蹉跎繩床賸有烟霞夢
玉署慚爲蠍蟲臣饑饉薦臻憂梓里賑蠲叠沛感楓
宸史書古帝求民瘼未見恩施若此頻
吾鄉叠罹旱澇
聖主惠愛
東角屯年蠲賑真歷代史冊所少書也

病間夢中得得閒漸覺病回春之卧覺來足之

得閒漸覺病回春宦興頹唐露本真百日枯腸填藥石
三秋倦眼絕沙塵方知抱膝容歐嘯翻悔承顏寄笑嚬
孤館只今了無事達生総罕坡凝神

述夢

荒涼寒芷丙夜睡津津怳惚趨庭見我親勸勉忠誠期報主
叮嚀安靜善寧神半生已抱終天恨一夢翻成隔世因
千里幽明知不隔覺來嗚咽聽雞晨

和汪鞠田家伯氏寒夜原韻

擁鑪枯坐睡魔降惱亂渾如離坑懷想到梅花香入夢

聽來風葉冷敲窗，澆愁欲飲蘭英醑，呵凍貪吟兎穎瀼。漏永寒威欺瘦骨，不眠呼婢剪殘缸。

疊前韻贈汪菊田

筆陣縱橫吟壘降，雞壇獨步擁麾幢。新聲啼出鶯兒谷，故紙鑽開蜂子窓。名重邦畿原有第一，才空冀北更無瀼。菜根咬得如江草，冷醉狂歌對短缸。

三疊前韻呈家伯兄

壯心知不以貧降，到處高唫折慢幢。半世才華隨鹿夢，千秋事業在雞窓。匕羊得兎渾如一，同體分形本自瀼。吹罷壎篪忘作客，寒宵頻爇短檠缸。

小至日祀　兩先人同伯兄用唐人韻

所立共孤苦，冬除短晷聽。蕭先千點淚，望隴萬重雲。祭罷哀銷骨，詩成言不文。遥思幽壙外，陽動走痴麏。

長至日同汪菊田家伯兄用羊士諤林塘腊候韻

二首

融風坦以至，聲寂伯勞歸。形管書雲物，金釵燕䕨薇。悲生稱鴈鶩，愁逐水泉飛。却喜羣陰伏，重光一線煇。

阿奴空碌〻，冬至客懷歸。廣莫閶烏扇，宗光到紫微。氷天香手近，緹室驗灰飛。餐魄憐寒月，凄清映雪輝。

[illegible]

[illegible]

[illegible]

其二

凜〻復慢〻，客懷正牢落。飛知何年，霜娥貌如昨。瘦影欲筝空，空白琉璃薄。颼颸風韻清，寒光逼夢鶴褰帷。

千秋事業在雞窓，匕羊得兎渾如一，同體分形本自瀼。吹罷壎篪忘作客，寒宵頻爇短檠缸。

小至日祀　兩先人同伯兄用唐人韻

和家伯兄寒寺負暄元韻

古寺荒寒靜不譁，幽人瘦骨讀南華。玉樓孤聳三竿日，銀海僛挼五色霞。典畫五色霞謂日影 霽後作歌黃襖挂暖時，搔痒白駒爭負暄。遠勝趨炎客，東賞應頒田父家。

和菊田寒夜坐翊元書屋看松月元韻二首

冷澤搘玉壺萬木嗟摇落獨有庭前松冰鏡照猶昨楚楚影可憐（孫綽齋前松一株人謂之曰松子非不楚楚可憐但恐無棟梁之用）亭亭光外薄（符載論若從松蔦攸之間沆瀣之華注于內日月之光薄于外）鱗皴飽霜雪蓋偃棲鸞鶴靈籟響書巢香霧散空此際歲寒心與月共參酌

其二

凜凜復慢慢容懷正牢落飽知何年霜娥貌如昨瘦影欲拏空空白琉璃薄颼飀風韻清寒光逼夢鶴搴帷眺聽之遮莫奇幽壑忍凍對松吟懷冰邀月酌

寒夜咏月

吟到漏三下詩腸冷艷前月波寒浸地霜影白連天徙倚移孤影推敲聳凍肩此時人夢了只有素娥憐

晚日飛雪伯兄得一片寒光萬點明之句命足成之

曉起搴帷望眼驚凍雲零落閣崢嶸三竿冷照十層艷一片寒光萬點明碎碎舞風看有影紛紛委地聽無聲

羲和大笑呼青女如此陰晴世莫名

晚日飛雪

高城漏滴殘嚴凝逼突廈破燭陰吹虛察日脚下地皴白皚皚天豐光紅灑灑飛奈駕雲車黃襖綿碎攙驪挂銅鉦玲瓏鏤銀花遍處朱砂羲和幻爐冶金蛇戰玉龍鱗甲飛寒野莫訝陳饑城呼童掘羊馬下帷踞氍擁爐揭殘箋沾酒缺壺莫紅屋打忍凍對雪吟迎陽呵筆寫奇語郢中人毋言和者寡

長新店送張緑波兄扶疾南歸率賦長句二首

倏爾重逢倏爾分剩憐身世等浮雲風塵一載同爲客貧病三冬獨送君首路丁寧多慷慨長途珍重少奚勤從來不作交頤態此際離魂却似楚

其二

骨肉天涯伏友生何堪抗手都城衝寒送客長新店扶疾登車第一程遠別留無多語囑以要只有寸心盟到家鄉報早寄平安字慰我懸懸千里情

奉和　伯兄清明前雪霽柬弟原韻

日脚斜飛灑灑紅璇花零落濕幽叢乍寒乍暖清明近
非暝非晴積雪融伯氏曲高知和寡阿奴策下敢輕攻
春和暢好堪聯轡蹋遍金臺桃李風

寄輓六弟樵十首

不道暮年別須成隔世悲展書如夢裏哭弟在天涯骨
冷心難冷生奇死亦奇風流嗟歇絕奄忽泄塵羈
壯志空千古羸身鍾百痾魂銷紅勒帛（戊子秋榜失意）聲絕鼓盆
歌（弟婦先半年卒）清夢無何有浮雲一刹那連床知永訣風雨淚
偏多
想像生平概形骸索弟詩宜偏不合古調獨能彈傲
骨攢泉壤狂才戢玉棺芒然塵垢外長夜正曼曼
雨散星離後蘭摧玉折年思來腸不返望斷眼徒穿生
恥居人後死今佔我先從茲長契濶老淚染浮烟
一死尋常事三生頃刻身最憐稱國士未遣作王賓王
樹雖埋土香名不化塵奚為復適奚縣解及其真

予與汝皆夢汝今大覺人適來還適去為馬復為輪棄
世神無累臨尸歌有因存亡知一體傳火指窮薪（吾弟好讀南華）

因集莊一首

樵也今長寢伊誰秉燭遊人皆疑有癖我獨信無猶齋
志青松宅揮毫白玉樓爾歸余尚寄從此號浮休（莊子有生浮死休之論故張樵號浮休子）
昔與子言別相期會帝鄉歸泉下去魂到日邊來
以此一朝變因之萬念灰花磚強步影誰解在心哀
同氣還同病同憐骨力羸其如出處異而況死生辭囊
剩嘔心句苫無泣血兒堂空櫬在一女守靈帷
所嗟世愈狹只合鬼為鄰骨肉失知己幽明兩恨人眼
前何外午夢裏亦悲辛賦罷招魂句哀風動海濱

和子大三弟秋日寄懷韻

夢斷西堂月盟寒東海鷗誰何能不手獨爾肯埋頭老
去時時病病矣成字字愁羊裘今解札悄感客中秋

冬至　擬散館

南極回羲馭，盈廷慶履長。九重春有信，一線日餘光。望氣雲呈瑞，迎寒梅送芳。共欣有八能，會多士頌皇王。

喜棠山三弟到都夜話倚三弟韻

相逢悲復喜，剪燭話深更。骨肉心相索，功名（軒裳）念轉（白）輕去。來如水，影舒卷，任雲情。稱歸（回）鄉國，庭前香紫荊。

恭和

御製賜牧仲宋年伯予告還里原韻

明良孚一德，恩許拂京塵。秉鉞三吳重，持衡六計真。鶴松名父子，魚水盛君臣。家錦裁班綵，長娛綠野春。

其二

異數兩朝重，歸田迥出塵。西陂秋正好，北闕戀偏真。綸綍榮元老，封疆本世臣。看秉烏獬豸，梁苑遍尋春。

送同年李晴峯出守鳳陽

秀水鍾奇士，濠梁待藎臣。西陲名本舊，北海望長新。春榜登高第，秋曹列衆紳。文章龍萬象，平允活千心。直道無（誰）能並，清操（也絶）等倫。分闈心皎潔，入院骨嶙峋。桃李三年滿，騏驎一顧伸。雲霄騫羽翮，霖雨仰經綸。五馬辭燕地，雙旌指鳳濱。一肩惟襆被，單騎絶埃塵。竹馬爭迎旌，蒲鞭布化醇。訟庭懸水鏡，驛路遍陽春。黃綬維閭史，朱轓拂釣緡。花村抱鼓咽，麥隴雉飛馴。召杜差堪占，襲黃未許鄰。官齋琴鶴靜，奎殿璽書頒。自是蓬萊客，應為廊廟珍。和平非折節，風厲盡稱仁。攀柳情□極，御杯話最真。自兹分袂去，蕭洒綠楊津。

壽海寧座師許老夫子

紫微泉水分，一泝洗出瑤（紫微、金牛，海寧之山水也），星正璀璨。金牛山勢接蓬萊，仙鄉高步光華旦。益官夫子星雲精，一代文章仰河漢。火小已列神童科，稍長便是東南冠。清廟生民供玫抹，克典舜典憑點竄（夫子以操選改為東南名士所依歸）。歐陽起衰薦承明，御試遴選入虎觀。稔知水鏡為先生，特進陪京視文翰（夫子視學江南，得士甚盛）。奏最清貞推第一，起班卿貳領綸渙。出使建節臨桑乾入告成功錫圭瓚　特俾司元工大夫九式經邦作楨幹咫尺汾浞步驟來家迎黃扉諮協贊從來岳降自有真宰止才論聲天下半趣首春風冰雪姿海鶴精神　帝所眷賤子辱知諸生中南宮拔識於桐爨感遇無渙恨國士學步旦傳向三館更羨玉樹第春宮指顧瓊林春水泮壁人名理壓當時江東薊北稱神髓子塚門生羅拜多文孫晚出相輝映弥望台衡瑞氣紛赤松柱久笙瑽瓚靈椿雨露日敷榮八千由此春秋算

都門送楊生返蜀

古來山水推嘉陵鍾奇毓秀賚豪興雲亭酒壚未闃寂肖山父子相飛騰管絃歲歲窮羅綺烽火崇朝流兔起陣雲橫鎖赤甲山恨血長流錦江水戎衣壹着天地清萬物應運秉春生始知靈異自不昧椎才間出仍縱橫我聞楊生産巴國浩氣干霄起薄俗揮毫湧出萬斛泉茹芝嘗遍千山綠翩然匹馬走神都一條古水獻珊瑚仰空不語拂衣笑升斗折腰嗤鄙儒吏有陽和歸妙栝化兔爲人二豎死酒酣醉卧五侯家日晚倒迎丞相履平生肝胆任天真白眼加却長安春百丈軟紅飛不定岷江烟月遲歸人我思黃帝煉藥處縉雲千古高如許君不見山下碧水仍分流此日丹成知在汝

題史子工小照

瀟洒居然晉代兔展痕無事落風湍偶隨溪叟持竿釣常還琴奴選石彈稚志欲凌嵇阮㨾深情寧共謝陶看年來亦有濠梁興一着先教局外安

竹軒雜著

（清）宮煥勛 撰

《竹軒雜著》五卷《吴越遊草》一卷，清宫焕勛撰，據南京圖書館藏清嘉慶十八年（一八一三）刻本影印

宫焕勛，字竹軒，號寄餘居士，晚號訪鶴道人，江蘇泰州人。鳳舉子。諸生。生而孤露，十四五歲即爲人師。極孝，性瀟灑。工書法，鐵筆尤佳。博學，好詩古文。

《竹軒雜著》扉頁題古文一卷，詩上下二卷，草木評一卷，遊草一卷，實只有古文及書信一卷，《吴越遊草》一卷。是集爲團昇所訂，前有團昇序，言「予受而讀之，浩氣磅礴，議論精覈，而成接搆，實非從事房行、考墨所能仿矣」。古文及書信一卷多爲序跋和書簡，如儲煦跋所言「皆如題發揮，有藹然長者言，有仁人孝子言，讀之令人感喟，其他即譏會遊戲，亦無憒時嫉俗之音」。其遊記受歐陽修影響頗深，如《船室記》言「予觀歐陽修子小記，仿而學之」，而《自適軒記》《潤州紀遊記》所寫更是直入古文，「日未出，烟靄迷離，所爲山色有無中者，此其時也」，「主人之適，其適絶非衆人之適，適衆人之適者，絶不適主人之適」。焕勛性喜遊覽湖光勝迹，《吴越遊草》一卷即爲其冬日遊覽吴越山水時乘興之作。該卷爲詩，有儲煦題辭。盡顯湖光山色之妙，有寫泛舟湖上所見之色，如《湖泛》中「山色經冬餘瘦削，水光傍午漸分明」；有寫登高所視之景，如《登六合墖》中「到眼江光飛白練，矗天山色擁青螺」，使人有身臨其境之感，似乎也隨著詩人遊歷欣賞了一次吴越風光。

（耿陳陳）

真州團鶴茇先生訂

竹軒雜著

古文一卷　詩上下二卷

草木評一卷　游草一卷

序

今之皓首窮經從事呫嗶者靡不以房行考墨爲金鍼，謂是足以取青衿如拾芥耳。唐宋諸大家文即童而習之夙所涉獵，亦安在盡討溯史漢源流入班馬之室耶？盖讀書已爲古人糟粕，苟理不明、識不卓犖，未易率爾操觚也。宮子竹軒與予爲世好，稱忘年交。其磊落英姿，性情瀟洒，故矯然出塵表。每構一藝一詩，必就予論之，不煩繩削而自合。其於古文記序闡

序

然八家之室，乃困於遭遇，家素貧，舌耕養毋晏如也。友人招赴浙游，瀕行以所著雜藝示予。予受而讀之，浩氣磅礴，議論精覈，而成接構，實非從事房行考墨所能仿矣。予知竹軒將登天竺、渡錢塘江、探禹穴，古文字江山之助，必有所以壯其游者。遍時與之煮酒梅下，啟篋一讀，觸予往日游覽諸勝諸勝蹟，是亦終以予爲識途老馬也。

癸卯春真州姻世弟冠霞氏團昇譔　時年八十有七

寄余居士傳

李南阿亨衢撰

寄余居士諱焕勛字竹軒晚號訪鶴道人姓宫氏吴陵諸生紫陽太史曾孫恕堂太史孫工書畫之蓼溪先生次子也生而孤露十四五歲便爲人師以筆硯所入歸養其母極孝性瀟洒無世家子弟習氣工書法鐵筆尤佳少時曾刻桃花源記於青田石上篆法毫髪不爽古秀絶倫後亦不復見矣好詩古文得八家之遺最篤交游凡事如行雲流水但求自怡悦而所居寄余書屋明窻淨几左右圖書悉精緻旁設一榻以待遠方客至窻間一草一花歷落有致性不嗜酒而喜以酒飲人有孔北海坐客常滿之風每五鼓起煮苦茗啜之出游以筆牀茶灶自隨常泛西子湖弔真孃墓訪林處士孤山以及金焦九華攝山牛首雞鳴登覽所及或詩或序或記隨手屬成亦隨手散去居東亭之楊家村寒蘆野水間居士安焉客曰居士何不事家人生産荅曰人生如寄耳獨余也乎哉

五十餘無子亦不措意或惜之居士曰余且寄也又望子之寄余乎因號寄余居士

題竹軒雜著

頻年橐筆走風塵著作寧徒只等身千里江山知已感一燈風雨卧游人心從閱歷成恬澹天以文章富困貧此日韓蘇無繼踵獨於海上寄傳薪

雲浦愚弟仲振猷草

壘兵十萬遠沙塵老將幽燕即後身倒瀉黃河天上水闢傳綵筆夢中人張華不愧能稱博趙壹何妨獨守貧焚起旃檀讀瑤帙高燒紅燭當然薪

東亭嗡香愚弟崔起球拜題 時年七十又一

筆底全無半點塵規橅豈作等閒身曾摹漢制稱知已（君善鐵筆余亦學之）又讀瑤篇見古人學到蘇韓方是富文非晉宋總嫌貧尋章摘句經生事（余著經緯堂文）對此茫茫嘆積薪

愚弟葛縉呈本

目次

目次

竹軒襍著

鶴䉉先生訂

送胡景山赴選序

予幼讀禮，至桑弧蓬矢射天地四方。竊謂丈夫若不管兵走萬里，立功海外，則當佐天子號令賞罰於明堂。越十年，志不就，又落拓，挾筆硯為人子弟師，因得交四方之士。楙堂、濯夫與予交最狎且久，濯夫又為內親，皆偃蹇不得志。歲在某，濯夫客於胡子景山之家，予因濯夫數過之，觀其詩詞文章、筆墨馳騁之能，廓然有大志，乃不得之有司。景山亦不苟悅於時，故無所合，困而歸，退偃於一室，於天下之事、當時之利病與夫吏治之優劣，未嘗不切究之。予惜其無所用於世也。甲子冬，天子以西川之劍，招募天下士，野處雋秀，咸登仕籍。景山從其例，來告予。予固知枳棘非鸞鳳所棲，然士人既負其才，具為國家用，即秩斯祿薄，亦得效其手足之烈。蓋天地生才，本為致用，求用而力不能致，吾於國家尚不能無抱歉之處，矧求之而力可致耶？夫求之而力可致，而人顧有力而莫之求，則其人必甘心豢養其身，而一無所用也。予困鄉井，無由藉手上達，又以親老不能從辟書之佐，故於名公鉅卿未嘗攷質。景山吏治，詎知其善否？但就平日留心庶務，當不絀於應接。況以河海之儲，供豆區之用，則綽然裕如。景山可以投袂而起，少快其丈夫之願、四方之志矣。其亦以力不能致，又無可用，為予憾也哉！將行，餞之詩，並邀濯夫、楙堂命酒以為別。

仿歐陽子蘭谷志

題稽山王雪圃吳陵唱和集序

歲丙午春仲予方餞澧塘於袁江孤檝南旋苶然疲役門外聞剝啄聲逌稽山雪圃至記丁酉話別以來十年所矣僧寮聚首相得甚歡於時二三故人踵門問訊茶鐺酒榼累日無虛頋雪圃有三年之喪不事謌詠予謂蓼莪飲泣屺岵生悲古人方於此徵情性曷其異自是拈毫闈韻贈答留連大率寫其離別之苦遲暮之傷居多而予於此為雪圃稱良遘也夫千

里訪舊覯而為艱其澹然寡情閒足音蛩然而避者固不足道即使蓱梗四方遷其梓里款門賦秋水雪圃將何以為情令同學少年皆無恙又得羣然相聚週兩閱月謂非一時之盛哉瀕行萃詩成編得如干首居與行者各錄其一他日音塵南北展卷之餘當有懷往事而黯然於中者至於詩之成不過藉此申情愫紀嘉會其間甚少斟酌不足當稽山都人士之一眄雪圃歸其弖而懷之勿輕出以示人

贈香雨道人序

昔昌黎著佛骨表而交佛弟子人咸怪之謂塞其源復尋其流也予曰不然佛骨之毀防其誕佛子之交重以道也趍舍不相背耳予於佛不甚嗜亦不敢毀而所交佛弟子固倍於昌黎往嘗於天竺靈隱諸山長老款門訪謁均有一日之雅不獨昌黎之交高閑文暢也其交久而契深者則以香雨道人為最盖數十年於茲矣或曰道人墨者於君臣父子之懿文物

事為之盛皆有所不通予曰東之來見鄒賢不辭朔道人墨名而儒行乎髫髻落髮寶華山翻閱之餘博探儒籍自少至壯迄今頭童齒豁終無厭弃其於道也非文暢之拘於法而不能入矣然而知者少知道而能與之言又少予記向偕俞朴人陳澧塘李南阿往來檗庵苑道人煮苦茗揮麈尾浩浩瀚瀚頻移晷不倦亦不竭十年之後朴人南阿客邗澧塘走燕予漂泊東亭無所底星馳雲散道人有懷能不悲哉吾

觀道人多技能善書善詩畫尤嗓人耳不獨高閑之祇學張草也惜乎衣盂少傳人風塵中疲於奔命他日辦香有替就雲林天竺之間覔一席相與續舊緣禮佛設詩予名帶髮僧道人為祝髮儒聞者謂予兩人之視高閑高閑文暢又何如哉嘉慶四年己未夏仲月二日道人六十初度之辰為此序

序　一

李約園雁沙集序

予讀李子約園名雁沙二記反復欷歔為雁沙幸也或曰雁沙塊然一隅直牛蹄之涔耳詎以名不名為重予曰山有魈地有媪物有魁都由雨露之精華世人之賞識而後效靈挺秀於寰宇此何异佳士經賢達奬藉頓生羽翼也蘭亭遇右軍西湖遇蘇白平泉常曲遇安石惠裕若此類者不可枚舉率皆遇其人而名之以俱傳不然何以先後千百年間蘭亭西湖之名言之齒舌生馨毋以未獲一過為憾豈名山勝水相招尋耶亦名之膾炙人口耳予以此為雁沙幸而抑又有感焉張茂先稱顧陸二子為鳳鳴龍躍士衡謂不鳴不躍者公未覩夫士生通都大邑猶蘭亭西湖之在錢塘山陰得其地矣又標格傑出究然山之崩岁不凡水之明秀可甬也若右軍諸人行軒一過定當殺價十倍無如北轍南轅馬牛之風相左語云名士空山偃蹇此真有不可解者雁沙何由邀約

序　一

竹軒襍著

高沙夏琢齋印譜序

印譜由来舊矣秦漢以降代有傳人數難更僕自趙松雪後則有文山橋何雪漁程穆倩顧于篁李筴山等古雅嗥人然手澤就零落留遺甚尠求其一二為模楷不可得此道幾失厥傳夏子琢斋覃思文藝之末從事篆籀有年闇然入古人之室而人莫之知吾因以嘆斯道之難也非寝食其中博採古岣嶁石皷

序 一

諸碑板叅閲李斯説文諸圖籍不免於俗乳臭之子朝學執筆暮即冒古自夸聞之者亦遂羣相謳誒以傳人口夫冒古而傳入古者或不傳此琢斋之所以不出以示人恐遭俗眼辱也雖然茗華在山良工必識夏商之器上明堂而始珍吾鼑曾勸琢斋之印譜公諸同好乃遲疑不出倏然就召茗華幾沉於山矣豈不惜哉歲丙辰琢斋之嗣[illegible]思鐫以問世因丐序於予噫予何人其能序兹譜哉兹譜豈藉予序哉

園之盻睞哉或曰雁沙之地盩厔紅塵不接青山非遥陰晴有螺髻之隠見音響則鐘魚梵唄之幽窈且溪流渚泛左右映帶春到士女湔裙秋高鴻雁畢集華子岡輞川莊不是過也以故四方騷人逸客聞者結想見者停屐又得約園為之接引而雁沙由此噪人使此地而少約園有約園而不知所以名之雁沙之閬寥如故也盖物無貴賤知已為難以太白之慕荆州猶思階前盈尺之地且曰青萍結緑長價於薛

序 二

卞之門然則雁沙之遇約園即古之薛卞耶柳西湖之蘇白蘭亭之右軍耶同不同未可知雁沙必由此效靈擢秀日增山川風物之美予獨惜宇宙之大如雁沙之可名而不得一一名之者何限雁沙居然藉藉乎傳矣豈不幸哉豈不幸哉

自寫幽懷別有寄託筆墨之妙真似化工 應志佐謹

□美其章親之意竝憶平生之舊遂如所丐他日此譜一出琢齋必繼古人以傳而後之繼琢齋者不知何人氏也然而有琢齋之譜此道不中落矣

選笠翁集序

詩自漢唐宋至前朝編選集甚夥初學罔弗奉為津逮矣逮　本朝歸愚先生兩朝別裁出隨園主人詩話出分其門戶別之嗜好人遂爱隨園之所録者新奇而謂別裁為平澹因而獲龜忘甍弃長珍而嗜异饌惡覩其識味也不知夏鯉秋鱖食有其候不若鯉鯽之可脩四時也矧別裁之格律最密隨園得一二句之尖頴即録之而篇幅不論詩法自此靡矣笠翁

生二老之前居兩朝之際與漁洋卧子西堂後先頡頏法律維嚴但詩以詞掩邑居不聞夜吠之犬牧人不覩暑飲之羊宜也予締閱其全集古文得歐柳之遺詩有別裁之格調新頴視隨園所録則過之初學以唐律為主用此為輔入門較易所為刓方為圓而亦不失其方也檢閱之下録其尤數十首並古文之可以發人神智者十數篇節其粗取其細綴録其尖頴讀之者以為鰣鱖可也以為鯉鯽可也語曰烹調

之法。醯醢葱薑。必具。乃可以執爨。乃可以貫。弗予之
區區為此者。正以講調和而取悦於食者之口。俾知
味之有不齊也。

序　二

竹軒樵著

潤州紀游記

同社袁振華沿山輯

天下江山京口為最勝。游覽之情。予與朴人柳村為最深。予客邗之暇。招朴人柳村來邗。由瓜步曉發。日未出。烟靄迷離。所為山色有無中者。此其時也。頃之烟雲四散。日色晶瑩。江光如練。京口諸峯排列在目維舟就陸。由昭關南出十餘里入山。徑浔茶肆。僨茶小憇。問山之名。曰磨笄。鴻雀予聞之。游興勃然。擬攀蘿緣石。上覩大江。而朴人柳村。欲登九諸山。遂不克往。經乱山石峰迸出。如猛獸竒鬼。不一其形。予至此步履几倦。而山之深隙處。忽然屋角紅墻。不知所處依徑紆繞盤曲而走。巍然高出。所為九華。是山中有峻樓。潤州人讀書處。與朴人柳村往謁。登樓憑眺。久之。隨僧至前殿。由寺前門出。問僧以招隱寺。僧歷指之。究不能悉意料負之山叟。諒無不得。闕數里岐路當前。欲問之確。坐良久。幾乎長日不逢人。遂率意行

記　一

路益遠並所經之九華亦不可得又半程耳聞濤聲洶湧如疾風捲地前來逮半程得泉水澄潔流出而不知所窮旁有碑勒虎跑泉三字剔蘚尋姓氏磨滅不可得上山入寺僧曰山上有■洞山下有三泉山之西八公洞山之東獅子窟均於慈山相屬而慈山則由梁昭明太子稱招隱焉古木參天重陰貼地清泠如坐冰壺中不信人間尚屆盛夏也朴人箕臥廡下柳村與山僧談處士戴■本末予摩古碑文得古

記　十二

令体四首明太守鄔公與幕友及紳士作也抄入奚囊招朴人起出寺由石坡欹徑數百步回頎山頂松杉萬派蒼翠矗天其間雀鳴鸛唳喔喔似喚人飛泉綆於山半乃知虎跑泉去處依泉百步達獅子窟蓋窟當山之腰泉出山之巔故其泉流而出不竭僧云與招隱寺相屬洵不欺我窟旁有亭建山之頂背一碩直下百丈為山澗令人不能注視窟洞五六小者不能入大者深邃柳村篝火入半里餘露滴火滅前

出出則日銜半山游興未酣歸程已促僧所云公公洞亦未及往遂轉步而東經竹林寺游展少停略尋前代勝蹟如睡佛樓自來水領畧殆盡至此所歷則已夕照萬山隨遠樵走山徑側竹門而入曲廊百步荷芰半塘前山後亭瞍曰老樹不隨龍化去故山應有鶴重来徙倚半餉還至村店居停詰以来所予悉告之曰此地名震澗城俗語何氏丘壑游人所樂傳之久矣言畢出村醪列山蔬治餅餌品物精潔予不

記　十三

覺飲之多且醉與朴人柳村就睡是夜山水之緑野田村舍之趣縈繞夢中向晨柳村以沐呼予予遂辞居停而去居停欵欵送至近城甫去是日天暗登城望城外江山若隱若見直至甘露寺始見萬山青翠坐江亭一望四面空濶無障礙指金焦如彈丸其間數百里江天波濤洶湧風帆浪船出入於寅雲浩淼者不可以數計而知天下江水京口為最勝特不解游覽之情予與朴入柳村何以如此其深也賦詩以

紀之。予作潤州紀游記。至金焦磨笄鴻寉之游。待紀於後。茲之記。記於巳亥中夏。後之記。又不知何年日月也。抑終不得游。無可紀。未可知也。然而此會之游興。稍稍盡矣。

古文華致雅人游興二者俱妙當勒石於招隱寺中 荆溪儲潤書

記　四

荒園修竹記

予自丙申客邗之北鄉。凡五載。書齋偪仄。夏至無乘風所。問之居停。去塾百步有荒園二畝。往而視之。榛莽夷道。茗蔓淩霄。予惜此園之荒落也。屬居停命役夫芟翳之。十日乃盡。得修竹數竿。垂垂欲墜。令扶掖之。遂與學徒杯茗其間。今春新篁數百。挺然秀出。中夏之交。蹤陰掠地。青翠可人。經此者悉停屐焉。嗚呼。佳卉美葩。何地蔑有。不加拂拭。修竹之天。幾爲蕪穢所宅。以此知大江之濱。窮谷之側。泯滅於荒榛野蔓之間者不少矣。脩竹特其所遺之幸也。

記修竹感慨良深 嵇亭

記

樂安主人自適軒記

天地本適然耳。日月星辰形於上，草木山川形於下，品物咸亨，四時覺爽。其有不適者，雷之震，風之烈，山崩川竭，此又氣之乖數，百年不輕見。人之生於天地，亦復有其適然之數，在人之領取之耳。然其間有能適而不善其所適者，又有可適而不知其所適者。情府庫之雄，欲大門閭，高開閎，傾囊倒篋，易尺寸之符，單車雙馬，走五七千里外，蠻烟瘴毒，臭其氛者不可醫藥，幸而起居無恙，頂冠束帶，奔走侍候於大人之門，睎閽人如手足，今日問安否不報，明日問安否不報。如此者一歲數歲，懷中之刺幾易，而終不得上達。客囊已罄，鄉書不來，外無肺腑之交，內無骨肉之倚，異域羈縻，夢魂錯愕，比時欲遄鄉土，安草舍，勢有所不能。不善其所適，莫此為甚。其次悅聲色，啟金屋，羅吳越之妖麗，紅顏綠鬢，極擁抱之娛，適則適矣，不十數年而蹩躠齁嚏，齒危髮禿，心未老而容衰，雖欲自

適而不可得。下此又有以阿堵物為適者，儉可風也，而不中禮，寒不能置一衣，饑不能增一膳，數米量鹽，計較於錙銖毫末之間，慾壑難盈，既得患失，而肘腋間以胠篋來告者，欣欣然喜不自勝，究之撒手時，亦與蕭然寒素等，一旦付之揮灑之子孫，未嘗稍恤。厥考之苦，然則有自適之數而能善其適者固難，有自適之數而知其所適者尤難。嗚呼！正鵠當前，失之偏。黟武陵伊邇入者無多，此吾所以服樂安主人之智見及此，而又能謀夫自適之地也。席上世之庇，童年孤露，上既不樂以金幣嘗還譎之況，次不欲以後房聚粉黛之華。年甫六旬，不藉菖陽以引年，不佞佛老以乞壽，建數椽為休養之計。客有誚其軒之陋者，令其增尚雕飾。主人曰：吾構軒以取適，軒不責吾以求也；必欲竭智力，勞精神，窮工極巧，謀之中夜不遑息，是取適而先不自適也。客遂啞然。而主人之意自在也。宮不過半畝，而夏有凉房，則適於夏；冬有燠室，則

適於冬草木盈階可適耳目琴尊在奥可適友生荆花梓樹蔚然在望足以適天倫而且窗櫳洞達課西疇之穡事適我農人攬四序之風月適我懷愫是朝亦適暮亦適無時無事而不適也然則主人之適其適絶非衆人之適適衆人之適者絶不適主人之適而主人不欲易已之所適以隨乎衆即不欲衆人之舍所適以與已同也惟予與主人髫齔之契垂四十年情好無中間予之遇事不求甚觧與主人將毋同他日如蘇子之交追從不絶其將舉天地之適然者而領取於此軒中招予而言曰吾與子之所共適吾其携鐺榼以就之

熱中人見此可當暮鼓晨鐘 左育老人

記 三

船室記

予觀歐陽子小記仿而學之不能善也石亭以船室記来丐予予曰前有作者可無摖不聿也為予録畫舫齋記可乎石亭曰義各有取吾固不欲以彼代此也遂如所丐且往觀焉窗牖開敞繞以曲檻左右四時花木可喜予曰有屯象焉舳艫艑艘行水之物易曰利涉大川子乃置之陸地傍沙石依草木若繫然毋乃非其所與石亭曰吾取其室小而偪仄藉以為名非有志於行也噫吾知之矣風波之險神驚夢愕而闤商海賈風驅浪舶出入於波濤浩渺間其險阻奇怪傾覆於反掌者不知凡幾子獨晝然退處偃仰自如一切危殆患難之境不涉於胸而險而能止盤桓利居貞之意於是乎寓惜乎吾不得與子共坐卧也或曰舟楫之用志士不忘他日乘風而出利有攸往沿而不止一日千里吾之所謂屯者又將觀其通也嗚呼其可量也哉

即是文忠公小記 湘舫

記 一

竹軒穛著

鶴谿先生閱

延脩祖墓文　姪增祐訂

昌黎曰根之根者其實遂又曰源之遠者其流長明其有所本也夫水之本為源木之本為根人之本為祖祖乃身之所從出也草野之家禮數茫然而飲食必祝其先祭祀且哭之墓尚知本之所在矧宮氏起家詩書綿綿延延世膺　恩澤食德尤厚文介公為合族所從出庇蔭寔多上自趨蹌　朱閣為子納言下及刺史長吏以至一衿一介莫不以詩書食先人之報予愧不肖無所就又在客不獲應期掃墓然春露秋霜時時悽愴惻怵心嚮往之乙未秋客車遹道經墓所下而揖之墓基傾圮木樹凋零予悵然欲詰之守者不值芟叟曰子欲究其故乎予能詳也牛羊踐踏犬豕箕踞近又四方乞丐借以寢息每見往来行人欣隣塚之蔭翳則於茲憑吊欷歔予聞之感愧交集踉蹌登車噫此乃文介公之墓乎夫死居墓穴生就屋廬其義一也奢者啟大廈廣廷極雕欄畫棟不惜物力矣儉者修墻垣葺門館矩模亦極整飭矣否則蝸廬膝居狭小而偪仄亦必蔽風雨禦盜賊而後即安以其為身之所庇也夫身之所庇則謀之身之所從出則任其穴居露處而莫之惜嗚呼為子者為人後草野尚悉此義而吾族頓置不問但云烏鳥私情亦滋多愧況中宵漏盡彼此易覩零雨凄風荒塋蕭索更有憂心如炙枕席難安者乎所當亟圖其本矣予知天良人所同具延合族捐輸傾塌者封崇之若居之高閈閎也凋落者植立之若居之樹門屏也鳥獸鼯狐掘其巢牛羊牧豎嚴其禁庶其墓門清靜先人得完美之觀焉倘失今不計後將益落我先人何賴此繁衍之族姓乎謹勒一篇為我宮氏子孫訓

血性之文子孫不堪卒讀　經為坊志

祭吴布衣詩人棫堂文

棫堂之死予客宣城未得為之經紀賴芸香社友殮瘞之今三稔矣荒塋孤塚增故人之痛爰治一觴為文就其墓埽而奠之

嗚呼椒堂天道無知存殁何嘗感人生之夢幻增悲悼夫黄粱誰其強顏生之命李賀之年易夭折而為修長知蜉蝣之易逝奚涕泗而悽愴嗚呼棫堂生而英爽緊賦性之觥觥表倫類而為秀良惟自命其匪凡乃覃思畢力於縹緗胡終身之不遇染鬓髮以輕霜嗟椿萱之俱萎賦蓼莪之三章悵棠棣之無華聞埙篪而悲涼每心懷夫似續冀後裕而前光竟等無嗣之伯道並不能方比夫中郎恨朱絃之中斷祇单栖夫長簟與空床嗚呼棫堂人生之苦莫此堪傷耽謳吟之成癖每破涕而徜徉排幽懷之冗塞聊肆志於高陽奈何麴糵之為祟陰居二豎于膏肓嗟参苓之罔效倏偃卧夫僧房思裹飯以来觀乃旋馳騁乎北邙嗚呼棫堂憶杵臼之盟卅年一瞬顧前路而茫茫盼泉臺之莫慰寄離恨其難將賦宋玉之招魂兮冀来享以棫漿倘地下其有知兮應控鶴以来降對舊雨而翱翔

蔼仿騷經讀者泪下蘭谷

竹軒襍著

荊溪儲玉琴潤書訂

馬慧泉夢游畫跋

琳玕軒敞。芳菲影透罘罳。玳瑁函開。雲水光分墨楮。慧也烏衣玉麈系本瑚戈畫戟之家。紅豆巴牋游愛楮酒分闈之社。惜落英之易盡。將身願化金鈴。慨香草之難留。有恨思調錦瑟。矧此高齋閒寂清晝偏長看他玉剪差池。遥情易寄。比王粲之居游。庲庲跡涵塵中。想莊周之蛱蝶。翩翩神馳象外。琴心獨賞。懷流水於嶔絃。海角孤羈。招離魂於荒墅。澹泊之天。臨太古。剎喙無聞。宋家之思。入空匳。游絲不斷。購黃金於市上。誰知欵碎之心。出靈韵于爨餘。不脱半焦之響。倘能羽化。傍紅袖以景從。無那曲終。已峰青而人遠。嗟乎。微雲踈雨。無人解愛陵陽。急管繁絃。有耳惟知箏笛。此慧也。特懷古調於雷威。祗託深情於牙曠也。然而生似蜉蝣。境同幻泡。鏡中幽影。色相寧真。月下窺身。形骸自在。長卿居多韵事。每興至而神游。庤頭畫取生綃。已梅飛而色舞。一幢傳觀之。會定推風致夸由萬藹萃聚之鄉。迺識襟期瀟洒。謹跋

竹軒雜著

同學湯治昭輯

自署寄予書屋跋

列子曰：人籍居，鳥籍棲，皆其寄耳。人寄岩廊，猶鳥之阿閣；寄山林，猶鳥之寄茅檐；寄廣厦，猶鳥之深山叢木；若數椽，則猶鳥之一枝耳。予少欲寄上林不得，又不獲居寄梓里，東奔西竄，大率皆挾書冊以寄人。已酉冬，王烟舊訂譔延予寄東亭之偏，特搆一畝宫，甚不欲予視之為寄。予頋而嘻曰：人生皆寄也，獨予也乎哉？因署其書屋曰寄予，取其可以寄儒籍，可以寄几榻，可寄古人書画墨蹟、酒尊茶灶，且墻角寄竹木，階砌寄苔蘚，窗牖寄雲月，青燈紅友寄我故人，以是為寄，其亦可以暢所欲矣。雖然，可寄而不寄，非寄也；可寄而必預謀其寄，亦不可與言寄也。予鳥也，書屋木也，木寄鳥乎？鳥寄木乎？是在泰乎寄之説者。

通篇借鳥拌説，不外莊生達観二字，筆墨亦復相似。賜湖鑑評

古歙洪遂成友竹圖跋

予癖嗜山水，次則草木蘭茝脩竹之類。往歲游浙之欸，光甫入徑，篔簹數里，徘徊不能去，與僧訂休老之約。越十年不能餞，亦漸釋於懷。今閲遂成斯圖，頓攖我入林之想。夫子志幽遐，垂老計耳，遂成豈予志哉？或曰：遂成愛浮筠之聲，吹洞簫將以引鸞鳳。予謂其小矣。或曰：遂成詩客也，此間踪影寒穀，寔增詩興。如其然，遂成曷不登齊雲岩傍天門石室，與樵客山僧相倡和？遂成皆不出此，又不欲學王子猷種竹宅畔，乃繪琅玕於側理之上，奚以為？然則遂成之意予知之矣。生平志四方，高氣詛隱，存一物色朋友之見。其某破觚為圖，某某骫骳隨俗，陰喪其節，揚不自知，孰視黙惜，安所得挺然拔俗之士與之共居游哉？思所與不得，畱以寄之。然則遂成將躋於君子之林耶？語云：視其所近，知其人；視其所嗜，知其性情。就予之所嗜，推遂成之嗜，予於遂成約畧得之。

竹軒襍著

沈午橋先生訂

蔣左宜述吳起莘伊訓合傳

莘菴諱斌號左宜又曰佐康餼於庠祖若考世以經營建業莘菴綺歲起然有讀書志及長棄先人之弓冶問字於陳硯畬夫子之門與吳起莘同門時予最少亦附在及門兄事莘菴起莘隅坐其次因知兩人特詳莘菴沉著聞夫子之講貫唯唯而應當前不辨

一難事後翻閱諸書一字不洽意未嘗不再三來究焉起莘來問一解即與夫子別白堅執其說譁然有毅夫子不能禁也但得釋然即去意其人固在高明之列與兩人皆得夫子衣盂故其教益後學甚夥後人聞兩人之說者每别具鑪錘高眼孔兩人之有功於此道不誣也惜乎起莘僅列明經年不六旬而逝莘菴竝不及列明經先起莘十年甫半百而卒兩人俱無嗣祇以文字珍後輩之重其事可悲也夫

論曰予初聞吳蔣二子相繼以殞甚為之不平轉思文字有功於此道未嘗不破涕為笑謂同學如二子有幾人哉況李賀無年鄧攸無子天道無知後人且引以為解二子亦可無憾於九京矣

招同社諸子蓮池小集啟

祝融煽虐。逃暑無方。鶉火揚輝、招涼何地。問吴興之印渚。半屬荒蕪。訪斐氏之午橋、祇牽夢想。僕愛蕭閒。雅耽幽僻。西泠寓研。曾經𡨋水三年。東海移家。近得池塘半畝。門巷舊栽楊柳。芳菲新植芙蕖。曉來看奕之軒。香生絺綌。靜坐臨流之舘。清到窓櫺。此仲宣作客之鄉。正茂叔談詩之地。所以招邀夙好。暢叙幽懷。奇葩野卉。大可怡情。湘簟竹奴。足堪永日。碧筒消綠螘。三升画舫。度紅么一曲。韵成蓮社。佳句應詆百朋。序繼蘭亭。此會亦堪千古。莫訝盈盈帶水。君怯揚舲。須知宗宗蓬門。子方掾篲、謹啟。

有香雪之遺 南阿

竹軒襍著

書

與蘇州韓受茲

門人葉鹿鳴校訂

聚處十餘年。一朝別去千餘里。懷思悵悒。想彼此有同情耳。寸緘不能具言。抵署後未稔風俗奚似。人文奚似。首蓿之供。尚不致劳大人之心否。鴻便郵寄。聊免罣懷。僕於去冬寓研於東亭。草草依人。諸多拂抑。一枝之借。欲附鶯遷。知足下必留意也。近日水村衆居。詩酒俱歇。回記丙春雲集文樓。始知佳會難再。王雪圃之拳拳。海陽洵非無意。雪圃去後。未得一札。玉琴百里。不親一面。而朴人孤客江鄉。僕與南阿避居海曲。雖有不離其鄉者。如柳村嵇亭。亦不免晨星之感矣。同社諸子。並擬一牋。以賦鄙懷。乃心緒棼黟。卒不能就。容當另寄。茲付南雁。率泐數行。不戩。

與荔圃侄書

去年老侄告别，予為之悵悒良久，謂吾輩依人，竟不能自主。以老侄身逾六旬，館經四五十年，尚不得寛然就養于家，為數百金遣此身于二千里之外，青鞋白髮，旅館踈燈，晨夕二三子，想風雨之會，不免南瞻寄慨。予固知之，所悵悒者為此耳。今春問榜信不得，銓選信不遇，予拳拳之隱更覺難平。五月家里人来云，老侄已受　國恩，授國子監學正，予從此悵悒頓釋，乃信書卷之不終負人也。一官一秩，在宫氏雖不足奇，但老侄辛苦一生，直至今日始稍稍慰藉，可知國恩未許倖邀，而遣此身于千里之外，殊非無意也。得報後，一家老幼親族無不撫掌。予因記先人當日積善累德，至于畢生，到今日乃驗。語曰：為善無不報，而遲速有時。想九京亦因之愉快，老侄亦可以自解。獨予對老侄，增不材之愧。奈何閒此職清冷，無异坐館，然臯比而入庠序，佩襟帶，位置已不在學究之列。予觀鉄崖先生亦從此席陞擢，但期補授後，得以外放做几年，七十致仕，還而娱老，家人叔姪，衛宇重依，清尊夜話，自是另番光景。近年予館東亭，一生作嫁，不足饘粥，所喜自署信天翁，平生不想心事，故能拋却無限煩惱，至于眠食無恙，差慰遠懷。風便泐此申賀，並希珍重。

引歐陽子語作主，美其先世。

與沈午橋書

河干揖别。神馳於越富春一帶。默計程途三旬日天都峯下。到一箇冷官。但不知學俸所出。賺得錙銖之資否。五月晤洪子遂疇。悉近履安善。克慰遠懷。奈地方實不乎名苜蓿之供。尚煩籌校。此在蹇拘之人。勢難開暇。子以叔則之度。文舉之學。子建之才。又有陸天隨阮嗣宗之性情。高曠灑落。不為官累。豈為境苦。飽看青山朗詠。佳什此實用也。如謂地方清冷易新

書

安為蘇揚紅塵麻麻。遂往迎來。不能休暇。失却當前究亦鮮有實效。不且為山靈所嗤嘿耶。愚見則然。非為達人作解也。人來寄我近詩。松滋侯冬間擬錢黃山之約。

與仁兄胡韻年

古人云。秀才乃是窮根。不過比人多一個討飯盌。何足喜。但以仁侄之屢試不獲。竟似蘇季子之說書不行。反在意中。今能到手。即下一轉語。為仁侄賀。賀其窮也。且知吾兄衰莫之年。諸想俱斷。每于後人多所期望。聞此好音。克豁懷愫。必然躍躍加飯。案下即擬登龍。緣小恙不能遠步。踉蹌而去。是以闕典。可怪也。他日便舫來。尚擬謀一夕聚。並話十年前舊緣。

五

與仲七雲浦。

三塘揖别。又届新秋。撫物驚心。想此時不無安仁之慟。然古人云。脩短隨化。終期于盡。亦宜力為排遣。望望昨家信到。吕四云水勢。又如去歲。僕家居下流。頗丁此患。有化猿鶴。而為魚鱉之恐。别枝既無可寄。故里又無可歸。旅懷摇撼。不知所從。再四思維。還是吴陵為當。與其付之東流。不若正以丘首。古人有以教我矣。不識棣台以為然否。風便率泐數行。用諮詹尹書

幸示從違。切切。

言哀詞正 澧塘

後跋

歷觀諸作。皆如題發揮。有藹然長者言。有仁人孝子言。讀之令人感喟。其他即讌會游戲。亦無憤時嫉俗之音。如自適軒記、京口諸山游記。其指切景象。直入古作者堂奧。信今傳後無疑也

竹軒為吾里世族。少負志不克遂。終年困躓於荒江老屋之間。然亦以此得究心典籍。作為文章不下數十種。今抄一二付梓。與同質之之行見不脛而走。當不以予為阿好

嘉慶癸酉十月朔日愚弟左盲儲煦謹跋

後跋 一

吳越游草題辭

竹軒先生系標華冑，偏饒邛壑襟懷，志切壯游，欲覽湖山勝槩。孟冬出門，寒生襆被；歲除返棹，句滿奚囊。計日而書，乘興即作。閒情逸致，較錢唐山水以俱清；短韵長篇，共於越山光而競秀。僕五技都窮，目炫迷色，一籌畧展，臭嗅聞香。對此冰雪之妙文，盡埽綺紈之習氣。溪毛碧瘦，山骨蒼寒，吟者不必拈髭，讀者忽然歛手。雖未從登眺勝游，恍遇詩中，而幸覿萌芽，鄙意用酬簡末。

題辭

甲辰仲春望後一日里弟儲煦頓首

吳越游草

彌孫崔慶曾校字

同社姜桐仲雲 浦軒 訂正

詩

瓜步早發同溆水葉子榦亭

瓜步乘潮東復東，輕舸斜挂一帆風。過江山色知多少，都在迷濛蜃霧中。

浩浩江聲近曉寒，舉頭紅日上雲端。樓臺倒影金山寺，小李將軍畫裏看。

舟中偶成

六幅蒲帆走浪花，琴書從此去天涯。拈毫欲紀詩盈篋，經宿頻牽夢到家。夜冷舟人煨榾柮，燈殘商婦撥琵琶。尊前無限閒情事，影入蓬窗月半斜。

虎邱

七里三塘古道斜，寒山風景特清華。人依劍石開吹笛，僧汲憨泉細煮茶。儘有樓臺堪徙倚，絕無名勝不煙霞。闔廬往事難蹤跡，賸[illegible]湖心水一涯。

壇邢臨風

微雲吹遠天輕舟宕柔櫓平望西南來颷風生別浦汹湧起波濤舟子不敢忤倉卒卸征帆住傍檀邛渡高岸一徘徊孤村還散步繒繳伺征鴻稻粱飽家鶩野叟樂餘閒夸險無驚怖試問舟中人浪游何所慕

杭州口占

北新關口一帆收眺徧杭州仙子樓裝點自留真面目笑人紅粉古揚州

春來婦女俱攜筐膏沐都捐得得忙本業不忘晰與

織土風大半重農桑

塘栖晚眺

道出塘栖境停橈一問津水穀初入浙山色已親人舟泊依紅樹鷗眠傍白萍閒情堪領畧五字寄吟呻

湖泛

自裏宾褰出郡城画船柔櫓寄遥情已孤舊雨三年約獨泛湖天半日程山色經冬餘瘦削水光傍午漸分明勾留欲訪林逋去夢寉遥來下五更

登六和塔

重重拾級上巒陂爰嶺才從六塔過到眼江光飛白練矗天山色擁青螺區名吳越分塵廣境想荊關入畫多呼吸也應通帝座幾回搔首獨高歌

錢唐江行仝餘亭作

却浮蘭櫂渡江濵雲影江光俱可人更有青山看不猒一番相對一番新

李郭逢宮面面開細烹香茗細傳盃詩情正爾愁羞

澁寫破江天一雁來

何須烟景問滄洲翠黛青螺望裡收我欲騁懷還濯足招呼明月放中流

大江東去幾時閒卅里吟殘萬叠山客子今宵眠獨穩了無鄉梦到江南

過富陽

似連雲氣似浮空百里居然峙堞雄城闘大都環水次人家多半住山中煙嵐北顧晴看雨画鷁南飛夕

挂風駕霍仙踪何處覓。（赤松子仙於此）翻嫌行色太匆匆。

上灘謡

紅日低措吉溪涉。此帆檣折向西。上灘百尺登雲梯。山形插于席山下。水般撞石鼓。遥從複道棹頭看雲集。舳艫滯商賈。遲回又久。七里嚴灘難出走。力争上游需泥首。篙師俯伏真如狗。風蕭蕭夜迢迢。聽到水般心摇摇。記程因作上灘謡。

詩　四

擬題子陵釣臺

作雲復作雨。管鮑交如土。吾慕嚴先生。益重漢光武。

乳香岩觀瀑

乳香岩畔嚴灘側。七里寒山蒼翠色。人家石徑結籬門。拳曲藤蘿陰冪䍥。瀑般聒耳似鳴雷。直湧山腰落千尺。雁宕匡廬名古今。此地如何般寂寂。深山湮没幾名區。我取乳香題石壁。

蘭溪晚泊

迢遞蘭溪道。掀蓬望遠天。凍雲歸岫冷。孤月向人圓。潮長沽魚市。香温載酒船。一般良夜笛。清韵落前川。

嚴州道中

星移吴越境區分。攬勝嚴州异見聞。出峡泉奔追驅馬。下灘潮湧散千軍。沙團子母浸成石。山釀氤氲漸作雲。古寺慣藏岩洞裏。却留屋角挂斜曛。

山家

無幾家煙火。編茅自一村。嶺雲檐外合。澗水榻前奔。

詩　五

月出烏鷩樹。樵歸犬候門。鄰翁時過訪。沽酒話黄昏。

月夜登子陵先生釣臺

高峰峭削百丈騰。鶴鳴幽谷寒月昇。懷我先生古無匹。景怡雲禎空名稱。儻來富貴視如躧。焉知故人沛中起。冥冥鴻飛江上來。山畦躬畊自耘耔。興至一竿忽爲魚。心薄浮雲身碧虚。萬事脱然無所累。垂竿之意豈在魚。史稱建武數徵召。自陳所志守江濱。同心王良與周黨。漢初鼎足此三人。岩巒烟霞各有屬。周

閑漚池嚴富春我乘明月扁舟興挐蘿緣磴踞高陵
登坐摳衣一瞻拜岸然道貌神澄凝感我片時形骸
冷浮雲勾境烏可憑那知臺畔駈馳客營〻正復如
青蠅

從定陽坦菴署中回至杭州

衙齋賦別夢初酣落日孤舟眺遠嵐七里嚴灘淹早
暮六旬越國盡西南可人烟月情偏洽勞我嶔崎路
轉諳還擬湖濱留客屐快吟花鳥到春三

月夜陳首言招飲湖上

蕩破湖光一葉舟招携永夕作勾留乍看西子開粧
鏡卻擁青娥上酒樓隔岸漁歌歸港急遠山鐘響出
林幽夜深已盡呼尊興清趣都從句裏收

紫雲洞

艤舫精忠古寺前棲霞高嶺獨躋巔尋來奥折疑無
路穿出雲霄忽有天香折一枝添逸興閒偷半日了
塵緣多情齊已留清話擔出家園細煮泉

中天竺

拾級層〻上石陂即當嶺畔自逶迤偶臨絕巘真非
想那有名山更擅奇景物四時冬亦好勾留盡日晚
偏宜看他蒼翠斜陽外竟讀王維畫裡詩

上天竺

策蹇探幽興不違到來古寺趁斜暉數重樓閣連雲
起一片帆檣逐浪飛瓦礫效靈開寶藏雨暘不爽應
求祈登臨至此稱觀止興盡隨僧踏月歸

大觀臺

甬東城闕高岩嶤吳山百仞摩青霄峰巒蜿蜒不一
狀有臺聳立塵埃超振衣獨上凌絕頂湖光江影廻
周遭是日大觀放眼闊棹頭海國栖鷗鶴把酒痛飲
復狂叫坐聽萬馬翻銀濤

別西湖

煙霞結素懷雲山成舊約不圖淹數旬乃於茲寄托
策杖步履適尋幽懷抱開無端牽別緒故里音書來

湖光與山色。欣然得奇遇。徘徊而留連。分手不能去。

山光渺悠長。行色自倥偬。情比知已深。百里仍相送。

西泠歸憩宿某村

湖山一别思依〻。境入江南俗已非。茆店堆盤沽薄

酒。夜榜人供客煮黎祁。剪燈未燼荒雞踹。欹枕初安鄉

梦飛。料底故園聞鵲噪。朝來喜得越人歸。

憶西湖

十年幽梦遠相尋。楚水吴山深復深。人到西湖差免

俗。詩非白傳恐難吟。六橋煙月藏鉤。與孤嶼梅花結

伴心。那得舊游緣再續。畫桡雙槳一開襟。

八

詩

夕陽書屋詩初編

（清）程盛修　撰

《夕陽書屋詩初編》四卷，清程盛修撰，據清乾隆刻本影印。

程盛修（一六九三—一七七七），字風沂，號雙橋，江蘇泰州人。家貧篤學。康熙五十九年（一七二〇）舉人，雍正八年（一七三〇）進士，改庶吉士，授翰林院編修，尋遷御史。嗣視通漕潞河，晋大京兆，以終養歸籍。有《夕陽書屋初詩編》、《南陔松菊集》。

是集爲詩集，於清乾隆年間初刻。四卷共收録盛修古今體詩五百餘首。前有詠史樂府十二章，爲盛修仿白居易、李東陽所作，以史勸誡聖上，如《乘船戒》寫漢元帝事，意在勸持重，又如《用筆喻》寫柳公權事，意在端心術。有聖諭贊言『指事寓規，詞意婉摯，得獻納之意，與泛論經史者不同』。其詩題材豐富，有贈别之作，如《送余志亭之宣城》『未得與君共酬唱，海濱遥企思無窮』，表達送友悵惋；有題畫之作，如《題虞山塞上青山紅葉圖》『霜葉紅酣秋後姿』，詠歎畫作意境；有悼亡之作，如《輓杜海樹先生》『騎箕化鶴傷凋謝，不獨羊曇淚滿巾』，流露無盡哀思。而懷古詠史之作猶多，或因閲覽史書而感，如《讀史雜詠》中『當年若遂中興志，那見秦頭跛扈時』，或因遊覽歷史古迹而嘆，如《湯陰謁岳忠武祠》『臨安一樣傷心地，祠墓悲風起浩歌』，抒發對歷史人物和事件的感概和見解。盛修爲詩善用典故，如《贈陸渭綸》『王粲登樓憶鄉土，陶公乞食拙言辭』，《房東野一笑》『鍾情大有王昌在，望斷香閨隔杳冥』，以典入詩，典雅含蓄。

（耿陳陳）

余少好有韻之言因專治舉業先
大夫禁不為詩而觸境緣情不能自
已曾以近作粘揭齋壁　太年伯雲
蔚先生一見欣賞向　先大夫言之
並謂其讀書學道之報將在於此余
益心喜自負嗣後遂滾滾多言矣庚
子鄉薦後四上春官饑寒奔走足跡
一
所至莫不有詩而歲月遺忘舟車轉
徙零星散落什無二三庚戌通籍
御試保和殿受
先皇特達之知以詩見録拔置詞垣自是習
為館課憔悴專壹之音一變而鋪張
揚厲山林臺閣更上一層矣
皇上文思御極天縱日新卿雲復旦之歌

喜起明良之詠鏗鍧炳耀標準寰區
而扈從
屬車追隨
天仗
宸章疊和倚待為難乃於
萬幾餘暇命翰林科道輪進經史以資披
覽余承乏西臺含毫入直先後所進
二
連珠集句諸體俱蒙
恩嘉納復敬倣白居易李東陽擬古樂府
恭呈詠史十二章管蠡之見詎足仰
贊
高深而
天語褒嘉賞賚便蕃華衮之榮於斯已極
三十年來藏諸篋衍未敢妄希焚草

致辛殊遇茲者年已耄及舊學昏茫
平生所作詩篇不復記憶其現存者
四海交游卅年京雒人事代謝物候
推移古稀以前之詩俾兒輩細加讐
校得如干首釐為四卷敬繕寫
乙覽十二章弁諸簡端以誌
國恩以垂家乘庶
三
聖天子不擇細流之意得以昭茲來許而
微臣蚓竅蛙鳴無關風雅竊附
綸音獎賞之末亦與有榮施焉至於元晏
三都序以人重向時所相知定吾文
者息壤猶存墓草已宿溯知音於地
下奏流水於何人不禁感慨係之矣
剞劂將成而自書緣起如此

乾隆三十八年歲次癸巳秋九月程
盛修謹識於夕陽書屋時年八十有
一

四

咏史樂府十二章

斷莒匡　臣按　儆非時也

魯宣公夏濫於泗淵里革斷其罟而諫公曰吾過而里革匡我是良罟也爲我得法使有司藏之師存侍曰藏罟不如置里革於側之不忘也

泗淵漁里革匡斷其罟悟君王君王聞言三歎息阜物防貪良史職有司藏之無忘規庶幾見罟如見革師存一言婉而風置革於側無面從不見朝聽忠言夕委棄留衣留檻皆虛僞前漢皇後宋帝

市價對　臣按　遏淫刑也

齊晏嬰宅近市公曰子近市識貴賤乎於是景公繁於刑有鬻踊者故對曰踊貴屨賤公爲是省於刑

臣近市識貴賤我后知不知胡不採衢謗臨淄十萬生齒多家家鬻踊可奈何踊之價浮於屨不噢咻誰歌舞仁人一言省於刑頓教億兆無詛聲修德更不誅祝史海岱千秋思晏子

辟戟諍　臣按　裁近倖也

漢武帝置酒宣室使謁者引内賣珠兒董偃東方朔辟戟而前曰陛下方積思六經而偃以靡麗奢侈極耳目之欲宣室者先帝之正處也非法度之政不得入焉上曰善

東方生能直諫守法度黜靡曼何物賣珠兒敢容宣室宴辟戟陳詞意氣雄侃侃尚有先臣風不見申屠嘉坐丞相府執法猶能困鄧通

乘船戒　臣按　勸持重也

漢元帝欲御樓船薛廣德頓首曰宜從橋上不悦張猛進曰臣聞主聖臣直乘船危從橋安聖主不乘危大夫言可聽帝曰曉人不當如是耶乃從橋

從橋安乘船危千金之子坐不垂莫蹟於山蹟於垤舉步何必非嶮巇曉人言真可聽君不驕臣不佞霸陵西馳騁六飛諫草能教馬首迴

撤屏悟　臣按　防色荒也

漢光武帝御座新施屏風畫列女帝數顧視之宋宏燕見正容言曰未見好德如好色者上即爲撤之

屛風新畫美人美人顏色傾國姿君王顧之
情爲移情可移即可誤賢臣獻規君頓悟不
見精勤納諫唐太宗不畫蛾眉書奏疏

侍宴規　臣按　抑華侈也

唐諫議大夫蘇世長常侍宴披香殿酒酣謂唐主
曰此殿煬帝之所爲耶唐主曰卿諫似直而實多
詐豈不知此殿朕之所爲乎對曰臣實不知但見
華侈如傾宮鹿臺非興王之所爲耳唐主深然之

披香殿是隋是唐臣莫辨臣雖似詐其實忠
不聞輿主營離宮露臺百金儉德宗

三

從獵諷　臣按　止游畋也

唐諫議大夫谷那律嘗從出獵在途遇雨太宗因
問曰油衣若何得不漏對曰能以瓦爲之必不漏
矣帝爲之罷獵

油衣則漏瓦不漏諫議微詞規乃后罷獵從
茲慎馳驟禽荒垂戒古今同拒關不納贏馬
供漢門候魏箠公

佳鷹表　臣按　杜徵求也

唐太宗遣使至涼州都督李大亮有佳鷹使者諷
使獻之大亮密表曰陛下久絶畋游而使者求鷹
若陛下之意深乖昔旨如其自擅乃是使非其人
上悦手詔褒美賜以荀悦漢紀

涼州鷹使者諷之獻王廷王者久不貴異物
今日何與昔旨拂君無荒臣有表悉索徵求
慎微小旅獒入貢載周書世間玩好無時無

宫體箴　臣按　黜浮靡也

唐太宗常作宫體詩虞世南曰聖作雖工體非雅
正臣恐此詩一傳天下風靡不敢奉詔帝曰朕試
卿耳

宫體詩廟堂首倡瓊琚詞詞雖綺麗體不正
天下靡然歌咏之朕試卿卿果諫同時尚有
王師旦翠微宫頌不入選

四

用筆喻　臣按　端心術也

唐柳公權爲司封員外穆宗政暇常問公權筆如
何則盡善對曰用筆在心心正則筆正上改容知
其以筆諫也

用筆在心不在筆結密矜莊露神骨司封員
外侍書來片言足使君心一萬幾操縱總心
生落筆端人正士形平原太守顏真卿

觀燈諫　臣按　陳民瘼也

宋太宗以上元御乾元樓觀燈賜宴見京師繁盛諭近臣曰朕躬覽庶政萬事麄理每念上天之貺致此繁盛呂蒙正避席曰乘輿所在士庶走集故繁盛如此臣嘗見都城外不數里饑寒者甚衆願陛下親近以及遠蒼生之福也

乾元樓矚神京樂熙壤慶太平太平有象張燈宴君樂須教民樂適焉得綺羅筵前千萬燈照見九州蔀屋鵠鳩形

三司告　臣按慮盛滿也

宋真宗初即位陳恕久領三司常命條具中外錢穀恕久不進屢詔趣之恕對曰陛下富於春秋若知府庫充實恐生侈心是以不敢進也帝嘉之

領三司掌錢穀胡爲不入君王目春秋鼎盛府庫餘豐亨豫大非良圖不見朝無先識李太初祥符中葉進天書

御史臣程盛修恭

進

諫院紀恩詩

勳華天子垂裳日

特許昌言達

九霄

聖德豈猶資土壤

謙衷端不廢芻蕘細旃廣廈憂危切側席翹心法戒昭染翰各能抒底蘊一時懽忭慶同朝

奏牘由來喜吉祥謏言不進感吾

皇四方水旱陳

丹陛萬姓恫瘝入皂囊已爲時艱彌罅漏更於古

訓見羹墻殷勤問學儒臣事誰道

生知亦就將

百結寧堪綴

衮龍轉教聾聵警洪鐘

王言溥博施無倦

聖度包荒大有容（諸臣進奏有識見拘墟者必名對訓示紕繆者亦曲賜優容）前席中宵傳漢帝更番迭直紀唐宗何

如簪筆論思日

指授親承到

九重

朝擎封事候雞人敢與葵衷動
紫宸
華袞榮褒傳上相時桐城錢塘兩相國傳旨嘉奬文章
光價播詞臣南書房詩交絲分銀漢
天家錦紙落烟雲
內府珍半世躭吟空抱槧今番温渥被
皇仁
御史臣程畹修恭紀

壹

夕陽書屋詩初編總目
第一卷
古今體詩一百五十六首
第二卷
古今體詩一百十六首
第三卷
古今體詩一百四十二首
第四卷
古今體詩一百四十一首

總目 一

男選青原名潮褒編次
嗣湘
孫應䮨
應鍾校字

夕陽書屋詩初編卷一

海陽程咸修　風沂

勵志詩

髫齔事詩書忽焉年二十青紫荒於嬉誰云芥可拾堂上有師資無煩遠負笈大母憐余疋恐難異成立當其吟諷苦吞聲潛飲泣令伯彼何人報劉心汲汲

我家本賤貧二項無負郭七十仍舌耕嗷嗷八口託況非大有年顆粒同珍錯未能負米歸能使二老樂仍復累高堂方免餐藜藿何以報劬勞精勤究墳索

連歲賓興盛（癸巳特開恩科甲午又正科也）發硎於有司有司非文人嗜好恐差池杜老大父行（海樹先生）一見欣賞之謂當冠羣英洵美無溢詞不意千薪積位置一何卑再拜愧知已還須努力爲

梧下草堂短歌（朱葯圃先生別業也甲午與丙肩次彤山又偕六侍家大父讀書於此）

碧梧翠竹三間屋聊借一枝成小築素心研席兩三人綠陰深處展書讀書中甘苦有誰知勸君須惜少年時旁搜遠紹日孳孳草堂自昔聲名久騷雅津津播人口居停結契多老蒼弄月吟風杯在手昨來撰杖過花蹊徑曲廊空咫尺迷墨痕猶認壁間題祖德清芬世所聞湛深經術發高文卅年伯樂空羣目幾曾健骨摩青雲我輩逢時須及早杼柚予懷花樣好他山攻錯勤沿討

侍家大夫之金陵（時送余秋試）

老入賓興路（公戊子六十九歲尚赴鄉闈）秋風白下門艱難方念祖積累又貽孫廿載慳除目三條搵淚痕親朋思往事亹亹話晨昏

儻寓東花園即舊院故址也居人爲言平康軼事娓娓可聽感而書此

簫聲吹世換何處有妖嬈品藻空名士烟花賸板橋秋聲來戶牖山色上疎寮指點章臺柳依稀見舞腰

聽罷深宵話翩躚帽影斜侯王重聲價戚里遜繁華泥飲三通鼓尋芳滿路花樗蒲輕十萬放誕是生涯

望鍾山

山勢鬱龍盤憑欄注眼看倚天分積翠映日作流

丹事起倒懸易功成徒步難不須悲異代松柏尚九九

常近辰州司馬官署絶糧以詩見示賦此荅之

古人貧乃賀君更酷於貧止客曾留宿何門可告困對囊花有艷（宋人句：朝饑曾對米囊花）揞枕夢無因種種都成幻奚從辨假真

空洞原無物行厨早寂然漸看膚革改翻被斗筲憐兒課聲難繼奴饜趾不前任他驅與乞肎受俗情牽

問價頭頻掉妻孥一笑譁平生不在飽公事已忘家便腹五經笥撐腸七碗茶由來風雅輩泠淡是生涯

胥鈔何太急傳誦絶糧詩居比長安易官非博士卑晷移偏訝早徛放不嫌遲予亦同茲病抒懷愧好辭

讀陋軒詩

誰從濱海識先生萌惟大梁後新城其初痂嗜有汪子拜郊鑄島無溢情先生詩格淡孤清大旨不外和且平生值亂離明社屋隄崩堰决陵谷傾辛苦蟄隘不遑處呌嚚豗突無時停杜老傷懷石壕吏漫叟觸目春陵行無病而呻豈得已欲使採風動色戒油然悱惻蘇綿氓此皆關係大手筆其他陶寫抒性靈殘山剩水思無極細柳新蒲情不勝苦調纏綿壓骨月浩歌沉痛呼友朋耳食紛紛說枯槁又言噍殺難爲聽其人其詩兩清絶平心易氣吾服膺同時健者孫焦獲慷慨激越多秦聲雖與先生各派别布衣旗鼓錚錚鳴會須刪去酬應作獨標古樸留粹精揭以二人詩不朽聲希味淡鏗咸韺（此余五十年前舊題也，蹉跎歲月，未及成編，書此以誌吾愧）

僧房弃蒂蘭爲鼠所殘戲步家孝常韻

僧房乍喜茁芳叢一夕摧殘逐曉風天意莫教完兩美世情難保見全終鼠腸自合貪無饜佛眼由來色是空安得王家磁斗貯駢枝並萼伴詩翁

贈汪履岩

一年淘上客同調有汪倫地是魚鹽地人爲澹蕩人聽詩憐瘦影話雨樂閒身攜得書千卷相從共討論

常近辰州司馬招同顧丈湘靈陳丈老香田兄輪長過光孝寺魯菴上人茶話

亂篁堆裏梵王宮（句近辰）拓得蕭閒恰幾弓車馬無
喧心自遠茶瓜有約句曾通（魯菴先以詩訂）文章早得掞
天手（謂陳顧諸君）山水難成縮地功（以魯菴極言新安山水之勝）移晷
劇談真解脫他時認取虎溪同

晚過鴻可菴同吳石諸顧東木汪履岩分韻（限山房二字）

年來羈斥鹵即此是深山敗屋踈林外孤亭落照
間有緣依梵唄隨意弄潺湲借此數弓地來偷半
晌閒
暑彴沿溪轉幽花出短墻鳥歸初月上樹倚晚風
凉客本非萍合詩能引興長茶瓜留憩處莫忘巳
公房

送余志亭之宣城

長江烟月澹朦朧萬頃波濤湧碧空前路孤帆秋
色裏鄉心隔岸鳥聲中磯懷供奉嵐光綠樓憶元
暉落照紅未得與君共酬唱海濱遥企思無窮

積雨初霽同余志亭丙肩自東淘至吳陵

百里路頻經鄉思不杳冥帆停三日雨篙亂一溪
星眼底來空闊閒中任醉醒印須差足慰不必歎
飄零

讀史雜咏

幼侍家塾治經之暇汎覽諸史更闌漏永披
閱不休興之所至輒有勝逹道漢書下酒之
意先大父喜而不禁也間有一得形諸歌咏
管蠡之見未足上下千古而追維往事家庭
文字之樂如在目前不忍割棄爰撮而存之

天下紛紛説暴秦幾曾制度不遵循若非一着阬
儒失早有扶蘇繼體人

才傑何妨出狗屠鴻門禍福轉須臾更看排闥回
天日試問蕭韓到得無

破産千金報祖龍潛身博浪適相逢當年若使君
讐復不待功成訪赤松

四皓何能奠國基留侯設計判安危漢高早入牢
籠内一點機關野雉知

亭長歌風黯自悲誅鋤猛士婦人爲淮陰鐘室梁
王醢未許隄防到赤眉

暬御方將肆倚憑申屠剛正足稱能周官冢宰司
宮禁漢制何嘗不稟承

平津等輩總浮沉畫室惓惓寄托深社稷臣曾知
汲黯分明鑒別一般心

糟糠不替歲寒盟一語能深故劒情那識劉郎偏
見慣麗華早已稱平生
三分成算定隆中亍敬英雄所見同熊虎已殲龍
又去幾多遺恨在江東
生子陳思並五官建安風格富波瀾千秋莽卓羞
同傳贏得騷壇置阿瞞
王謝門高不可當吳翁真个薄心腸老來顛倒緣
何事薦枕還教奉溧陽
戎馬中原競鼓鐃天光分曜可憐宵過江人物多
名士博得風流號六朝

夕陽書屋詩初編卷一　七

隋家海宇似瓜分夏主規模迥不羣未得比肩逐
褒鄂轉同蕭銑哭紛紛
稻米三錢刑措臻書生猶自掉譏唇三千四百香
山句今古何曾有二人
燕婉承恩雨露濃莊言格主荷包容詔書立罷肩
輿出前有唐宗後宋宗
紛紛牛李快恩讐黨禍中朝怨未休畢竟太牢無
見識至今人尚惜維州
元白風騷品格奇連昌長恨太離披廟堂不准微
詞例只作臣工諷諭詩

花木詩家劇有情難於天子重詩名永豐園内雙
株柳也被恩榮入禁城
藝祖心如門洞開降王歸命不疑猜東風那與新
朝事遂爾牽機藥早來
西祀東封誕謾餘披緇遺命待何如赤松且未知
名字泉下先慚李太初
司馬中朝有大名兩宫倚重四夷驚猶輸一着知
人鑒前失荆王後蔡京
仁廟臨軒得宰相裕陵撫卷歎奇才兩朝知遇空
千載消息都從聖母來

夕陽書屋詩初編卷一　八

蘇黄妙蹟比瓊瑛黨錮無端玷姓名一自宣和搜
墨寶轉教韻事屬師成
南渡將才推第一魏公誤國有誰知當年若遂中
興志那見秦頭跋扈時
氣節崢嶸義憤深揭竿鳴鼓勢浸淫成均不起膺
滂獄合得千秋報禮心
蹈海成仁國事危君臣岌岌淚交垂辮香閩洛終
何用尚爾敷陳大學爲
師保疑丞大有才高僧分侍起嫌猜自從病虎叅
帷幄一片降幡燕子來

漢相起家二千石開元枚卜憶河東明代紛紛尚
資格只於詞館覓紗籠

閫外將軍擁纛時縱橫進退識機宜監軍久矣成
疣贅況爾文臣節制之

三百年間一代才文經武緯幕庭開誰非謠詠生
前枉繞得恩綸身後來

金陵舟次夢先王父母歡笑如平生醒而書
此不知涕泗之霑顧也

秋宵又上秣陵船翁媪神來枕席邊一夕夢魂雖
偶爾此番歡笑豈徒然銀河光滿三千界鷹隼風

高八月天但願成名酬罔極泥金早到二親前

渡揚子（以題字爲韻同余志亭丙甫江履岩家孝常德心）

擊楫當中流風正一葦渡舟子狎波濤指點潮生
處蕭寺遠鐘微餘音繞江樹三至秣陵城抱璞誰
與訴浩氣發長歌懼觸馮夷怒

茲行雖倦返懷古情飛揚四百八十寺未得聞其
詳游屐所到處俯仰增慨慷盈盈襟帶間坐閱幾
興亡惟有六朝山千載鬱蒼蒼

漁舟停晚照欵乃秋風裏江飛白練光一線千餘
里對此浩茫茫詩思從茲起汪吳有高唱（汪悔人吳野人兩先生俱以此題限韻）清映中泠水大雅誰嗣音惟余二三
子

明故宮

廢宮寥落可憐生接跡駢肩輦道行四海車書崇
正朔百年禾黍剩陪京朅來金碧淒涼色（民間多以宮瓦覆屋）到處箏琶慷慨聲不信雲中雙闕迥牛羊雞犬
浩縱橫

淮右英雄起布衣並驅亭長是耶非也知信越無
生理誰道良平有殺機文字煩苛操已蹙政刑酷
烈聖之威（張江陵語）祗今陵廟蕭蕭日那復精靈式九

圍

金甌無缺付伊誰大統傳孫四海推仁懦只知存
叔父雄猜空自哭癡兒遜荒萬里歸疑案涎鼎千
秋少怨辭天壽山前燈爐滅幾曾寂寞不同悲

紛紛南渡事倉皇不似人君一福王司馬漫教陳
法曲容臺猶自議椒房未聞幕府師三捷終欠新
亭泣數行一自　聖朝申弔伐從茲江介奠金湯

九月十二日北郭泛舟同余志亭汪履岩圖
冠霞余即於舟中聞捷

豈是秋風琄鐰回推篷邀月一徘徊慣攜斗酒名

心瘖繞擘雙螯笑口開落帽颼颼驚節候藏鈎覩
覩互喧豗是夕劇歆極歡不須街吏傳宵鼓早有長鬚送
喜來

贈陸渭綸

書劍飄零到海陬居人來往似鮫師千村月白潮
生候萬竈烟青日落時王粲登樓憶鄉土陶公乞
食拙言辭離懷對爾添悵觸莫任當歌酒琖遲

捷後呈杜海樹先生

一曲菱歌最賞音今宵消息到泥金門前賀者知
多少難得先生待旦心先生居隔城闉更餘聞捷坐以待旦

夕陽書屋詩初編卷一　十一

輓團雲蔚先生

曠懷詩酒復何求四海論交總勝流謂是狂生張
廣武想來奇士韓荊州先生自題像贊述丹徒長洲兩公語聰明間
出搟蠶曰光燄猶存薄斗牛謬荷提撕兼品藻幾
曾玉立擅詞頭先生寄先大父詩有文孫玉立擅詞頭之句
記從者社廁觥籌吐屬親承歲幾週古屋蒼烟仍
壯郭小橋流水亦西州中年遯跡緣天放先生自署天放閒
人晚節依人作遠遊一脉姚江惟二老瓣香還擬
續前修先生與先大父俱宗法良知之學

壯上寫懷

已分生涯老澗阿公車隨計趁雙贏世途跋躓從
今始王路馳驅向後多風景踰淮都莽蒼時光入
壯失暄和隻雞斗酒家家足喜得新年一醉歌

淮陰侯廟

寄食一竿同渭水登壇數語匹隆中矜心早啟王
齊纂雄畧終成盪楚功遷史曲詞誣畔逆鄭侯譎
計賺英雄誰知芒碭銷沉日依舊淮陰廟貌崇

漂母祠

王孫饑欲死誰與惜途窮自此風雲會先於婦媼
中黄金曾報飯赤帝竟藏弓祠廟還相望英雄涕
泗同

夕陽書屋詩初編卷一　十二

庚子紅花埠除夕同查言思唐莪村田起莘
蔡中鄰伍鯤扶吳又枚陳定先

此夕論交始他鄉以類從諸公多慣戰而我試初
鋒歲月堂堂去盤飧草草供何須耽不寐酣聽五
更鐘

元旦大雪早行

萬井同雲布侵晨雪滿韉白方迷楚甸青未破齊
烟各有爭先願翻成殿後緣適以馬蹶殿行陽和知不遠
剛喜入新年

傾蓋亭

解后相逢盖已傾賦詩言志古人情緣何附會清揚句反把先生塑後生

束帛殷勤贈答新金蘭千古出風塵誰知伊洛開先手早接尼山一脉真

泰安道中值張匠門先生視學貴州展謁一首

江左聲名卌載餘皇華使節望風初懷中漫刺通名姓眼底高山接起居文柄更番萬里路（公前此典試四川）郵籤典重五車書（公隨行載書極富）及瓜再踐登龍約

樽酒相從願不虛

石門

附會紛紛到魯論幾曾瀛海共淵源晨門自是同鄉曲喜仲來時接話言（石門係魯城門）

趙北口

燕南趙北此經過蠏舍漁村畧彴多三十六陂春水濶恍疑清夢到洇蘿

景州

廣川經術重江都此地英靈產大儒三策天人真不朽何須艷說到浮圖（俗傳景州塔）

出北關景州師里第也仰止清風慨然成咏

侵晨驅馬北城隈滿眼蓬蒿一徑開千古萊公休獨步也曾無地起樓臺

商家林晤魯充儕同年

萍水非同越與秦倍年聲望締交新虎頭燕頷名家子破帽青衫我輩人禦侮幾曾知博士（忌縣還盜君驚覺手擒二人餘逸去）遄征仍不廢佳辰（是夕上元君設席旅館邀請同輩）金臺前路無多日喜借停驂一討論

慈仁寺（時僦居於此）

舊剎慈仁寺靈光剩古松門前衝九逵閣上擁諸峯（毘盧閣望西山逼真）客有軨寮便僧無蔬筍供日中逢朔

望車馬競過從

廟市口占

褁中百貨萃京都徑尺珊瑚徑寸珠油壁青驄爭顧盼朝來忙殺婦當壚

豐貂狐白劇輕柔饠子三英擁道周爲語　聖朝崇儉德尚方不進雉頭裘

夭桃郁李杏花天煖窖薰籠自隔年纔得一枝傾國色豪家不惜買千錢

勝朝窑器數宣成鈞定柴哥次第名芳草鬪雞曾

見否黃縹紺碧一時傾
新城秘冊愛畋漁朝退曾聞命小車此日風流誰嗣響慈仁廊下覓尚書
赝畫紛紛壓市頭品題何處有商邱青天白日無明眼試問深宵嗅得不

海淀謁座主魏景州先生爲言拙卷謄寫模糊字句差謬本房已經擯棄乃於落卷中搜剔得之感賦一首

燭影三條劇苦辛何當悞卻易書人烏焉莫辨辭多舛句讀難分篇未匀燮底賞音方有托囊中脫

穎豈無因停杯欵欵聞師語回首秋風一愴神

鳴榔曲同園冠霞

漁舟一葉依蒲葦鳴榔聲聲出寒水寒水清清魚泳游捕得鯿鱔與鰻鯉漁翁得魚笑口譁今宵有酒莫教賒呼兒共飲待明月陶然一醉宿蘆花

送翼山歸里

暫卸驪三紙蕭然襆被回秋風揚子渡明月富春臺水氣寒生舫嵐光翠入杯追歡知幾日消息畏人催
涼飈吹短褐蕭槭起秋林楓冷吳江雨霜濃越女簪此間生妙悟誰足侔高吟兩地相思切離愁幾許深

秋日過雲谿山房用壁間韻同田輪長汪履岩園冠霞笪巨潭笠隱賦

閑倚禪關愛晚晴到來愁思若爲輕樹頭三匝烏聲碎門外一灣秋水橫塵鞅刪餘無罣礙性天徹後認生平歸途尚爾吟情健又向氷輪湧處行

漁壯園感舊同顧丈湘靈次田輪長韻

紅牙女部壓揚州金谷當年紀勝游不道繁華銷歇後鴉聲噪起夕陽愁

檀板金尊總寂然桃花空放艷陽天多情惟有潺湲水流出當時舊管弦
璁璁楊柳拂溪橋想像粧臺舊舞腰寶髻金鈿無故物鍾情空自憶垂髫（予十二歲曾隨家大父署觀其盛）
一曲紅綃下錦機豪華不藉夏侯衣白頭賸有蕭娘在猶說風流杜紫薇
朱欄碧檻變桑田不見花明景色鮮此處銷魂君記否綠楊影裏出鞦韆

姻好圖

宛是朱陳嫁娶圖望衡對宇足懽娛百年姻好情

何極試問丹青畫得無
白石清泉位置宜松姿梅韻總清奇兩家兒女猜
疑甚笑指圖中是阿誰

江行雜咏

細雨打春帆山青入姑孰本是太平民穩傍空江
宿
采石望中來仙風杳何極蕭郎四壁山烟霞照顏
色
片石倚蟂磯悔卻歸吳誤白帝此江聲恨逐寒潮
去

朝來迎爽氣徙倚蓬窗間蒼翠落杯底點點皖公
山
歸去陶彭澤高風足千古江上聲逢逢不絕官船
鼓
絲竹悄無聲荻花風習習我亦淪落人青衫何處
濕
鄱陽古戰場羣雄曾交鬩一葉臥書生那有封侯
夢
滕閣綺筵開風帆送童子文字足長年不盡章江
水
風利難成泊談笑失黃州明月簫聲裏不爲髯翁
留
飛來雙槳急傳到故人書相逢知不遠已食武昌
魚

裹船歌

爲商須辦課駕船須裝鹽裝鹽利息相子母不數
二頃洛陽田朝向商門兌白鏹大錠纏腰三百兩
耍時牲醴酧神靈兒女團圞笑熙攘儼然高踞稱
家公問奴問婢學癡聾驅使更有傭工輩奔走那
許霜雪中温飽由來滋蕩佚男不知耕婦不織況
復生長魚稻鄉暮暮朝朝思肉食倉中更挈鹽幾

許沿路私將易禾黍梨栗擎來悅幼兒布帛持歸
娛嬌女世事顛倒良可嗟海濱窮竈天之涯短褐
單衣咽蒲稗夜夜潮回掃浪花

蟂磯孫夫人祠

江頭日落聞津鼓石色崚嶒月吞吐我來不暇問
蛟宫把琖臨風酧邵主當年青史漫傳誣以詞害
意多錯迕生來本是將帥家爾父如狼兄如虎侍
婢環刀亦可人不屑規規畫眉嫵中山大耳真英
雄公路景升不足數髀肉悲凉鼎峙心出入凛凛

皆妄語聞之適人自從夫此義綱常爍千古祔姑於廟理所靳（狄梁公語）變生肘腋將奚補一朝龍去永安宮慷慨捐生赴江滸鵁磯便是望夫山精魂早過劉郎浦青蓋餓𢗅入洛陽一片降旛歸典午蜀伎方將笑安樂吳歌又見相爾汝彼狡童兮將無同不盡濤聲咽酸楚夫人猶與漢始終香骨空山獨撐拄眼底蕭蕭大帝陵不見行人奠椒醑

江行阻風

五日江頭住方知行路艱疎鐘彭澤縣遠火小孤山吟唱危檣底眠餐駭浪間鄰舟申欵曲聊得一開顔

聞警

暴客橫江上傳來信恐誣周防無短劒慰藉只長鬚博士詩名忝王孫旅槖孤淒涼形影外行矣慎前途

琵琶亭

楓荻一亭秋滔滔九派流人傳白司馬地弔古江州牛李中朝黨琵琶夜月舟他年吳越守曾記此淹留

舟過黃州將展謁蘇文忠公祠以風利不得泊悵然賦此以志嚮往

不信天生宰相才黃州安置胡爲哉我來弔古思彷彿咫尺不至神徘徊江山風月誰爲主二賦蹁蹮爲起舞於今仰之若神仙惇耶亶耶賤如土從來素位足徜徉筍香魚美樂無央他年飽喫惠州飯回首齊安是故鄉

甘寧廟前神鴉歌

江風如箭吹帆急神鴉飛向檣頭立精靈競說甘將軍崩濤彷彿聞呼吸將軍擇主事東吳黃祖由來不丈夫已見頭顱函夏口更教破膽走濡須千秋廟貌人瞻拜流水青山鴉世界摐金擊鼓酬牲牢餘瀝紛綸手口快愛屋及烏將無同翩然飲啄夕陽中不借上林全樹宿吁嗟烏亦知英雄

入楚

點檢郵籤兩月餘山川雄潤眺來初斜風細雨忘朝夕雲影天光接起居村市日中多吉貝估歌江上半林於太平景物人能說堠上兵閒網得魚

癸卯正月二十五日從湖口至江西渡鄱陽湖順風大作瞬息至吳城時當昏黑風狂水駛殊有戒心偶憶坡公有賦命窮薄輕

江潭之句輒和其韻

上鐘下鐘聲䑳䑳，擔簦有客來淮南。今番買得湖口棹，舟人僕子無兩三。一葉春寒宵氣冽，踽踽無異僵眠蠶。非仕非商何僕僕，蒼茫對此心生慚。砰訇但覺濤盈耳，晦黑不見月滿潭。頃刻箭往如赴敵，蒲帆十幅飽且酣。匡山鞋山瞥眼過，千里江陵非侈談。我生性情本迂濶，清風明月僧同龕。親衰不敢背鄉井，晨饈夕膳菽水甘。一旦饑驅行遠役，過都歷塊寧非貪。風水幸獲安且吉，深險終非素所堪。會須二頃謀負郭，山腰水曲營茆菴。

南昌謁王文成公祠

道統淵源接，文章體格遒。指揮成將畧，談笑失奸謀。弱冠登朝日，權璫枋國秋。獨能伸氣節，豈是快恩讐。拜杖雲霄上，投荒遠惡州。詩書馴獷悍，忠信格渠酋。習事幾迎刃，扶危借運籌。跳踉爭擁濞，仁孝謾推攸。邦政洵知己，儒官總壯猶。金甌方藉手，簧鼓復當頭。鎮靜銷羣慍，包容泯衆咻。新綸申帶礪，舊伐列公侯。再靖萑苻警，旋紓廟社憂。攻心平反覆，不戰協剛柔。細柳功無訾，戚寧夢已酬。忌深停贈賻，論定慰松楸。競說勲名盛，誰知學術優。煩言空嘖嘖，浮議付悠悠。閩洛無殊軌，身心不外求。紹庭追往訓，講席緬前修。齋祓瞻祠廟，辦香識魯鄒。朝宗欣有路，江水際天流。

滕王閣

畫棟珠簾跡久荒，誰將不朽閱興亡。朝中釁已萌雞闕，江上風猶送馬當。自是憐才歸造物，從茲弔古有文章。憑欄不盡登臨意，孤鶩寒潮又夕陽。

項百原招遊北蘭寺

北蘭佳寺冠南州，曾向綿津句裏收。老衲風流傳澹雪，中丞吟嘯對江鷗。堂開叠嶂烟霞古，路轉秋

屏竹樹幽。安得常來同說餅，是日山僧見餉西山一帶翠光浮。

輓杜海樹先生

兩占科名第九人，行家花樣一番新。公闈墨新異紙貴一時獨開文運迍邅後，迭見春風爛熳辰。吾鄉癸丑後直至庚辰先生始捷南宮而癸未丙戌己丑相繼聯翩不絕車笠不忘存古意，先王父極稱莫逆歸田後時相過從齒牙猶復藉餘論。予幼時荷公賞識向人稱道不衰年來問字頻攜酒，回首揚亭倍愴神。誰是中流勇退身，肯教手板滯風塵。論文以外無旁好，公解組後著有斗室閒吟以時文請業者娓娓不倦造士於今少替人。

偃室終朝停杖履州牧魏長麓先生公會榜同年也莅任十餘載引嫌自愛不輕造焉陶家三徑有松筠騎箕化鶴傷凋謝不獨羊曇
淚滿巾

閩南唐書東韓似鯉

易名千古典攸隆得謚爲文報亦豐一自南朝盛
推許君家傳有兩文公
八代文章重斗山寡髯豐下是真顔緣何戌削鬖
鬖者竄入昌黎畫像閒

甲辰仲春得子張海房袁肩山家東野禊亭
諸先生以詩見賀賦此志謝

昨朝初喜泣喤喤三十占熊夢始成但願之無傳

夕陽書屋詩初編卷二　十三

慧業敢將愚蠢卜公卿交情幾輩來湯餅祖德重
泉有芼羹是日告先王父母几筵待得與君拜牀下看他犀
角可豐盈

張海房太史納姬揚州家東野先生亦有見
獵之喜小阮禊亭以詩見導有白髮春思
寄小星之句戲用爲題得詩二首即博海
房東野一笑

白髮春思寄小星每逢佳麗一消停晚來逐隊心
猶熱老去尋花眼獨青玉鏡臺前窺隱隱銷金帳
底語惺惺鍾情大有王昌在望斷香閨隔杳冥
白髮春思寄小星劉郎前度惜娉婷短轅倘不嗤
王導長爪何妨伴蔡經謾說橫陳同嚼蠟那須繁
衍說添丁君已舉十三子矣風懷早被仲容識打槳迎來
句有靈

陳玉几寄到項滄齋所刻黄儀逋遺詩賦荅

狂者黄儀逋才名三十年一樓書早讀君寓山西武人家數載不下樓將所藏書讀遍萬事酒能捐渾噩無懷侶凄涼有道
阡詩篇真矯矯說項得流傳

管夫人畫竹吳興天聖寺

仲姬風篠數枝存繞壁巡廊認墨痕五百年閒清

夕陽書屋詩初編卷二　十四

節永肯教羊馬恩王孫承旨有羊馬畫冊
貧當墨派自湖州柔腕重看蒼翠浮睹著抽書傳
韻事趙家夫婦總風流用趙明誠李易安事

續榜

陌上馬蹄驕東風郎君笑逐春花紅詔書惻怛收
放逐盛事驚倒稍錄翁同時名見天顔喜前茅後
勁誰汙隆蓬萊峯高瀛海濶詞臣聲價光熊熊六
曾畫諾差不惡五斗折腰誰爲窮官職時來則爲
耳高卑細大總在公從來造物有盈絀生才不偶

命不同或者飄茵或墜溷咫尺不辨嗇與豐我輩計偕值堯舜不敢菲薄安村農歸而求之有餘力文史跌宕富於冬三年再渡桑乾水堂堂獻賦明光宮下第之人或上第眼底椰榆皆妄庸吁嗟乎眼底椰榆皆妄庸馬周失路逆旅中誰能賤日知英雄

丁未春闈紀事

歸餘逢閏歲凜冽感　楓宸雪大花如掌光寒月在身時多忙舉子路有早行人最好是三月同歸浩蕩春 展限

三年來矮屋入夜更凄然薄冷旋披氈奇溫已得棉不須拳鶴脛正可覆鳶肩高臥腹成稿還如大被眠 棉氈

大官真忝竊羅列曉風前乳足浮氷椀芽堪煮玉泉 水自西山運至 香生輪郭外膏浹齒牙邊嬴得鑪鐺好方知主德便 茶餅

下第增顏色　君王有賜金舟車千里淚寒暖五更心家遠歸能卜奴歡語不侵開囊霑　聖澤濡筆紀高深 歸串

與宋介三夜話 君諱和歆人工古文詞老於京師余丁未被放相遇於逆旅一見莫逆決將來必登仕籍宦途平安面上皆吉祥善氣也

莫從相法判榮枯爭道先生所見殊謫劣無心求利達拘牽入世恐疎虞萬全未必皆三窟一跌何曾不九衢參透此中消息好寧須唐舉問前途

挑選後同人紛紛就道余亦將歸維揚詩以志別兼送故行

幾度長安花信迷今番話別帝城西河陽自有新桃李不羨香風散馬蹄

玉河三百氣如虹黃瓦門前車闕風先後承恩同拜手眼前誰與定雌雄

情盡橋邊折柳枝行人南北劇相思待余卷甲重來日認取升堂打鼓時

邯鄲道中

世事昏昏如夢境誰歟醒者有盧生神仙作幻原非幻富貴將成可是成而我飄萍來送郡憑誰濁酒與彈箏但須悟徹升沉理自可相忘太上情

湯陰謁岳忠武廟

川岳鍾靈早荷戈下車瞻拜恨如何中興將帥年方少恢復疆圉功獨多漸臉含羞願臣僕秦頭壓日蹙山河臨安一樣傷心地祠墓悲風起浩歌

鄴下

文采風流佳子弟，衣冠人物盡從戎。建安一代成高格，鄴郡千秋拜下風。可久由來非富貴，賞音何必不奸雄。任他霸業銷沉盡，總在曹瞞智數中。

汴京有感

東京宋室帝王州，禮樂衣冠比戶稠。一代夢華傳孟老，千秋樂府説樊樓。珊瑚寶玦當年恨，絲管清商故國秋。河決兵荒傾世界，不教元海早梟頭。

汴城貢院後有巨石壁立高三丈許瑩白光潔詢知爲艮嶽舊物也慨然書此

一拳京劻説宣和，五百年間感逝波。帶雨和烟經歲月，捫蘿剔蘚與摩挲。傷心南渡風流盡，回首中原淪落多。聞道銅仙曾淚下，呼來不點竟如何。

過滁州

詩人誰不羨滁州，句有韋郎記有歐。更向清流高處望，青山紅樹酒家樓。

嵐光翠壓馬頭青，酒洌泉香可暫停。到此勞勞成底事，卅年空憶醉翁亭。

田輪長座上讀顧湘靈先生歲貢詩慷慨悲歌出以諧謔酒酣耳熱不覺唾壺之欲碎也賦贈二首即邀輪長同作

席間吟諷打油詩，絶愛先生遊戲詞。敏捷才華心是錦，飄零歲月鬢如絲。無端嬉笑都成涕，莫任牢騷且待時。纔得周旋邀鑒賞，眼中何處有鍾期。

芙蓉江上怨東風，未嫁雲英事畧同。空有文章傳太史（謂操選詞館諸公），幾曾場屋遇宗工。華筵顧曲朱顏老，翠袖題詩白髮翁。不盡衰遲增感慨，西崑才調若爲雄。

正月望後將赴皖江留別輪長

蹭蹬名場百不能，行藏畧似打包僧。年來習慣蕭

閑趣，不傍漁燈傍佛燈。

飄萍泛梗任西東，一綫離愁黯淡中。輸與漁洋剛一半，只將殘月伴梢公。

一帆遥向冶城開，采石鳩茲次第來。太白樓頭春正好，清香記得兩株梅。

圖成是務費丁寧（數日前爲輪長題是務圖畧寓止酒之意），莫訝臨岐我獨醒。惜不同君峭帆去，吟殘江上數峯青。

康禹言别駕招同家東野渭陽兩先生公餞於玉蘭堂余即於次日入都

年來豪氣識監州，縞紵殷勤贈荅稠。病久醫方辭

牖下累深金已盡，牀頭余病半載，行資爲醫藥費去 縶維今夕情何厚，風雪長途慮更周。咸籍一家休戚共，尊前欵欵爲攀留。

北上寫懷

風雪衝寒撼敝裘，春官上計劇添愁。揭來幾度新花樣，回首空慚趙倚樓。辛丑闈卷，趙奏功先生呈薦未售，此後數科皆擯落矣

辛苦牛衣歲月更，臨岐尫瘠可憐生。首行輿慶知何日，纖手寒燈候藥鐺。余病後登程，藥裹行裝皆内人料理

蕭蕭郎罷促征鞍，黄口牽衣去住難。畢竟前途成底事，可教兒女憶長安。

前席求才破格新，爬羅剔抉出風塵。可知茅店雞聲裏，不少嶔奇磊砢人。

己酉除夕是日禁門初啟，聞少司寇澧南公之訃

長鬚紛遝叩僧扉，時余寓保安僧寺 禁漏無聲擊柝微。富貴何常殘臘盡，老成徂謝曙星稀。停杯隱几情猶昨，十日前侍公飲陳以漸侍御宅，公王事勤勞，席間假寐 投轄留賓事已非。公齋宿公所，命玉叔昆仲訂余守歲 鄉曲於公爲後死，今宵能不淚沾衣。

夕陽書屋詩初編卷一終

夕陽書屋詩初編卷二

海陽程盛修 風沂

庚戌榜後呈房師部學址先生

一朝拂拭拜師門，刻意憐才古道存。豈僅空平惟白簡，聚奎堂聯有"袖裏分明惟白簡"之句，公適以臺臣分校 誰能敬慎到黄昏。余硃卷謄寫模糊，時又薄暮，公虞滲草誤事，壓至次日清晨細加檢閲，然後呈薦 僻書徵引洵多愧，余判語用事隱僻，公以爲戒 老氣縱横且勿論。闈中閲余卷，料知老於場屋者 撤棘數番言悱惻，恐傷遲暮是公孫。填榜時知爲鄉科庚子，翌日午門謝恩，急詢吳觀揚，說年齒方壯，公則大喜

場後假寓繆澧南少司寇舊宅，館選即卜居於此，感而有作

零落羊曇淚暗傾，生存華屋若爲情。非同借廡安流寓，且喜前賢蔭後生。在昔敦盤推館閣，從茲風月屬蓬瀛。時人漫爾分軒輊，無復趨朝呵殿聲。

地震雍正八年八月二十九日

崩塌一聲地維折，頃刻欹傾萬家室。宣武門外横街西，雷霆乍驚禍尤烈。舉頭忽失數仞墻，瞥眼已透三重闥。何須更説内外防，門已洞開藩已撤。轟轟席捲到貧家，兒號妻啼情倉卒。數椽本自不堅牢，風雨漂揺非一日。紛紛斷井復頹垣，[illegible]處釘頭

與木屑朝炊未熟火又然比户延燒由曲突南來流寓多友生依人借廡纔容膝此番恐嚇不尋常急往從之心膽裂巑墻之下幸平安亦有二三嗟躃躄雖非爛額或焦頭倉黃俱自泥中出破涕爲笑君無譁靜極而動何須說人生禍福難預知不躓於山躓於垤吾 皇盛德天佑之細旃廣廈憂危切小臣怵惕聖躬勞玉宇瓊樓安且吉惻然一念到官民何以爲家心杌棿大小同霑雨露滋閭閻得被脂膏溢（有旨官給半俸民間按户閒架給資）一瓴一甓皆聖恩無分鳩巧而雀拙天心感動地效靈蕩蕩平

平瞻 帝闕

洪東閣同年撫弦圖

援琴動操聲不起弦斷空懸舊焦尾黃門遺挂淚難收寒夜酸風射眸子自從結帨感情多雞鳴昧旦戒無訛同心不織璇璣錦並命誰爲刻移歌夫婿聲名振京雒文陣熊熊露鋒鍔南北搴旗正妙年畫眉傳粉都堪樂無端薄宦渡桑乾幽州白日照人寒鸞曜清操良不易氷蘗同甘卻綺紈翻雲覆雨夫何有古來貝錦君知否雙親未老逸妻賢何必勞勞躭五斗晏歲峥嶸暮景催驚飇發發動疎帷青天碧海漫漫夜翠袖膏鬟渺莫追藁砧情重抒毫素痛定悲來賦長句哀絲急管難爲聽低徊如泣復如訴燕山雪後浛寥清鑾江烟月浩縱橫他年兩地傷心處腸斷無聲似有聲

送同年諸庶常隨總憲溧陽史公宣諭陝西

天威震叠西人恐厥角稽首不旋踵吾 皇欲以德服人家習詩書户姬孔御史大夫惟汝諧望重青蒲威赤棒此番駿厲且無庸特遣詞臣畀光寵不矜口舌欺流俗惟以訓辭當戒董多士齗齗奉矩規居民各各安耕壠父慈子孝敬長官不見催

租來赴隴公門如市亦徒然誰辨賤屨與貴踊凡茲實效非空言萬民環聽神爲聳歸來奏對明光宮挽回風俗資仁勇日照潼關四扇開看君牙纛前驅擁一載書生際會時欽哉莫負 君恩重

妻子至京師

拜爵已年餘蕭然賦索居三千游宦路隔歲老親書眠食今何似平安信有諸送孥知不遠聞命請徐徐

資斧談何易須知行路難偏驚節候早未信授衣單老米朝朝慣黃芽頓頓餐壯來風景别不必慮

饑寒
沿途須待闇欲速轉嫌遲疾病憐嬌女驚惶到弱兒生疎雙赤脚懵懂一長鬚搖蕩風波裏惟憑健婦持
到來應暢遂何事復淪漣卜葬無佳兆（先王父母未得歸土）娛親少薄田屋曾春漏雨賓可坐留氊種種牽情處吾心未坦然
俸錢餬八口澹薄足生涯莫道官能富須知客是家日中頻問價囊底莫教賒撙節方成儉時當檢畫叉

壬子八月初九日闈中聞得子之喜即呈張秉鈞莊書石兩前輩
鎖闈消息不通風好事欣然喜得雄同譜關情緣大令重門傳語藉端公地當皓月清波裏人在春蠶食葉中此會三場正伊始讖言科甲繼而翁

月夜過執莊寓
有酒嫌無客相過只望衡風高秋滿樹蟲聒月三更與子今宵話同余往日情一般真臭味未可忘平生

陳髯行示定先
十年上計來京雒髯也矯矯雞羣鶴酒酣耳熱發狂言舉頭問天何厚薄眼中之人亦同耳胡爲富貴先騰躍而我浮沉春復秋疲驢破帽長安郭長安市上多貴人欲往從之心先怍前番榜下網羅收豨苓亦備籠中藥得尺得寸誰爲之枉過屠門思大嚼一鐔落拓淮海濱恥向人前呼學博三載低頭苜蓿盤朝虀暮鹽宛如昨依然溷雜風塵卑何曾教育英才樂此番重復事春明飄零不異風吹籜青袍簌簌淚難乾白髮疎疎老安托我聞此語爲君悲君且無悲我歌作男兒似戟好鬚眉七

尺昂藏胸磊落未必疎慵伴衰冗端可迴翔歸館閣呼童洗琖更浮君涼月娟娟動宵柝

陳定先領袖南宮旋登狀頭未三月而余詩驗矣戲作四絶調之
五更聲徹六街頭英妙輸君第一籌傳遍洛陽光價遠卅年重與說揚州（謂樓村前輩）
三載凄涼冷署秋此番高出衆仙儔教官金榜非難事難在蓬萊最上頭（教官金榜掛名時諺語也）
馬上昂藏七尺軀風飄弦管溢通衢捲簾紅粉知多少盡道鬑鬑頗有鬚

雄姿英發妙初時三十御材認本師衣鉢相傳作
公輔到來已是十年遲（衣園先生以亞卿左遷分校年甫二十九君今已三十九矣）

陳南坨前輩六十

綺年聲價九重知日影花磚任委蛇一自蓴鱸歸
興後玉堂猶唱數篇詩
平泉花石已成墟（謂午亭山莊）眼底滄桑感慨餘甲子
甫週才力健名山早續未完書

吴懸水先生招同執莊小飲夜話

曾從二仲拜公門（公嗣君燕孚叔係鄉同年）和此夕登堂聆話
言吐屬殷勤期遠大文章典重見根源十年望著
三廳久（公編檢十年）八座情深四簋存（公是日陳饋四簋云不敢侈設用存古意）佳話只今留不朽願當弦韋佩無諠

贈佟陶菴前輩（余奉命總查官學君亦奉旨教習）

俯首作經師相看鬢已絲鑒衡非往昔（君曾視學江南）教
育又今茲天廟瑚璉器薰風殿閣詩（官學在宮禁）他年
成就處王謝有佳兒
風雅誰同調烟波查翰林（謂他山先生）平生無密友海
内一知音傴僂恭滋甚（公資望已深不欲自居前輩）崎嶇慮轉
深蓬山吾已晚猶得接高吟

王臨川夜話

風標憐瘦沈促席更聯牀未改王前傲猶傳酒後
狂十年誤金紫百韻賦姚黃（君牡丹百韻極工）眼底窮通
理憑誰問彼蒼

九日洪西亭比部招同馬相如陳定先壻紹
聞兒嗣裘陶然亭登高

四海論交地陶然獨此亭值茲萸泛酒幾見歲移
星蘆動翻翻白鴉歸點點青憑高無限意爛醉莫
留醒

唐莪村奉常招飲席間見示趙秋谷前輩詩
冊輙題其後

天水稱雄日漁洋執耳時風騷非衲鑿門戸起瑕
疵氣盛羣兒奪論高四座卑詩因狂不朽貝錦亦
徒爲

示張介石

君才起甬東賦質自寒瘦文字亦如之苦心恣雕
鏤當其下筆時堅光爲迸透書體善藏筋畫法微
施皴共道屈盤深誰知根底厚方余分校時雙眼
虞區霿同門十八人爾卷偏來後薦士忌逡巡殷
勤施點讀安道深咨嗟餘子光如豆五策更雄深

朗朗釋疑竇先擬冠南英俄作十房首撤棘書君名東海曾拔秀現赴鴻儒科姓氏明光奏羣議始幡然深悔從前陋而我與戴君鑒别非紕繆昨朝執贄來欣喜如宿覯爲言初出場鄉評多雜糅中有一賞音范太史從律擊節曾三復言得試官明必入英雄彀太息所見同知已真難遘由此上南宮不脛聲華驟切勿笑云云掉頭君獨否降心以相從恐遭按劒又前事有師門五度長安走

敝裘和查他山前輩集中韻

冷落相依未忍捐著來差喜勝披棉曾經冒雪衝

風慣還結遺簪敝履緣豈曰無衣安且燠自他有耀見猶憐素絲清節終須勵添線停針又一年時序驚心暗裏知幾曾一腋勝千皮綻非柔毳存初質莫任逍遥又攺爲十載寒宵燈下擁五更殘漏月中披從兹捫虱增惆悵摸索還應護小疵

詔旨起用舊臣感賦

寰海飛　丹詔中朝播　璽書忽來三殿側同上五雲居稷契平生志經綸指顧餘鄧林由積累柯笛藉吹噓一眚終難掩三薰迥莫如涓埃何以報魚水不教疎金鏡毗初政氷淵愼永譽桑榆收效晚那得任軒渠

驢車

也作官人看天街薄笨車識途差遜馬代步不憎驢力小聊安汝爭先且任渠可無傾覆患憑軾儘徐徐香茗優游日行踪與褰謀奴慵甘附尾官冗不當頭意外無宣召花間可逗遛還餘詩興健好向灞橋收

元旦試筆揭家塾用十二辰體

人生辨志無首鼠汗牛之編壓千古鴻都虎觀富

且多兔園冊子真么麿健筆龍文扛百斛塗抹紛紛總蛇足春風得意馬蹄香紅綾餅餤大官羊沐猴而冠鄉人恥不脛雞林走萬里名成弗藉狗監知安能嬉逐牧豬兒

樹燈行爲張南華庶子賦

剪紙作燈燈不俗穠艷何須羨華屋六街三市競豪奢火樹銀花絲管逐昨宵折柬招友朋入室熒然照幽谷老樹槎牙數十株一枝一幹燈相續梢頭纖月白紛紛曙後疎星明煜煜高高下下巧安排整整斜斜無窘束其中更有接葉亭亭間四面

光環簇到來俱是潞蕩人並坐橫肱不嫌促興酣落筆擘瑶箋燭影摇紅晃心目豈無繒綵耀千棚亦有魚龍呈百族掉頭不顧繁華空冷醉閒吟此間足芴舍疎籬是玉堂清操不讓前賢獨更闌燈灺鼓三通銀蟾朗映天如沐雪消氷泮待陽春歸途不復寒生栗明朝擬作樹燈行取白浮君一拔讀

淘渠

京師二三月尺符下冬官千門與萬戶朝夕夫役攢淘取溝中惡到處淤泥蟠一派華陽色蒸觸來

鼻端頓忘衢路潤誰云眼界寬舉趾愁陷溺失足生波瀾吟苦將衝島大笑或墜摶擔夫并販豎一一行蹣跚最苦是委巷偪側轉移難哼哼車脫輻蕭蕭馬離鞍簪履遺道路塗炭坐衣冠佇望所司賢徑術復舊觀而乃故淹滯不令鋳隙完春來花事好郊原取次看同志五六人下直約盤桓沉吟惡未盡逡巡興已闌含垢量雖大去污力必殫王道坦蕩蕩勿受緇塵干

黃山僧廩峯余聞而未識也丙辰春晝天都一峯見貽題詩其上寓傾倒之意時山僧有在京師者奔走要津迄不一顧感而書此用寄廩公

拈取黃山一峯秀千里揮毫寄冷官任他方外營營者一瓶一鉢走長安長安公卿尚聲氣擇子何當懷漫刺本來面目已全非空說詩文兼繪事公之嗜好與衆殊筆牀茶竈深山居暫游郊墅尋舊隱亦躭涉獵觀儒書數尺鵞溪與所託觸手雲烟恣盤礴拳山勺水多乎哉包孕千岩與萬壑慚愧平生未識公軟紅十丈抗塵容殷勤領取圖中意呼吸帝座鏗鯨鐘何時陟彼最高峯青鞋布襪披

蒙茸師乎師乎好相從那用求仙訪赤松

徐魯南前輩赴名來京猥蒙枉顧卻贈一首

鍾吾徵宿老已及渭濱年閱海淵源接平原體勢全忘形託杯酒往事空雲烟咫尺橋山路臨風一惆然 時念及景州座主於泰陵

讀葦間集五燈詠戲和其體

暫爾息羣動黃昏剩此身寥寥空抱影碌碌慣依人客久眠餐損宵深僮僕親玉蟲欣有兆應得夢家頻 客燈

傍岸數聲櫓停帆入望遲每當返照後乍見獨明

時風雪孤篷語闕山行路詩倘逢商婦宴添酒谿心期 舟燈

大千曾普照一盞傍栴檀趺坐安心久疎鐘出影寒孤懸常耿耿長夜任漫漫不羨銀釭擁團圞笑語看 佛燈

三餘勤不倦繼晷在窮經短檠羞珠翠深情照汗青鑽研光炯炯排纂髮星星何物添豪興還須藉淥醽 書燈

遠火映遥空烟村四望通星垂籬落外螢亂薜蘿中客路三千里歸心一點紅寒砧并刀尺兩兩伴

鳴蟲 村燈

題中州師黃山賦後

天生名句狀名山四庫紛綸浩且繁誰將腕底千鈞力收拾烟雲卷軸間吾師與博隱於釋愛此黃山來卓錫三十六峰峯巉巖踏遍丹崖與翠壁其中氣象雄萬千大含細入別有天松石花鳥都奇絕雲海瀑布相迴旋好景真難更僕數三千餘年上下古杼軸予懷自運斤短長盈縮無齟齬吁嗟乎黃山之奇天下聞茲賦縷縷傳其真三都兩京富才藻安能借手於古人我今諷誦不去口諸子圖誌夫何有幾曾濟勝遊黃山今番夢到峯前後呼吸帝座有斯才落筆神來面目開吾師在焉呼欲出飄飄凌雲之氣滿丹臺

怡園

相違不數武縱步好園林近市紅塵少遥山黛色侵般倕徵自遠花石妙從心儤直時多暇高軒日共臨千章凉樹底萬卷擁墻陰照眼漣漪水當頭睍睆音烏衣成代謝華屋竟銷沉牧笛牛羊下樵柯草木深問奇來已晚感舊思難禁六十年間事憑誰話古今

消寒四咏

李和傳爆栗遺法尚如斯入夜求偏得停杯覓未遲輕圓方袖手軟熟又當時笑佐燈前興餘波及小兒 炒栗

不數銀絲膾南烹壓食單最憐氷作柱那得玉爲盤泚釜因人熱弛擔入市譁羹湯纖手過今夕定加餐 氷鮮

黃芽鍾壯地菜品冠諸蔬脆以經鹽後香生入甕初膨脝資薄噉酩酊待潛除狼藉杯盤會頻頻問有餘 醃菹

已過持螯與金膏入饌來雌黄餘瀋在風味晚樽開杭稻生前夢糟醨身後栽尚須停七箸嗟爾縱橫才醉蟹

送邵學址先生巡撫江蘇

東南黎甿　帝所眷吾師秉節本　宸衷樹之風聲到吳會江花江草遲旌幢此邦財賦甲天下室家完美倉廩豐民動如烟歸如水惟其賢也方景從　仁廟教養六十載與民休息戸可封亦越憲皇加駿肅小廉大法紀綱崇斗米三錢刑罰措康衢鼓腹龐眉翁吾　皇纘承熙洽治勵精宵旰

達明聽特簡舊學膺岳牧爲茲半壁開帡幪曾聞清淨斯寧一抑或噢咻鮮怨恫桑麻樹畜勤本務漸摩陶淑無近功先生讀書破萬卷不負所學欣遭逢如此酬知大且遠簿書期會徒倥偬腐儒拘墟闇於事議論踳駮生異同蘇州俗尚誇繁富錢刀幣帛市廛充錦纜牙檣飛畫舫金樽檀板艷歌童綏然侈靡傷物力亦復衣食資彌縫若輩游手當恒業如商百貨工考工耰鋤發褉非習慣安能一一驅爲農逝將展轉成溝瘠甚者鋌走滋嚨呴請公塞耳勿妄聽和平正大無偏攻但得良法美意宣德化何妨朝朝暮暮絲管醉春風時有巨公欲折毁酒船及驅優伶爲農者故及之

禁烟謡

種二頃葉菸二頃田田多得穀葉好得錢
而今而後剪葉除根式闢爾田以遺子孫
詔下公卿唯唯否否事不果行烟猶在口
馬後奚童各携烟具我生之初斯須未去

禁酒謡

朝上東華暮出東華風其吹女無酒可賒
吾儕小人那知挾纊三杯到臍其暖盎盎

尺符早下吏胥蜂起匪徒吏胥酒家歡喜
其喜維何禁酒酒貴但聞價高不見人醉

徐澂齋前輩話舊卻贈

早有鬚眉驚海外亦曾姓字滿寰中誰人不道徐公美底事空悲韓愈窮日影三朝丹鳳側漏聲五夜蹇驢中通日京僚多載驢車眼前薪積何須説喜得　恩綸與舊同時奉　旨編撿資俸深者遵照舊例挨次陞轉

氷牀

破曉晶光照眼明飛輪摇曳御風輕波間得路銀濤捲足底無聲雪浪平人自戰兢歸坦道地於滑

澤且徐行元龍此日寧區別一任兒童嘯太清

輓邵學址先生

忽騎箕尾去堂堂拜疏曾無八百桑一代清名歸甬上萬家遺愛哭滄浪（滄浪亭傍撫署）狂瀾欲障心徒切大雅難扶願未償記得與公話疇曩早知前讖在封疆（公爲少宰時言幼年夢以解元歷官翰林御史及少司馬而終今其言不驗及改撫江蘇換少司馬銜）

客有爲八老咏者余於梨園中見年臻八旬尚登場傳粉墨戲增老優得九首

老將

據鞍顧盼竟何如龍馬精神信有諸剪棘除荊人漸少梳風掠雨境全虛那堪刀筆繩文吏詎可清涼託蹇驢羡爾良家遭際好封侯拜爵太平餘

老儒

一生坎壈蠹魚中飽歷齏鹽守固窮無復桑榆收暮景幾曾薦袰報年豐頻經拂拭毫先禿屢試機梭樣不同多少金閨名貴客羊車早見是兒童

老客

不戀燈前一笑譁常將蹤跡滯天涯綠波春草年年別漁火禪燈處處家忙裏峰巒青可惜暗中鬢

髮白潛加輕離重利由來慣曾有腰纏十萬耶

老僧

煩惱空時境已過一菴高臥病維摩半生行脚鉢盂老千里尋師山見多缸面酒邊人巧賺長明燈下客來歌風旛妙諦曾無著耆臘於今悟得麼

老僕

一生事主逼衰殘僮約年華逝水看遭遇何常甘苦共愛憎無定笑啼難竭來後進機偏巧說到先時齒亦寒輿博倘能知穎士定教老不起波瀾

老妓

駢闐車馬竟何之徙倚門前空自疑膏沐悔當春去後金錢難受色衰時鴛衾暖送檀郎夢鸞鏡愁添侍女知不遇多情白司馬天涯流落訴伊誰

老兵

慷慨平生古戰場空餘九尺鬢毛蒼夢中金鼓心猶熱臂上瘡痍恥未忘閒散謾教嘲内翰謳吟還與聽阿房憑君莫話從軍事點撿兜鍪泣數行

老吏

用盡機關破混茫何須磔鼠説張湯令公喜怒情多中任爾縱横勢莫當似鶩幾曾甘紙尾如神難

與測倫旁思賢舊學家家慣位置居然號老蒼

老優

落花時節李龜年邂逅相逢酒琖邊抗墜猶聞歌纍纍輕儇已失態娟娟傳來譜序仍諧俗剩到鬚眉也取憐誰向當場溯開寶白頭賓客各淒然

題同年吳冠山太史靜觀圖

峯迴境轉紆境僻人逾静想見月高時吟殘琅玕影

山色落杯中湖光射窗底獨坐數歸帆隱隱漁歌起

烟霞涉筆生巖壑起方寸滿眼輞川詩悠然具神韻

篁南五里遥鐘聲渡溪水一種故鄉思落君圖畫裏

題侯若木比部藕花圖

風起㲉紋生檻外吹紅影一陣藕花香幽人愜清景

四角敞虚空荷天净無暑剝啄未來時吾心澹如許

梁溪烟水鄉川光任沿泝畫舫異時過爲指荷開處

送謝梅莊前輩之湖南糧驛道任（時具摺養親請改官佐貳蒙恩特用監司）

寸草關心切循陔樂事完但能依老母不復薄甲官　聖德含容大臣躬報稱難勿言丹陛遠舉首是長安

十載羈邊塞　君恩湔祓初文章憂患後志氣警醒餘豈復圖温飽何當厭簿書虚聲從古誚端藉使君除

凉篷

籧篨幾面出房櫳一霎凉生溽暑中日轉方隅資障蔽風生肘腋見玲瓏東西不外推移巧高下全憑線索工待得卷舒天宇濶依然明月湧晴空

因樹樓爲洪軾澄賦（軾澄祖母馬太君苦節撫孤曾於樓前植杏一株課諸孫誦讀及太君棄世樓傾花萎軾澄尋人頫齋不忘其親重搆茲樓花亦茂發同人賦詩）

數椽突兀海之濱三匝啼烏涕淚新瞻望母兮惟有樹登斯樓也豈無因重看蔽芾貽孫子說道漂摇憶苦辛奕葉清芬垂不朽褒揚久已遍騷人

陳定先殿撰冊封安南

自是陳驚座才名貫九州今番臨象郡宿望重瀛洲火樹無勞貢丹砂不下求　聖朝文德遠仍藉使臣修

五載親衡宇君爲萬里行經綸從此卜離別若爲情異域馴干羽天威仰旆旌歸裝何所載編集句還成

哭外舅何省齋先生

人生貴知已只在一言始歎彼世間人肉眼紛紛是當其處約時鮮不遭笑訾憶昔髫齔年門戸凉於水老屋風雨中生涯鉛槧裏皤皤白髮翁舌耕

餬食指老則競椰榆貧易生骯髒而我復踈狂性不拘尺咫鄉老一二輩欣賞塵埃底（謂杜海樹雲蔚兩先生）餘者相識嘲屏棄如脫屣公獨暗品題謂是璠璵美以其子妻之外論騰騰起密州或病窮參軍或嫌鄙曠達或憎臯詼諧或誚李公曰其試哉掉舌胡爲爾落筆聲摩空文成未移晷千鈞評自佳九霄望非侈（公是日批余文有力舉千鈞氣騰雲漢之語）遂爾締朱陳玉樹蒹葭倚踰年弟子員公則驩然喜浹歲登賢書爲山一簣耳誰知復迍邅奔走無時已弔古正平洲訪友侯嬴里齊魯山重重吳越波瀰瀰南北幾寒暄饑驅奉甘旨毛秃硯復穿方貴洛陽紙特達荷　兩朝自問殊不揣回思作噩冬五叩長安市拜別上公車相送河之涘公意殊蒼茫揮手行復止情景尚依然又是十年矣來年公八十矍鑠健腰膂我父亦古稀私擬陳玉卮扁舟過邗溝庶幾親杖履重展渭陽情再得洋梁啟胡天不慭遺竟令哲人萎公名只膠庠公迹終蓬虆公居繞一壂公食無四簋陶甓勤朝夕晏裘閱星紀清節媲古人儉德貽孫子斯槧不暇陳余懷別有以長號淚不收人生貴知已

馬相如中翰出三十年前小照索題

一編花下絕風塵卅載回頭認假真跋扈飛揚今在否眼中人說畫中人

唱遍黃河遠上詞怎教樗散鬢如絲人生容易傷遲暮對酒當歌彼一時

懷張乾夫（時以孝廉補福建鹽庫大使）

閒官只合辦吟詩掃徑焚香替左司鬪得南坪三畝地綠榕風起月來時

滿韡塵土　帝城邉暫結南天矮屋緣日啖荔枝三百顆（坡公句）也應人說吏如仙

宦未何須較淺深詞曹種種負初心（時庶常散館）山光
左右開旗鼓拄笏輸君仔細吟
清簟疎簾茗碗俱生綃水墨破工夫迂癡畫本臨
多少寄我三山疊嶂圖（君善繪事）

送管配寧楊峙堂兩庶常假歸

玉堂鈴索響丁東二妙翩然　予告同中秘圖書
傳太史江山文藻憶羣公（謂同鄉館前輩）紫霄夢遠孤
篷雨黃葉聲酣落帽風（重陽節後啟行）到處逢迎知不少
新詩早付北來鴻

吳方岳檢討移居

誰能安穫比巢鳩只愛清閑屏市湫日短正當馳
北陸地偏今已住東頭弓廬恰受吟詩侶斗酒行
將與婦謀（君挈眷將到）只有季方嗟寂寞思君室遠倍
添愁（謂又枚）
糠粃謬託忘年契下直過從咫尺餘學道俱慚成
佛後（余與公車十載先生倍之）論心何異對門居客塗老馬諳
三里（君新居隔一門）家具藏書約幾車可許羊求情似舊
花開月滿一招余

馬相如中翰假旋

九載滯京城吾偏愛馬卿風騷傳正始樽酒說殘
更道直諫生拙宦閑　予告輕消䰟橋畔路惆悵
若爲情

送傅嘉言赴奉天少尹任

朝伏青蒲撼九閽筆不可奪舌尚存煉成媧皇石
五色赤手欲補天無痕班譏汲戇古所重國家倚
賴惟直言餘子姗笑徒復爾爲民痛哭陳煩寃
帝心簡在根本地山川日月相吐吞王氣鍾祥風
俗好頑者能廉薄者敦此間足樂君無躁牙籤萬
軸窮崑崙諸生齗齗歸講席大漠如坐春風暄足
音倘復有區冊相與觴咏忘晨昏

贈石東村

只愛青山不愛名蕭然心跡淡孤清夢回禽語兼
泉語吟到松聲與唄聲晚節漸空文字障（曾焚棄平生詩稿）
歲寒不替久要盟（與盟山李鷹君爲金石交）年來麗澤資談
藝未許予懷鄙吝生

題張淑紫大令尊人松巘侍御請毁魏忠賢
碑疏後

講堂傾覆生祠起黃芝妖發忠臣死委鬼當朝秉
太阿撰德銘功皆義子身後纔膏斧鉞誅招䰟尚
厠西山趾峻宇繚墻金碧輝跨阡越陌規模侈大

書深刻列姓名碑碣崢嶸霄漢跱遂令穢塚留人
間行者唾罵山靈恥我公奉命巡京圻白簡風生
陳玉戺上言巨慝惡滔天墓門私擬王侯禮明政
不綱未剗除光天化日寧容此下言憲典炳日星
癉惡須從近侍始俾知孽不保壟卹椓人凶惡無
全理　九重駿厲奮乾威聽受公言契公指狐兕
屏跡羊馬傾自是川巖滌瘡痏三十五忠洵偉人
勁節剛腸直如矢精爽誰不薦馨香剪拜猶當護
松梓諸公凜凜千載生轉眼誰憐奸醜褫此畨不
僅儆刑餘三復封章頷有泚土偶衣冠莫謾狂更

有仁和沈御史（王振像留智化寺沈君廷芳特疏毀之）

過閘四首

乘風方鼓棹束水忽當門不信簰兵賤幾忘牐吏
尊滔滔盈白晝滾滾鬧黃昏前後遥相望牽連擾
夢魂

砰訇無已勢邪許幾多人直以虛能奪方知險是
真毫釐爭避就篙檝見精神曾是吳兒慣從茲且
勿論

去來分順逆啟閉互虧盈石勢兼風勢鉦聲雜語
聲迭檣多士女接迹到公卿天下勞勞者何曾心
暗驚

濟運資河潤糧艘上下頻憑高思壓小賁夜更驕
人棹尾夫何敢當頭早見嗔此間逢要害能不少
逡巡

輓張南華宮詹

敏捷清才荷主知　奎章親和數篇詩緣何拜疏
辭天日已是修文入地時香案尚期趨直早（上於君陛辭日親洒宸翰有香案供奉休就五柳居之句）扁舟翻悔到家遲松楸
遥睇成虛願華表空傳鶴語悲（君乞假省墓）

曾隨簪筆侍承明瀟灑偏多世外情（君侍直圓明園即乘便往游西山等勝間遇傳宣不至）鈴索吏喧呼學士花磚影過待清
卿棹頭只愛名山好叉手爭看警句成（宣到命詩頃刻而成）
自是大羅仙骨異風騷端許壓蓬瀛

諤諤風生殿閣寒（君於秋審每獨抒所見）宮僚原不是閒官
自饒湖海元龍氣莫作詼諧曼倩看率性幾曾苛
禮數平心何處起波瀾圍棋作畫都清絕也共勾
留到夜闌

陶然亭畔柳毿毿祖道正當三月三帆影方將辭
薊北山光猶未望江南（君卒於臨清舟中）廟堂動色思前
席（石遺本進呈上名勵衣園前邑沈歸愚學士嗟歎久之）朋舊吞聲憶盍簪

最苦吟魂招不得十年同調愧驂驔

贈皖撫陳可齋中丞

鈴索喧呼入紫宸　天顔有喜鑑衡真誰知香茗
優游客已兆封疆簡在人一榜同年多屬吏兩闈
座主是州民他才自愧遭逢别空羡蓬萊去後春（君試翰林時余已改官西臺）

哭大女五首

嗟爾生時值旅遊菑害偏貽母氏憂十歲相攜入
京邸燈前婉孌慰余愁回思往事吞聲哭三年無
乳褁汝腹襁褓伶俜惟飼粥

夕陽書屋詩初編卷三　卅六

記得初時比案長肌肉玉雪神清揚箴管線纔巧
位置學母不至心徬徨冷落一官同淡薄朝虀暮
鹽儼如昨分甘尚説貧而樂

十載追隨風雅親紙窗竹屋無纖塵愛汝雙瞳翦
秋水硯北含毫倣洛神機警由來多穎悟東壁西
清語掌故誰知反被聰明誤

夫家中落瓶早罄傫然以尫婿復病年少相莊無
怨尤鑪鐺井臼安於命昨宵一陣黑罡風遶先朝
露辭其雄夜臺孑丁心忡忡

杜蘭香降事有無去來蹤跡是仙乎現相分明成
解説光景似與常人殊（女屬纊時雙手持訣異香數日不散）回頭恰
見呱呱泣爾獨何爲不悽惻殷勤爲爾護弱息

飛蛾

願爾安無躁忘軀恐未宜望光嫌後至及熱得先
知轟烈無常勢燔焦只片時么麼渾不悟趯趯竟
何之

賁夜紛紛至縱横冒險來殘膏雖足戀拕火亦堪
哀妄動無全理姑徐免後災寂寥天宇濶任運且
徘徊

繆香令五十

夕陽書屋詩初編卷三　卅七

北郭過從日游歌歷歲年落花逢好景坐月見初
圓湖蟹經秋美江鰣出網鮮豪情那復爾能不重
流連

朝論符公望騷壇亦我師風流餘欬吐法從憶鬚
眉（尊先人以詞曹改補垣中余亦步公後塵）北海樽無緣中郎鬢已絲
遺編追手澤點檢未雕詩（時有餘園詩鈔之刻）

煖炕

燕寢凝香自在身寒宵形影劇相親謾言炙手宜
高枕不道薰天等厝薪帳底羊羔杯送煖燈前兒
女笑生春可能安燠家家足袵席還須念憚人

拮据寧辭墐塞煩貧家寢息此間存馳驅早得雙趺穩婦子同爲一體温入夜星辰疑到枕侵晨餳粥已當門莫嫌斗室陽和少炙背迎暄取次論

送竈

厨門豊祀典年例萬方同奉職饔飧裏酬庸醉飽中短長付喑啞禍福托癡聾匆牧家家辦雲車起碧空

迎竈

按轡疑風雨飄然下九重乞來新利市還仗舊包容婢子諳情性家人化吉凶年華今復始瞬息到殘冬

夕陽書屋詩初編卷二終

夕陽書屋詩初編卷三

海陽程盛修 風沂

聖駕幸翰林院恭紀

當年珥筆厠清華御燭宮壺出 帝家自此臺垣遷秩後花磚重認舊官衙

詔許乘輿駕六龍玉堂鵷鷺慶遭逢紅雲捧處天顏近都到蓬萊頂上峯

皤皤二老頌詞臣教術親承指示真華國文章應記取由來宰相讀書人

昆明法曲綺筵開千古詞人沈宋才一自天葩歌復旦何須侈説夜珠來

異數洵堪掌故傳昨宵靈鵲噪廳前柯亭劉井成佳話添入瀛洲道古編

聖駕幸貢院恭紀

蒂帽蹉跎歲月湮廿年拜爵列朝紳今番玉趾親承寵尚念秋風矮屋人

經術文章貫古今三條爐落費沉吟 廟堂亦有光明燭照見諸生五夜心

三載培風養翮餘先資拜獻沐恩初勳華贊治基方始敢道臯夔不讀書

睿藻紛綸　御墨鮮。天心期望倍拳拳從茲鎖院紗籠處萬口爭傳彩鳳箋

聚奎。恩命典攸隆閑節丕休未許通以人事君須仰副莫教爨底有枯桐

銅雀瓦歌爲孫殿雲賦

奸雄粉黛俱黃土空向西陵貯歌舞好事雕鐫到廢陶千載詞人伴縑楮須信文字有長年不隨霸業冷寒烟一經品藻如異寶永結人間翰墨緣我曾訪古荒臺畔（鄴城）淺碧漳河岸樂府歌行弔建安秋風葦荻鴉聲亂君今下筆墨光飛剩水殘山送落暉（君有咏史詩）七十二墳無覓處遑問瓴甋是耶非

夕陽書屋詩初編卷十　二

呂孝子歌（同年呂無黨子聞父就繫秉程入都以憂憤卒）

有子有子天一方妖夢是踐心徬徨急往從之川無梁酸風射眸日沉光父冤未雪兒羸尫九閽岩嶤誰訴將奄然一息歸北邙魂飛湯火侍翁旁皇天有眼出膺滂思兒不見淚盈匡人生那用多感傷生非虛生死非殤但使親在且無殃百年鼎鼎留綱常愧彼七尺空昂藏

送儲越漁之納溪任

名流多愛蜀捧檄到蠶叢杜老兼坡老文翁又了翁淵源千載合教養一般同仕學原非二方知儒術工

回首荊南路烟霞別故溪莫嫌鄉夢遠一任子規啼閣道穿雲入懸崖壓日低此間郫釀好醉墨待留題

題王孟亭太守硯影圖（研背刻髯翁笠屐像得於揚州市中）

誰向陶泓認化身無端物色在埃塵自來氣味親風雅轉落江湖閱苦辛笠屐流傳多附會鬚眉影響亦精神吾儕尚論悲陳蹟何用區區辨假真

夕陽書屋詩初編卷十　三

輓馬相如中翰

千佛無名一笑捐（君屢躓禮闈不屑入試）依然未嫁老嬋娟慈闈遠隔三千里薄宦卑棲十四年（君壬子鄉薦後即就職中書母年八十中間纔一歸省）每憶狂吟聲激越慣看泥飲舞蹁躚誰知撒手游行日故態分明在眼前（前三日於桐城師相宅誦平生得意詩豪飲極歡即於席間得疾不起）

同年陶次南八十

晨星寥落黯銷魂蘭譜今看碩果存尚可傳經來弟子不須撰杖倩兒孫晚年官入新除目（選朔將届）日下衫留舊酒痕（每於公車必爲招集）爲道廣川消息好一般

矍鑠慶師門（景州座主年七十八矣東强善飯）

壽李母查孺人

何須咏筐筥且莫頌椒蘭眼前兒女態總不上毫端生長名閨彤史一朝憂患憑空起白壁青蠅任爾曹風鬟霧鬢隨夫子絕塞邊聲咽暮笳月爲明鏡雪爲花誰知共命南枝鳥牛衣對泣天之涯樂府刀鐶偶然遂諸姑伯姊驚拭淚報施有子子復賢嚴霜歷遍陽春至

寶研堂歌爲楊學山給諫賦

日逐天街薄笨車案牘塵鞅交紛拏誰於此間得

解脫閙裏尋閒閒趣佳楊君標格清於雪結廬瀟灑非官衙闤闠遥開趺蕩蕩西山墻角明朝霞軨軒疏寮足位置移花分竹陰周遮曾聞清森書畫夥又聞清閟鼎彝賖先生嗜好貞癖摩挲光怪窮義媧何從獲此一方石不數蒼璧楕而窪貌完質古動流華顏曰寶研文詞葩（曾氷持太史作記）法物名蹟雅稱是精巧一一生咨嗟走也麄服亂頭耳對君形穢多疵瑕會須吟咏夜繼日譙樓任報鼓三撾興酣落筆布新硯相與潑墨忘塗鴉雲亭載酒有故事無煩溯洄秋水咏蒹葭

許滄亭招飲同薄圖南吴夔龍吴頴菴諸前輩王萊堂柴禹門丁南屏吴慎堂家驤超同用東坡先生七月五日韻二首

衙退覓静緑戶小卻酒務折柬就君談鄙吝消叔度況復佐大烹爾羊恣封煑餋子技何奇堆盤細覶縷（是日以全羊餉客）載咏銀臺詩英英筆垂露君亦擸吟髭詞源競奔注

習習凉颸生娟娟新月上井梧早報秋翩然集瑜亮消息從南來淮黃驚泛漲（適得南河水信）蔀屋待澤深壺漿誰見餉肉食鄙吾曹逖聽增惆悵拯溺有嘉

謀泥飲非疎放

瀛臺侍宴恭和

御製元韻

綠陰深處響珠珂湛露恩濃喜歲和

聖德勤民惟寶稿天心助順正登禾歡流燕鎬風如昨陪賞卷阿事已過典禮只今誇再盛賡颺端可被絃歌

節入高秋景物穠宛疑瑶島望中浮當分黛色濃兼淡檻過泉聲咽復流人影畫橋楊柳岸烟開柔艣木蘭舟承恩幸侍

勳華主始可迴翔到上頭
黃花翠篠總便娟點逗秋光破曉烟嫋嫋風
輕猶拂面融蝠日暖正當筵堂廡盛事文章
著山水清音法曲傳先後同符俱不朽
昇平佳話萬斯年
宴罷
温綸尚許留
聖恩稠疊迥難酬那知
幾暇優游地
特予臣工泮奐秋耤草搠蘸平似毯穿雲引水曲

如鉤半生蠟屐躭巖壑方信人間有十洲
又恭紀十六首
太液池頭醉管絃曾從文獻溯當年不圖躬
遇
昇平宴露白葭蒼八月天（康熙辛酉年曾一舉行今茲再盛）
九重宵旰切民咨正值秋登萬寶時天淡雲閒風
景别山開圖畫水漣漪
澤下天潢及從臣龍光次第沛陽春餘生自分甘
樗散也有
恩波到涸鱗

閶闔門開列炬晗東華魚貫出西華曉風殘
月朝官慣早有晨鐘起曙鴉
簪裾翔濟苑西頭鵠立遥瞻瑞靄浮聽說
君王麾玉輦新涼天氣盪蘭舟
泱漭晴光曳水紅古槐疎柳畫橋風
繡旗颭處山呼起聲在鷗汀鷺渚中
積翠筵間曉鏡開蘭肴玉俎日邊來何須侈
說金莖露三浥天漿瀲灧杯（臣已未至今三陪御宴）
法曲悠揚宛轉生歌喉妙得古人情漢唐韻
事傳千載（是日演柏梁臺昆明池諸劇）翻出新聲爾許清

糺縵欣聞
帝作歌
神思睿藻決江河書生倚待空長技今日方知閣
筆多
流杯亭畔水泠泠搜句巡簷許暫停内侍擎
來殽核美紛綸不羨五侯鯖（宴罷復於亭遣賜上尊珍品）
簫鼓喧闐
翠輦回諸臣猶傍水雲隈
君恩特與窺清秘步步催人入勝來（内大臣領臣等徧游諸勝）

六十年間到上層懸崕叠嶂望中登白頭元
老誇榮遇總是平生得未曾
露檻風窗碧一圍珠簾斜捲瀑争飛綵衣各
帶烟霞色新向蓬山頂上歸
在藻游魚樂可尋投竿翻愧
主恩深遭逢仰報無涓滴敢動烟波濠上心（是日舉網得魚）
賚予便蕃十載餘今番文綺稱華裾中宵定
有榮光起芸閣新添
御賜書（蒙内賜唐宋文醇及紵彩箋諸物）

異種知從
上苑栽壓鞍香擁拜
恩迴（鮮藕蒲桃等物各賜一筐）一般風味人間少親被
堯天雨露來

送同年王萊堂侍御視學中州

稽古之榮那得此諸生北面稱夫子風雨和會天
下中崧高惟嶽澗瀍水此間人物庶且繁經濟文
章兩不訾況復醇儒崛二昆鄒魯淵源一間耳偃
師上蔡亦替人履信平矜道在邇理學昌明五百
年胚光接響承先撰我　朝教育謨訓昭四海同
風趨正軌達則睢州窮夏峯醞釀濂洛淪肌髓此
方學者莫或先得士如斯斯可矣君操玉尺過通
都軺車所向多楩梓好賢應須授館餐革薄行將
化溱洧文字區區何足云風俗當從學校始

送園冠霞赴中州學使幕

黃葉聲中路依人忽此行七年曾久別千里又遄
征雁唳離亭酒驢鳴野店更此間名蹟好且去訪
侯生
南北馳驅日天中始問津荒臺梁苑客坏土建安
人莫道風流盡還看英妙新氷衡能造士樂共賞

音頻

送沈歸愚學士假旋兼柬吳中諸同學

晚歲成名天不薄七載書生遘綸閣名士傳呼徹
禁廷御燭宮壺日酬酢恩榮恰自讀書來姬嬴以
上窺墳索漢與唐降派別分老眼無花真不錯只
今健筆九州横巧度金針開橐籥短檠何曾棄白
頭細字寒宵對斟酌高位居然擁八騶虛心尚爾
研七畧　聖明勸學兼勸忠流覽篇章至情躍知
君不是憶鱸魚霜露松楸心惕惕（叶）乃祖乃父期
待深大雅扶輪欣有托鸞書鳳綍汝往哉駟馬三

槐增式廓僂指江鄉隔幾時同學才人仍濩落酒後頻添涓滴悲花前轉覺情懷惡芙蓉歲歲怨東風破帽青衫捲秋簃嘖嘖遭逢說沈公歸而求之讀書樂

友人齋頭四咏依韻和之

破窗

不乏綢繆計緣何入眼空無端生罅漏漫爾說玲瓏雲斂光穿碧燈搖燼墜紅只餘三夏好透得滿牀風

破書

先世遺編在傳來有歲年零星難辨帙刋落亂題籤未許當風檢猶防觸手穿此中多錯悞戒爾慎烏焉

破硯

刓缺成何物難言潑墨良僅存雙眼滴正恐一田荒似璧猶嫌椭如珪不見方君苗非顧惜焚矣莫商量

破琴

正擬彈新曲孤桐質不全幾曾因爨底何處聽鳴泉似向無中悟將從誤裏傳殊公還寄語猶有十三弦

劉蘭谷給諫分巡洮岷

同官日下說鄉關君才十倍見本原讀萬卷書萬里路峻塗直上天漫漫當今　聖人重邊吏黄門簡在温綸頒銜命震動凜不宿蕭蕭馬鳴車班班岷山之西桓水北編氓雜處羌戎間忠信慈惠秉驗肅絕域敢道書生孱吁嗟乎絕域敢道書生孱虎頭燕頷亦儒冠繡衣行部海風寒

送陳濂村祠部　予告歸里

曾向蓬萊認淺深一官中外歷升沉衰齡早引微

臣分去國偏縈　聖主心未到沅湘搴杜若（曾辭湖南學使之命）轉於風雨樂朋簪容臺掌故君須記郎署更番有　玉音

從茲洛社賦閒居瀟灑聊乘下澤車夢裏關山馳蜀道（謂長君琪令）醉鄉風月愛吾廬汪洋千頃襟期合（黄北平先生）騷雅更番欬吐餘（午亭相公）只有　君恩拋不得秋菘春韭一躊躇

賦

張擇端清明上河圖臨本歌爲武砥中給諫

此本曾入鈐山堂婁東中丞貽禍殃又聞遺命貽

烟戒不寶異物惟銅梁從來玩好皆瘡痏珍藏什襲非爲美況此雲烟過眼空人弓人得等閑耳張生落筆巧而工豆人寸馬俱纖濃城郭廣袤市廛富士女闐咽冠蓋重其中變化無終極絲絲縷縷貫於一竭來萬戶與千門只在盈尋復盈尺天水盛時四海家孟老東京紀夢華美食豐衣誇富貴燕姬趙女競豪奢當年若有太初輩憂感危明儆官位珠玉錦繡且莫陳雨露桑麻斯上瑞花石綱從何處來金戈鐵馬胡爲哉傷心者舊空歎息誰是宣和宰相才何必流連到此本太平粉飾真堪哂更有桂子荷花名亂根君不見吳山頂上畫中人

雲錦石屏歌爲陸宏山孝廉賦

有明三百年文章成宏諸老來堂堂知古知今陸文裕郘儲錢顧參翺翔網羅舊聞收放佚紀記時事無遺忘二十三家足不朽（見公集）更將餘技揮緗緗鷗波戲鴻兩陵壓平原北海爭頡頏欲往從之生也晚空抱遺編禮瓣香京華邂逅遇孫子貽我新詩比七襄弈葉清芬猶載德摩挲手澤覯美墻含雲過雨屏風巧光怪時出琴書旁吁嗟乎江東挿架何琳琅覼覼眉眉公所藏（集中有江東藏書目錄）釣州之缸崑山石當年誥誡曾周詳只今玩好萍飄揚茲屏仍見魯靈光繩其祖武須努力文章聲價不淪亡

題戴蔚崖小照

不履不衫標格無拘無礙扁舟欲尋剡曲佳處且問樵夫渡頭

一任吳頭楚尾幾番細雨斜風莫嫌水遠天遠收入詩筒釣筒

題吳濂州比部中隱草堂

江上草堂開幽人寄游釣潮聲自去來山勢莽奔削無煩薺勝具跬步即員嶠展卷獲新詩澄懷託穿窱

三山指顧中雲烟紛萬狀好景落君手園亭愜清曠位置總天然樸斲無用壯素心待羊求停舟一相訪

鐘聲白雲間漁唱烟波裏世味那復縈吾心澹如此回首侍承明標格重梗梓豈敢戀江湖士各有志耳

喜蔡芳三得學錄

卅年文采動江湄入雒聲華衆口推老至名方書
澹墨霎時官已拜人師（君鄉薦甫三月）迴翔上舍談經地
黙寬東京復古詩珍重中郎須記取爨桐莫任賞
音遲

何履菴同年八十

天街踏遍滿韡塵旅食京華六十春博雅早探周
石鼓文章晚達漢平津（君丁卯入北闈庚子始受知海寧陳公）甕鹽
冷署貧非病風雨寒燈老更親獨喜年來瑶珥盛
頻沾湯餅到同人（君六十外連舉子）

夢裏湖山客裏家宦游何異走天涯田無負郭歸
期渺賦有登樓旅望賖茵溷升沉徒爾爾雞蟲得
失亦些些乃公閱世原非淺冷煖由他一笑譁

神清貌古等臞仙車馬時過地自偏懶向人前分
黑白每從酒後説開天名流想像題襟日高位依
稀贈縞年乘興不嫌霜鬢滿黃花猶插帽簷邊

懷俞仲光

廿年京雒滿緇塵良友迢遥隔遠春雞肋功名成
底物（君以廣文罷歸）牛腰著作總陳人（謂興之雪樵湘靈摽席諸君）殘
山剩水淒涼句鋤月焚香自在身贏得老來清興
好傳家有子不妨貧（君別後得子）

林壑心情諏不孤足音三徑未全蕪墻頭濁酒來
詩老（謂鈴長）門外烟波滿釣徒自可放懷同嘯咏何
妨混跡托鷗鳧觚稜回首天涯路黄紫楓丹信到
無

雪霽張西銘宗卿招同虚船向山次風繩菴
禹門以寧集飲寓齋時丁卯嘉平十有七
日

雪意連朝滿謝庭竭來浩蕩遍郊垌田家尚望三
畨白簾外旋開一角青隱隱嵐光浮遠岫濛濛烟
樹認前汀清談煮茗詞人事對此醇醪肯獨醒（是日飲滄酒劇佳）

寓齋高敞俯塵寰折柬來從水石灣終歲大都如
此少八騶難得似公閑傳家名理猶堪溯（適詢清恪公遺集）
入座狂言未可删上下寒光天一色氷輪歸擁
馬蹄間

歲暮分詠得門神四首

彈指流年換天街藻繢紛頓開新面目旋失故將
軍碩大中無有莊嚴貌不羣兒童欣栩栩顧盼起
風雲

脂粉寧嫌污鞱鈐豈是真一朝憑户牖遂爾隔風

塵漫刺何爲者蕭郎已路人無端空剝啄來往亦
酸辛
暮暮朝朝見冠裳劒珮俱看人行揖讓（禮記揖讓入門）何
術卻穿窬翻覆驚羅雀炎涼及屋烏一年風景剝
消息到君無
莫道依王謝烏衣已夕陽衰遲憂剝落風雨獨傍
徨空羨一囊飽誰憐半面粧桃符匆相誚同爾厠
門墻

除夕寫懷四首

物候頻驚歲月遷曉鐘未動尚丁年（借用）宦游敢道

人門羨餐素深慚雨露偏願豈能如聊止足詩無
可祭且吟研軺車準待行春去銜命依然尺五天
（時奉命巡視通漕）
君恩那復戀江蓴廿載依光齒近臣覽鏡不堪更
甲子過庭猶自憶庚申（五年乞假省覲今又忽忽八載）書來瞿鑠
曾加飯夢去迷茫也識津歲歲南枝春信早梅花
應笑未歸人
平生難忘是賡酬除夕論詩與自遒篋底尚存氷
雪句故人已返鳳麟洲晨星落落今猶昔霖雨濛
濛春復秋（年來舊雨率多下世及散往四方者）多少離愁拋不得無

端悵觸到心頭
釣遊彷彿記童心逝水年華思不禁漫被賓朋呼
執友喜從譙會得鄉音（是夕招集新安吳陵諸同人）尊前行衍
枌榆社座上翩翩翰墨林但使多才推後起不嫌
霜雪點朝簪

戊辰歲首偶成（和阮裴園同用楊大宇歲除韵）

椒酒禁寒倒玉觥東風已向馬頭生宦情不改芸
臺舊官職仍兼御史行（時東城差竣復有溜河之命）春到千門
初進帖歲逢元日例通名京華廿載心如水撚得
吟髭斷幾莖

荏苒流光强半過那堪問學任蹉跎三冬原未拋
文史一日何曾廢嘯歌銜似移山遷處少愁如赴
壑到時多終年鹿鹿今伊始瞥眼暄涼奈若何
詩壇結習自因仍壯阮南楊總服膺闘律莫教風
力減逢塲又見歲華增旛隨兒女狂猶昔鵲噪階
除喜可徵日者漫推新運好釵頭已綴去年燈
駑鈍何當樂便安東華破曉慣侵寒三千驛路庭
闈遠咫尺輶軒職守寬節屆初陽思雨露詩陳七
月補艱難（將輸進經史）朝天珂馬年年事疊鼓喧闐聽
未闌

輓唐次衣前輩

也曾文采動長楊珥筆雄開翰墨場十載清風如杜牧（君刺湖州以慈惠廉靜得名）幾番宦跡滯馮唐（君以郎官出守復以守謫部用）蓬萊深淺資談謔詩酒淋漓見老蒼猶記城西舊遊地重過那不淚沾裳（君寓高陽舊墅極水木之勝）

送前輩馬遜渚給諫扈從東巡

齊魯山青入畫圖　翠華東幸擁簪裾風裁久著論思地法從還陪警蹕餘到此真知天下小平生纔見聖人居廟堂自有光明燭鄭監無煩馬遞書

題熊孝眼先生傳後即呈大廷尉梅齋前輩

梅尉山頭戰火紅黃巾四出聲交訌書生慷慨陳大義不憚口舌爲摧鋒舌在終無益有子能捍敵天地起悲風但見刀痕赤刀光落處目光飛尚戀嚴親涕淚垂精靈一霎游泉路彷彿忠臣義士相追隨忠孝原一脉誠至斯能格給事千載生若甌護魂魄魄歸來絕復蘇鄉人驚見血模糊箐巢已掃庭闈聚純孝何嫌毀髮膚吁嗟乎去眼代親死留眼奉親存誰似先生雙眼綱常繫至今神光炯炯照乾坤

九月望日由潞河挈眷南歸述懷二首

薄宦於今十九年因循歲月逼華顛鄉心早逐催歸鳥客路旋開下水船春韭秋菘貧裏味清泉白石靜中緣黃花驛路瀟瀟雨回首觚稜一惘然

白雲深處見親廬鑾鑠行將慰起居手板暫拋真灑落頭銜未换任軒渠歸裝狹小曾無石家具零星僅有書爲語鄉人須記取依然風味是樵漁

題家慰山別駕錦江春色圖即以誌別

酌君以郫竹酴醾之酒贈君以碧雞花樣之箋惜不共聽猿聲之十二爭教獨行鳥道之三千嫩蕋穠花綺麗疎烟澹靄流連戴君恩而叱王尊之馭念親老而誦束皙之篇余亦從兹逝矣相期於吹簫明月廿四橋邊

紫閣感舊示涵齋

少小追隨大父行曾從花下醉千觴微雲疎雨來詩老澹月輕風帶草堂天上玉樓多辟名（謂鶴潭東野槐江諸先生）眼中金谷半滄桑今宵共爾談疇昔絡述弓裘未可忘

里居詠懷六首

屺岵常相憶。曰歸慰二親。似聞猶崛强。乍見惜風塵。遺忘增多感。悲歡待細論。老妻躬縷切。不復問

饔人
鄰曲分攜久相逢眼倍明兒童怪鬚髮婦媪信平生歲不慳魚稻家誰足鼎鐺希文風未遠惆悵幾多情
清陰逕借樹流水暗通畦風至身疑壯人稀巷在西三間仍老屋二頃乏耕犁贏得初時燕飛來故故低
矻矻奚爲者依然老蠹魚物難移我好官已看人除（垣中已三易人矣）婚嫁談何昜枌榆願復虛（擬返新安未果）所知勞問訊可有俸錢餘

襆被平生慣今茲罷遠游山曾收檻外帆不下吳頭（友人邀游蘇杭未赴過江山色只平山一眺耳）舊雨還分席新茶早聚甌（穀雨前一日於行䓪環溪爲詩會）落花時節好櫻筍足勾留
廿載扈鳴鑾難忘　主德寬身猶臥烟雨夢已渡桑乾畫角邊關肅（時幸木蘭）駕清輝殿閣寒奚童音漸改猶自說長安

影園（黎美周咏黃牡丹狀元處）
花以名流重園因韻事傳牛腰詞賦夥驢背市朝遷剩水橋邊路殘陽柳岸船館餐人不朽置驛比當年

題邊頤公葦間書屋圖
潑墨圖中題句工但願一識邊頤公南北迢遙隔烟水不獲淋漓詩酒相過從聞君小隱清淮曲萬壑烟雲滿其腹況當楚地歌楚風愛聽秋聲葦間屋葦間禽鳥媚清漣誰於飲啄得其天髯翁墨妙秋毫顛筆所未到神往焉紀與昭也無間然吁嗟乎眼中之才詎止此水南風雅今已矣憔悴周（白民）程（江尊）共拍張那復賞音到焦尾君今白髮已盈頭抑塞跉落橫九州高堂素壁稱知己無那俱從畫裏求

尊江招同周白民邊頤公晚甘園觀芍藥
家園紅藥自年年今年得共花間酒況自翩然舊雨來此番莫任杯停手憶昔京都艷此花花間日逐城南藪豪家爭買擔頭春豐臺翻自成烏有從來圖譜說揚州淮陰種類曾無忸綽約橫陳燦綺霞丰茸錯雜連區畝吾弟幾度上長安江鄉回首夢朱闌無復羊求攜手至空使園亭借客看人生聚散本無端小住爲佳春正殘滿鞋塵土尋花市何如千枝萬朶來珊珊金帶圍玉帶白一旦遭逢價千百非花瑞人人重花茲園待爾增顏色

西門觀落日歌

丁未下第留京師澧南繆公屢侍談讌爲述居鄉時與姚君西夢黄君儀逋爲郊外之游每夕陽在山紅紫萬狀則徘徊不能去有西門觀落日歌今忽忽數十年矣余請公詩讀之而猝不可得昨撿餘園鈔本亦復不見此詩佳句遺佚古今同慨已已假歸西郊縱步返照入林偶憶公言漫成長句非敢僭擬公詩亦非專咏落日語云對此茫茫百端交集余亦同此情也

秋卿下直談鋒起爲溯江鄉林壑美西郊一帶足徜徉日落未落光銜水此間知己三兩人鋪茵藉草笑言真浩歌一曲寫胸臆白日已匿天無痕一自驅馳事京國天門日射觚稜赤舊游回首總茫然不見當時苦吟客酒酣迫欲把公詩殘膏剩馥亡其辭我亦緇塵三十載日車難駐流光馳歸來迤邐西郊路彷彿仙翁吟眺處姚黄一輩逐飄風獨立蒼茫烟景暮

胡半山招集東園同陳授衣許江門徐社山各賦五言古

舟泛一雨後涼氣生空濛園林愜幽賞澹澹秋雲中湖上簫鼓寂市聲無復訌樂此文字飲兼得臭味同躋攀饒勝概俯仰來清風何必誇平山玆足支吟筇良會展談讌豁然開心胸少焉理歸楫修月挂高桐

再賦七絶四首

廿年清夢憶揚州楊柳春風起棹謳今日重尋釣游處荷花菱葉古溪頭

佳時難忘是秋容瀟洒襟懷取次逢不道軟紅塵土客僧寮繞聽一聲鐘

沓展登臨興不慳嵐光恰在有無間何時一櫂横秋去臥看江南雨後山

陰朗難教氣候同無端涼燠霎時中昨宵猛雨判花盡贏得新開月一弓

奉使濟寧出都口號

詔旨遥從嵩洛頒時上巡幸中岳　君言不宿一開顔此番靡愛前驅寵愛接風流李杜間駐節二公游讌之地

過景州魏師里第席間賦呈

瀛海兩度瞻　鑾輅白髮老臣膺眷注摳迎道左倩兒扶博得　天顏屢回顧賜環賜額兼賜詩文

綺輝煌照行路四十服官七十休封疆敭歷皆異
數經綸不藉聲色動謡詠惟憑操守固　三朝寵
遇久逾隆陽德方亨消翳霧只今林下老尚書臭
味依然是儒素春風到處荷陶甄釋躁平矜聽咳
吐仕宦孤立是安身走佩師言凜跬步閑中歲月
一事無白酒可篘詩可賦幾時杖履得從公任他
冠蓋紛來去

南池（時新建杜文貞公祠以許主簿配）

奎藻傳詩史南池俎豆新一杯泛秋雨千載附明
禋徙倚仙蹤近（太白樓相去咫尺）迴環水態真枯腸搜未

得慚愧上頭人

太白樓

白也名天下玆爲狂客留豪情溢杯酒仙骨傲滄
洲萬户烟中出千帆檻外收何須攜謝朓呼吸一
登樓

留侯墓

韓亡方佐漢功退願封留去就無慙德君臣有密
謀只因園共綺幾令吕爲劉地下逢平勃應嫌智
未周

西楚霸王墓下作

如此英雄一坏土民到於今惜西楚危難更番脱
沛公汝不負人人負汝玉斗撞碎怒且瞋漢中一
着非謀臣遂令仗義執言者乃是貪財好色人阬
卒屠嬰雖失計咸陽一火照天地雪恥除兇報六
王長者名偏歸赤帝形勢已失霸圖空楚漢從此
分睢雄魯公之葬亦草草頓忘俎上釋而翁差强
人意惟本紀大書特書君不死喑啞叱咤千載生
風雲變色波濤起江東子弟不重來楚歌四面安
在哉芳草虞兮呼欲出一縷香魂傍夜臺

東阿弔曹子建

任城去後又東阿煮豆燃萁奈若何不信忌才因

八斗風流端爲感甄多

戚城

三尺俄成赤帝功野雞飛入咸陽宫定陶美人舞
未終長陵那得聞歌春母愛子抱一旦空當年悔
不死相從多情猶自説重瞳虞兮廟食大江東化
爲香草遍山紅年年歲歲嬌春風慷慨愧彼巾幗
雄戚城終古泣寒蛩百年憤洩惟樊崇代邸母配
隆準公報施誰謂天夢夢

題汪箕臺觀察小照

卅年結習傍騷壇氷雪詩篇屬和難落葉秋風驢背穩吟情仍否憶長安

興來獨往意如何秋晚江南紅樹多不道清香凝畫戟依然風味托烟蘿

德州晤田在田同年

脂秣連朝倦客裝下車先問小山薑新詩瀟洒徵情性秃筆淋漓見老蒼自是論交多錯迕（褱官京師於君獨未相值）誰知使事亦倉皇漁洋往矣嗟翻覆西圃依然有瓣香（時共談漁洋身後之事感慨係之）

司農兩度蒞南州宏長風流紀勝游到處真能來

夕陽書屋詩初編卷三　三十六

國士至今人尚說仙舟（誰知夜半仙舟上相對停燈待布衣黄仙裳記公學使時事也）庭間老樹餘蒼色杖底文孫已白頭扶我摳迎似杖（長司農句）載展衣冠因我出爐烟茗椀一淹留

山薑書屋夜話

鼎彝圖史足安排可是當時畫扇齋（書屋爲德水舊齋蒙叟松圃俱曾下榻於此）俊及聲名曾幾輩雲霄意氣又吾儕杯浮氷雪風生腋（是日雪酒餉客煮茗亦係雪水）徑轉松篁月滿懷喜接高談忘漏永任教踪跡各天涯（時與椒園分路）

題汪氏五世讀書園圖

五世卜其昌縹緗澤不忘樓臺依水石歌咏雜松篁堇相無窺圃康成可立鄉通經知足用屏翰績方長

平原懷古

誰道平原好士也十九人中毛遂下功成方得識先生不比夷門抱關者只因昌谷數篇詩千載推尊無異詞美人何辜躄何幸剛狠狼藉空爾爲我欲點竄繡絲句有酒惟澆信陵墓驅馬平原一喟然虛聲從古紛紛誤

不識真卿作何狀一朝捍敵危城上二十四郡一忠臣朕不知人枉惆悵四朝清德八十餘太師大

夕陽書屋詩初編卷三　三十七

國徒區區置之死地曾不惜唐家天子嗟何愚不死禄山死盧杞奸臣藉手希烈耳宣諭魏博韓愈生胡不憖遺顔真卿

正月二十六日旅館悼長女（是日爲女生辰）

嗟汝方而立黄泉已十霜病曾因藥悞死不見兒殤孤枕宵偏永殘燈夢未長那堪風雪湧旅館倍凄凉

安德迎　鑾大風雪歌

長河以北狂風吼六出飛花大如手皇華驛路不見春栗烈餘威詫黄耇寒肌生粟裘不温堅氷凝

結流澌走五更催起治行裝晦黑漫漫失星斗馳驅王事敢言勞涷到鬚鬢皸指拇相逢那得話便便琵縮幾如箝在口土炕笷檐即當歸遑問烹茶亟沽酒周廬環衛盡公卿競說春寒未曾有臣之壯也已不如何況始衰見蒲柳須臾屏息 至尊來一派和風徹林藪掘迎道左覲 天顏封疆屏翰交前後鞭梢遥指識姓名 敕教旋軫親職守翠華從此一程程心逐南鴻拜稽首江上梅花寒更佳留待 六龍君知否

晚宿楊莊閘

八里又逢閘孤烟傍水涯河聲趨石健人語挾風譁夜永裘知敝春寒樹不花計程餘幾日洓上已如家

泉林寺 相傳子在川上處

六龍曾此一經過奎藻千秋澤不磨入寺早聞清響澈憑軒全受綠陰多稱先尚有緇流在老衲八十餘能言 聖廟時事悟道其如逝者何半晌頓教纏縛去擬將四大伴維摩

泗水道中

亂山晴翠點征衣愛此蕭疎樹幾圍水繞尼防清且冽地傳舜跡是耶非鳥披殘照銜波去僧逐流泉取逕歸道上泉聲不絕咫尺會心應不遠今宵暫爾息塵機

韓莊閘見月

三旬悵其陰今宵始見月舳艫銜尾來邪許聲不絕倚船挹清輝千里如可掇覽社擁明珠茲夕光逾潔潋灎湖水明浩蕩 聖情悅江南歷幾程處處瞻鋜闕聞大駕將至高郵

洓上立春

那堪簫鼓鬧征人積雪當春未見春霧氣全昏亭四面是日大霧旱愁懷聊借酒三巡席州牧饋酒土膏到處欣孳甲芻豆連檣見苦辛山東州縣派運草料望幸心情如望歲和風早净六街塵

沈荻林觀察話別

軺車分道已三秋戊辰余與君分視南北漕候館重逢話別愁名士偏教留海上詩篇端合壓池頭君重新任官城南池無長物仍豪舉鏡改初顏尚冥搜雨雪連朝情轉洽那堪轍跡又東游

曲阜懷孔岸堂先生兼題桃花扇後

斜風細雨魯西門嘯志歌懷信史存綴有鬚眉同

鬼蜮尚留正氣滿乾坤烏衣翠袖興亡恨負鼓吹簫涕淚痕不用隔江悲玉樹石頭從古出降幡

讀湖海集有感

岸堂佐治下河往來吾州文酒之讌殆無虛日其載於集中者置鄭莊之驛分鮑叔之金姓名纍纍可覆按也延至於今此調不彈風流頓盡豈時會使然乎亦人心之不古若也爰賦長句感慨係之

當年風雅盛吳陵掀髯快讀湖海集東魯博士視河來身是軒裳心篛笠從來競說詩人窮猶未一

官徒壁立紛紛好事得諸公刻意憐才真汲汲不將游戲混樗蒲幾曾裘馬矜蹀躞花前唱和倒金尊秋至慷慨擔玉粒適館授餐春復秋青芻白飯維兼縶更有妙舞與清歌紅牙女部歡情洽酒痕墨瀋幾何年說來尚自香生頰先生冷官非熱官此番舉動殊不測願將軼事諗時流莫謂古今不相及桑梓流風則不遠北海之樽南州榻

南旺故人

百里看行半烟波又一村湖光白到枕山影翠當門點點春帆亂囂囂魚市喧故人家就此剝啄早相存

湖上歌

湖光兩道穿窗牖（昭陽獨山之間）放鴨船邊見田叟田叟蕭蕭白髮垂曝背迎暄樂南畝問渠住此幾何年子已生男孫娶婦衣食宛轉寄湖中鯉蛤魚蝦菱芡藕榔聲㩧聲到枕簟山耶雲耶壓杯酒勤勞穩作太平民況復寬大無鞭杻昨日州符下捉船舟豆連檣吏哮吼漁舟淺陋人所棄隳突不至村前後一葦杭之水中央其魚維鱮貫之柳陶然不問舟遠近醒來歷歷見星斗官船打鼓起鳧鷖夾岸

旌旗驚老醜　聖朝自是諫書稀下情亦得陳矇瞍願公佐此堯舜時膏澤頻煩歌大有低頭抑塞愧斯言急趁風帆前渡口

南池留別河帥顧用方先生

靦面成知己相從彌見真　三朝遺矩在八座典衣頻投轄無虛日屬橐仰後塵一般勞拂拭欲別轉逡巡

瀟洒無官様常來坐月圓憑軒貪看水覘脉暗通泉花柳開新徑烟波狎小船風帆明日挂已落女墻邊

王他山司馬以小舟見貽月下偶泛率爾成詩

半畝方塘水烟波舊釣人不嫌舟似紙且喜月隨身楊柳陰邊路鷗鳧雨後春王郎真解事贈我碧粼粼

駐節東昌懷家褉亭副使（曾守此郡）

聊攝今宵愬旅思髯翁曾此出麾時雙幡未改平生志廿載猶懷衆母慈髫髮嬉游門巷古錢刀充牣市廛資星軺到處毫無補慚愧諸君負弩馳

臨清弔四溟山人

七子登壇競鼓旗褐衣清廟眇翁詩於今風雅傳香巷到處琵琶譜竹枝闃闃凄涼歸賈日沅湘慟哭救盧時千秋高誼成終始那借區區貴介爲

題吳冠山樂閑圖

星霜成久別風度憶當年偶摘田盤句（爲君）同參清淨禪碁聲修竹裏（君齋名竹邁）山色枕函邊二仲如相訪門前放鴨船

五里篁南路（余家距君五里）清風遠市囂疎鐘黃葉寺春水綠楊橋囊底新詩本擔頭舊酒瓢名山終有托端不遜烟霄

喜馬嶰谷見過即送南歸

今朝靈鵲噪喜得馬卿來欬吐驚人句山川濟勝才青燈憐舊雨白髮泥深杯正爾攄離緒歸期且緩催

同是天涯客鄉關觸念深衝寒游子路對雨弟兄心（謂令弟半查）雅調輸嚶谷清風愛竹林（謂玉井竹町諸君及香溪太史）相思憑問訊莫靳北來音

同年毛約菴侍御七十

榜前成邂逅先後出師門（君丙午受知鄞縣夫子）嚶谷淵源合風霜氣節存西州今昔路南浦別離尊七十流

光駛相違隔話言

通籍仍儒素高風未可尋獨能行古道真不負初心細字挑燈暗疲驢踏雪深一生勤苦志耿耿到於今

升沉應莫問公論亦徒然方謂虛前席何當困左遷烟霄看衮衮華髮已年年長物夫何有空教腹笥便

老未疎鉛槧誰云吾道窮不嫌花樣古爭羨斲輪工（君掌教虞山）山水琴聲裏風騷酒琖中庭間衣鉢好又見小毛公（謂令似宣夔庶常）

夕陽書屋詩初編卷三終

夕陽書屋詩初編卷四

海陽程臧修　風沂

題朱爽亭太守平苗圖

君曾熟讀陰符經慷慨說劒兼談兵一麾遠作牂牁守苗獞犵狫恣縱横儒生馳驅萬里外一線千盤知要害毒霧腥風總不辭扼吭斷臂方攸賴況兹九股更凶殘攻剽格鬭性所安虎狼跳盪猿猱捷服心爲上古來難噫吁嘻生長江南樂烟水一邱一壑風日美君獨何爲至於此此畨可以訓臣子介子功名偉丈夫伏波勳業世間無玉關生入亦偶耳老於牖下胡爲乎君不見平苗圖

題戴潤山滇遊圖 圖用山從人面起雲向馬頭生詩意

我生欲行萬里路弱水扶桑渺雲霧滇南聞亦好山川金馬碧雞莽回互極目蒼烟半壁天芙蓉秀插鳴泉注廿年東華踏軟紅齊魯燕趙頻來去江鄉回首思茫茫一髮青山腸斷處那不輸君汗漫游披行看子情如訴帽影鞭絲策蹇來好景如攜謫仙句黄山峯𡾰最高峯丹崖翠壁紛無數腳底平鋪起亂雲頂上懸流飛瀑布歸而求之咫尺間襆被囊琴隨所遇夕陽馬首何爲乎從前我亦雄

心誤三岔驛裏待君還短亭流水長亭樹 升菴句

洪潤峯林士偉堂竹林招遊湖上兼到平山
法海諸勝

蟬鳴高柳聞舟放新雨後當暑無炎歊涼意生衫
袖三載軟紅人此景難邂逅素心得儔侶招邀情
太厚移樽就藕花香藉微風透十步五步中亭臺
紛錯繡乘與陟彼岡蔚然見深秀無復曩規模競
詡新結構惟有江南山數點青依舊長揖起歐蘇
天語褒賢守不朽在文章繁華空雜糅吟眺愧草
草應待秋來又

家禊亭副使話舊

華髮相逢話舊緣離情繾綣溯當年 皇都烟柳
題襟日野寺疎鐘聽雨天旱賦遂初真灑落獨能
濟勝樂輕便白公入雒歐公潁總讓先生一着先

題朱鶴年運甓圖

挺塵清談王夷甫超超元箸推典午天下蒼生究
何補八州都督長沙公不尚浮虛真英雄大勛反
手勤勞中須知此日足可惜萬里烟霄休寂寂且
向齋頭來運甓

題張天衢松陰放鶴圖

不道丞哉苦清修與鶴同一船閒白傳二頃説蘇
公暮景飛騰裏家山徙倚中自來寥廓士那得任
樊籠

振翮無拘束天光四面開影衝殘照去聲與遠風
回瀟灑亭皐下蒼涼水石隈巴童應狎我他日訪
君來 用和靖事

題張翼雲看劍引杯圖

長劍倚天壯夫志匣底干將猶未試寶光熊熊早
懾人銜杯悵觸胸中事方今四海無戈鋋談笑從
容致高位英雄那有不平鳴無由照見春坊宇玉

璣金鐔且置之好窺墳索抽經笥漢書下酒彼何
如學劍不成還學書

題張蘭皋秋郊牧馬圖

六幅蒲帆一篙水吳兒生長烟波裏何人得似張
公子渥洼汗血本名駒神駿由來鑒別殊五陵年
少徒區區愁風苜蓿高原上滄海流沙隨所向駏
驉猶帶書生樣

唐漁訪秋毘志喜

卅年文采動宮墻梨棗爭傳翰墨光 君有歷試草問世 幾
度荒江空寂寞今番遠路慶高翔前茅宛列三珠

樹後起親承一瓣香君爲王君雪樵高弟兒子漫馳京雒譽也隨秋鶚共飛揚

得大兒嗣裘京兆捷音寄呈孫合河夫子

古來難副是科名兩世恩叨藻鑑精霖雨沙堤新座主公以協揆主試春風楊柳舊門生菁華已拜先資獻蒼翠還期晚節成是科松柏命題與庚子南闈暗合函丈重開提命在一般温飽不關情

翁霽堂見過

剝啄無聲客到門形容未變語音存非關丹井滋顔色自有青山入夢魂君有三十三山草堂小照日月催人詩格老江湖浪跡布衣尊平生二叟同肝鬲眼底升沉總莫論謂歸愚芳三二君

殷贅亭司訓歸里

先生八十賦歸與問字門多拜筍輿雞肋已拋官裏日樂天詩從前歲月屬官家蠅頭曾著老來書酒逢京口篘初熟山入南徐畫不如雨笠風襟朋舊在莫嫌剝啄早相於

喜晤張汝望前輩海房子

第三廳後未追從車笠曾忘舊日蹤長夜對眠高閣雨百年懷古祇園松公車時假寓慈仁寺詞臣建白楓山懋世廟時曾奏話陳言碑板流傳北海邕賢子只今思手澤遺編商確樂從容

春日雜感

梅花香夢宿綠墍載酒詞人畫舸還鄧尉幾番辜舊約那堪渝約又平山元墓之游不果昨擬約平山復以事阻未赴

山紅澗碧故鄉情愛聽黃鸝雨後聲一自捉將官裏去廿年虛負幾清明

九十春光已半陰花間消息尚沉沉縱然不外凡桃李也自添人惆悵心

花甲平頭事事非故家松柏已成圍二三朋舊空延佇又道春歸人未歸鄉人屢訊歸期

殘牡丹

色空空色悼花王不耐中宵風雨狂照檻輕盈仍有態傾城穠艶已無香零脂墜粉三分土悴綠啼紅半面粧富貴何常遲暮至及時早共引杯長

垂柳次韻

腰支婀娜小蠻輕柳宿光中早向榮無復江潭歎摇落不教桃李占新晴樓心舞到娟娟月陌上啼殘恰恰鶯萬縷千條渾莫辨也應喚作綠楊城阮亭句綠楊城郭是揚州

吴治也贈牡丹報以長歌兼誌舊感

草堂昔日洛陽花，清尊絲竹泛流霞。謝墩瞥眼非故物，烏衣門巷空咨嗟。每於花時一回首，郢弓人得夫何有。敝履遺簪情或然，不堪轉落他人手。舊時花榭已再易主矣 昨聞花發説東鄰，折簡招邀意氣真。雙眸未遇金篦刮，朦朧都作霧中春。高別駕置酒賞花，以目眚未赴 空齋正爾愁寂寂，良朋爲我增顔色。黑甜一枕夢初回，宛疑身到衆香國。暖艷難禁風雨寒，呼童早置赤闌干。紅羅障子殷勤護，留得天葩取次看。主人愛花花不俗，一笑嫣然媚幽獨。富貴丰姿迴出塵，明粧靚飾生華屋。對之能不醉顔酡，酌君大斗爲君歌。明年此會春明住，紅藥晴翻太液波。京師牡丹極少，以芍藥代之

夾竹桃

分花布葉總無端，也作偎紅倚翠看。彼美丰姿原灼灼，此君標格亦珊珊。淡粧濃抹迎初旭，細雨斜風起暮寒。嘉種遠從京雒至，七年相對憑闌干。

大雷雨行

癡龍驚起晝不眠，震雷虢虢行中天。風號雨驟一路哭，棟折榱崩將壓焉。蒼茫四顧生愁疾，滿目漂摇救無術。黑蜧青蟗到處生，戲蝶游蜂匿不出。嗷嗷嗟此一方民，頻年水溢海之濱。豈有神仙能辟穀，何處松柏堪爲薪。廟堂自是光明燭，詔書屢壓逃亡屋。朽索紛綸少府錢，連檣絡繹太倉粟。堯水湯旱古有之，誰云天數非人爲。狂蒙肅聖轉移事，洪範之言不吾欺。

雷雨連朝，愁心不釋，偶檢過江集中有大雷雨作二首，漫次其韻

積潦方嗟畎澮盈，迅雷砰磕震來驚。田家已失篝車望，鄰曲翻傳屋宇傾。水底魚龍多挾勢，簷間瓦缶亦爭鳴。五風十雨承平話，空憶康衢鼓腹聲。

從天金鼓振千軍，噴瀑飛泉取次分。人哭人歌渾莫辨，舍南舍北不相聞。更無暑氣虛團扇，早有涼風到練裙。伏處未忘憂憫意，幾時謀醉月紛紛。

畏炎屏跡，擬向山房納涼，詩以先之，即柬百泉

經旬暑雨挾豐隆，剥啄頻嫌襏襫翁。不有招提涼似水，怎教談笑氣如虹。碧梧翠竹風初透，清簟疏簾月可中。塵鞅暫拋纏縛去，剪蔬端底勝魚熊。

送張天衢假旋泰州同

早年帷帳倚清才小試鉛刀海上來筆底飛揚真
健者世途憔悴困丞哉臨岐不忘如飢渴（吾鄉頻年水患君去任猶致惓惓）在水行將與溯洄（君居茗窖之間）綽有黎民懷
舊德攀轅可受一錢回
三徑蕭踈雀噪門爐香茗椀趁朝昏幾番破寂無
官樣恰可侵苔有屐痕（君公餘時相過從）詩法源流開橐
籥河渠翻覆認崑崙（君練習河務）白蘋洲畔瀟瀟雨那
得隨君仔細論

留別吳巽堂太史

筸南五里路曾經剝啄重來户不扃松勢遠浮千
尺黛山光全覆一亭青投閑洛社非虛願獻賦長

夕陽書屋詩初編卷四　八

揚總妙齡（謂青紆昆仲）正好相從話蕭瑟那堪歸思促
揚舲
馬鬣難封總暗驚（與君俱營先兆未遇）樽前況復唱離聲雲
時天遠催人遠此去山程雜水程東閣浮雲多變
幻西州輟樂感生平（謂禮闈諸座主及桐城師相）從茲暮景應
珍惜莫黜吳霜老易成

項百原話舊

標格經年憶項斯流光轉眼鬢成絲壯蘭說餅尋
僧日南浦呼船別友時（二語記西江時事）卅載久虛徐孺
榻幾番欲輟渭陽詩（君舅氏吳衡長新下世）寒宵剪燭談疇
昔一任歸裝路遠遲

贈吳湛若

吳君交游四十載名場徵逐親賢豪京雒曾窺諸
老秘馳騁上下窮風騷君於繪事析秋毫聲名未
振歸蓬蒿惜哉不與櫟下漫堂遇空讓耕烟梅壑
爭岧嶤畫裏知君得君淺別有會心心自遠入林
已窨入山深烟霞萬狀看舒卷酒酣爲我話名山
匡廬泰岱如等閑黄海峯峰叫奇絶飄然五度軒
成間我生亦愛溪山樂愧無濟勝供騰踔咫尺黄

夕陽書屋詩初編卷四　九

山未問津何暇夸張到五岳展君畫共君談令人
那不抽朝簪何日芒鞋遂初服踏徧南山之北北
山南請君畫到幽絶處添毫爲我營茆菴

輓唐莪村方伯

一朝蹤跡邈山河僂指俱從憂患過禍至大都因
忌起謗興端底是才多世情覆手仍翻手宦海前
波感後波賴有　聖明能普照幾翻謡詠總消磨
立歲登科正及時仕途倚伏怎如斯生前綸誥
曾三代死後銘旌仍兩司長夜荒雞歸路渺亂山
殘雪訃音遲（時新安聞訃）那堪回首秦關月老淚緶縻

只暗垂

孤寒八百黯銷魂慷慨於今古道存不以遺簪忘舊雨肯教舉火鈌朝飧太初原未營廳事疏廣何曾計子孫長物一官囊若澁空留清白荅　君恩

疇昔京華儆舍餘相從何異望衡居朝衫未卸頻呼酒花徑纔開早命車八座不忘存舊誼卅年猶是締交初（戊辰冬假歸公開府江西於途次書幣存問二語荅公詩也）　黃壚漫爾成追憶諧笑平生那得如

關吏

到處愁關吏聞風膽亦寒威行南北客氣奪往來

官但見誅求擾誰知天地寬王程方坦蕩步步見艱難

最是栖惶處伶俜婦女舟搜羅遍履舄點檢到衾裯踞視真如虎貪心酷似鴆少遲紛暮夜阻滯在江頭

厚實多聯舸微貲也荷囊狼貪吞大賈蠅嘬饜孤商羅布思偏巧錙銖算入芒風波朝夕苦悔不在家鄉

儼是賈三倍居然制一方未聞諳則例空說重錢糧暗裏添茶菓傍觀賺酒漿更多邏緝處漏不到微行

題鍾溪堂江村送客圖

君其爲安道訪者惟子猷亦或是元卿過者惟羊求山水重且複竹木清而修往來柴門間談笑輕王侯捉將官裏去歲月空悠悠無復烟霞侶徒嗟襬襶儔一般清意味付與畫圖收我行返新安攜圖江上游鍾期呼欲出宛若素心侔暫爾卸纓芾聊得伴鳧鷗田夫與野老邂逅古溪頭或話桑麻長或覓林塘幽泉聲來枕簟山影落舵篝吾黨二三子剝啄欣相投慣客衣不舡茗柯爲小留今番

辭故園烟際下孤舟酒徒忽雲散江水自東流風帆迴北固彌望平蕪秋何當倩長康點筆畫滄洲回首呌猿鶴漠漠寒雲愁兹圖久不報枯腸任冥搜此中有佳趣難與躁心謀

送繆玉叔入都

三歲林居隔　帝閽憑君耆舊一相存文章千古靈光殿（北平侍郎）桃李更番通德門（溧陽海昌兩相國）可有才華能薦禰豈無跌宕喜留髠春明坊外依依柳過此休銷旅客魂

喜吴南溪光祿予告歸里兼柬翼堂編修

承華請告出　皇都佳話應傳祖帳圖老去尚餘薑桂性夢回仍傍　衮龍趨青蒲諫草平生在翠竹江村歲月徂謂竹邁自此光陰爲已有秋菘春韭總堪娛

籍咸相對鬢毛蒼共話蓴鱸意味長十載早開松菊徑翼堂於甲子歸里一帆遥指水雲鄉幾多往事如天上不盡名山到枕旁白詩有山來枕上獨有鯫生思未熟仍將珥筆賦長楊

和百泉和上九日述懷韻

未踏嵇生七不堪漫思彌勒許同龕黄花紫蟹深

秋節落日寒鴉古木菴老矣幾曾忘薊北毋兮猶自戀陔南擬赴春明未果懶殘相對殷勤語煨芋還憑事後參

四海應知鬢未霜重陽幾度滯江鄉瀰漫萬井天無岸粧點三秋菊有黄吾鄉連年被水登高一望無際過眼滄桑空復爾會心魚鳥本相忘輸君瀟洒酬佳節摘得茱萸禮梵王

俞餘齋依韻見荅再疊前韻報之

離索襟懷正不堪忽聞廟算奏西龕時準夷獻捷元暉詩西龕收組練心同伏驥馳千里身似枯禪臥一菴坡詩僧臥一菴初白頭舊雨幾人聯郭北新詩何處寄江南久不得吳中消息那須搖落增多感老圃秋容仔細參

醉把茱萸又一霜去年此際駐家鄉登臨頓失山如黛時序偏驚葉再黄客秋九日於故山登高看落葉四海論交誰好在七言均賦最難忘粃糠漫爾成前導佳句何曾肯遜王

九月九日繆義圃歸自應州以病謝客詩以訊之

眼底紛紛説高蹈林下何曾一見之三晉雲山迴軫日滿城風雨泊船時霜螯頓欲傾家釀秋色依

然抱短籬少藉刀圭應有喜亟須談笑勿教遲

時亮和詩棖觸舊事再疊前韻報之兼示應州并懷玉叔

飄茵隊溷言良是安得排閶一問之愧我因循游宦日看人瀟洒入山時不辭剝啄來新句未可倉皇别舊籬余將赴京師消息軟紅憑寄語鱸魚正美勿歸遲

歲暮書懷次時亮韻

今兹河決雨綿綿妄意媧皇補漏天賑恤　聖心猶有憾痌瘝　帝德本無愆上屢頒諭旨截漕發粟幾時秔

稻來千里今歲被災獨偏吳越皆然不見篝車又四年糜粥從
前稱下策而今安得此高賢

輓魏景州座主

此地曾經幾息驂師門談笑足淹留那堪一掬羊
曇淚眼底西州即景州
笑擲鳩笻喜不勝今番無復檢行縢尚存一息留
無計僅展雙眸語不讋前此謁公情事今番瞪目一視而已
奎藻春風御墨鮮江湖魏闕已多年周廬三度承
天語娛老猶知戀簡編御詩有娛老詢何物三朝有賜書句
記從霜露入乾清矍鑠鴛行迤邐行門下晁黄爭

拱杖步趨那得及先生辛未冬公來京祝萬壽與少宰屺懷侍公入朝步履便捷追隨莫及
萬國呼嵩拜冕旒尚方親賜紫貂裘分明一語
難成讖自别蓬萊未十秋公陛辭日上名見温諭以十年後聖母萬壽爾尚能來
數椽負郭　九重知無地樓臺魏野詩璇榜若非
夸　聖德廳前肯改舊茆茨公居湫溢近因安奉御書署爲充拓
高風廿載閉門居標格鄉人想像餘一自道旁迎
法駕蒼顏纔識老尚書
仕途孤立足安身衹領師言當佩紳垂老幾曾爲
令僕枉將衣鉢付斯人

烈母胡孺人詩爲寧劉孝廉有洪之曾祖母獻賊掠湘湖間氏挈孤尋夫中途遇賊以孤授僕得無恙氏身殉焉

崎嶇戎馬際襁負有孤雛但可存宗祧何當愛髮
膚是間收爾骨留面見吾夫收葬時面如生泉下應潛慰
孫曾已仕途

戴蔚岩課耕圖

鹿鹿何爲者披圖一爽然畦分新雨足鉏荷遠風
便稼穡資勤動篝車樂歲年耦耕思已孰莫道不
知田

送鄂韡姪侍祖母就養岷州兼懷尊人九峯
觀察

年少何須説請纓秦關百二奉親行宦成自愜陔
華願别久能伸烏鳥情馬上早推磨盾手夢回猶
認禁鐘聲君由中翰外轉趨庭道我長相憶介子功名徹
帝京

符幼魯七十

居官無俗韻久矣躁心平吐屬皆名理鬚眉逼老
更酒邊花月興詩裏薜蘿情競道西湖好無田可
退耕

吟到疎桐句知音有幾人清虛空色相平澹見精神命定劉生論交惟杜老真與君期息壤料理水雲身

丁丑八月二十七日歸屺懷宗伯招同衣園前輩虞山協揆樹峯司空繩菴少司農檜門少宗伯白齋少司空集陶然亭次虞山韻

釋褐從公游此地（庚戌會同年於此）茲來喜趂一官閑烟藏古寺苔侵屐路轉荒塍菊繞灣（魏野詩重陽菊繞灣）雲影蒼蒼迷遠岫秋風瑟瑟動衰顏看碁校射都無與

夕陽書屋詩初編卷四　十六

壹任山僧笑我頑

丁丑九日王萊堂給諫招同墨莊鴻臚補堂司封松栢菴觀菊用兒裒韻

蘭若招邀野趣長更無風雨攪重陽良朋載酒成真率佳節簪黄少輩行（耕心西上約齋南歸今歲登樓頓少二人）望裏蘆開千點雪客中菊見兩番黄（到京又兩度重陽）老僧惝會悠然意異種何須詫遠洋

除夕寓齋同張乾夫大令話舊

今夕歲云徂蕭然旅況虛未能忘　聖澤豈敢賦閑居椒酒消寒候南烹入饌餘昨朝逢驛使已報隔年書（前一日發家書）

好友來天際情懷久益真此番將盡夜同是未歸人五馬初承寵（君引見記名太守）三方各見春（君與余同客京師春屬各分吳粵）前途須努力莫厭老風塵

三月十日王萊堂孫虛船陳句山李瀛少張墨莊熊廉村薄補堂招同虞山協揆王園觀海棠即次見投元韻

傑直餘閑載酒來嫣然一笑曉奩開此間容易瞎風度不是看花不舉杯

海外靈根早擅名兩株穠艷足傾城有香凡卉知

夕陽書屋詩初編卷四　十七

多少那得娉婷動我情

少陵無意賦春陽上相吟來翰墨香不道花前偏有淚一時撩亂到詩腸（是日以脊令圖見示流瀾久之）

花枝照眼憶當時館閣風流共賦詩（辛亥怡園館課時海棠盛開以花枝照眼句還成命題廣陵青陽兩前輩有詩）卌載平泉零落盡與君秉燭莫教遲

輓同年王萊堂都諫

繞過西州傷謝傅（謂松泉太宰）旋來左掖哭黄門掉頭一夕成千古瞥眼重泉見兩番薄宦幾曾餘長物遂初今已付空言花前載酒年年事此後憑誰與

細論半月間青箱堂觀海棠

送祠部鍾勵暇同年南歸

容臺十載最知名手板逢迎渺俗情鬱鬱窗前書帶草康成端不愧經生

望溪宏奬憶當時三禮淵源感素知眼底又添知己淚潞河歸旐水潺潺謂海寧相國

天恩特與饜尊罏自此光陰屬老夫白首弟昆風雨夕憑君寫作對牀圖時將省令兄於吳陵

題同年袁叔論祠部詩後

雜與儲王語句工天然真朴遜陶公南阡東陌朝朝遍誰是平疇愛遠風

山水清暉靜者知游心寂寞是吾師千年邱壑開生面只有風流謝客兒

爲下爲民念在茲數篇悱惻道州詩何人得似袁夫子說道蒼生只淚垂

詩格由來郎署高不教館閣擅風騷眼前位置君須記邂逅儀曹又水曹

和同年任處泉太守移居地爲陸放翁快閣故址

廿載離心託遠鴻依然寥落感秋蓬菀裘早卜才方健息壤猶存語不空酒伴淋漓元漫叟詩情豪宕顧逋翁山重水複朝朝遍欵段何須羨錦驄

曾否看囊有俸錢一邱一壑儘輕便夕陽流水翻雅陣細雨斜風放鴨船望裏湖山同畫畫與來揮灑作雲烟何當邂逅任公子吟到南阡又北阡

從茲快閣認行窩朝夕于焉快若何不信人間春去早只知此地月明多綠陰巧囀枝頭鳥紅掌羣嬉水面鵝莫任放翁矜獨步也憑湖畔一高歌

送同年吳耕心之寧夏兵備道任

尋花算奕來蕭寺閉口不談天下事一朝奉命單車行慷慨平生丈夫志丹崖矗矗走名王黃河滾

滾從天際緩帶輕裘足指揮建牙吹角傳精銳天家指日掃欃槍淨洗甲兵長不試軍儲仍與念疲勞師行亦得勤撫字 皇心仁愛恤邊氓屏翰承流宣德意沃野千里古靈州名棠郇雨君其繼

同年顧震滄以經學授少司成 名見稱

旨復膺寵錫索詩爲贈

千佛曾通籍依然理釣緡非官能奪志有母足安貧稽古忘寒暑殊榮出苦辛一言資拜獻風俗未還淳

輓黃北平先生

後死心情慘不舒典型凋謝慟何如過江名士搜羅日宿草師門涕淚餘耄耋忘年呼小友糢糊老眼辨奇書從茲歷歷昇平話無復尊前接起居

壬寅癸卯間薄遊江楚得詩一冊曰扣舷集爲族某咨賞攜去移時久而不歸留官京師廿有餘年不復記憶族某隨即下世詩亦旋失漫識一首

平生遊歷多吟與三十年前一卷詩不道小時曾了了更教老至尚孳孳空山落葉鐘邊寺野館穠花酒外旗太息鍾期今宿草幾回夢憶撚髭時

行圍六咏

帳房

作法因天地憑虛亦苟完彌縫資大布舒卷藉長竿差喜眠餐便何嫌任負難踰溝仍有事風雨得平安

認旗

千帳渺何從旗旛揭半空標題出新意花樣不雷同税駕心先愜弛擔信早通視吾鞭所指那用歎途窮

行牀

暫爾除榛莽還揩半咫牀寒曾諳北地軀不類東方聲圖駝喧夢心疑馬脫韁漫漫長夜永能勿九迴腸

矮桌

停車方授几二尺足光瑩坐以居卑穩詩因抱膝成淋漓麯從事揮灑諸先生（虞山贈紹酒松泉）位置無多子仍須伴短檠

行釜

行行須挈釜平地起炊烟本不因人熱何曾倚竈權吹噓成頃刻烹飪聽輕便待得黃粱熟吾心亦

坦然

界繩

此疆并爾界總藉一繩分我馬如歸廐人奴早別羣編籬亦爾爾越畔莫紛紛空闊來朝路無煩畛域聞

塞上九日即事柬虞山同年

九日京華說老饕淋漓詩酒興偏豪只今行路虛佳節上相傳來赤棗糕

晨起披裘午袷衣涼秋天氣少寒威憑誰說與潘邠老塞上重陽風雨稀

短後登高旅望睽亂山深處渺天涯帳中不少羊羔酒只欠霜螯與菊花

虞山惠魚并示菊花畫冊詩以荅之

未得雙螯恰得魚相公嘉惠餉　君餘冷官愛菊情尤劇畫裏清香足起予

爕理功能已足誇閒情猶自寄烟霞廣平先後相輝映賦有梅花畫菊花（畫字實用）

虞山復惠螯報謝

今朝食指動郭索稱心來究飫郇公饌旋斟陶令杯鄉風魚稻裏生趣水雲隈（吾鄉富於蟹）頓爾增遐思憑君一溯洄

巴彥溝中黃葉

家在江南黃葉村到來此地劇消魂蕭條已入荒寒境寥落猶含長養恩不定風摇初隨影無情雨打半彫痕倘能染得深紅色便有詩人仔細論（二句為後詩張本）

紅葉

紅葉詩人競賦詩無心惟我不煩辭分明摇落風塵後卻染胭脂弄晚姿

那便紅於二月花只因憔悴滿天涯驀然一見成希有也作徐娘老去誇

題虞山塞上青山紅樹圖

游藝閒廬不任閑每從佳處識荊關東南山水摩挲遍今日圖來塞上山

霜葉紅酣秋後姿毫端點染動人思頓忘此際蒼凉景石徑寒山小杜詩

塞上題絡緯圖

北來機杼總無聲何事罥罥徹夜鳴想見香閨濃睡穩喚回鴛夢月三更（時俗以籠挂於簷際）

軀小聲宏倒好嬉與安嶺上類偏奇可能飛向江南去消息吴娘仔細知

帳房即事示胡玉環侍讀

氍緇大布足周遮不任飄摇風雨斜來往頓教成孔道起居渾忘是天涯車能代步聊安拙雞可為供未是奢獨有長安今又遠恐令兒女憶時差

僂指同官總望衡東西南北任縱横吟殘燈火疎疎夜踏碎冰輪緩緩行乍見已窺家室好深談足耐短長更誰知鞅掌風塵會借此能抒舊雨情

即事柬虞山

毳幕周旋氣味清令公香接幾經旬黑頭早羨沙

堤跡黃閣猶懷慈榜春（公念同譜凋零屢形歌咏）落紙雲烟推妙手（公精於繪事屢以見示）堆柈魚蟹得鮮鱗（公時以食物見餉）謾勞拂拭增多愧私喜停驂恣討論

出哨口號

日中爲市總牛羊柔脆黃芽頓頓嘗莫道書生無口福宵來已得腐羹香

熱河過謹堂先生舊寓有感

昨秋剝啄此經過促膝周廬笑語多剪燭憑君申款曲停杯爲我邇蹉跎（余以光禄卿謝恩赴熱河先生惜其晚過嗟歎久之）慣陪羽獵思前躅旋愴人琴感逝波白馬素車違所願神飛歸旐慟如何（聞嗣君以明日扶櫬歸里）

幻花八咏應　制和張鵬翀學士韻

霜花

一夜金風散爛光蕭然秋氣掃濃粧慣隨舞劒紛紛落乍點征衣得得忙蓬背無聲浮嫩蕋踈林有葉綴寒香暗中頓爾流年換莫惹飛花滿鬢傷

雨花

乍喜簾纖入耳微旋驚滂沛散芳菲似無還有絲絲見帶霧和烟陣陣飛蓑袂笠簷占氣候香燈禪板識皈依太平有象甘霖遍認取篝車滿載歸

風花

披襟聊復一登臺左右清風宛轉回嘘拂早從蘋底見蕭騷旋向霧邊開絕無根蒂扶揺上任爾飛揚動地來誰與化工閑體物陳編還有渭南才

浪花

一葉扁舟溯水濱無端文綺散絪緼漁翁打槳層層出估客迎篙細細分曾向潮頭觀起伏每從風裏感烟雲春來吹皺池塘影面面疑開白練裙

燈花

銀燭青烟那足誇中宵一盞自成花非關月滿猶

添暈莫任風揺早護紗過眼榮枯雖頃刻薰人氣燄不欹斜玉蟲倘送殊方喜已有輝光燦綺霞

酒花

新篘盎滿及春時開榼旋分賢聖姿瀲灧頓教香撲鼻豐腴還見暈生肌參軍得趣沾沾喜吏部潛窺細細知欲識醇醪真面目好從花放一尋披

筆花

誰將不律燦雲霞三寸能開五色花腕底青鏤原慧業毫端赤篆是名家含葩吐萼生機出結幹垂條醉墨斜聞道只今崇實學還憑夕秀謝朝華

心花

剝蕉抽繭竟何如杍柚予懷未濶疎茗穎迴超凡艷外靈根遥接瓣香初一腔爛熳歸冲淡滿腹氤氳本静虚騰躍百家矜變化總憑方寸卷還舒

射虎行

昨朝射四虎　君王耀神武一箭伥魂飛殪虎如殪鼠馬上今朝小虎來躭躭而視鋒稜開死者爾兄或爾父咆哮搏噬安在哉絡首穿鼻如牛馬英雄失路何爲者嗟爾被擒無觳觫之死之生詎非福低頭下心歸上林飽食而嬉春草緑

射鹿行

麋鹿居深山與物本無競長林豐草間亦各遂其性不畏虎豹狂誰防弓弩硬近歷幾春秋遠可百年亘烟霞侣神仙繁衍滋毓孕所以高士儔屢入金蘭咏如何時勢殊爾獨陷於穽白露當初零羽獵紛紛盛材官與武士各得制爾命下下又高高四面紛羅追驅之復驅之那得驚魂定帶箭或狂奔脱網猶萌伥韓盧何處來眥然傷其脛種類似誅鋤道路看尸横聚族幾多年嗟此一朝罄憶昔有虞世山居游與并無難亦無災善氣相輝映想見率舞時百獸胥歡慶自不爾遐棄亦得瞻明聖今昔忽殊科高才捷足多莫謂深山深可恃翠壁丹崖奈若何

送閻學鄒小山前輩　予告歸里

先生家住好山水一踐京華四十春寰海總知名下士廟堂猶見古之人軒車絡繹疏宮傳　宸翰褒揚賀季真此後江鄉應遲我白鷗不厭往來頻（他年造訪已與先生成約）

舟中人去已如仙舊雨臨岐倍黯然聯步分曹天咫尺（先生曾同官臺垣）吳頭楚尾路三千幾番烏鳥縈心曲漫藉醇醪醉管絃倘得長康爲點筆故園松菊畫圖傳

題項芝庭太守寫懷詩後即次其韻

早夜憂民鬢有霜至誠感格戢螟蝗河流浩浩馳驅日燕寢凝香且未遑

撫字心勞盤錯多春生蔀屋袴襦歌循良自昔能昌後玉樹亭亭見小坡（謂蒔岑昆仲）

一别春明幾歲華雲中江樹旅懷賒緑窗剪燭談新績九陌爭傳露冕車

櫻筍江鄉可暫停卅年鷗夢霎時醒臨岐未許添

惆悵馬上山來一髮青

蘭渚姪看山樓圖

此樓是真州六朝山色供俯仰此樓是揚州金焦北固恆幽賞自從挾策 帝京游齊魯青青透虛幌岱宗翠黛壓樓頭睥睨衆山成土壤幾番拄頰望中看西山秀挹朝來爽峯峰拱立起霞思點點摩空發天想樓兮樓兮無定居總憑心地結方輿胸次悠然具邱壑烟雲變幻神靈棲三層貞白非同調百尺元龍任坐嘯到處有山到處樓此意可爲知者道

德定圃少司空松下讀書圖

珥筆當年侍 玉除芸臺祕笈討論初只今桃李成陰後（定圃曾典試山西視學山東分校禮闈）松下還披未見書溪山一曲愛吾廬展卷清陰偃直餘聞說太平資半部手吟口畫定何如

瑞芝歌爲秦澗泉學士賦

學士軒中著奇異黃芝一本從天賜前番乍見今又生能不誇爲文字瑞先生文字本名家丹篆青鏤筆有花含英咀華致仙卉風枝露葉相交加聞道讀書稱種子茁發穎豎翩然起何曾芝草漫無根實有由來非偶爾我朝四十四狀頭文釆風流君則優雛鳳高翔追老鳳他年可許撞烟樓猶記吳趨老前輩（謂文定申公）芝生几上神所賚轉眼蓬山最上層相業煌煌彪宇內竭來佳話復金陵君家父子勃然興芝乎芝乎洵有靈再聽句臚第一聲

題京兆壁

一笑不形色孝肅六軍無犯韓昌黎古今人本不相及況復彼時此一時

庚辰秋闈撤棘感賦

簪花七度聚奎堂銀燭光騰翰墨香不信暗中無

李廌敢云局外有歐陽紅綾飣座思疇曩玉筍分行愧老蒼門下晨星今落落任君嘲笑陸家莊

送姚念慈之太原

西風匹馬曉寒侵執友臨歧思不禁唯擬名經酬晚節那堪除目負初心（君屢躓場屋以修書得官非其志也）文章典重追諛誥教育殷勤見淺深（君主金臺書院因才而教雋者踵）自是憐才敦世誼早開鈴閣共清吟（謂簡亭中丞）

庚辰歸裝書囊硯匣外絶無長物戲作

卅年京洛買書頻緗帙縹囊次第句得寸更番還得尺傳經曾否當傳薪斑爛古色惟求舊翰墨清

香儼見新展卷一端差慰藉纖毫不惹庚公塵
曾從貞白侍高樓遺硯常深祖德羞柏府方嚴經
柱下花磚儒雅壓螭頭幾曾石破驚天藻依舊田
荒與拙謀皓首著書資爾力蒼茫北顧復何求

又賦二首

宦游相傍忽懸車韞匵盈箱返舊廬馬力疲時難
棄硯水痕深處爲添書研朱滴露情偏永刮垢磨
光願不疎眼底紛紛無故物也應兼嗜比熊魚
冷澹生涯晨夕俱牙籤緗匣總隨車餘齡涉獵歸
耕後老眼摩挲炳燭餘牀上縱橫非引睡池邊瀟
灑是中書久要此外無多子快意當前那得如

舟中口號

騎馬勞乘船逸馬上回頭笑我遲船底伸眉羨君
疾疾徐總是一般忙殘月曉風同一律詰朝馬快
先入門骨肉團圞慶家室三日狂飇去住難激浪
翻波猶恐失未必乘船真個逸

喜晤家坦齋少宰

曾是湖山舊主人十年嵩洛付閑身雲霓尚繫蒼
黔望花柳猶含長養春邂逅觚稜情欵欵淵源水
木話諄諄（公源本新安族誼甚篤）郵亭醉墨誰欣賞拂拭能

消撲面塵（公於旅館壁間見余舊作極蒙洽賞）

鄭小山閣學來京重聚即送其南歸

鄉老今番成國老（公於錫山聯十老社）飄然纓組帶烟霞光
華幾度騰天藻（公先年屢荷宸章予告後有詩寵行）圖畫何人入
帝家（內府奉命爲公繪像）倚杖看山行處有釀泉爲酒不
須賒他時擬泛剡溪棹柳暗花明一徑斜

夕陽書屋詩初編卷四終

霄峥集

（清）宫國苞 選編

《霄峥集》六卷，清宫國苞選編，據南京圖書館藏清乾隆三十三年（一七六八）海陵宫氏春雨草堂刻本影印。

宫國苞，字松如，又字渭川，號霜橋，江蘇泰州人，監生。世胄清才，坎坷不遇，工詩擅畫。詩爲袁枚所賞，與丹徒張石帆並稱『江上兩詩人』。與邑人田琳、仲振履、鄒熊、葉兆蘭、羅克俊、周照結芸香詩社，并主其事。著有《半紅樓詩鈔》《北遊草》等。

是集爲宫氏主事芸香詩社時刊刻同時人詩而成。據書前自序，國苞因感唐人元結擇其同時人爲一集，『以獨成衆』之功，故於『耆舊明德惠好之詩』中『簡擇其尤者開雕以公諸同好』。共收録其時一百三十餘位詩人近五百首詩作，以江蘇詩人詩作居多，尤以揚州詩人詩作爲主，其中不乏王鳴盛、錢大昕、任大椿、袁枚、鄭燮等名士之作。是集選編之詩，隨到隨登，故編排無高低優劣之分，亦無章理可循。詩隨人後，並不以古今律絶爲標準劃分。詩人名下，先詳其字號、籍貫、有無著作傳世等，後録其詩。於詩之章法緊要處，往往小字旁批，列之於側，如卷五繆祖培《玉關行》首聯處旁批『屹然而起』，尾聯處旁批『有回風舞雪之勢』。宫氏小字簡評往往附於篇末，或論詩之風骨氣力，如卷一李沂《遷居述懷》評『沖淡得陶意』，卷四鄭燮《贈方外梅鑑》評『澹然絶塵』；或評詩之人情事理，如卷二馬樸臣《出門》評『曉燈寒無光，驢馬别親故。』慷慨語也。作者自怨自艾，深得風人之旨』，卷五何忠相《秋懷》評『滿紙牢騷，令人黯然』；或古今相比，以明高下，如卷三陳製錦《曉起坐含虛閣》評『得謝之菁華，而别有杼軸』，卷六徐麟趾《〈病起雜詩〉其二》評『愈貴愈工，孰謂今人不如古人』。對於研究乾隆年間地方詩人交遊、創作情況，是集或可資參考。

（李猛元）

乾隆戊子年秋鐫

海陵宫霜橋選

霄峥集

春雨草堂藏板

昔元次山擇其同時人詩爲一集題曰篋中而一時之詩賴其所錄以傳而作者之詩反或不傳焉未嘗不憾其以衆掩獨也然亦正幸其以獨成衆之功爲不小厥後踵而行之代不乏人集名難更僕數矣余自幼喜讀唐人詩大率以嚴滄浪之言爲準若楊氏之正音高氏之正聲李氏之選暨
本朝王氏之三昧亦素所沉湎濡首者也迨稍壯縱觀四唐兩宋金元明諸名家詩乃喟然曰詩亦何必以嚴氏之言爲拘拘耶竊念我宫氏自先太史築春雨草堂館天下知名士如周櫟園杜茶村施愚山輩爭縞紵焉至高祖先中丞著有讀書紀數畧曾進
御覽賚予有加奉
命刊行又有文苑英華選行世祖紅椒公亦著有紅椒山房詩集其後箸屢析所藏書亦漫無統紀日仰屋梁株守兎園冊子卒爾成咏亦復了不異人間從涉歷郡國凡於耆舊朋儕惠好之詩瀏覽籌繹得一佳什如珠一箄于是日擴其觀而廣羅以

爲富焉披吟至再爰簡撮其尤者開雕以公諸同好亦篋中之故步云耳昌黎云文無難易唯其是而已矣箬山亦云短長肥瘦各有態玉環飛燕誰敢憎竊取斯義以爲權衡雖不足品藻淵流庶亦無乖商確云爾

乾隆戊子秋八月海陵宮國苞霜橋氏書於半紅樓之西牕

凡例

一是集冠以壺菴而同時諸前輩槧未登入非訣也壺菴詩存者甚少即諸選中亦不過一二見且少遊外家李氏竊其餘論猶是瓣香之義云

一是集隨到隨登并非有心甲乙

一是集僅列鄉貫姓氏科分一槧未登

一是集章法緊要處列之旁批餘皆載在篇末

一是集美不勝收二集嗣出倘有四方君子遠惠瑤函即寄至揚州府泰州稅務橋西宮中丞第內一併登錄

霄峥集目錄

霄峥集卷之一

海陵宮國苞霜橋氏選

同學俞圻越千叅閱

李沂 艾山，一字壺菴，興化人，著有鸞嘯堂集。

遷居述懷

束髮胥世網，機務動相牽。矧乃居闤闠，市井日喧闐。今來葺舊宅，始與靜者便。架棟倚城阿，啟宇瞰清漣。是時春夏交，風日麗通川。芰荷發遠浦，楊柳垂門前。我心無好惡，鄰曲共欣然。幽棲幸可托，願謝區中緣。

中淡得陶意

驢

水邑貧舟杭，利涉自疇昔。居民至皓首，未覩車馬跡。頃遭旱魃虐，洪波化原隰。魚鼈悉播遷，蛟龍渺蕭瑟。起視四境內，長耳忽充斥。徤者爭馳驟，跛者亦努力。日有數百頭，清曉城南集。駔儈立門戶，漁利司出入。稚子競揚鞭，長年坐歎息。秋深連日雨，河流添一尺。群驢無所施，岸艸閒共齕。驅之適他

方散去何倉卒念此菰蘆中素非爾所歷時事雖
有然恒理不可易

贈姪國宋歌

平生不願錦綺盈千箱但願雲烟縷縷生肺腸不
願萬斛大秦明月珠但願屍中一匹千里駒所遇
鹿鹿不稱意白眼廓落長嗟吁後起之秀有吾子
少年逸氣青雲裏吐辭河决龍門下揺筆風搏羊
角起汝父論文識最高舌底滾滾生波濤廿載詞
壇執牛耳復有令子能揮毫長歌短咏人莫及鳳

雛始信無凡毛宋乎宋乎丈夫處世萬事不足憂
當令意氣横九州安能齷齪老牖下徒與蟪蛄商
春秋

與少陵別從姪醉歌行異曲同工

懷吳野人

北有申涵光南有吳嘉紀南北有二君乾坤風雅
起吳君詩格老硉兀超常倫不意東海濱今日見
此人我與君交恨不早君今與我俱衰老竹西萍
水忽相逢別後懷人心如擣當今詞賦客車載復

斗量就中稱作者落落晨星光惟吳與申推好手
更有翁山屈子亦擅長五言膾炙萬人口三人旗
鼓差相當吳君雖工詩年來頗憔悴水田連歲荒
大爲食指累扣門呼來索錢有時走向他村避
皇天不吝千載名但使終身侘傺不如意試排閶
闔訴上帝帝曰自古才人皆如是爲此忼慨心不
平吞聲仰天獨揮涕

贈魏叔子

魏生嶔崎目如電董子祠傍忽相見豫章國士天

下聞生不逢時且貧賤東西奔走非無故側身海
内求英彦郎今屠釣豈無人常恐摧頹筋力變握
手數語露肺肝別我西歸尋考槃子之往兮各努
力歲暮雨雪江風寒

鄭重

夕泛

滄池揺艇入暮色遠沈沈擊柝寒城静懸燈水寺
深浪明川受月岩黑霧吞林未盡江湖興依稀見
夙心

老當

歲暮懷王仙掌

淮海多佳士，如君未易求。老尤耽翰墨，貧不礙風流。煮茗花三徑，彈琴月半樓。滄浪氷始泮，挂席下揚州。

寄十力禪師兼答暮春書札

貧交歲晚各西東，十載生涯兩地同。白日漁舟滄海上，清秋茅屋亂山中。重巖虎嘯思元亮，野浦蓮開憶遠公。擬著芒鞵尋石徑，與師趺坐看丹楓。

元氣

贈王三與久

河干歲暮朔風哀，曝背晴簷首重迴。地僻小橋人不到，天寒荒徑爾能來。文章久並窮儒賤，懷抱還逢好客開。閒說清宵多逸興，月明長在讀書臺。（足見眞摯）

雙柳

昔年種樹樹盡死，惟有雙柳青交加。根老能于水底活，條長只向風前斜。晝供幽人獨吟望，暮引亂雀相喧譁。今歲河流不泛濫，遶籬更植黄金花。

對酒憶舊交因示座客

歲月從催兩鬢皤，與君酌酒且高歌。舊交屈指何人在，地上寥寥地下多。

悚然　惻然

凱歌

千羣戰馬入榆關，沙磧元戎破敵還。回首一輪青海月，淒涼空照賀蘭山。

直接青蓮

少年行

千金市得飛龍馬，玉勒雕鞍錦障泥。六郡健兒騎不得，鳴鞭直過渭城西。

下手便脫

朱晃　老宛，江都人

秋夜

篝燈昏在壁，衰影吊孤身。冷榻不成夢，秋聲尋到人。心遊天外淡，詩戒眼前新。秘酒空高甕，有辜頭上巾。

清刻似賈閬仙

觀獵

邊海北風高狂塵獵騎驕仰穿天雨血橫掠土無毛羽括三稜弩金裝百寶刀豺狼朔掃跡前路指旌旄

又

合縱包原隰從禽西復東𧿹翎傷鵠白連臂墮猩紅趙發中山鼓齊揚大國風書生無主見斑髯欲從戎

又

野燒遮巖谷山靈亦震驚揮旌嬌鳳舞拔箭餓鴟鳴剪伐無飛走追奔有縱橫先王隱微意田獵寓觀兵

又

動地催田鼓輕裝短後衣獻猳郎主拜撲虎健兒飛玉帳琵琶冷霜天苜蓿肥岡頭分獵火昏夜照人歸

四詩典重壯潤如讀羽獵賦

春日雨中

野烟昏破屋枯坐似僧伽宿雨濃生草陰風冷掃花放狂真有過多難本無家欲向成都卜何年泛海槎

讀去令氣襲人

金陵留別張二如

干絲楊柳拂晴沙一桁青帘燕尾斜今古勞人唯我輩去來孤夢各天涯夕陽鴉背翻金屑春水魚腮走浪花正好離愁勸歡伯其如柔櫓太伊啞

寫景爽亮

送友人歸金陵

茱萸野水舊時灣自買新醅解客顏一笛離亭紅豆曲五更殘夢白門山放狂敢辱羊頭吏善罵當如鴃舌蠻記取青鞋踏江草莫遲雙鯉報花關

見此則嘉州歸去礌溪夢裡山之句不得專美于前矣

秋夜雜感十四首之一

絮帽蒙頭混軟塵道來無不合棲真四民已占鰥孤獨百藥難醫老病貧乞火夜抄高士傳買絲秋製野人巾鄰翁有約山家酒桑落新醅賽老春

鳴咽

送石上人 十首之五

纔到神京便息機更將艨艤小輕肥曉參龍女擎珠獻夜戰天魔杖錫歸飲啄不勞東道主嘯歌多仗北山薇長林舊有棲身地黃葉青苔白板扉

又

洗盡塵囂即法音欲求花雨化甘霖白雲是處疑團大紅粉中間業障深悲壯平生三尺水饑寒交戰五更心肯容講席參空訣自在餘年抵萬金

坐破蒲團方有此種參悟

又

阿師去蹻任西東囘指長安類轉蓬一路水雲蓮社白萬家鍼綫衲衣紅夢遊寡鶴孤烟外詩在寒螿冷寺中塵世莫教開慧眼任從蠻觸鬪雌雄

瘦硬

又

無端明月叩禪扃來照寒松瘦影形午夢打從蕉覆鹿夜光看到草爲螢恒河沙數新龍象優鉢曇花舊祖庭最是秋來心意滿一皆紅葉般抄經

鑿寔爲空

又

蕭騷蓬髮點新霜粥飯隨時懶過堂萬里生還驚路險百年垂老悼詩亡殘經重裹酉番錦冷衲濃薰大內香斷送流光同石火更教清苦事空王

代鼓撞鐘驚海上

子夜四時歌

陌上東風玉笛吹樓頭楊柳唱新詞剪刀最是幷州快不斷春心一寸絲

又

手浴冰盤斂素襟古槐高柳暮蟬鳴火龍夜夜煎脂髓只是相思冷透心

刻酷至此

又

一回狂笑一悲歌又向青天喚奈何不是江南潮汛長斷腸人淚到秋多

江河爲淚

又

蒨蒨古錦覆孤眠薰透濃香冷透肩試看紅羅巾
上淚曉來冰作蚌珠圓

思沉調苦
如聽哀蟬

團昇鶴筱儀徵人著
有畫山樓集

春中過蘿園

夜雪作餘寒朝曦薦微暖物候本向榮精舍況非
遠窗虛山翠明林靜鳥聲緩坐久間無人繁花落
空館

小謝
風標

題陳倥侗接交青松枝圖

髫齡里社開耆英環列四座皆老成就中長者約
九十次亦耄耋肩隨稱齒牙餘論及賤子謂年可
畏唯後生但肯周旋父兄側擿埴無用愁寘行心
識此語逾半世到處聲氣誇嚶鳴往往握手肺肝
是血是墨
吐忽忽背面雲雨并相知豈盡不忠厚束身要未
親典型古人結交比夫婦一醮不改由堅貞無故
如古松餘
合自無故離辨盟那得毋寒盟倥侗吾友鼎年少

時世栗果心所輕眼底春光足駘蕩桃紅李白何
不能畫圖取意獨冰冷曰吾良友松枝青泰山嵩
如鑄
嶽我嘗見蒼皮黛色參高寘經幾風雷露雨雪噓
利盾
吸沆瀣成精靈和嶠李膺特形似以膠投漆夫何
曾僕也散材等樗櫟不嫌擁腫來旁徵此意正用
存老馬疑有家法傳先人叶披圖靜坐試領略耳
根惟覺謖謖松風聲兒時外祖王公子學赴太外
祖繆燕公先生壽筵座客十
餘輩皆殊長老昇以髫年周旋左右姨外祖陶思
太公特見獎許今知爲倥侗先人故篇首及之

胡中丞復齋程太史香溪暨諸同人讌集

行菴賦詩見送入都即席留别拈得青
字

舊識行菴地深依晉樹庭治春初接席帶雪遠揚
舲水過淮徐急山連齊魯青離筵今夕酒默默感
蓬萍

初唐
風味

登天門山

誰鑿岷峨險江流自古渾兩峰蟠地脈一峽束天
奇闊
門日淡群龍隱風高萬木尊向來看戰伐舸艦想

雲屯。

字字可以扛鼎

天門舟夜

已決歸期近愁心翻不眠水昏初月夜山響欲風天客路依漁火人家認柳烟新涼醒殘醉坐整葛衣偏

中十字自是心得

大信道中風雨

又聞過大信迢遞數郵程路有百廻轉秋無通日晴逆風爭樹力驟雨急河聲却望天門近雙峰聳翠迎

詩如逆風驟雨

京口歸舟過金山下作

挂席乘流烟水渾潤州廻望已黃昏地爭吳楚區中險山踞風濤響處尊淡日魚龍盤澗壑寥天鐘鼓咽江門妙高尚有重登路腸斷春衫潑酒痕庚戌夏與弟觀午渡江有妙高臺把酒之約今弟下世已數月矣

少陵之遺

阻風黃州同馬東屏夜遊赤壁

挂席中流幾往還翻因風雪此躋攀寒深雲氣遥遮壁夜悄江鳴欲上山驚人欲死夢鶴更誰同幻況携魚有客且懽顏也知坡老重遊後難得人如爾我閒

田雲鶴 輪長一字蓮壺泰州人

重陽前一日漫成

來日難辜負餘瓊敵薄寒年光愁裡度衰鬢鏡中看絲蟻誰能送黃花未可餐會須凭傑閣長嘯海天寬

胡褒鋍 西垞錢塘人

留別宫霜橋

吾道棄如土此別胡獨難來比燕子早飛到楊花殘抽帆不忍發抱琴相與彈大雅已淪喪非君無廻瀾

渺渺仙風去來莫測

再別宫霜橋

千里未云遠但恨山水重離別無所苦祇覺情性濃今夕一輪月明朝何寺鐘知音邈難遇將復爲

誰容
神似襄陽

春浣

水帶桃花色天生薄命人無端機上帛空度眼前
春照影憐眉黛長絲驗苦辛鴛鴦莫相近只恐暗
傷神
造語新警

春情

似水柔難割如絲軟易牽賦詩酬芍藥顧影試秋

霄峥集　卷之一　十四

千碧玉初窺鏡蕭郎正少年鶯歌三月裡心漲百
花前
于何處着想乃得此處實即離之妙

虎邱

紅酒玉琵琶山塘七里斜艷曾歸越女虎亦壯夫
差夜月容吹笛春風人賣花髭須旋不稱相對惜
年華
纓絡新繁

五日航海訪仲松嵐于瀛洲講院

經歲音書隔海濤一樽今此對葡萄文章身價登
壇貴齊曾衣冠入座豪千里故人羞白髮九天霖（高調）
雨屬青袍明年領郡端居日贈我菖蒲九節高

寄仲松嵐

尺書飛下九重天夢冷關河又二年巴水一條通
北固閩峯十萬鎖西川老尊棧道愁騎馬險入瞿
塘怕上船迢遞魚書六千里可知無字不惓惓

莫愁湖同人宴集

江山對我一開尊粉冷金銷舊白門只有垂垂湖
上柳軟棉如吊莫愁魂

霄峥集　卷之一　十五

姑蘇柳枝詞

折得長條送麈郎短條誰與寄王昌不知多少春
風恨魚口橋頭正夕陽

又

金閶女兒學蕩船船繫垂楊淺水邊低頭弄水惱
春色春色不管人可憐
兒女情多癡心如畫

於震一川丹陽人著有太阿秋水集、

得賈七書

美人隔天末，贈我瑶華音。昴我崇明德，文采雙南金。文采固足珍，所貴知我心。我心正如結，書中意已釋。（如剝蕉）珍重置懷袖，時恐化爲血。時恐化爲血，中夜起視之。明月何團團，照見庭樹枝。相期保歲暮，勿任霜風吹。

（遇古以神）

古林蘭若

溪色動虛碧，揺漾菰蘆秋。尋源得初地，閒雲護僧樓。塵襟暫披豁，聊復得茲遊。夕陽在高樹，聒耳鳴蟬稠。心地有餘適，萬籟隨清幽。微風吹我襟，歸路墟烟浮。

（詩骨如雲中鶴）

遊焦山　八首之一

江流自不息，天風揚其波。獨鶴從西來，哀鳴無靜柯。我思古成連，斯人邈山河。横琴時欲彈，誰爲和而歌。寘心遺世氛，冲然味天和。

別意

人生有別離，黯然心魂傷。別離何足道，珍重故意長。木落天霜高，衆星何煌煌。涼風起高堂，動此燈燭光。願言執子手，與子傾一觴。長安多故人，冠蓋遥相望。寄我江南書，樹我年華芳。明發出門去，旭日照河梁。

（子建之後一人）

昌化大溜歌

唐昌地軸盤天高，帶以古縣羣山包。（黄河之源）山泉萬道向空落，奔騰爭赴錢塘潮。灘迴石出鼓其勢，盤渦往往妨行橈。我來三月水正發，行船半在山之坳。（便捷）於潛漁潭五六里，晝抵半道來中宵。撫膺悵然坐不樂，蒼茫萬緒紛煎熬。舟人倚枕向余笑，君乎乃未經風濤。前途咫尺達大溜，令人涉之朱顏凋。（包以元氣，散以精光，郎山如虎踞江。）乍說與君或不信，明發鼓勇看吾曹。（似馬奔，未足擬其跳躍神奇之勢。）半夜枕邊萬雷發，地維劃斷天根撓。熊咆兕闘下沙岸，百谷競沸千崖號。披衣欲起筋骨顫，倏忽篷背掀陰飇。馮夷怒鞭雪山立，排空倒瀉星辰漂。中流巨石列奇鬼，挺戈壁立爭相鏖。纜夫挽船觸石上，擺磨無計凌巇嶢嶢船頭仰天泊魂魄坐臥懸猿猱晨風吹水勢益烈崖垠反走迎船梢舟人衆呼負船起一聲大叫窮青霄書然船騰浪腹出忽登天上相招搖俛視萬墻短于笴浪底猶自喧聲舠始信舟人不余誑買魚沽酒酬其勞我昔扁舟過三峽巫峯十二烟嵐鎖杳然徑渡無所苦胡爲人世傳喧嘵祇緣杜老擅高詠意氣遂與山川豪此灘雖險頗奇特涇虛亦自瑩秋毫匝岸崩崖插天秀可作雷雨興螭蛟奈何道路屆僻遠千秋記載空寥寥酒闌

泊船獨欹枕緣窗彷彿語山魈偶聞君言故相憫名勝安得終藜蒿乾坤夷險境不一聲名顯晦隨其遭精靈歲久必有托君言無乃太牢騷焉知造物非有意遲汝萬壑幽光標（紫〇雹〇當〇迴〇風）

源厚者其流大

醉歌爲宮三賦

海陵詞客宮霜橋尺翰直走風雷豪讀書立志迫正始出以典重無偎佻大雅只今久淪落力維氣運望汝曹一川老人老而戇學海亦自輸雲濤生平萬事不得意高臥兩髩生霜毛偶然作客到海上握手天地同牢騷相知頗許歷歲暮得句置酒頻相招令我懷抱迥披豁反覆疑義窮秋毫嗚呼宮子洵人杰華年滚滚勿浪拋當今

聖人在天子位廟堂之上孰不方稷契擬夔陶且救火久不設直跨狼居胥而北數千萬里爲郡縣又無事枕戈衣鐵疆埸馳突羅弓刀昂藏七尺何所托況乃饑寒坎壈時相遭不如相聚飲美酒百城坐擁當分茅指揮四庫各用命赤幟獨豎騷壇高

一任偏師犯邊鄙長城萬仞盤嶕嶢丈夫如此亦足快何必涕淚霑青袍此意久欲與君說恐驚聾豎紛喧呶胸中五岳崒然起舉杯仰天傾濁醪

白紵篇爲張將軍賦（將軍名發生號柱石一字築江江都浦村人）

江都白紵白如雪齊紈魯縞輸皎潔鮫人夜織貝闕空軋軋龍梭走江月天孫乍見驚絕奇拍格一聲機上裂令人持向市間賣一市寒光動毛髮令我六月來吳陵慢膚束帶尤苦熱安得數尺製短衣有賁直拚生產折將軍一騎從西來相與談笑（如〇挽〇六〇鈞〇之〇弓）（壯〇士〇一〇呼〇萬〇馬〇奔〇放）

開襟懷頤指平頭俾擎出鮫皮匣瀉光濯濯滿堂涼風起蕭颯橫剪一幅（爭奇）江波開昨夜海天青女降隨風亂落霜成堆義和無言赤帝泣日車躃躃翻天陔賓客坐者爭起立電光欲掣青天雷將軍弱齡便筮仕秋風一鶚南天起同時兄弟垂金貂曉入甘泉侍

天子鐵衣扈從獵上林一箭射殺兩青兕輿酣下馬賦新詩大貝南金光滿帋中黃虎賁皆嘆息衛霍當年詎有此牙旌節鉞正有加野服翩然返田里

結交遠近皆文儒置酒高歌未有已自慙兩奏明光殿千言下筆如飛電功名往往與佹謀每到垂成忽中變諸公袞袞釋青袍逢時面目皆英彥歸帆六月江風寒依然裋褐還鄉縣（思深力厚一掃群傑）市兒相遇笑且憐斯人大抵長貧賤將軍高義胡爲哉寒喧推分無嫌猜倘然贈我錦繡段不衷之服翻爲灾特命良工勤愛惜紉之臧薹針線跡修短旣稱熨貼平從此清風生兩腋報之媿乏英瓊瑶永爲好兮服無斁（擒縱大奇）

孤雲

出岫竟何事況當秋暮時天涯何所適吾道固如斯野曠穿林靜風微度水遲浩然成獨往千載澹相期（非世境矣）

歸自海陵省　先嚴墓

聊慰牛醫願春殘一到家相携呼小艇復此泊寒沙細雨添菰葉踈風落柚花白雲迴望合舟楫又天涯

嚴灘夜泊

萬山深處泊樹色俯空青落日啼山鬼空江吊客星明河元濬宕高岸故沉寘地僻人還住疎燈出翠屏（嚴整）

道經峭壁

岩扉天半闢此處有飛仙倒影風濤立橫空紫翠懸帆檣穿洞壑竹柏蕩高烟倘有閑田地誅茆野

岸邊

辛巳秋九月河水大漲由海陵放舟淘上偕羅老薵葉儕雪海上登高即席拈韻得八首（八首總用一韻之雄）

高樹橫空海氣開望中秋色接蓬萊鰲身曉没青冥動蜃市晴鋪赤道來（雄渾故是盛唐）東極天垂分野盡南荒山湧沃焦迴那堪景象當佳節獨愧抽毫作賦才

又

西風砧杵一天霜客路登臨總斷腸王粲功名悲

幕府杜陵舟楫老瞿塘時逢明聖憂偏切夢繞鄉關路倍長俛仰正多惆悵事不因災祲佩萸囊（二句作詩大旨開下四首）（渡下）

又

河源高掛白雲間一夜狂瀾到海還鯨鬣怒掀初破岸龍門倒瀉欲沉山千艘又荷（二首頂時逢明聖句）

天儲發萬井渾忘

帝力艱總爲方隅勞（又渡）

睿想涩高無計慰　龍顏

又

草野長懷獻納情雲霄爭那一毛輕八支縱可等陳跡三策何由達

帝京垂老虚聲忝劍舄當年同學半公卿闔葵荏苒隨搖落惱亂鄉心白髮生（又渡）

又

曲阿深處隱柴扉莘存松杉碧四圍山繞神亭鷹始擊潮通練浦蟹初肥乾坤秋老書難寄薪水時艱計總非一劍閒愁消不得征帆幾處掛斜暉（二首頂愁繞鄉關句）（又渡）

又

日落空原野戍高吳陵城郭渺秋毫吟壇赤幟開星斗桻楷青天下海濤一路滄桑懷舊雨百年憂患隔同袍閬仙别有并州恨說與知心共鬱陶（前首從海陵懷淘上此首從淘上懷海陵總在路倍長三字着眼章法較前又變）

又

東南天地久飄蓬淘上秋光故國同赤岸千尋虹跨海碧城十里市浮空（市約十里）安豐多畫橋　衣冠接席仍前輩雞黍登堂見古風對景不須增感喟生涯滿目酒杯中（五將舟陽海陵淘上三處圍成一片即少陵瞿唐峽巨章法前六首到此一筆收盡）

又

淮海風高一雁橫，層臺人語落秋聲。波涵日月天無岸，堤偃魚龍路入城。萬古悲歌憑莽蒼，九霄雲物動崢嶸。濁醪到此寧須勸，醉裡能教五岳平。總收與原起相配，詞氣雄偉頗非常仍還海上登高正面，始終崛强。

鈔關晚渡

淮水東流欲撼山，雙旌天半擁雄關。河源舟楫通三輔，海道珍奇控百蠻。筐篋總輸官稅急，琴書獨載野航閑。誰教無事頻來往，橐筆孤吟鬢亦斑。

又

聞說泉刀此地寬，繁華何處著儒冠。城連海氣樓臺暗，戍枕濤聲鼓角寒。莫笑魚鹽生計賤，由來天地息機難。又隨津吏催開艇，無數歸鴉戢羽翰。

月夜遊虎邱

胥江濤起霸圖殘，詞客中宵獨倚欄。月湧樓台生絕壁，風飄鐘磬下層巒。星辰照水魚腸動，松柏浮空虎氣寒。終古興亡成浩劫，隔林僧語出雲端。

喜友人從軍歸

匹馬秋風出漢關，十年雄略鼓鼙間。箭傳青海鵰迴陣，戈枕黃沙雪滿山。塞外功名悲往事，江南風景入蒼顏。據鞍且喜尋常事，應佐元戎勒石還。

贈陳元孝後人碎琴開士

七觔破衲早聞關，故國羅浮夢裡還。詩派江湖三子集，酒瓢風雨六朝山。禪心每寄絃歌隊，別恨相看慘淡間。何日與君同挈鉢，浮雲送盡此身閑。在仙佛之間

秦淮古意

秦淮之水向東流，桃李花枝橫酒樓。行人莫問前朝事，美人一去春風愁。

霄峥集卷之二

海陵宮國苞霜橋氏選

同學陳璨倥侗參閱

曹學詩 以南，歙縣人

金城墨沼 黃山谷讀書處

孤鶴巢澗松，羣鴉散林麓。昔賢棲隱地，白雲媚修竹。滌硯水環窗，含毫花補屋。髣髴依渭陽，燒葉仙書讀。墨氣傳古香，春泉流碧玉。松崖一卷書，光可燭天祿。何當種綠蕉，清影滿空谷。

龍泉寺

樵路滑白雲，翠入烟蘿徑。鶯啼竹影動，鶴夢松濤定。我曾踏斜暉，古寺飯齋磬。遠岫淡如畫，東風吹不醒。吟罷憺忘歸，新月一鉤瞑。如定後之僧

過高梘峰

樹客山無縫，峰迴澗自分。哀湍鳴急雨，怒石壓殘雲。峭馬怯寒蘆響，猿愁苦竹聞。天城真在望，合沓暗朝曛。

宿青石菴

夜半青綾冷林高少靜柯虛窻凉雨急落葉寺門多月黑疑狐嘯風腥怯虎過明朝迴首望鐘磬隔藤蘿

瘦

晚到崇陽縣

待渡人歸正落曛寒鴉古堞已紛紛凌波北浦生凉月燒㳂西山見火雲兩岸嵐光孤雁合一溪秋（清脆）色野鷗分郵亭民事關心切敢惜征衫帶沐勤

劉育杰 卓菴 泰州人著 有東竹軒詩鈔

課兒

積分已成寸惜陰須自珍猶憶前人語每日不再晨百花爭顏色向榮俱在春縱有秋花好歲月已因循晝夜好檢點勉矣勿沉淪

法言

登蓬萊閣觀海

地已盡天未了蒼茫浮得中原小驚心遠永翻爲岸千峯萬嶺成飄渺我擬搏翼御長風海上三山盡幽討

格蒼氣厚

春草步宮霜橋韵

沙苑烟晴長綠莎情隨春發奈春何年年嫩色窺書幌處處青郊起艷歌夢入池塘憐句少風吹江畔惹愁多傷心最是輪蹄軟滿目青青對灞河

又

九十韶光快似蹄長林瞥眼見萋萋明妃冢上青三尺謝氏池邊綠一犁塞上春寒人牧馬庭前烟暖燕銜泥囬思平野無顏色好待茸茸嫩色齊

繆瓏 香令 一字玉叔 泰州人著 有閑亭集 西谿片羽集

伴雪吟

讀書伴積雪聰明净可分積雪伴讀書琳琅聲可聞相資在歲寒澹泊情何般天花繞座開妙理非離羣斜窗動虛白齒頰誦清芬金鴨飄冷光照紙如烟雲會心不在遠吹玄忝青裙觸手拈冰柱玉戲撼天軍尚待雪伴雪遲月爲氤氲冉冉梅花香薰我冰雪文

亦歌語亦箴銘讀之恍與古遇

題友人彈琹小照

我有無絃琹一張，金徽玉軫綵綺囊。高秋月落天氣涼，窅然流水生空堂。掛之壁上久不御，綿文剝蝕生古香。愛君彈琹具琹癖，妙於琹理有默識。流泉石上響淙淙，攜琹避世稱莫逆。楊州五月風雨多，泊船河下迷烟波。市人高會榜人鬧，濕蟬亂噪青蛙歌。對此茫茫空四野，那得清音善洵寫。何時剝啄敲君扉，聽君彈琹展圖畫。

霄峥集　卷之十　四

清氣盤旋

九日

登高採菊徐塘口，萬水千山憶去年。今日邱園高一氣卷舒蹈處，重懷京洛遠遊篇。喜緍劍閣新吟卷，何必揚州有墓田。飽飯尚容看射虎，層臺斜照起寒烟。

題碧綃雜劇

寒波依約界平橋，無復珠簾弄碧簫。陣陣斜風吹瀨上，斷魂今夜付回湖。

又

木蘭雙槳繫離思，蕩入輕烟薄暝時。今夜桃根妒有夢，紅羅拭淚寫香詞。

又

螺唱驚心夜雨鈴，土墳三尺葬雲英。多生艷想難銷盡，月夜魂遊錯應名。

又

遞來紅紙界斜封，夜火熒熒薄醉中。顛倒迷藏渾不盡，多情鸚鵡罵春風。

絕世風流雅人深致

霄峥集　卷之十　五

馬樸臣 相如，桐城人。

出門

遠遊非素志，欲別轉淒然。生是依人命，秋非作客天。一彈馮氏鋏，三上浙江船。楓葉紅橋路，溪山信有緣。

曉燈寒無光驅馬別親故慷慨語也作者自怨自艾深得風人之旨

朱卉 草衣，江寧人。

舊王府

玉砌前王殿，今成賣酒村。草青遊客路，花冷故妃魂。鶯語疑歌韻。山容想黛痕。那堪吟醉後。燈火又黃昏。

山左道中

春臢餘寒尙著裘。閒吟驢背自相酬。人行海上青駝寺。家在江南白鷺洲。一路落花風乍起。四山橫翠雨初收。離愁堆滿斜陽下。懶向旗亭問酒籌。

不食人間烟火

李苑嘯村。懷寧人。

上巳憶白下

清明恰是握蘭辰。遥卜秦淮景物新。楊柳晚風深巷酒。桃花春水隔簾人。橋邊車過香生路。樓外船歸月滿津。憔悴不堪來舊館。相逢誰爲浣沙塵。

西崑猶遜一籌

寄內人鏡

芙蓉及第願成虛。磨洗青銅付鯉魚。秋水空明卿自見。春風憔悴我何如。一囊依樣當花繡。雙鬢從新對影梳。抱去未須深夜聽。歸期巳卜月之初。

便自出塵

香嫩如百囀鶯兒

過廢園

誰家亭院自成春。窗有莓苔案有塵。偏是關心鄰舍犬。隔墻猶吠折花人。

荅涼如見

新栽柳

河橋驛路影婆娑。酒載扁舟次第過。贈別幾時攀得盡。行人從此不妨多。

翻得妙覺青蓮勞勞亭句爲多事矣

青溪即事

粉墻紅掃落花痕。一帶樓臺樹影昏。雨細風斜簾未捲。縱無人在亦消魂。

環句

詩巳銷魂

春陰

珠瀉鶯喉一串圓。花梢風颭酒帘偏。晴無日色陰無雨。恰是江南養麥天。

鬆圓

王鳴盛。鳳喈。字禮堂。嘉定人。

東崦西崦

溪行忽無路回首暮烟合過橋湖水寬隔岸亂雲接闍繞玉鏡潭寒影衆峰集空色不可攬彩翠似堪拾東西崦幾重蕩漾舟一葉迢迢擅勝亭隱隱光福塔何處聞菱歌清唱自相答

閒適

入鄧尉山暮宿聖恩寺

蒼烟滿秋山落日生暮靄弭棹歷嶇嶔理策尋蘿霽溪橋風泠泠寒流激空籟捫蘿長林迷躡步崖石礙微月墮幽澗俯見清光碎寺開知徑盡客至

自雲外容堂響法鼓群動息香界慮澹不用遣深夜無夢寐欲謝區中緣攝生遠塵壒

村暮

暝色起山徑柴門人悄然疎鐘烟外寺遠火渡頭船倚杖數歸鳥行歌聽晚蟬欣逢隣叟至欸欸話豐年

懷鄧尉

峰嵐淡靄映湖光回首清遊興未忘一徑松陰秋入畫三層水閣夢生涼風帘雲碓宜晴日潤草叢花出異香惆悵軟紅欺客袂幾時洞口結書堂

綽有丰神

錢大昕 曉徵一字辛楣嘉定人

懷曹來殷

忽忽三秋暮蒹葭况復殘涼颸一以至落葉洞庭寒我友今多病相思獨倚闌因風寄消息中夜幾盤桓

君身有仙骨

又

綠苔凝芳榭子建最煩憂今夜西窗月懷人定倚樓天寒租賦急歲歉稻粱愁辛苦江鄉夢郵籤肯寄不

深情苦味

吳泰來 企晉一字竹嶼長洲人

楊石餘歸自海上同張崑南過訪夜聽崑南彈琴

夕陽慘慘下林隙南鄰擣衣暮砧急草際蟲吟四壁寒有客挾節叩蓬蓽楊君本是滄海客萬里烟

霞蕩胸臆雨袖攜來蓬島雲孤槎訪到支機石崑南山人赤松子手把芙蓉弄秋水虎嘯龍吟指顧間揮絃頗得稽康理玉琴一聲天地秋山木將落風颼颼花飛石壁萬壑靜空山露滴朝霞浮野泉淙淙雜風雨松濤浩淼空中流迴絃忽作瀟湘曲一葉漁舟破寒漵月黑蒼梧山鬼吟雨昏青草湘娥哭此時哀猿亦罷啼清風斑竹聲凄凄恍疑孤蓬泊海岸怒潮夜發蛟龍迷楊君聞聲起嘆息為我更話東遊日波濤連天山海奔安得青鸞送歸

翼郎今歸來鬓髮蒼樽酒相逢非故鄉吾生聚散本無定百年身世空悲涼山人罷彈淚暗傾桐陰月落寒螿鳴相看秉燭不能寐更聽平沙鴻鴈聲

合長吉義山為一手

臥龍松歌

長松捲地如臥龍鱗而爪鬣蟠虛空虬枝偃蹇二千尺古幹偃僵無春容根纏枯藤走奇壁苔作霜皮石為骨忽然昂頭出碧霄下瞰蒼崖萬里裂清風颯㲘當晝來交柯接葉高崔嵬山猿野鶴助長嘯怒濤晴捲青天雷或云其下藏虺虺大壑陰靈氣凄愴或云此下流金精千年琥珀蟲蛇形仙人夜過餐五粒月明彷彿吹鸞笙我思此山奇秀甲海內浮邱容成昔高會得無軒皇遺手種長令空山閱人代雨露潛滋元氣長鬼神呵護靈根在客來婆娑三嘆息此樹人間應難得他年汗漫訪天都只恐神龍去無迹

車裂寒水馬追風電

秦淮水樹偶成

午鳩啼破雨簾纖三尺春潮兩岸添何處攜香試温泉柳陰庭院棗花簾

安得置身其中

黃文蓮芳亭一字星槎上海人

月夜懷吳企晉

梧竹疏陰薄涼風月滿樓夜闌銀漢永人靜草堂秋多病思輕舉離羣憶遠遊素心天外隔夢斷五湖舟

寄內

落花飛絮渺愁余，雙鯉遥傳尺素書。吟到香閨腸斷句，小樓紅雨燕來初。來詩云：芳草綠波人別後，小樓紅雨燕來初。

温李遺音

涼州曲

營門鼓角夜蒼茫，羌女琵琶斷客腸。一曲涼州齊下淚，李陵臺畔月如霜。

雅好李倥侗者

曹仁虎 來殷，一字遒庵，嘉定人

毗陵曉發

濕雲欲連山，寒月獨掛樹。解纜溯輕波，迢迢西蠡路。荒雞喚前村，落雁篝古渡。忽聽漁歌聲，蒼茫不知處。

收筆得古人平靜之氣

平大金川紀事

重臣整旅到戎荒，絡繹黃封出尚方。捲甲爭趨雲棧險，鳴鞭直度雪山長。三旬逆命修干羽，六月行師建鳥章。麟閣新開懸望久，會看早欵右賢王。

又

登壇號令肅秋毫，絕徼星霜點戰袍。上相威名齊燕頷，元戎將畧識龍韜。軍中萬馬聽鼙鼓，帳外千夫護節旄。遥憶懸師過鳥道，芙蓉縹緲劍門高。

又

紛紛羽檄動兵符，飛棧岩蕘一綫孤。校尉盡看紅帕首，材官齊號黑雲都。角弓月滿晨挑戰，金甲霜高夜獻俘。爲語諸蕃休恃險，六師神武過孫吳。

又

轅門日色閃戈矛，大渡河西獨運籌。八陣風雲屯

虎豹，三軍鼓角擁貔貅。羣看馬下驚回紇，喜見蠻中喪翕侯。不用連兵長轉戰，先聲已足定遐陬。

又

降旛一片出蠻方，漢法重看約六章。躍馬搴旗兵令急，櫜弓釋甲

聖恩長。軍中樂府添朱鷺，塞上夷歌奏白狼。爲召虎臣歸禁籞，紫泥有　詔下朝堂。

又

萬里明駝露布馳，居民歌舞喜班師。車中羽扇平

蠻日道上槖鞬破蔡時戰士已看銷劍戟邊人猶
是畏旌旗歸來飲至勳誰並欲勒摩厓百丈碑

又

命珪相印出深宮置酒雲臺賞戰功關外歷靈傳
四塞朝端位望列三公卷衣玉帶威儀肅翠羽明
珠職貢通更是慈寧多燕喜由來利國在和戎

又

鈞天樂奏慶雲間鸞輅春迎鐵甲閒共喜明王
朝欵塞無煩健卒夜臨關艱難士馬歌三捷迢遞

輿圖控萬山自古安邊歸
主德願將禮樂化羣蠻

酣飽淋漓精光奕奕非儉腹弱腸者所能辦

吳門寄內

簪花細字試麋丸尺素傳來剪燭看吟到小樓惆
悵句碧梧葉落雨聲寒來句云紅藕花殘風信急碧梧葉落雨聲寒

清麗

姚陛 別峰桐城人

西泠感舊

樓頭別語太淒淸乍似長生七夕盟絕代可憐人痛哭
早死十年未見我成名春雲淺土埋蘇小殘月香
詞唱柳卿安得并騎瑶島鶴蒼烟吹破嶺頭笙

又

西泠碧水漾晴沙橋上黃昏立暮鴉倫樹溪邊新
鬼火桃花門裡舊兒家玉魚葬合肌猶煖環珮魂
歸月已斜知否蕭郎重到此短詩和淚泣琵琶

美人黃土能不傷心

嚴長明 東友上元人

留別淮陰諸子

殘社重湖遠浪浮故人相送晚津頭東風綠盡隄
邊屋暮雨寒生水上樓江介凄涼同命酒海天蕭
瑟獨登舟別君此地須珍重他日相逢是舊遊

氣韻淸華

晚赴下相驛

山轉杼秋面古城中宵迢遞喚愁生月當沙磧寒
無影水到彭門夜有聲一代河渠書未就他鄉景
物畧初成天涯多少平生事況值蒼茫萬古情

題秋江聽笛圖

青楓踈柳白門秋，十載江南愴舊遊。他日如逢邀笛步，爲君三弄寫涼州。

偶儻

張翰 樸存，江都人

題圖雪齋秋江聽笛圖

古錦囊中詩絕清，小奚佩此趂閒行。頓將白露蒼葭句，吹出穿雲裂石聲。江水玲瓏人窈窕，天風斷續月空明。夜深驚起潛蛟舞，難遣悲秋萬里情。

胡業宏 芑塘，桐城人

秋閨詞 四首之一

不紅燈閃夜迢迢，閒理兒時舊翠翹。生怕隔窗人笑語，一番收拾一魂消。

刻酷幽冷，真是才人

李御 蘿村，丹徒人

海門春曉曲

玉妃西歸玻璃宮，萬樹一色烟濛濛。長尾啼覺十千夢，海雲高捲珊瑚紅。三山晶淼春雲額，流霞一杯不得吸。秦皇漢武莫再來，萬古春愁無斷絕。鸞絃鳳管調鴛鴦，懽愉倏忽成滄桑。長繩欲繫跳丸疾，綠酒空滿床頭缸。今年春去明年至，依舊花光客憔悴。何當十丈割鮫綃，人間寫盡相思字。

句句奇艷而生動

是亦園同用堂字

地僻多花草，掌苹曲逕長。我來三月暮，猶覺一園香。好鳥啼深竹，春渠受野航。閒雲歸臥早，迷却讀書堂。

踈致

新蝶

懸藤峽岸枝頭軟，隔歲花房事惘然。怪爾飄零全是夢，受他兒女一生憐。纔勻粉翅旋逢雨，小住春蕪欲化烟。却笑黃蜂空釀蜜，不辭辛苦度流年。

濃倖可憐可恨

亮豔有仙意

我讀之紅淚如湧

菜花

萬畝如金亦大觀，朱門從古托根慙。生成草莽香無比，開到英雄老不堪。麥秀野田低見雉，桑成中

是何慧心

婦早懷蠶邨晧相賞歸來醉笑倒家人 滿輔脩

登東皋城樓同春明作 四首之一

縱橫淮海控偏隅萬井天開勢不孤檣艣魚鹽通大楚滄江潮汐入東吳求仙莫返秦皇帝索笑空憐賈大夫日極南天鮫室近擬將生計採明珠

壯詞

春水

濃於酒更碧於雲熨不能平剪不分直送桃花到何處又拖蝴蝶上湘裙隔年南浦人千里對我柴

門鶯一羣三十六鱗消息斷細萍浮蕩杼成文

楊柳枝

傷春往事說松寥黃絹鳴箏出畫橈簾影花光人二八衣香吹過柳青橋

婀娜 臨風

張膈䎃 南華 華亭人

梅魂

縞袂春寒困寂寥孤山無伴乍魂飄隨烟繞不離明月和影飛還隔斷橋數點窗前疑欲返一聲笛裡最能銷三閭忘却眞惆悵直喚逋仙稱大招

齊整 無隙

俞楷 陳芳 字正林 泰州人

閒居春事 三十首之四

閒居春事劇風日自開明山意澹欲寫溪聲轉愈清三松眠有道十竹醉無情最愛芳洲草春風努力生

登臨隨遠近談笑及春晴所到皆怡悅何之非性情等幽趨勝致采隱愛無名別有煙霞地何曾人

世行

夜夜聽蕉雨朝朝對竹陰雲深辜月色花落負春心愁思徒時日清言自古今鳥鳴空谷外樵藥有深林

枯坐松嵐上春光日以加和風秀芳草曲水照桃花雲月辜文字江山老歲華世人羣異趣令我思烟霞

神清意遠 一洗矜躁

俞梅 師嚴 字太羙 泰州人

初夏遊鄧尉諸山用劒南遊湖中諸山韻

香水沿好山空青摇舴艋探奇不憚僻造幽歷諸嶺圖畫洵天開四時换佳境高步雲峯巔湖光收萬頃酒然會心遠徘徊忘時永日落山狐嘯佳城人跡屏千林陰森森古翠浮銅井靈風坦以至毛骨徹清冷遠波瞰遥峯修眷落鏡影雙月窮四照朗若晨星炯倦倚虎山橋烟霞歸管領得此常棲神何羡箕與穎

淋漓拗窃

登靈崖山

萬重嵐翠合石鼓振雲端極目湖山小飛身宇宙寬雙池流日月一墖出林巒黙坐琴臺上天風入指彈

有拔地倚天之勢

舟次燕子磯

乍脱風濤險艤舟燕子磯雲空山影瘦潮長浪痕肥狂客吟秋水孤帆下夕暉倚篷無限意目斷鴈南飛

瘦削入情

自遣

合膊同根一片愁弱流三萬塹瀛洲伯牙指折難成曲宋玉情多不耐秋掘㕓附邱身局脊耕雲釣月夢勾留年來意與消磨盡只有貪吟老未休

俞[illegible]　為光、一字知莊、泰州人、

蕉扇

十丈芭蕉映碧空裁成團扇月輪同隔簾曾滴蕭蕭雨入手平添細細風浴罷最宜揺樹下夢回尤

便取幃中倚教揮灑逢懷素擬似蒲葵價更隆

鬆圓可喜

夏日過友人别墅

繞石升堂一徑斜綠槐深處噪慈鴉甌浮蟹眼茶初熟香爇龍涎晝不譁沉水飽餐朱仲李解刀分得邵平瓜爛銀盤白林梢出歸去何嫌道路賒

豪端有春氣

俞埛　容藹、一字蘅臯、泰州人、

張烈婦顧氏詩

正氣鍾巾幗大義明閭里哀哉張烈婦慷慨殉志死我出城東門孤墳屹然峙途人相問答顛末畧可紀芳徽易沉埋歲月東流水用作烈婦詩永以勗桑梓

又

烈婦不知書生長在茅簷色艷芙蓉花玉手雙纖纖禮法自矜持跬步禀疑嫌鉛華何所需春風冷香奩機梭鳴寒宵工素亦工縑豈惟美姿容允矣四德兼

又

十九賦桃夭嫁爲細民妻蕭條四壁立一室鼓樓西夫復嗜閑遊酒食益昏迷熒熒妾與姑忍餓守空閨妾餓何足言姑年臻耆梨典盡嫁衣裳鬻盡釵與笄委心敦婦道黽勉共鹽齋何敢怨媒妁賦命本不齊

又

嚴霜欺貞松烈風撼孤竹禍患來無端深巷鬼夜哭淡泊婦所甘勤勞婦所服何圖輕薄兒日向東墻逐偵婦美而姸滔心熾桑濮華佩雜瓔瑤新衣裁綺縠揚揚去復來風流故矜詡蘆簾隔益光徒然相思獨

又

貪夫溺於財不得死不休狡童溺於色不得疾不瘳鑽窺望已絕金帛運新謀殷勤結乃夫意氣重山邱朝携遊花田暮邀醉酒樓生計諮有無解囊欣相賙芳餌飼遊魚何以避垂鈎

又

烈婦燭幾先幽閨愈斂約當今重利交勢啖相熏灼蕭蕭貧賤居責報殊無着胡爲萍水逢肝胆披柘托委曲進危辭人心不可度夫也太無艮寘然付一噱感茲增欷歔顧影淚潛落

又

萬物祇此心心死復何述人生恃廉恥恥喪復奚詰悲哉薄倖夫虛生同蠛蠓酒肉饜枯腸甘墮奸人術與姑搆奇謀婉轉誘淫泆婦聞失精魂股戰肌膚栗泣血陳大節矢志懸皎日倉卒夫辭屈嗒

然揮手出。

又

慘慘雲中月，昏昏案上燈。唧唧堦下蟲，纍纍壁上繩。夫復搆謀歸，高坐盛氣憑。裂背申舊說，勢震屋梁崩。三問不見答，翩疾下蒼鷹。翻手玉顏碎，扳步拄柔膺。長繩已逆曳，鉅結扣層層。唯諾刼呼吸，直以死相陵。苟非絕特操，敢不屈志承。

又

鴻鴈西北來，雙飛影翩翩。中道鷙猋風，雄散雌孤

還。豈無鷙戾儔，乘危攪清眠。義不背其雄，亮哉金石堅。貞臣無二君，貞女無二天。寶訓垂自昔，父老紛流傳。水覆不可收，身辱難再全。靦顏立斯世，禽鳥何若焉。軀命有盡時，引頸歸重泉。

又

幽蘭生空谷，無言自芬芳。皎皎烈婦名，鄉曲久稱揚。宵來詬誶聲，入耳何悽傷。明發覘其夫，容止紛蒼黃。聲摊入內戶，婦屍儼在牀。觀者赫震怒，奔愬邑侯堂。侯亟命駕至，檢視怒髯張。雙兒次就擒，執法嚴秋霜。勘鞫得情實，一死安足償。立命起貞屍，分俸埋崇岡。具由聞憲府，交疏達天閽。予旌符定制，尺詔下鸞鳳。煌煌表烈碑，植立古道旁。草木含生氣，日月馳精光。行客薦溪毛，千秋俎豆香。誰言死可悲，遊神白雲鄉。

又

白雲浮太虛，因風自縈繞。回首望故鄉，愁焉心如擣。唱隨夙世因，白首期偕老。胡獨遭閔凶，終始不相保。不爲並蔕花，偏作斷腸草。不爲比翼禽，偏作

失羣鳥。妾亡夫亦隨，媳死姑不飽。寂寞身後名，銜恨何時了。

又

二月杏花榮，九月楓林赤。節物感閨情，紛紛向阡陌。香車麗人多，遭逢何順適。纫爲金屋嬌，長嫁青雲客。盈盈紅粉粧，光輝照山澤。安知一坏土，貞骨此窀穸。願語車中人，停車一箒繹。

北激處如海上鯨鐘，淒切處如風前夜柝，令人愈驚愈苦。至于沉思大力，要皆從經籍中得來，積厚流光之用，其信然歟。

馴象歌病中和張澹音世伯韻

瑶光之星落乾陀散成偉獸山之阿望頭如尾鼻作役體倍數牛藐索駝

皇風扇播四夷靖紛紛作貢來何多宅以高屋錫祿米健兒趨走相護呵閶闔曉開仙掌動千官劔佩聲戛磨　彤墀拜舞日高麗殊物亦知隨鳴珂屏氣緩步雙闕下屹如山立身無頗朝罷燕饗奏天樂俾之率舞屢傞傞侍臣競上懷綏頌遐邇一體朱顏酡我聞是物可教戰束刃繫燧當霜戈焚身

不必鬬有齒一命死敵輕於蛾又聞蒼梧日南野深耕賴之産嘉禾雨淋日晒奚所避勞苦不免牧童訶何如來貢邀惠養近光尺五遠弃羅芻粟以時飽

帝德居無燥濕寢以吪麟鳳在郊龍在沼同沐

聖化遊熙和洗牙餘瀝沾吾輩頓令一夕痊沉痾

其光熊熊其音蒼蒼詩中之梁棟也

霄峥集目錄

卷之三

霄峥集卷之三

海陵宫國苞霜橋氏選

同學俞　圻越千叅閱

陳製錦（組雲一字楚筠上元人著有安處先生集）

曉起坐含虛閣

曉露凝高松泫然挂朝旭疎峯散蒼翠宿霧墜崖谷高閣倚陽巘悲闌快遐矚烟霏時參差白雲互回伏漸見晨晞開豁然散平陸水汲石泉香葉掃空廊緣居人糴米歸山僧整衣出幽鳥時一鳴清

響振林木三嘆懷支公前期杳難續

得謝之菁英而別有抒軸

題花嶼上人小照

迤邐梅岡西附郭山轉靜幽篁媚空碧疎樹掩層徑白月窺簷端上人此禪定蕭疎生道心一聲聽清磬

幽靜逼真襄陽

貞孃墓

墓在雨花之西瑞相院之前新安商人妾守貞而死以瘞于此或遽以爲馬湘蘭墓有玷逝者矣碑陰所載爲詳

古釵耿耿蝕黃土千歲老蟾嘯秋雨荇茫落日掩平陂風入黃蒿作人語百尺銀瓶空素綆青天碧海懸孤影浪逆潮頭打作花一痕碧血栄梨冷新安山高江水遥卷施原不生倡條毅魄夜號花雨橋見曹莫賦西陵草

發潛德之幽光筆力最似昌谷

夢遊天都歌

我聞黃山三十六峯高捧天丹梯百丈摩蒼烟陰嶺中坼蹬鳥道元氣直與洪濛連白雲觸石幻成海偃松倒挂懸崖偏金函玉檢秘瑤笈就中往往棲神仙夜夢羽衣客裳舄何蹁躚龍腰鶴背共騫舉但見雙丸出沒（椿光）如飛鳶左拂白石右等芝田瀑布跳珠直下萬仞谷元猿文豹㕤歘乎其間雲中巍巍見宫闕瑤階玉戺相鉤聯珊瑚作柱珠爲簾青霞白蜺紛連卷中有人兮美且（萬花圖簇）鬈星冠玉帔何嵬然一聲合樂發清籟碧簫瓊管交喧闐雲和之

笙清以妍靈鼉伐鼓聲淵淵飼我瓊糜玉芝雲子飯授我丹文綠字芙蓉篇相期直上萬峯頂呼叱不藉豐隆鞭吞吐沆瀣挹滄海茫茫九點青纏綿天雞戛然𠯋海日蓬萊弱水盈三千歸來兩腋習習破清夢世人醉臥徒酣眠

一聲清磬與鏡月先生羅浮歌并傳千古

采菱曲

秋風嫋嫋秋雲濕采菱女兒水中立鏡裡明裝影翠蛾魚婢千頭撇波急西風欲落菱葉多菱花瑟

瑟搖秋波前來采菱不盈手今日采菱過一斗湖頭菱蔓碧紛紛不比蓮花常得藕采菱去采菱歸晚風習習吹羅衣郎來刺船儂不知

古艷

采蓴曲

東湖不及西湖好西風不及東風早東風采蓴蓴正香西風采蓴蓴已老微波瀲灩迎雙鬟沿流采蓴灣復灣石齒縈香漱晴雪斜刺輕舟界空碧儂情一似蓴絲柔願牽十丈維郎舟郎舟不來水天暝湖上雲痕澹不流

空淡皆仙境

方椿齡　鏡莊一字薊樓歙縣人

秋夜吟

秋氣一何悲秋容一何肅哲士感蕭晨愀然臥空谷曠覽宇宙中萬寶森在目共慶歲功成生意無不足盈虛會有時秋盡冬還續艸忽九州黃木亦千山禿上帝本好生竟爲氣數局大易戒履霜斯言當三復

意深語峭危栗在目

山居

我愛山居好烟嵐揭曉晴林深悅鳥性溪暖洽鷗情老我白雲窟供賓碧澗羹簞瓢甘澹泊聊以樂餘生

送李三嘯村之楚

夢想瀟湘欲去難於今折柳倍相關一江春浪飛孤艇千里夕陽橫乱山洲有禰衡蘭蕙死峽無宋玉雨雲閒遥知三楚多佳勝盡在恬吟密詠間

取逕獨別

別柳

水村分植到山村。藍愧三年雨露恩。若憶王恭春去影。空招張緒夜歸魂。多情黃鳥仍留語。薄倖青山枉托根。閒倚長簾苦相憶。更無晴雪到衡門

哭麗中二弟

鏡湖今忽哭立英。同族同門兩恨并。三載夜燈紅可憶。一池春水碧無情。室來新燕琴書冷。砌委殘花苔蘚生。開到睽園詩酒社。枝頭愁煞鵓鴣聲

有意到筆隨之妙總由情與故也

重九登高偶成

危欄十二俯平疇。對我雲山處處秋。白雁一聲天地闊。黃花滿目古今愁。鉛華不逅淵明酒。豪邁還登庾亮樓。長嘯欲歸歸未得。半規新月照寒流

蕭颯有氣

萬笏山晚泊

隱隱江門上晚潮。（清腴）十年生計付蘭橈。詩筒酒盞懷三益。露草風花弔六朝。有限夕陽明鳥背。不多春水帶山腰。苦吟獨傍篷窗坐。誰與勞人話鬱陶。

青山晚泊

幾葉歸颿傍遠汀。此身飄泊似枯萍。絕無久客頭仍黑。只有看山眼倍青。日落湖南啼蜀魄。月明江上弔湘靈。一聲何處梁州笛。不管愁人不忍聽

筆端藏有感慨一掃平鈍之氣

春蘭十首之三

縱無人跡到層巒。氣自芬芳韻自閒。行遲何妨伍衆艸。生涯只合老空山。香融濃李夭桃外。品在清泉白石間。想到冰絃泣尼父。幽清終古倍相關

又

舉世紛紛艾服腰。（努力拮余粉）靜尋春譜讀離騷。芳終委谷香逾潔。生縱當門品亦高。千載沈冤痛南國。一天寒露立東皋。猗猗獨綻青山裡。莫割傷心半黍膏

又

至德從來解困窮。自開自落信東風。露滋九畹秋山裡。香冷三湘明月中。重叠楚歌凝夜怨。荒唐宋賦感幽衷。入春百卉盈廚好。除却青芝調不同

冬日題藉綠軒壁

西風何蕭條吹我屋角樹黃葉半凋零寒鴉棲不任老勁

辛酉夏季王晴江明府邀同人讌集平山堂各賦十二截句選一

碧梧陰裡對茶鐺塵跡塵心一樣清可是山靈懷六一不曾秋已作秋聲

玉鈎斜

千載傷心土一邱玉鈎依約指揚州至今禪智山光裡露艸烟花恨未休能不慨然

陳樹林郁林天長人

水仙花

寒風吹夢下瑤京澤國何人縞袂輕俏立素波斜露影笑窺羅襪半含情滄洲月白珠宮冷湘渚烟寒玉佩清低隔筠簾愁不語香魂宛宛貌盈盈丰骨珊珊

方貞觀南堂桐城人

春盡

十日廢盥櫛衰慵美睡宜難餘無遠志客慣減鄉思乳燕穿簾疾茶烟入幔遲不因見花落春盡未應知道到

寄家書

封罷重開開復收千行將得一分愁餘生不作大刀夢到死難明破鏡由入望江雲昏似墨斷腸草色冷于秋他年縱有歸來日未必相逢是黑頭入骨痛語難爲卒讀

詔徵鴻博上總憲孫公四首

忽傳徵詔到茅茨泥首雲天喜更悲曠典竟逢千載盛餘生眞得一人知箏巢甫覺鶯魂定有子纔教右手持身事支離雙鬢白可憐遭際十年遲

又

兎園一册久拋荒敢厠清華侍從行若舉力田差

自許強名博學究何嘗薦肩縱與諸賢並馬齊先悲去日長報稱無期歸又晚不如曳尾貧 明良

又

我心匪石豈無情友義 君恩噴古榮夲必文章能 報國由來草莽會沽名壯懷可奈衰無夢趾步須憑杖乃行雕琢不堪塹朽櫟空勞推澤向承明

又

軺車北上去匆匆奪翼乘時箇箇同天下鄒枚原

不少山中猿鶴可全空先生具眼驪黃外賤子甘心發穢終無禮亦曾嫌叔夜絕交何至懟山公、

胸懷疎放筆能曲曲傳出

李光國 定齋 與化人、

懷 宗室雨田

歸來縮遲局團瓢不似燕臺放眼遥九軌縱横鋪繡錯五門金碧聳雲霄西山春滿王孫馬南海秋盤獵士鵰只此胸懷殊壯浪輸他大隱隱于朝

風格在錢劉之間

陳以剛 燭門 天長人、

汪逛予周懷臣震夫伯仲讌集家兄季思秦淮寓次分韻得樓字

好是秦淮聚相攜話小樓青燈十年夢紅樹六朝秋世外存真意天涯多勝遊酒闌悲喜集慷慨看吳鈎

烈婦詩

黃以球 字鳴仲號枕山歙縣人著有集虛齋遺草、

十室雖小邑忠信不乏人今觀裔氏女古語尤足

徵女生窮鄉中賦性堅且貞及長適城市與孫爲婚姻薰猶胡並列清渭入濁涇抑鬱向誰訴默默含悲辛寧全節操死忍處污穢生聊憑青白縷表志以自經寄語士君子聞風宜奮興

新霜

漸覺曉風勁徐看曉色清征夫橋上跡思婦髩邊情橘柚黃猶淺楓林紅未成鄰鄰鴛瓦上纔試一痕輕

三四必傳之句

聞笛

萬籟廻無聲樓頭月正明何人吹玉笛秋思滿江城萍梗思朋輩鄉園憶弟兄何須傳折柳離索始含情

（滿空一氣　格律最高）

不得伯兄消息

分飛憐雁影此日倍情牽故國音書斷他鄉歲序遷楚天人萬里邗水夢三年何日重攜手塤篪樂暮天

（矩步三唐　大家風格）

哭汪大甄爲

事勢竟如此嗟君已葢棺（開口不忍卒讀）一生都坎壈到死更艱難未遂飛騰志空悲苜蓿盤最憐沉疾日猶自望爲官

又

斗室誰相過朝朝爲爾開寒暄渾不改風雨亦能來（有此聲句汪君不朽矣）繞徑同看竹論文數舉杯那堪成永別揮淚滿蒿萊

（眞樸）

雨後過水香園

名園古木散秋烟風景蕭踈雨後天芒蹻幾經溪路側絺衣還挂薜蘿邊遠山入檻描新黛暗水流花引細泉正好吟情飄蕩處綠楊枝上一聲蟬（清麗）

將之廣陵留別諸内兄弟

刷羽將飛戀舊林傷離感逝總難禁（時自蜀歸兩悼亡未久）行纔灑招魂淚一寸旋添握別心風捲雨絲花漠漠酒消香爐滿沉沉幾廻認取池塘路梁月同來照夢吟

留別諸内兄弟

離居魂夢幾曾安七載相思淚未乾纔喜對牀聽夜雨又愁破曉跨征鞍虫鳴秋草知寒近雁度長天覺影單多少傷心難共語挑燈相對坐更殘

又

分襟何處不傷神往事重思更苦辛故友云亡經四載（懷寶林兄）凉秋送別祇三人風吹落葉聲如掃月照空江色似銀景物蕭條增客恨中流不禁扣舷

頰

黯然銷魂

秋海棠

淡淡含烟翠，盈盈泣露紅。甘心厠秋色，不肯嫁春風。

石榴

黃鳥聲中近麥秋，北窗高枕綠天幽。甘蕉葉大筍驚籜，紅破一枝安石榴。

題乳鴨圖

雙雛燕碧影參差，細草新蒲映綠池。一夜翛翛春漲滿，個中冷暖爾先知。

意在題外

嚴遂成 海珊，烏程人。

韜光庵

古寺子可招，屈盤磴幽阻。斜衝竹縫行，寒翠生衣縷。搜搜雲無歸，修修禽自語。商勢得上方，一覽泉山舉。僧定不鳴鐘，松梢滴殘雨。

令人作出世想

常山旅夜

江館雲陰合，青燈耿夜闌。櫓聲離岸小，山色壓城寒。樹老鴉棲穩，泉枯鹿飲乾。草坪明日路，細雨濕征鞍。

渡鄱陽

烟與水無際，迷茫小洞庭。潮迴三楚白，山壓五湖青。葦折雁聲苦，風多魚氣腥。揚舲一極目，何處弔湘靈。

潤州

芙容樓外莽平蕪，山色如灰冷霸圖。衛鎮六朝雄北府，襟喉牛壁蔽東吳。海風夜湧潮聲大，江樹春浮塲影孤。爲向杜鵑討消息，花開還有鶴林無。

中有浩氣

曲峪鎮遠眺

地近邊秋殺氣生，朔風獵獵馬悲鳴。鵰盤大漠寒無影，冰裂長河夜有聲。白草衰如征髮短，黃沙積與陣雲平。洗兵一雨紅燈濕，羊角魷魚墩火明。

詩以氣勝，故倜宕如意

梅花四首之一

數點東風天地心，春光今夜半晴陰。幾多味在有
誰會，忽地香來無處尋。澹碧溪山僧入夢，昏黃烟
月鶴知音。前生若問家何住，定不移根托上林。

落葉

江南賦罷庾蘭成，枯樹無端感又生。憔悴如爲吾（太經人道）
老別，錚鏦易作不平鳴。李陵臺畔風多力，柳惲亭
邊月半明。一樣婆娑生意盡，未須老泪灑金城。

後梅花四首之一

東風取次返離魂，粧點江南水一村。自入山來皆
雪意，最無人處有烟痕。攜琴未許鶴爲子，拄杖忽
聞僧在門。歸路冷香收滿袖，月斜墻角正黄昏。

攜思空杳

同年厲樊榭孝廉納姬

誰與湖亭張水嬉，簾櫳細雨笛聲吹。牡丹紅淺青
梅小，未覺筭春四月遲。

具艷

又

玉湖湖戶小紅橋，兩槳划來月上潮。絃管吹開雲
一色，彩鸞此夜嫁文簫。

又

續車轅短壓梢長，擁髻還依時世粧。正値蓬萊八
獻賦，燈前也誦鬱靈光。

又

合歡扇罷理征鞍，黄葉秋林怯薄寒。臨去明朝姑
小住，人言風信渡江難。

作香奩須如此手骨

王文治　夢樓　丹徒人

邦上送琉球使者

海天誰信此相逢，情話邦溝半夜鐘。萬里秘書歸
日本，經年季子聘周宗。月高應酌麻姑酒，湖响還
疑辨岳松。別後相思何處寄，瀛波春靜臥魚龍。

又

流水年華重感歔，隨槎曾向十洲居。輿花蠻女春
調瑟，秉燭仙童夜侍書。尺素寸箋鴻爪在，紅塵碧
海雁音疎。漁竿仍作滄江客，慚愧王門舊曳裾。

春風萬物蘇逡巡踈地脉百草領玄功階前萋以

春雪

緑開戶納生氣嘘吸方鼓腹忽聞集霰聲颯沓入
深竹陽和漸欲煕陰機轉相束鳥語頓消歇梅魂
亦瑟縮惟當卧掩扉學袁安足

名理嘉言不等迎風弄月之作

清梵林訪某上人

握别倏經年寸心常不懌非無鴻雁飛窅寘音問
隔秋風吹征帆顧問幽人宅丈室猶舊規佛光仍

虚璧聑言展般勤爽瞠畧形迹鐘磬發清音古意
豁顏色卜隣矢夙心尚待婚嫁畢

古樸

閒居感興

世事學杜門守素甘恬退雖無倜儻懷初心幸不
背呼童啟北窗還與芳蘭對庭虛受衆香瀹茗滌
滓穢感隊蟻與蜂紛紛自傷輩

静觀萬物胸次悠然

秋聲

可稱詩豪

阮鍾琪東岑丹徒人

集木末樓次陳倥侗元韻

探春不覺已春殘共倚山窗對遠巒雨歇柳濃鶯
乍囀一螺烟淨阜高盤詩新愛客才何捷身老憐
余興未闌舊是六朝佳麗地到來偏覺酒腸寬

刻意描寫

周絅武盛采江都人著有蓮園詩鈔

過知莊

别業邱林好長橋烟水微客來啼鳥緩春去落花
飛蘿徑迷空翠書窗上夕暉主人新韵罷索和欲
忘歸

圓熟

題袁御千先生松菊圖

松下有高人科頭攜一卷勺水育秋花襟懷殊曠
達

悠然

陳秉鈞溥亭泰州人著有茵花山房詩集

有聲自盈耳太空無一物樹杪試相爭奔濤或髣髴感此金令行萬物伸將屈毋言朮履霜凉風已披拂

牡丹盛開招孫竹醉徐玉山江素庵宫柳塘小飲

蕎欄春欲盡留此數株芳誰解東風恨空凝曉露香鶯聲嬌嫩緑蝶夢醒殘粧銀燭還同醉笙歌夜未央

陳言盡去好何似仙

白牡丹

素女新辭玉輦回珊珊環珮下瑶臺人間何處留春住夢裡曾經踏月來滿地緑苔應有伴隔簾紅燭共徘徊可知富貴渾閒事自有清芬次第開

佛手柑

三三峯頂浣雲烟消息同參一指禪摘盡江南秋萬樹祇餘金粟共前緣

雪山

玉峯端的逕玲瓏奔峭居然奪画工添得窗前明月瘦寒光一片暮烟空

画意

陳韶武 爲昭泰州人著 有椒亭詩稿

病起對雪有懷柳塘

抱病匝三冬百憂驅五内幾閑聲琴書剛吟苦窒礙沉欝坐東軒咄咄書空再北風送寒雪飛雪迷大塊鴻鴈滯高飛六鰲跑負戴山川失舊迹乾坤旋變態非無洞底松參天偏聳鬣識賞寂無聞孤騫復誰愛僵臥學袁安土室聊自娛而我素心人

咫尺隔關塞樽罍豈無酒何以伸眉黛銀海空茫茫臨風歌宛在

選字選詩皆非時徑

十五夜

去歲客秦淮月在雲深處今夕此幽棲銀海光於炬秋同境不同獨立思延佇望望秋旻高羞向姮娥語

别遥幽情

廣陵市中見盆榆古峭可喜磬囊得之

菁葱尺寸榆蟠屈含萬象老幹盤虯龍孫枝嘗鳩
枝嶄然出世姿助我入林想抱樸久沉淪委形在
土坌嚮彼鸞與鶴樊籠失蕭爽雨露雖沾濡此心
常怏怏非無盼睞客聲價時一長而或自矜重眼
眉附骯髒余以蕭散人零落棲草莽豈與具隻眼
良材辨霄壤乃經邪關市奇光忽動盪思罷几席
間讀倦聊俯仰笑辭守囊錢售者亦鼓掌共言妖
冶花舉世所推獎區區紫榆質何足稱奇賞聞之
潛然悲俗情何不廣山川大且深萬物各形像豈

靑嶂集 卷之三 圭

必桃李姿俗眼紛穰穰不見松與栢孤潔殊無黨
歲寒霜霰至挺然仍獨上超拔衆木羣一時號無
兩於焉歸衡門珍藏待長養好惡從其類無事易
標榜

寓意深遠

不寐

良士固矍矍作夜則息紙窗鷄未鳴夢覺徙反
側秉燭更展書永言崇明德喔喔晨鷄聲鬢眉看
何色

發人深省

讀書

竟日輟讀書塵土膩腸胃面目令人憎語言殊少
味聖賢出處宜簡牘留經緯余雖濩泊人膏火粗
足憩及時不鐀研歲月能再來而況衡門外荊棘
陸叢蔚直道恐路岐枉道心如痺何以親古人胸
中日涇渭窗前草可除墨池泉足瀹放眼閱乾坤
榮名何處貴

及時十字可抵格言一則

靑嶂集 卷之三 圭

過董氏山莊

鰲屋愛清渠幽鳥時一嗅不知創何年標題空燦
爛榆柳蔭廻塘桑竹互凌亂遠近多帆檣繫纜門
前岸卜築結偶耕心志殊伴奐何乃慮其餘招來
若龍斷懋遷分固然詩書骨忍換相習不知返道
義能弗畔持此語象賢薰蕕慎爾伴

畫眉歌

有鳥有鳥名畫眉自刷羽儀向朝旭空山引吭時
一鳴隨風宛轉生珠玉虞人射利施網羅中於機

辟動數百籠以金錯玉雕鏤王孫善價爭馳逐珠簾綺閣調春風哺且啄兮厭粱肉故山回首雲漫漫何如幽棲托空谷

傷心人別有懷抱

甌江夜泛

山色有無裏烟波瀲蕩中澄寒漁浦月吟瘦塔鈴風天影連潮白村燈隔岸紅憑欄持酒盞孤磬暮江空

明秀如圖

過淮陰訪韓侯故蹟

東風催解纜落日抵淮陰一水分清濁荒隄障古今英風空想像舊事漫追尋市上諸年少休雄跨下心

渾

贈答雷丈秋山

世事多翻覆波瀾似海深素心惟我輩古意托瑤琴圃柳春猶淺庭花晝欲陰可憐風物好何以答高吟

秀球

几上石

萬木叢中倚碧空是誰追琢供堂東高低亦有嵯峨勢瘦漏還多造化工睛壑却疑留積霧危峯直欲敵高風寒山一片堪清供別有林巒玩不窮

憶西湖次韻

西湖何處最堪遊放鶴亭前可繫舟兩岸紅裙紛似蝶一泓清水碧於油鶯憐綠葉啼山寺風裊青帘出酒樓已覺撩人詩思亂六橋新月又如鈎

圓燦

過胡安定祠

杏壇高與古城齊七百餘年講席迷經義齋空祠半圯春風春雨鳥空啼

迷茫

陶鑑鏡堂儀徵人

游平山堂覓春貢亭故址不得

迢遞登蜀岡茲游興非淺山水故清佳園林何曼衍蘿磴高可攀苔徑曲堪踐太息春貢亭址湮不能辨空餘第五泉飲之冷然善因知古人蹟隨皆

看梅顯六一遊高堂淮東勝常選倦且憩桐陰一瓢試春莽

韋謙恒 菊仙 蕪湖人

梅花

蓬萊何處訪癯仙籬落相看悟夙緣夜氣忽深遲積雪春風欲到已含烟吟成肯落詩人後折去應枯驛使前合與長松修竹伴江南同耐歲寒天

又

幾枝搖曳大江頭十里香清夜未收漠漠輕烟籠佛屋盈盈新月上漁舟寒應徹骨還成笑澹到無言祗獨愁絶憶風流何水部揚州官閣許同遊

又

遊戲仙家與梵宮雲階月地往來通乾坤清氣收（思入風雲變態中）應盡今古繁華掃欲空影落半塘流水外夢隨千里夕陽中騷人何事偏遺却只愛幽芳九畹叢

又

傲骨仙才總不知盡情收拾在高枝爭春未晚元無恨入夜頻看若有思疎影半横風定後淡粧斜倚雪晴時徐熙畫手應難遇閒摘紅梅自詠詩

放鷴處正是吃緊處令此題陳腐一空

梁彦衡 松坨 江都人

暮春同雪齋霜橋放舟城南過秋雨庵

春城胡太喧幽閒在南浦扁舟三兩人翛然爭淨土春水一篙紅桃花夜來雨倚棹聽鐘聲溪雲渺烟樹

華墨有烟雲

黄鵬 保堂 休寧人

戊子元日偶成

寄跡都梁已五春愧猶襲履逐年新僻隅正合山林性冷處能安澹泊人虛室留雲同自在高樓對月倍相親吾生天與清閒命不愛繁華着此身

顧宗泰 星橋 元和人

謁韓忠武祠

蒼凉祠宇想英雄殘碣猶留佐命功陣上錦衣堪痛敵朝中金冊竟和戎罷兵九月悲諸將抗疏千秋痛兩宮當日書旗眞不媿至今憑弔起悲風

小謝風流

過傳燈室

久美傳燈室今過薄暮穴小橋橫野水高樹隱昏烟閒磬發淸省逢僧得靜緣他時來避夏結習此逃禪

郊行過李氏山莊

郊原閒步屧正是晚春天竹寄禽相語溪平艸化烟古墳看斷碣野寺淪淸泉隱隱聞雞犬人家綠樹邊

疏秀

清明

幾縷新烟出屋斜一枝楊柳插簷牙今年二月淸明早深巷人家有杏花

嫩晴天氣憶煞江南

任大椿 幼植興化人著有苧村詩鈔

九月送王翠巖同金沙

長揖同遊返舊廬知君今日發征車無言仰是別時淚少住勝于去後書野市橘香酣塞雁深秋霜

老氣橫溢

金山

晴空聳翠勢崔嵬獨上丹梯霽景開氣混九江浮島嶼潮吞三楚走風雷鐘聲遥自諸天落帆影潛從下界來雄跨亭邊重回首南徐故壘長蒿萊

胸中浩蕩眼中空闊方能有此傑作

石椿 大年儀徵人

月夜泛舟

風露生夜涼絺衣挹餘爽掬月弄淸流嘔鴉動雙

槳散髮橫素琴儼有濠濮想前路趣半灣蘆荻空莽蒼溯懷櫟下翁此間恆幽賞緲緲來歌聲嚮吭溜淸響竹篦絲且乘流雲不能往孤情爲屢移悲來成惝怳流蕩寄一葦悠悠容偃仰酩酊復何辭命酒傾甕盎

楊已軍貢周南尤貢夫若君見過不遇

春江綠於染破曉相沿綠沙禽起孤嶼翩翩過我前翠微徒挂眼不得梯其巔歸來倍惆悵客至誰爲延日暮成獨酌相思能晏然

色老鱸魚漫云福地虛巖壑未免山空歎索居

甯刻

霄峥集目錄

卷之四

霄峥集卷之四

海陵宫國苞霜橋氏選

同學陳　琛倓侗參閱

鄭　燮 板橋，興化人

偶成

雨過天全嫩樓新燕有情江晴風浩浩花落水平平越女吹簫坐吳兒撥馬行回頭各含意烟靄閙州城

風神流宕

贈方外梅鑑

海陵南郭居人少古寺斜陽破佛樓一徑晚烟籬菊瘦幾家黃葉豆棚秋雲山有意憐狂客鐘鼓無情老比丘郄到舊時曾宿處半窗寒紙正颼飀

澹然絕塵

眞州

月白潮生野水潟上游千里控荆蠻洗淘赤壁無遺燎落漾金陵有賸山烟裡戍旗秋露濕沙邊戰艦夕陽閒眞州漫笑彈丸地從古英雄盡往還

關情者遠

上方伯晏公 四首之一

星軺渺渺下南邦劒匣書囊勤曉裝六代烟花迎節鉞一江波浪湧文章雲邊保障開鍾阜天下軍儲仰建康赤旱于今憂不細披圖何以繪流亡

奇麗

顧于觀 澥陸，興化人

黃河

崑崙西下本無塵細浪曾浮隴外春容納衆流成

大瀆盤迴萬里瀉通津頗聞圖出因神馬亦有清時爲聖人滾滾乾坤元氣在好分餘潤慰生民

氣最勁逸

龍津

聞飛短棹出龍津烟樹前頭絕比隣海鶴一聲天似水藕花千頃浪如銀蓬瀛合在汀洲外神女虛聞江漢濱擬寫新詩託明月爲予將付藐姑人

劉名芳 南廬，福清人

登寶華山絕頂

一杖麥虛雨殿輕疑乘鰲背上蓬瀛身沾碧漢星辰氣耳斷紅塵雞犬聲海勢東廻吳地盡江流西行楚天平服横濕翠看形勝河嶽風清草木榮

項項 金石

朱東啟 爽亭，泰州人，著有《靜壽齋詩鈔》

登景州浮圖

燕代雄高標去天不盈尺下馬窮躋攀長途日將夕寒空雨乍晴萬山雲一碧雙眼豁塵沙襟情廻超忽憑闌百感生抗言念疇昔春秋實係地漢有

通侯宅廣川日夜流羌壘但空蹟高隊天風來仰天見明月箕尾垂簷端舉手如可摘僕夫理征鞍暝色漸已積郵亭燈火微踈鐘送行客

雲雲 被被 王佩 陸離

倒馬巖

六丁鐫鴻荒巨斧毒然鈌始知兹山石鋒鍔勝積鐵首路窮躋攀拭目驚恍忽羊腸挂天根坦途猶百折行行入深箐不勢向我嚙呼吸皆餘生跬步得傾跌我馬忽長嘶四蹄迸巳裂咄哉李仙人曾未經險絶長歌蜀道難悲風生洌洌蜀道洵云難試與兹山埒

筆下 凜凜

懷白堂詠古

萬里夜郎國千秋懷白堂當年謫仙謫于此至今風土餘芬芳謫仙才調古無匹三峽詞源飛彩筆嗟哉憔悴天寶末風塵澒洞昏王室蠅附蟻聚正（設色但余）有徒白也披髮歸江湖生平但愛弄海月仙人共把青珊瑚豈如漢時羊伍輩肯隨老濞爲奸圖丞

王痴兒不識事坐擁江淮空造次漫將片檄汚淸流幕下無端相刼致歎息才人數每奇豪士失足悲流離知人論世不必譏千秋粉飾終奚爲我來欷歔此堂坐憐君匡廬不堅臥

神味似 太白

搖落

羣峰骨立渾如削石磴累雲雲索莫西行疲馬逐寒風長林處處悲搖落落葉誰能還上枝顔色葱（胸有千古）龍曾幾時繁華轉眼成枯槁春風關艶終奚爲前

山路旁一行樹濃陰藹到人行處火鵶飛熇炎天雲汗喘傍徨走相附隨意咸資覆庇功嚴霜一夜成枯叢四時寒燠不相守發舒力盡終難久吁嗟草木尚悲秋人生况乃求封侯古今倚伏有如此高松百尺寒泉流逼杜

起伏縱橫令人莫測神光奕奕自是仙界中人

藝蘭

春歸歸舊署幾日夢初安即事還看竹芳情更藝蘭結根宜瘦石靜坐得幽歡嘆息人間事同心古所難

無不醇茂

東山振衣亭陪中丞提帥羣公高宴賦得何如霍去病二首

烟氛俄盡掃十萬笑橫磨都護今如此嫖姚昔未多瘴雲銷陣氣畬火起農歌笳鼓歸來聽當時竟若何

又

帷幄决神策三苗險已墟何曾勞斬獲直似待驅除青海功誰並烏蒙績早書古今竹帛在漢殿欲誰如

出入李杜之門

客夜懷豐縣諸舊好 先嚴常秉鐸於此

猶憶趨庭日垂髫此遠征山川悲往事縞紵隔平生昔已漸多士今餘幾舊盟兼之風木恨客淚增縱橫

忠厚之遺

病秋雜感四首

豺虎縱橫尚未平郡全聊此慶餘生孤燈夜柝連雙杵四面寒山瘦一城戰壘秋原腥有血鴻哀荒野哭無聲驚心凋敝還增病何日清風杖屨輕勁絶

白露溥秋山色寒鬼方多事敢求安几窗鏡影魂銷盡關塞棹烽役罷難檻虎森獰猶奮爪林禽容與笑從官江南伴侶饒居韵蔡藿輸君飽一餐

虎帳摩空晝角哀悲秋宋玉怕登臺羣烏時繞枝三匝舊雨無緣酒一杯山果紅繁元自熟野花香好為誰開黔中地隔衡陽外海上鴻書竟不來

一棹烟霞負五湖，猿聲瘴嶺倘頻呼。虎頭骨相知真否，橫海勳名竟有無。萬井流（血○淚）亡繞祖席，（將平部賊退逃）
亡漸三苗耕穫亦妻孥，藥鐺爐火朝朝事，愁看秋
復旻萬里孤。

中含涇髒外露莽蒼，骨重神寒之品。

吏黔十年，恩假歸里，冀與親故時敘懽愛，乃仲弟有長既不可復見，而俞爲光宮柄和兩君亦相繼謝世，令原之悲，人琴之痛，傷也何如，感賦二首

干戈瀕死暫歸身，憂樂無端倍愴神。鴻雁天南書屢隔，鶺鴒原上草初新。風塵躃躃經千轉，骨肉團圞尚幾人。今日浮名空畫錦，虛堂默坐淚沾巾。

一聲鄰笛總堪悲，釣侶耕徒悵昔時。故舊星移有如此，驪場匏繫欲何爲。（時授思南項當之任）芝蘭消歇隨春草，風雨荒廬冷酒卮。感慨巫陽招不得，九原何處寄相思。

化盡鋒稜，中和在抱。

蘆溝曉月

長虹迢遞碧雲端，畫閣誰家正曉寒。霜氣蕭蕭天似水，照人清影度桑乾。

隨手寫景，淒楚已倍陽關。

春山道中作

縹緲春雲傍馬行，曉鶯枝上喚新晴。漫嗟溪谷多岑寂，一路梅花自送迎。

投鞭下馬宿偏遲，好是僧房月上時。涼露濕衣山逕滑，一聲清磬鬢如絲。

孤另

永寧清明日　四首之一

九龍橋北鳳皇城，嫩綠嫣紅處處生。偏是今朝惹情思，街前風送賣花聲。

氣體一疎

陳明祚（睡翁，一字栖雲，泰州人）著（有雲广閒吟、關中詩稿）

雨中對玉蘭

冰玉抱其姿，苦遭風雨妬。紛紛墮泥中，榮落自有數。天不愛清華，雨暘偏累誤。前途不可知，吾但安吾故。

唾壺欲碎

月下牡丹

春寒索寞無生色，風雨連朝惱相逼。賴有名花開暮春，此花不與羣芳匹。羣芳競秀已飄殘，天香國色標奇特。凝睇相看不唔言，驚疑洞府眞人出。沽酒對花不自私，開門揖逕邀相識。翛然次第足音來，喜無車馬叢荆棘。更有高僧出虎溪，飛錫逃禪聊破寂。座中騷客發詩狂，濡墨凝思揮彩筆。長歌短句鬬蠻箋，書法千鈞用全力。萬丈光芒散綺霞，

流彩不共金烏没。金烏西下兎東昇，快哉淸輝生四壁。花魂月魄兩相迎，嫦娥仙子多消息。有花無月不精神，有月無花亦枯寂。今宵花月共留連，好景休言容易得。春光欲去不復留，春花春月休相失。勸君痛飲須盡歡，杯中大有長生術。

筆致蕭洒，自是達人。

宿終南山說經臺

爲覓說經處，名山入已深。秋空林壑冷，夜靜斗牛沉。雲吐窗間氣，泉流枕上音。不須聞妙諦，頓覺洗塵心。

水榭坐雨

水榭臨溪曲，林花着雨肥。攤書昏老眼，把釣濕春衣。獨坐空愁思，關門絶是非。望中無限意，飛躍盡天機。

心閒情逸。

村居卽事

村落秋初暑漸消，支笻陌上儘逍遥。登場早稻舂新米，撒網漁船趁晩潮。古寺梵音三度磬，夕陽歸牧一聲簫。正思小飲愁孤寂，隣叟携餠過板橋。

余京 文圻，丹徒人，著有江干詩集。

境體清蒼，大家矩矱。

北固山懷古

北固嵯峩枕碧流，登臨覇迹憶孫劉。百年戎馬三分國，千古江山一倚樓。鐵甕日沉殘角起，海門風靜暮潮收。故宮舊壘知何處，野荻寒蘆歲歲秋。

語極深鑿，而氣自蒼奥。

焦山山門外坐月

臨江席地坐黃昏入夜微吟冷客魂皓月出雲旋墮水青山隔岸正當門金蛇攪浪光難定巨象乘潮勢欲奔萬里碧天滄海濶何人騎鶴上崑崙

（氣力完厚）

徐鄰玻 蒼林，壽浦人。

寄張少華

金閶楊柳記同攀別後相思客鬢斑細雨春帆黃歇渡淡雲秋樹陸機山關河遠道傳紅鯉烟水幽情戀白鷴安得秦淮花月夜旗亭賭酒一開顏

袁枚 子才，一字簡齋，錢塘人。

春草

江南三月草芊綿有客憑欄感歲年雪後人歸春滿地馬頭風起影搖天清明細雨長亭路晝角斜陽南浦船欲采蘼蕪歌水調幾回愁過大堤邊

又

誰家牧笛下牛羊踏到蕪城舉國狂一片綠成蛺蝶路幾叢眠作酒人牀印來羅襪春痕淺望去裙腰別恨長記得班騅嘶暮雨青袍今已誤蕭郎

又

玉鉤斜月冷黃鸝釵墜無聲夕照西青入窮沙須玉壁繡（驚人）完平野失春泥三生蓬海騷人老六代雲山燕子低說與東風應惆悵剪刀雖好葉難齊

又

衣香人影太匆匆公主輸巖鬪未終空苑儘教隨（隨手即新）意綠落花借與滿身紅阮孚蠟屐烟波外江總門庭露氣中我欲踏青何處好渠河西畔板橋東

劉星煒 圃三，長洲人。

采石登太白樓

詞客英靈黯欲收青山片石此巍樓女蘿明月人兮在（異樣風流）香草春江白也留牛渚六朝悲廢壘天門雙闕枕寒流謝公祠屋看隣近結契還同汗漫遊

宮增祜 篤周，一字節溪，泰州人。

題友人秋江坐月圖

秋氣苦泬寥秋水何浩蕩伊人性殊俗扁舟任俯仰蘆荻滿江皐飛鴻天際響明月皓以潔深心發妙想嗟予不得志跋涉何擾攘悵望圖中人超然

倪塵鞅。

秋晴登眺

欲盡三秋日，凭欄眺杳冥。眼從高處濶，山入望中青。老樹浮天末，饑鷹下遠汀。頓忘蕭瑟意，何事怨飄零。

蒼老

下第後懷省中諸友

夢醒江南又落暉，故人迢遞悵睽違。長干夜雨匆匆別，鴈塔秋風事事非。攬鏡羞窺霜鬢短，懷人空羡暮雲飛。飄零王粲登樓賦，兩地傷心淚滿衣。

風骨在唐人

劉柳之間

楊錦樹 立堂，江都人。

第五泉

廣陵有名泉，自昔稱第五。潛通蜀岡脉，穿透平山乳。早潮山正青，晚波月當午。澹泊我獨賞，靜深人莫覩。騰騰陰霞霽，汨汨急流吐。濺濺響松林，澄清鑑千古。

清鑑毛髮

秋草

蘆花風冷換芊綿，一片荒凉望眼連。未盡芳心誰共賞，微留綠意我偏憐。西堂夢斷秋烟外，南浦魂消落照邊。最是王孫相別後，不堪回首憶當年。

又

幽蘭畢竟遠塵埃，爲愛芳情手自栽。驛路踏殘人影瘦，玉門望去早霜來。根深尚可鋪空砌，質賤何緣列上台。我欲陟山長痛哭，春暉未報至今哀。

神遠

李鳴謙 牧園，江都人。

殘菊

老圃餘秋菊，殘英倍可珍。傲霜還有力，送酒漸無人。再淡難成色，雖衰不委塵。從茲籬畔醉，直接嶺頭春。

音在絃外

宮殿基 應乾，一字素軒，泰州人。

秋夕齋中

淅瀝起商聲，端居萬慮平。懷人秋易老，聞雁雨初晴。寥寂閑花意，棲遲野鶴情。西堂深閉處，惟聽草亟鳴。

晚唐風致

觀獵

縱馬復彎弧，秋原百草枯。鳴鞭迴俊鶻，飛箭得雄狐。甲栖霜初老，旌旗日欲晡。從禽看猛士，歸路醉屠酥。

壯哉

午窗

轣車幾轉晝欄前，停午幽窗影正圓。攢破晴紗蜂

有韻，搖沉新綠樹無煙。湘簾客靜攤書倦，小院風相續夢天半。卷南華消白晝，吟魂漫寄夕陽邊。

刻意苦心

曲巷

白楊門巷結芳叢，幾曲迴遮路不窮。夾棟春深迷去屐，賣花聲遠勒迴風。停車錯訝居人隱，信步惟尋一徑紅。彷彿仙源何窈曲，青旗影外任西東。

漁篝

漁家衫履不成裝，閒着輕篝上野航。兩袖瀟殘湘岸雨，半襟寒耐荻花霜。披隨箬笠臨秋水，曬傍魚罾趁夕陽。望影離離蒼草外，曳來不啻芰荷裳。

鮑皐 海門，丹徒人。

荻港曲

荻港女兒花滿頭，不重花香重花色。桃花開港南，李花開港北。港南高樓女兒宅，港北花開未相識。年年花落港水流，荻港女兒常在樓。朱顏妖好不早嫁，明日荻花吹上頭。

淒麗不傷佻達，最近風人

古怨詞

不如庭中井，井深猶見影。不如機上絲，絲亂有理。將井上轆轤機上軸，那識君心有翻覆。有翻覆，無定主，今日新，昨日故。機中爛爛雲錦段，井上雙雙梧桐樹。桐樹斲為琴，錦段裁為被。君恩非不深，賤妾身已碎。

窅窅清思，變動不竭

北固秋望 四首之一

風高海遠雁啼聲，天末樓臺上晚晴。山合金焦三

繆永垣 時亮二字葛峯泰州人著有晧書集

雪中雜感

寢起梅花下月落自參横四顧寂無人熏鑪對空枰晨風一披拂策策啣樹鳴不解膏粱味不羡氷蘖馨但得一樽酒聊以慰生平

蘇李遺範

次韻喜雨 用石湖原體

大塊無私澤天人互推勘旱魃何爲者炎雲赤如紺邗溝競厲揭那得西江瀲螟勝勢騰踔炭若舟

中塗赤地亘千里造物偏多憾錢鎛置弗痔殘禾驚貝琀艱難在力穡嗷嗷羣待晗戚灰蟆將盡欲秀心猶苔哀蟬鳴雜沓荒雞號黑暗排閶無路入悲起漁陽參倏焉聞簫鼓憑高試窺闞淋漓沁地肺雞晛復魚瞰昏沉入夜冥弘徇而瀏濫譬如乘風舸縱横不可纜又如烟雨浦踈客兼濃淡靑葱漾阡陌至味渾蔗啗豐歉本無定炎凉心愈澹所愛羲皇侶遐思入空檐人生作達耳遑復問久暫風雲會有日努力費鐫鑿常懷耿耿志汲深慮折割據江分吳楚兩縱横孤城立馬寒雲濶絕浦收帆落照平欲作江南秋望賦少年誰是庾蘭成

渾麗清新致兼何李

汪　堂 磽巖儀徵人

咏古蹟得小林泉

灌園忘宦情歸隱林泉小流水冷潺湲叢木森窅窱此中無幽人白雲空渺渺

風味入古

秋雨數同人分和少陵韻得第三首

淅瀝朝朝不勝數十室頹垣九傾塌我方閉門作苦吟一任敲颸灑秋雨菊花摧折蘆葦寒晴明欲見山色難禾黍在場芽已出試問碧落何時乾

擬杜得其眞面

玉簪花

素蕊初含巧樣生不經磨琢自精瑩看移明月横簪影聽墮西風戛玉聲捧鬢曾邀天子眷搔頭未協美人情輸他修潔闌干外占得花間白鶴名

咏物不落纖巧

檐鍵戸自怡悅守祿慚微甑榮華似朝露賢愚勞妄探揮毫聊賦此滿引至再三

險極 穩極

齋松

昔我卜居來愛此孤根松花苒十餘載束縛藤蘿中寒暑任代謝霜雪不改容俯視藤與蘿零落悲秋風

結句意遠

九日舟次

漫說茱萸節韶光又一年波流今古月帆掛別離（奇闊）天桑梓寒烟外芙蓉秋水邊關心觸舊恨廻首一凄然

東灣阻雨柬於亦川

東灣維棹處詞客幾經過蕭瑟成奚似江關可奈何新詩憐古誼短燭起長歌去去復誰道年光老薜蘿

深古

又

田家隔水任風雨閉柴門烟樹連雲合山河接地昏漁樵迷去路燈火暗孤村景物關吟嘯浮生且莫論

登德州南城

故山猿鶴嘯長空廻首金臺湛露融（謂司寇公）先競爽未甘彎弩末式微忍復賦泥中河陽雁斷風前夢嶺外雲歸江上楓此際登臨無限感一聲殘角起征鴻

寒懷次讓林韻

迢遞層雲起暮陰娟娟新月忽高岑風霜萬里還家夢砧杵千門入夜心檢點征衫餘別淚低佪世路幾知音何時更訂皇州約同聽鶯聲滿上林

恬和

宮慕超 御天，泰州人

送俞容萬遊京師

霜天月初落高樓聞雁聲雁聲正南歸遊子遠徂（一折幽凄）征杯酒未盡歡驅車向鳳城鳳城隔千里到日春風晴曉登黃金臺超然暢遠情自有子虛賦可以

邁羣英餃餃上林花映此客衣明一枝笑相折揮
手凌蓬瀛

宫起曾 寧遠泰州人

夜宿艮鄉

北征頻過此一榻尚依然鞍馬纔今夕壺觴憶舊
年犬聲村外月人跡渡頭烟愁極難成寐參横欲
曙天

曉發舊縣山中

劙創蒙度山驛崎嶇道路難鳥驚人語起風雜馬嘶

寒落月淡茅店飛霜濕玉鞍鐘聲何處寺摇曳碧
雲端

停匀之作

黄 模 藩堂儀徵人

擬曹子建驚風飄白日 用原韻

旭日出暘谷夕没崦嵫山往來成急景爵儀何奔
繁獨懷斑氏士奮志感投閒顧此蟻行速常淪蠖
屈問俯仰身與世咄咄欲問天白駒不可仕瞑色
滿朝軒人生如過客感時殊足憐脱穎未知日抱

璞空自全有才儲武庫文府多佳篇固有握中璧
强仕期果徧君子亦蓬藋簞瓢猶怡然返舍顧無
術轉燭趲歲年所爭襲塵軌令譽早播宣古人重
高蹈勉旃無多言

黄 法 星左一字香巖儀徵人

江中觀落日放歌

布帆高挂乘長風扁舟破浪聲洶洶峰巒過眼倏
明滅髣髴羽箭離雕弓江容浩浩渺空曠直教星
漢羅心胸西看落日下江岸蒼蒼返照青芙蓉山

横遠黛翠漠漠樹浮青薺紛叢叢欲落未落雲迷
空紫氣四繞金鉦紅絳蛇萬道竄波面明霞下射
蛟人宫對此忽復坐惆悵閒思往事心怔忡秋高
八月天氣爽扁舟上溯江空濛西風凛栗波倒捲
夕陽正照南征篷一時意氣嗟徒雄戢影還似孤
飛鴻迄今倏忽已三載江山依舊雲崢嶸濤翻石
壁瀉紫欲烟環老樹蟠蒼龍須臾黯黯陽烏没淡
靄迴薄波中融疎星寂寂月照水長江無聲流向
東

足稱詩豪

江月吟

蒼烟欲暝翻歸雅晴霞簇空鋪絳紗盈盈桃頰紅旖旎踈踈柳髮靑鬖鬖江南二月客遊子暮拄征帆夕陽裏閒停畫舫對山光更酌香醪坐汀汜江雲靄靄出遥岑江風拂拂吹芳芷漁笛一聲烟水淸蟾光萬里銀濤起一輪皎皎天半橫層層淡靄淸湘縈星光漁火互滅沒山容水色交空明微飈習習吹輕縠汀草離離汀水綠黃虬騰烟紛攫拏

金蛇竄浪爭蹙縮相看遠岸盜凄凄菰蘆短短烟萋迷白鷺暗眠淸瀨穩孤鴻遥指暮天低春光淡沲饒佳趣却喜吾徒親把晤莫辭淸酒醉來頻須識芳時本難遇明朝江北望江南雲樹蒼蒼隔暮嵐更期短棹淸秋夜共看江天鏡奩函

洒亮

眞州曉發

曉發眞州道張帆出淺汀秋聲凄客夢漁火帶殘星月落寒潮靜江空遠岫靑六朝遺跡近爾戲訪山靈

神味清遠

馬陵道中

茅屋曉雞鳴衝寒人出門殘星依水濕苦霧入林昏隻轂臨高坂危磯怯旅魂漸看踈樹裏隱隱起朝暾

殘星依水苦霧入林何減店月橋霜之妙

望平道中

向晚布帆輕寒烟滿望平遥汀漁火暗急溜瀑泉鳴幽壑屯雲色孤蓬聚雨聲故鄉仍幾日淒切暮愁生

登最高峯

杖策孤臨世外亭憑欄一望目俱醒蕭蕭敗葦低殘照葉葉風帆出遠汀濁浪遥連京口白晴山亂擁海門青明朝更蠟看山屐還傍高雲眺杳冥

寄跡雲中置身天外

霄峥集目錄

卷之五

霄峥集卷之五

海陵宮國苞霜橋氏選
同學俞　圻越千參閲

方本

力居儀徵人

秋草

大堤堤外草漫空。不盡萋萋接斷蓬。淺土荒涼秦廢院。無人寂寞楚離宮。烟籠古戍連天白。日落平原匝地紅。回首三春應妻絶。可能禁受九秋風。

又

觸目平蕪重感傷。美人無計更生香。魂消塞外三更月。愁逐天涯五夜霜。暮雨西堂鳴蟋蟀。夕陽荒塚下牛羊。王孫别後知何處。說到關河已斷腸。

又

曾記尋芳步翠微。而今景色竟全非。岡頭燐火迷鷹眼。河畔西風冷蝶衣。衰颯幾經沾曉露。飄零何計答春暉。茫茫一片寒烟裡。南浦征人歸未歸。

又

飛鴻陣陣下寒莎。詞客傷心不忍過。尚有餘情鋪

落葉斷無碧色上晴波五原風露新愁遠六代山陵舊恨多試向池塘尋好夢寸心留取待春和

摭情入景字句皆着實地不徒以描摹出色也

楊　法　已軍上元人

上方寺

香刹遂幽尋孤雲無定心登高眺初日秋色海門深僧老得真意雁寒流遠音何當容我嬾散髮臥空林

骨蒼神肅

霄峥集　卷之五　二

張秉夔　南屺儀徵人

曉起

曉起登平臺矯首一遐望白雲如水流喬松湧碧浪山風冷衣裾身在松雲上寂若太古初天地亦何曠我生胡勞勞到此得閒暢林端朝旭升早有樵人唱

仙乎仙乎

紫峰閣

一閣收衆峰峰峰秀色紫巖崖可手探蒼翠落窗几其下繞清流峰影浸波底誰作天然圖四面皆山水

步步寫去若泉石在眼

尋白雲菴訪張錦衣遺蹟不得

處處生白雲先生渺何處松風滿幽谷鳴泉流不任徒有策杖情不識到門路烟際忽聞鐘低徊日將暮

來去飄然

寓樓晴望

霄峥集　卷之五　三

晴色望中明家家鳥雀聲晩花齊女墓新綠闔廬城蠟屐登山爽湖船載酒輕來遊爲巖壑今始得閒行

絶不着力而情景俱備

吳門送春

春光底事太怱怱惆悵吳門數落紅水榭欲來梅子雨山塘已過楝花風客邊時序愁中改酒畔情懷夢裏空好買扁舟共歸去漫天飛絮五湖東

鬆秀可人

陳　璨 倥侗，一字菊莊，泰州人，著有倥侗詩鈔、自怡集。

宿通元觀

曉發京峴山，暮宿通元觀。山月悄窺簾，竹影互凌亂。妙香清道心，鐘鼓寂夜半。隱隱聞漁歌，江風吹不斷。淡永在韋孟之間

春日舟中懷餐英社諸子效陋軒體

客身如浮雲，飄飄不得住。春風海上來，吹落淮南路。微雨下原隰，芳草緣古渡。輕舟去鄉關，背指海門樹。思君君不知，遥情托毫素。樸質而饒有古情

題霜橋聽秋圖

天風颯颯鳴枯桑，秋聲四起心彷徨。扁舟今夜五湖客，欲眠不眠空斷腸。一痕殘月墮烟水，無數驚濤落涯涘。彷彿石鐘山下遊，洗盡從前筝笛耳。短兵相接，岳家步武

雨中上華山

策蹇迷空翠，高林護碧岑。客囊經雨重，樵逕入烟深。霜露秋添色，山雲晚弄陰。上方鐘未動，古刹費追尋。深鍊

焦山

峻嶺揷江天，登臨望杳然。雲低京口樹，潮落海門烟。日月雙丸速，金焦一氣連。昔人棲隱處，古洞夜啼鵑。蒼辣

栖霞步月

山月牽遊興，松門引步長。低頭見人影，放眼得秋光。露滴蛩聲苦，風摇鶴夢荒。翛然塵壒外，世慮已全忘。

歲暮送霜橋之海上

紙窗燈火已殘年，遊子分襟悵各天。愁裡忍彈東野淚，時霜橋丁內艱，故留別有「三年前作客有母爲縫衣」之句雪中穩放子猷船。山橋鵲酒剛逢熟，驛路江梅欲破妍。海上詩壇多舊雨，懸知高詠費吟箋。情事穩貼

重集木末樓

三年兩醉此樓頭，檻外風烟感舊遊。石壁乍飜深淺色，江聲淘盡古今愁。陳遵湖海貧如故，阮籍踈狂老更遒。先生謂東坐 留得山川供倦眼，漫將興廢問孫劉。

西園雨霽

西郊雨過路成泥，黃葉林邊獨杖藜。遊子望烟歸酒旆，園丁帶濕理花畦。荒城斜日饑烏下，古戍秋風病馬嘶。惟有西湖數株柳，幾枝憔悴似蘇堤。

霄峥集　卷之五　六

送婁三省試郎和留别元韻

西風送客酒盈樽，渺渺川途役夢魂。潮落燕磯沙似雪，關催虎踞石爲門。鵬摶萬里天元近，槎泛三秋日未昏。異地詩懷何處托，高吟應上謝公墩。

一氣呵成　深心高調

蘆花

江口孤舟已飽聞，舞風時見白紛紛。亂飜漁浦千層雪，寒叠秋溪兩岸雲。夜色不迷鴻雁路，伊人遥隔鷺鷗羣。釆來襆被裝成後，閒擁匡牀坐夜分。

清逸

和霜橋飲一川寓齋元韻

良宵莫負此經過，咲向東籬磬一螺。四壁寒蛩吟玉露，三更涼月轉銀河。客如山立猶嫌少，梅村句：客比亂山多。酒似潮來不厭多。茶村句：酒似晚潮來。舊雨逢迎隨處有，故園會否夢烟蘿。

豪宕　絶倫

自潤州至白下舟中即事

西風一棹下巖關，客路新霜冷病顔。自咲瓶無京

霄峥集　卷之五　七

口酒，天教眼看秣陵山。三秋寂寞騷人老，六代興衰燕子閒。性僻從來躭水石，壯遊莫待鬢毛斑。

淡遠處　復見感慨

蜀岡秋眺

勞人安敢慕高眠，又上崇岡眺野烟。怒馬踏殘黃葉路，亂山橫斷夕陽天。多栽老樹招雲鶴，更鑿新塘引畫船。正是秋懷無着處，一行征雁下江田。

春社　與柳塘、鐵橋、芍田、霜橋、求山分韻

雨洗郊原見物華，緑楊深巷酒旗乂。孤村隔岸啼

黃鳥部屋逢春吐杏花社鼓喧時扶醉客蠶娘祭後响繅車農家但喜桑麻長不做賓筵咲語譁

樸似放翁

阮東岑先生招集木末樓

東風吹老百花殘舊雨招携上翠巒名酒客嘗京口味野肴春簇異鄉盤巖城鼓角三山晩霸業孫劉一夢闌獨有斯樓傳不朽憑欄放眼海天寬

風情駘宕而語兼悽惋故佳

霜橋送白蓮花

月白風清不自持絕無色相有丰姿六郎醉貌休輕比好似華清出浴時

又

竹西十里映船紅玉骨氷肌逈不同誰遣凌波雙姊妹飄然來伴北窗風

舟中聽蘆

風雨空江激怒濤孤蓬泊處荻蕭蕭前人一語分明似十萬軍聲半夜潮

仲鶴慶 松巖泰州人

客中別李二齋

適從何所來倉皇與子遇歡言意未罄旋復別子去三年斷音耗道路不可據十日共聯床如雲暫依樹我去君且留各各勉長路君家有老親爲言爾如微

在蘇鮑之間

又

長袂納新凉送我遠遠郊執手兩無言意索風蕭蕭夕陽澹晴岫明霞墮繁條暝色亦已暮舟子苦

相招慷慨一揮去回首路已遥人生暫相見不如常相抛

出之容易却艱辛

何忠相 二山崇明人

秋懷

高空六宇入清蒼月照閒庭夜有霜自分王融甘寂寂無端衛玠又茫茫斷雲殘葉哀鴻路短語微唫蟋蟀牀回首燕關春草歇何人一曲唱黃麞

滿紙勞騷令人黯然

團維墉 椒燈儀徵人

春意

雙鈎控繡簾春日東鄰家美人彈素琴一彈落一花漢妃金作屋盧女香爲衙所思在門外空掉玉鞭斜

得古樂府之遺

序愁圖題句

愁極翻難說雙環抑謝家交頭金屈戌鏤背玉琵琶紅樹西廊月黃鶯北里花悠悠成薄倖天上有

匏瓜

工麗似六朝

渡江

滔滔流日夜萬里入扶桑元氣浮東極神功接大荒聞鐘知鐵甕挨柁失維揚百戰南朝事悠悠總夕陽

雄渾

送宮笠齋先生就職吳門

梅花江浦月娟娟破曉離人正扣舷宦到中年寧恕薄才非後世不知憐一橋春水吳娘酒兩岸斜陽賈客船君到閶門定相憶好吹羌笛舘娃前

三四說煞

寄霜橋在揚州時

駕幸平山

鳳城前日別紅車鶴郡今時駐翠華天子詔行青帝令仙郎吟遍廣陵花雲中簾幙三千殿月下笙歌十萬家銀燭樹殘無遠夢玉鸞書去一長嗟

白門絕句

夜夜秦淮夜夜簫鱸魚時節長春潮曾經丁字簾前坐細雨青燈話六朝

繆祖培 晴嵐泰州人

玉關行

此然而起

驚沙撲面衰草死塞雁一聲天似水雲荒日淡玉關西傷心譜入琵琶裡曲未終時雙淚零（有回風舞雪之勢）淚積紅冰凝玉指霜寒雪重馬不行四野悲風殘角起

擬温飛卿曉仙謠

沉沉雲海光溟濛曉鴉亂叫翻罡風入萬戶中斧大珠小珠
落玉盤聲欹翔陽逸駭紅日紅瑤臺露濕花含淚欄干十
二堆深翠詩古烟霧迷離玉漢間丹符寶籙糢糊字鈞
天樂奏隨輕烟嫋嫋餘香嬌列仙欲言不言理環
珮鶴唳一聲天寂然

入又復作
無以過此

對菊

敗葉紛辭林空階餘冷綠荒園秋色佳愛此幾叢
菊寒香挼盈把高歌瀉醽醁陶公去我遠東籬久

塵俗霜高夜氣淸誰與伴幽獨　淸遠

月夜獨坐

獨坐不成寐秋高夜氣清晚花涼度影落葉靜聞
聲何處領真趣悠然見此情舉杯送新雁好月上
前楹

雨中同入遊雨花臺

一天蹤雨侮遊踪蠟展同登杳靄中松栢浮烟成寫景不著
字相隱現乾坤真氣只空濛四圍山色侵華髩滿澗泉
聲响暮風長嘯憑欄不歸去素心惟有託征鴻

羅本建 體乾儀徵人

春日過雲溪精舍有作

踏春心事未銷磨又向城西喚渡河挑菜雨來山珊珊其來
店少妬花風過野橋多遲遲落日低雲木隱隱踈
鐘出薜蘿憔悴吟人頭半白升沉還欲問維摩

哀柳

一聲羌管落西風無復藏鴉繫玉驄莫問章臺今
日事絲絲憔悴夕陽中

聲調絕
似漁洋

黃文照 麗庭儀徵人

漱玉山房海棠

一樹千枝鬬艷陽東風着意在山房扶來西子酣
春酒睡起楊妃澹曉粧粉黛臨窗愁緒冷胭脂著
雨厤茸香等閒莫負花仙約携得金樽醉石傍

春情
欲醉

汪文錦 繡谷儀徵人

催粧詩爲王紅舫作 女係舊妓某氏女也嫁之不得其人作是詩憐而惜之

輕盈十五步來遲會看扶欄折柳枝一樹梅花二分月春風又見上頭時

安得奉倩其人

又

薰篝伍處焰紅香仙管調來總鳳凰卻扇良時君記取闘情未必是蕭郎

往往如此

汪龍光劍飄儀徵人

長歌行贈西泠康淨芝兼送淮陰之别

江南十月木搖落有人招我麥飛閣空堂鐘鼓多哀音黃雲暮卷天蕭索中有韓子稱素交數錢爲我沽芳醪昏昏殘日愁無耶美人一見秋山高自（崚嶒）言飄泊長安道一曲陽關淚多少夜月春風折柳枝斜陽秋雨迷荒草風塵十載長吟苦傾囊贈我（凄絃）皆奇句詩骨直欲驕秋鷹來如悲風去猛雨其中（瘦硬）五字多堅鋒淋漓大筆交虬龍有時擊鉢歌聲雄行雲迸落驚飛鴻嗟乎康子有奇志三十功名不（一曲兩淋鈴）得意天涯碌碌空所依似水年華供憔悴今年别我去揚州又指淮陰作壯遊采蘋祠前拜漂母振衣台上悲韓侯多情聚散成反覆執手爲君歌此（秋山無盡）曲東風寄語未歸人昨夜錢塘春水綠

哀以思

早春柬申葭倚先生

忽忽不相見相思隔　帝城微名千里外白首一人行芳草尙顏色春風有遠情江南舊蕭寺門巷總苔生

極細極老

湖上送春

有客惜春盡臨流首重搔東風不相顧飛燕已空（要斷芳魂）勞淺水綠雙鴨殘花紅一篙昨宵聞杜宇顛倒到青袍

生艷

夜起自感郎柬繆晴嵐

清商一夕起巖阿孤客當門剪薜蘿十載悲歌知命早百年心事感秋多烟洗落月人無夢涼入天河夜有波試問天涯倚長劍鷄鳴燈火近如何

其聲大而遠

登君山次壁間韻

四眺蒼涼與獨豪憑虛百丈俯晴皐半空雲勢開
江色一線天根出海濤地走荒烟塵市小峰沉寒
日寺門高請纓欲遂平生志差喜終軍未二毛

奇警 刻露

勁弓強努

晚春偕宮霜橋湖上

秋風河畔牽衣別懊惱情懷直到今三月又虛春
草夢一篙初泊晚山陰輕烟釀綠纔堪畫香水流
紅未可簪落盡櫻桃飛盡絮新愁休對子規吟

寄寓而出

如此秀筆方許傷春

采蓮曲

春風愁時織羅綺秋風薄兮采蓮子此身清白似
荷花但願苦心守紅死

一棒一痕

萊花

年年開落遶紅塵碎剪鵞黃間綠茵未免被他桃
李笑一春羞見曉粧人

小有感慨

亢崇富守堂江都人

春暮遊法海古剎話天一上人偶成

古寺斜橋外疎林掛夕暉山嵐迷竹徑溪水漾苔
磯野鳥翻簷噪天花繞座飛庭前新月上相對話
禪機

幽深入畫

秋客

天涯歷盡歲華深回首鄉關隔信音紅葉滿林遮
遠道黃花遍地促歸心蓼殘茅店雞聲冷霜落江

橋月色沉驢背風塵飄泊久星星雙鬢不勝簪

閱歷苦境乃能作此苦語

賦得點點楊花入硯池

帶雨拖烟幾縷楊濃陰深護讀書堂花飛不肯沾
泥去也愛吟人翰墨香

牡丹

沉香亭北影叢叢依舊胭脂一捻紅可惜馬嵬人
去後空留國色怨東風

他家但工作麗語、此獨寫旨深遠

胡正坊 龍川儀徵人、

秋杪過吳氏東園

路冷西風石逕斜淡烟古木野人家荒藤蒼翠寒蛩莧殘蘅零星瘦作花樓對青山懷謝朓門臨秋水憶南華多情園叟殷勤意旋汲淸泉爲煮茶

題聽秋圖

蘆葉圍舟喧遠汀飛鴻帶月摩空青主人何事好孤冷不足秋聲不可聽

如秋聲在耳

李根大 盤谷泰州人、

柳花

春歸猶舞小蠻腰百裥湘裙蝶亂飄漫道隨風吹易散分明似雪暖難消悠揚細細穿芳徑摇蕩濛濛點畫橋千里相思如可託送行何用折長條

纏綿

何鑾 松林黃山人

題畫

為探溪山勝招携伴侶來層巒空翠聳虛壁瑣雲開隔水吟黃葉隨籬擁碧苔騷人饒逸興天地任徘徊

落花

東風一夜太輕狂採碎嫣紅欲斷腸剩粉已隨鶯夢冷殘脂空膩蜨魂香細沾柳絮迷芳徑亂惹遊絲點畫墻惆悵不堪回首處萋萋春草映斜陽

細膩風光

憶梅

別向羅浮久寂寥每逢淸夜憶丰標揚州人去官衙冷庾嶺春歸驛路遥雪霽重尋高士約月明還擬玉人招幾回紙帳牽離思夢繞溪南舊板橋

淡遠之神

崔起漢 薔堂泰州人、

梅影

一枝疏影未糢糊牽引羅浮夢不孤映雪肯留燈作伴橫窗深藉月相扶烟描夜色看曾未墨染春痕折得無尺幅若教飛數點欹斜濃淡好工夫

靈而婉

宮詔金 琴舫泰州人

送陳佺倜之白門

西風蕭颯跨征鞍渺渺川途去故關紅葉千章瓜
步酒秋帆一片秣陵山衣隨遠道新霜染詩倩同
舟舊雨刪金粉南朝消息斷孝陵深處少追攀

姚燦 樱彩甘泉人

城南葦花曲

水拍拍烟霏霏城南風景空依依葦花作陣戰秋

色晴雪一湖高下飛漁燈隔岸光浮運奕奕清音
遶相送採花歸去織成衾一任西風刮秋夢

清寒似桐立

梁彥術 雪樵江都人

寄宮二芍田

舊雨關情處吟殘庾亮樓江聲千里夢明月一簾
秋謀食慚沙鳫忘機羨海鷗木樨香裏望帆影下
揚州

梁邏 菊圃江都人

春陰曲

東風幾日寒珠箔烟暗瑣窗愁寂寞畫梁雙燕語
呢喃似惜桃花和雨落十二欄杆春不見傷春有
淚紛如霰夜靜銀燈挑不紅沉沉絲管誰家院

雅

柳花

非綿非絮隨流水如雪如霜撲曉烟最是亂人春
思處軟風斜日白門前

葛維煦 鶴汀泰州人

春柳

銷盡離魂一望中嫩晴天氣碧茸茸隔河漫染春
衫綠近水深遮舞袖紅一曲驪歌殘照裏數聲羌
管畫樓東春風着意年年發休向江頭嘆轉蓬

孫喬年 心山泰州人

杜鵑花

絲絲新雨透胭脂想到羅巾染赭時好泥秋娘花
底醉紅牙低按稼軒詞

王安昆 平圃北直人

初夏同傳凱亭覺羅雪田王琢園盧飛泉

遊善果寺得善字

霽雨淨芳林清和氣微扇新緑遍西郊古寺締遐
羨兹遊果絕塵况復偕羣彥策杖欵禪扃剝啄幽
禽散入門花雨繁瀉地松風善高樹覆琳宮崇堦
聳紺殿浮居滲紫金佛頂嵌珠鈿脩廊塑尊者五
百不同面一鑊百鈞强一飯千僧膳蒲牢吼貝餘
贔屭頁文斷讀碑識前朝創建出中官念彼鳩庀
初所費累鉅萬傾此貪婪貲徒供後人玩刑餘寧
足惜治亂堪興嘆逢僧話刼灰于焉悟昏旦

霄崢集　卷之五　三十二

古杓

張　星　鐵橋，泰州人。

過某氏荒園有感

風流江左舊官衙無復當年門麗華燕子還來認
簾幙玉人何處抱琵琶苔封斷石餘芳草檻枕荒
堤但落花歌板畫圖都省識幾回憑弔夕陽斜

陳志樞　柳塘，泰州人。

岳墩秋望

登眺何須五嶽遊城西乘興陟荒邱日蘋雙槳芙
蓉渡黃葉千村絡緯秋清磬聲中潆水寺夕陽影
裡隔溪樓凭欄春雨當年蹟不羨盧家有莫愁

陳伯齡　榮高，泰州人。

初夏望遠樓聞笛

春去情無着登樓問落花金樽方對客玉笛起誰
家楊柳折難盡關山恨正賒不堪清聽處明月又
西斜

王摩詰之逸吉

霄崢集　卷之五　三十三

蕉雨軒秋蘭

落落羣芳事已非一枝和露靄餘暉秋生空谷香（淡於秋水閒中味）
宜遠人坐幽窗思入微騷客重來供雅佩春風廻
憶舊書幃芳馨寂寞誰知已蕉雨深深靜掩扉

憶揚州舊遊

紅欄曲曲繞江濱夢裡鶯花跡未陳山店過橋隨
貰酒人家臨水慣藏春和風暖綉青青草麗日晴
飛細細塵擬向西風打雙槳隋堤秋漲碧粼粼

九日同人登高岳阜

振衣高揖岳王宫放眼乾坤俯眺中萬里寒空催
塞雁四山殘照冷江楓愁來肯負吹花節秋老還
驚落帽風一棒昏鐘歸路曉無邊秋思暮雲東

英思 颯爽

盆荷

開堦何處冷雲鋪畧與孤山別韻殊可是楊妃新
浴罷盈盈皓腕倩誰扶

送劉克柔之金陵

隱隱蒲帆次石頭天香初滿一輪秋遥知獻賦簪
花客吟遍紅燈十二樓

逸

張鶴慶翰霄、一字蘭巖、江都人、

秋雨

淅淅復蕭蕭蒼苔半寂寥已凋三徑菊還碎一窗
蕉孤客不成寐鄉心此夜遥曉來篷背望添得幾
分潮

張琮佩蒼、一字于野、江都人、

柳花

春深南陌柳花發短長條晴雪一簾舞輕綿兩岸
飄有香吹野店無力過溪橋莫逐東風去樓頭怨
未消

古劍

古劍霜三尺誰教匣裏藏至今風雨夜奕奕起光
芒

紫電 射目

霄崢集目錄

卷之六

俞　圻　汪熙寧

兢龍光　吳授息

林開封　劉司炎

劉司熒　劉司夏

杜　甲　汪文鍠

徐麟趾　徐　雯

朱景泗　朱遵洛

朱蓁渠　曹　璉

俞大鼎　王　鏞

團維墀　周永安

仲之琮　潘昌齡

仲耀政　翟　宣

施雲標　楊若霖

張廷炳　郭　雯

宮協華

解承寵　郭甡孫

沈棠臣　夏　震

孫　福　宮　麟

陳　沅　王　臣

陳　濂　李大綬

霄峥集卷之六

海陵宫國苞霜橋氏選

同學陳 琛佺倜參閱

俞 圻 越千一字讓林泰州人著有截流吟

秋夜登金山絶頂

長江入月江水清萬山倒影涵空明白雲淡宕秋天平人烟遠隔瓜洲青振衣直上凌峥嶸一聲長嘯天冥冥鏦鏦陵谷金石鳴水怪夜出洪濤腥寥寥夜半江無聲回首海門秋月生

淋漓

題友人琴鶴圖

海天春欲暮心跡寄瑤琴古調空流水踈風落遠林畫圖餘此意天地幾知音野鶴一聲唳蒼茫下夕陰

如閒雲作流 清竿微響

新寒

頓覺鷞衣薄尤驚兩鬢秋踈烟淡平野孤月靜高樓楓落山無色水輕水尚流圍爐試新火莫惜酒

盈甌

中和氣

冬日江干送客

小艇斜陽去丹楓兩岸殘雙峰浮水靜一雁落沙寒暮雨悲萍梗春風失蕙蘭倚欄頻悵望江汶正漫漫

動宕入古人之室

月夜舟次憶宫霜橋客邗上

繫舟秋水岸凉夜浄吟魂孤月潔空碧人家深閉門知心隔遠樹客思滿荒村反側不成寐挑燈傾餘尊

秋山

萬卉俱蕭瑟悠然見翠微鳥隨黄葉下僧與白雲歸悄悄鐘聲寂迢迢樵路希不須悲骨瘦影襯夕陽肥

十月望永寧寺前看月 寺臨大河

不畏霜華愛月華禪關靜處望偏賒臨風縮瑟春猶小到眼烟波夜轉嘉十里鏡光雲作岸一天流

影水爲家當頭漫道今宵事已逐鐘聲樹杪斜

汪熙寧（慈庸，一字澹園，歙縣人，著有偶存草。）

張濟南餽菊數本走筆賦謝

秋風吹寒林敗葉滿空谷感君知我心贈之以芳菊東籬無繁英脩然對竹屋冷艷伴閒官幽香絕塵俗呼童移糟牀日醉香溪曲相將保歲寒此意盟幽獨

淡味閒情

謁孟廟

古樹鬱蒼蒼巍然亞聖堂七篇延道脈萬世肅蒸嘗廟貌雲霄廻琁題日月光（殿有御書道延尼山一區額）駿一瞻拜松露滿衣裳

典重

秋夜寄懷熙湖同學

葉落空堦晚簟清忽縈好夢到青城披雲曾惜交遊晚嘯月何期歲已更（前有嘯月一刻）兩地綢繆新雨意三秋迢遞故人情龍山知復多高會可向花前憶舊盟

江干晚發有懷熙湖諸子

風送輕舟趁急裝小孤烟樹鬱蒼蒼帆飛極浦低寒雨潮落空江瀉夕陽幾度懷人秋水濶終年別恨楚天長龍山幸得重攜手好檢詩囊與酒囊

得淡遠神

春日江行

艸香沙暖雨初晴夾岸青山送客程過眼鶯花隨瀲蕩傍人烟柳欲清明（依依依依）江邨幾處炊新火沙鳥何年狎舊盟十幅蒲帆風借便中流穩坐月三更

閒雅

喜手植楊柳初放

試看弱柳吐新芽庭畔風來故故斜最愛柔枝能弄色二分輕綠染桃花

新綠可餐

昭君

明妃薄命嫁烏孫莫抱琵琶泣玉門老死漢宮人不識誰憐青塚弔芳魂

怨而不怒

姚龍光（荔田，江都人。）

春夜曲

少女妬花吹亂紅，玉妃含情出海宮。瑤華冉冉下翠峯，孤光懸照綺羅叢。綺羅女兒弄清瑟，幽怨泠泠指下述。夜深花睡少人聽，珠箔搖風响屈戌。

深得温李三昧。

泊濟寧

自別江南路，津亭又幾過。鄉關愁裏違，風雨客中多。明月揚州夢，春帆濟水波。迢迢一千里，相望竟如何。

對雨

朝雨凉侵袂，閒庭五月秋。濕雲低壓戶，昏樹遠遮樓。思極翻無緒，情深并作愁。依人難自主，歸計任淹留。

分詠月中菊影

瘦菊叢叢月裏枝，寒光疎影鬪清姿。幾堆淡墨塗荒逕，一片幽香上短籬。冷露不侵凉夜半，飛霜欲墮曉鐘時。悟來空色同歸幻，晚節孤根好護持。

繪風有色，繪水有聲。

春暮

閒庭草長碧於烟，瞥眼春歸又一年。細雨輕寒簾不捲，苦吟珎重落花天。

吳授兒（涇陽、眞化人。）

壽貢樞上人五十

萍花怪底作因緣，佛日同過五十年。一榻我曾隨粥飯，三乘師已寃人天。寶坊重建珠林刹，綺語還參文字禪。記否西風江上路，看山兩共聳吟肩。

林開封（建堂，一字西洲，儀徵人。）

送友人之揚州

淼淼大江流，離離江上樹。隱隱一帆遥，依依客子去。西風吹我心，直送廣陵路。相望不相見，前村滿烟霧。

居然韋柳。

秦州

天水雄三郡，山川分外清。春花李廣宅，秋月伏羲城。向夜多鴻影，臨風聽鹿鳴。我來經此地，霜露渭溪情。

劉司炎（曌剛，泰州人）

七夕

新月掛疎林，星河逈復深。人間兒女節，天上别離心。旱雁傳秋思，凉蟬帶苦吟。虛欞風乍起，清露欲沾襟。

自然雅切

白桃花

三月桃林訝雪紛，水肌玉骨亦超羣。武陵溪淡非

歸月，仙洞春深總是雲。玉燕掠時驚莫辨，素娥飛處杳難分。高人縱醉羅浮夢，錯認梅花鎖夕曛。

秋江載酒圖

載酒空江發嘯謳，蕭蕭落木下高秋。人生快意須如此，萬里驚濤一葉舟。

劉司燦（克柔，泰州人）

江鄉

景物江鄉好，停車水一涯。茂林山鳥語，深竹野人家。巷曲機聲細，風輕酒旆斜。年豐多笑語，端可問

桑麻。

風味絶佳

劉司夏（夢渭，泰州人）

初夏夜

拂石撫瑤琴，松風弄餘響。移時月東升，光輝亦何朗。地僻遠市聲，心清絶塵想。仰視天宇空，明河清且廣。露坐夜凉生，孤興憑誰賞。

杜甲（補堂，江都人）

張荔門集三松堂送董浦歸里

獨憐幽僻絶塵囂，曳杖相過興轉豪。破曬昔曾吟冷月，愛閑今復醉香醪。春風新闢松三徑，夜雨將添水一篙。惆悵故人催短棹，離情何限碧天高。

秀絶人寰

和牛師竹平山集飲韻

平山高處見青岑，把臂來登快客心。鄉思頓添湖水濶，詩情都入酒杯深。氤氲丹桂吹香雨，荏苒微雲接翠陰。君向城闉歸粉署，試吟秋雨峭寒禁。

汪文鋥（繹聲，儀徵人）

霜橋移居

播遷非得已，位置我先知。一榻焚香處，三間得句時。愛花疎種竹，留月短編籬。寂寞柴門外，期君好日持。

好去處

雪雁

雪壓淸翰苦未齊，紛紛還度暮雲西。銀鋪湘水呼羣急，玉滿天山作陣低。入夜數行偏慘淡，衝寒一字易凄迷。江南歲晩香秔盡，深伏蘆花借穩棲。

晴絲

迸于飛絮牽還軟，細過香絪惹復輕。寄語東風吹莫斷，留他花底繫春情。

詩亦香軟

徐麟趾 菊村，秀水人。

病起雜詩

人生無百年，憂慮凋朱顏。所以易爲疾，命懸呼吸間。餘生誠意外，心喜如遠還。朝來始健飯，步履嗟維艱。

又

病篤急思愈，及愈仍無糧。昨日賣我劍，藜藿充我腸。今日賣我書，售者心徬徨。搖手出門去，乃知書不良。

沉摯頓挫

愈貧愈工，洗鍊今人不如古人。

徐雯 芝田，笠城人。

春曉曲

碧紗窗外春光曉，深院沉沉聞啼鳥。昨夜東風過粉墻，梅花枝上愁多少。玫瑰枕畔暖香融，一縷相思尚夢中。欲把春魂化蝴蝶，低飛飛入百花叢。

麗

秦淮水榭同人分韻

晩波輕疊落花風，幾曲闌干幾畝宮。雨色乍迷山遠近，笛聲輕度水西東。窗含玉樹琉璃碧，酒泛金甌燭影紅。我醉高歌不歸去，綠楊斷斷五花驄。

江樓月夜聽北人琵琶度曲

逸調凄淸度綺筵，惱人情緒倩人憐。不知當日明妃怨，彈在傷心第幾絃。

新另之筆
沓涵之思

朱遵洛 箏舫，泰州人。

送宮芍田省試

別酒易成醉，征帆去莫留。潮生瓜步月，天擁石城秋。玉殿三千賦，紅箋十二樓。空江烟水潤，珍重放孤舟。

朱學渠 力山，泰州人。

綠牡丹

欄杆深處幾枝開，遠護青莎近護苔。一抹波光疑

畫檻，半簾雲影照粧臺。應憐碧玉羅衣薄，誰購明珠金谷來。詎肯扶持因嫩葉，管教容醉夜光杯。

清韻
深秀

巴枚 禹吉，儀徵人。

落花

嫣紅不復助新粧，點點斜飛画檻旁。萬片春魂銷夜雨，一枝餘恨下殘陽。曾看粉黛開時笑，可有胭脂落後香。多少離情禁不得，扶欄愁絶杜秋娘。

擺脫

朱景泗 冠林，一字鐸斯，泰州人。

平山堂瞻六一先生遺像

日暮遊蜀岡，松濤起峻阪。斜照上叢祠，山光澹以遠。載拜欽鬚眉，高風留近輓。經濟出文章，予懷殊繾綣。江月漸茫茫，鐘聲催客返。

太行山覽古

太行天脊橫天長，左會右晉分中央。邐綿石棧歷太古，高崖巨壑撐磅礴。行經尼父迴車處，令人懷古多慨慷。側身遥望長平里，荒榛纍壓連崇岡。同

日趙卒四十萬，髑髏血濺遥相望。世言死生盡由命，豈伊生命概不祥。始知人謀壽于虎，天道以次鋤其強。趙高當軸祖龍死，軹道朱絲泰亦亡。行行落日隱高巘，石門松栢烟蒼茫。探碑始識孝侯墓，再拜涕泗霑衣裳。銅官典人不世出，改過不吝聖所臧。從來陽一陰數二，權奸鮮不妒忠良。萬年陰謀竟何在，將軍馬鬣猶堂堂。舉頭回望白雲合，停鞭試問來何方。梁公思親此延佇，征人過此仍懷鄉。我亦經時踈問視，勗哉前路慎行藏。

黯然神傷

歎逝

今古眞成一擲梭咸池夜亘浴層波任教運盡齊頭髮催得英雄白首多

曹　璉光夏江都人

中秋月

不煩絃管奏萬里晴空桂魄當銀漢金波湧玉宮影高秋思外光滿客愁中何意今宵月淸輝處處同

俞大鼎玉鉉江都人

范大夫行

會稽山陰石潭古戰馬如雲箭如雨可以代史倒戈勾踐走夫椒一旅一成屬范蠡范蠡忠智多沉機餘燼收合軍無威君請爲臣妻爲妾不求國社求生歸降幡一片愁雲裂頓首膝行頭出血絕代西施貌若花子胥空使心如鐵含羞忍辱無歡讌臥甲韜戈不忘戰二十二年報主知陰謀好待強吳變習流四萬士三千箭羽鎗纓如掣電指顧姑蘇廢壘高

海勢潮聲兼蘇韓之盛

經岳忠武故里

五國春深草不綠千秋誰洗靑衣辱鐵騎宵馳北斗低黃龍寨上賢王哭璽書十二九天來河北英雄氣盡頹只今再過生申處夜深喬木淸猿哀

起結入古風格甚高

漁火

潮平江影黑漁火出蒼烟野岸疎星夜蘆花淡月天微茫寒水外明滅斷橋邊偏對孤舟夢殘更照不眠

遊白雲寺

鷲嶺盤空一磴斜白雲精舍帶晴霞幽期客至春等藥鄰屋烟生午焙茶山鳥啼殘紅杜宇僧樓閉到碧桃花徑塵此處飛難入却恐方壺未足誇

流麗酷似靑邱

玉勾斜

楊花尚未飛朱顔巳消歇香魂何處歸猶傍迷樓月

夫差肉袒軍中見越王臺上將星明國有良臣天
不傾功成不受將軍印長揖君王自此行君不見
長頸烏喙神踈索可與共憂難共樂南浮江淮北（長空萬里陰霾捲）
浮海相與上下風波作

香山長恨歌備太眞之始末此作亦備陶朱之始末而風調過之

雨花臺秋望邨東劍潭

羣山列翠繞高臺九派江聲動地來烟火千門開
市井鶯花六代剩蒿萊故人風雨成新別落日關
河對酒杯此際登臨一相望景陽樓閣有秋槐

風格高騫

王鏞 序東常熟人

春宮詞

怕見當時舞袖紅溙香猶自倚薰籠銷魂一夜桃
花雨知道春深第幾宮

未免有情

圖維握 問山儀徵人

秋艸

東郊彌望綠芊芊轉眼蕭辰忽黯然人去西堂餘

落日蛩吟空巷有寒烟芳春乍暖花驄路積雨新
晴野犢田無數韶光總辜負只應遲我到來年

周永安 晴溪泰州人

送蔣大歸里

綠水正殘陽銷魂復斷腸三春難握別匹馬獨還
鄉風雨羈愁遠鶯花去路長河梁一分袂初月又
蒼蒼

兀傲入古

答汪巽宮先生

河橋分手後明月落空梁小閣吟魂冷春燈別夢
長開尊思舊雨把劍對秋霜又見魚書到情深字
亦香

春日集義堂雅集

蠟屐投深巷來過處士家蝶飛芳草綠鶯喚夕陽
斜地僻風生竹宵寒月在花主人情意好供客煮
新茶

中十字駕中晚之盛

除夕哭先大人墓

潘昌齡芷薌寶應人

題宮霜樵聽秋圖

天載本無聲秋來復何有月色自空明江流自奔走涼夜洗耳聽此與殊不偶問取舟中人消息曾得否

空靈

仲耀政茘亭如皋人

懷西垞舍人

老矣胡中翰飄零我獨愁白頭猶作客青眼慣登（老樓不落中晚）樓醉過眠花夜吟殘落帽秋大江南共北何地足勾留

詩與人並傳不朽

題瘦石新築

新築幽人宅沿籬種晚花（鍊字）一門秋水澹兩岸夕陽斜竹逕迷雲氣松窗隱月華閑窻高啟處相對話桑麻

題陸氏湖樓

小隱孤峯下樓棲愛晚晴嵐光浮檻碧波影入簾

十載思親未敢忘況逢佳節倍堪傷白楊殘照空荒野黃土悲風久雪霜墓道無人憐宿草松門有淚奠寒漿一抔掉首春歸後愁見輕陰發野棠

至性至情遂成絕調

黃葉

樹寒雅冷碧雲空黃葉蕭蕭秋意終十里荒村驚過客幾家茅屋撼西風衰容憔悴蒼烟外病色凄涼細雨中對爾忽生搖落感可能顏色伴春紅

秀

憶秋海棠

墻陰秋老落花茵猶記盈盈帶笑顰夜雨幾番催夢斷斷魂何處去懷人

幽泉

仲之琮蒼璧如皋人

秋夕小集

如此涼天好見過掃開苔逕約烟羅茶鐺煮待笋秋客酒盞揮同對月歌白露無聲桐葉老青雲有字雁行多眼前景物堪相賞翹首秋河夜有波

清靜領湖山趣，閒收風月情。一樽留客醉，漁火隔沙明。

清遠酷似文房

贈湖上主人陸紹文

偶鼓西泠棹，尋幽一暫停。門臨秋水濶，樓遠暮山青。垂柳遮平岸，輕帆隔遠汀。相逢真恨晚，坐嘯倒銀瓶。

喜胡舍人重過賦呈

蓬門日有吟詩客，何幸重停長者車。入座便呼春釀酒，捲簾先看舊培花。詩名已震都官幕，臭味真如顧渚茶。三世一堂親笑語，從今容我說通家。

不減杜陵有客之作

翟宣 應齋，泰州人。

秋夜放舟

帶月乘清興，扁舟水一灣。秋來天以外，聲在樹之間。（生動）雁叫風初緊，濤驚心自閒。蕭蕭蘆荻岸，夜泊不知還。

施雲標 井亭，泰州人。

霄峥集　卷之六　九

梅魂

依稀何處着香魂，是也非耶遠近村。處士墳邊春動影，美人林下夜開門。夢迴紙帳空餘想，月落氷衫但有痕。付與東皇鎖不盡，珮聲隱隱在黄昏。

焚香夜讀，方得此詩三昧

楊若霖 淡泉，江都人。

將之白門留別諸同好

掄才又是秣陵秋，江草江花感舊遊。羅隱功名悲老大，杜陵生計只窮愁。潮迴鉄甕期重渡，賦就金門擬再投。滌倒蓬廬心萬里，會須尊酒送行舟。

張廷炳 杏莊，廣寧人。

夜泊王家沙有懷竹樓

獨夜扁舟泊，懷人意不勝。稻粱八口計，風雨十年燈。雲黯秋容淡，天寒海氣增。相思無可寄，題付剡溪籐。

清苦

海上漫興

清風蘋末動蒼波，泛泛扁舟奈若何。吳地東南從

霄峥集　卷之六　十

此盡海天風雨入秋多人家半住黃茆屋生計惟
憑白雪磋相對自慚無興術敢搔蓬鬢怨蹉跎
天骨開張

宮協華 芳田，泰州人。

赤岸登文昌閣野望

山倚蓮宇外傑閣倚斜陽海濶西風逈林深落葉荒烟光浮水木天影入青蒼不盡懷鄉意長歌付慨慷
天影句可傳

霄峥集　卷之六　圭

蓼內子

夜色微茫漏鼓沉朔風初動响瑤琴寒蛩半枕燭光爐殘月一窗客思深蓼破何曾真駱面魂歸空自語傷心自從粧閣生離後是歲余赴試白門痛未面訣杳隔音容直到今
不堪追憶

綠牡丹

錦棚一片碧雲堆品重歐家絕點埃越鄂君乘青翰去衛夫人揷翠翹來春風細細描螺黛夜露囫圇暈石苔多少姚黃與魏紫不隨濃艷獨遲開
聰明絕世

解承寵 杏園，興化人。

九日萬松亭登高

天風自西來松濤响遠壑此中有危亭登高欣所託折取黃菊花迤邐穿林薄攀躋切青霄盤空翔野雀別腸澆酥醴左手持郭索醉眼望江南秋山半隱約

郭生孫 秋農，江都人。

霄峥集　卷之六　圭

殘菊

三徑餘殘菊蕭踈獨此看自能標節操原不畏艱難老圃人還醉東籬興未闌倘非真骨在何以耐霜寒

沈棠臣 愛盧，歸安人，著有愛盧小稾。

讀齊次風先生題張杭州遊天台山圖詩擬作

天開神秀何雄哉萬八千丈青崔嵬橫亘五界作地鎮上應三宿名天台華頂峯揷霄漢表赤城標

建雲濤堆石梁天矯跨天半中有一道飛泉來奔
騰直下累百尺銀河倒瀉鳴春雷琳宮紺宇若棊
布瑤華琪樹非人栽流傳往往有仙佛控鶴飛錫
時徘徊揭來張星作地主熙熙自得歌黃鮐山中
草木咸被澤欝葱佳氣滋根荄公餘挈榼愁登眺
白鹿夾轂破紫苔詎等閒邱逐寒拾為愛林壑供
詩材移守錢唐佳麗地清境寤寐猶縈迴覓得好
手掃素練臥遊朝夕登瓊臺更乞先生題妙咏淵
淵金石宮商諧擬綴長謠續卷尾麗豪應被山靈
咍

一往浩蕩

霄峥集　卷之六　重

呈芝岡叔

綠槐小巷雨初乾數椠吟房鶴栅寬觸熱料無温
卷客耐寒長滯冷曹官忘年蘊藉酬情話銷夏追
陪博古歡暫隔輭塵休繭足翻因坐久出門難

夏　震春舸，泰州人。

秋夜不寐柬周晴溪

清老。

不寐空彈劍雄心感白頭雨收半庭月蛩響一堦
秋可奈十年事偏生今夜愁伊人夢何處應在涙
西樓

衰草

何處寫秋色六朝蔓草荒飛霜連塞白落日極天
黃遠道遞期杳清池舊夢長寸心含冷綠留取待
春芳

初盛之句

無題

曾共香車湖上遊慣遮團扇慣含羞羅屏半掩桃
花月錦瑟雙調燕子樓香燼隨時圍酒榼夢回何
處下簾鈎一從柳外輕相别幾度春風幾度秋

艷

霄峥集　卷之六　話

春日思家

春風吹羅衣春夢全無着幾日不歸來山花開應
落

如不欲言深於言者

夜泊聞鄰舟琵琶感賦

孤舟夜泊酒初醒到耳哀絃不可聽商婦琵琶司
馬淚秋風各自感飄零

一曲伊州

湘萬行

孫 禧 肖堂，江都人。

春宵坐月

良宵人不寐，邀月過山家。皓魄搴孤燭，清光黯宿鴉。香情千里夢，春事十分花。獨坐中庭靜，相看影漸斜。

宮 麟 蘿莊，泰州人。

秋燈

爽氣入空庭，秋燈映碧櫺。半檠愁裏暗，一點夢中青。淡影明高閣，寒光冷畫屏。相看人未寐，蛩語不堪聽。

陳 沅 象南，泰州人。

賣花人

佳處青山麓，年年花事幽。春園雙屐雨，深巷一肩秋。覓得人間利，還登酒市樓。酣呼歸去晚，帶月臥林邱。

冰雪聰明

王 臣 玉鉉，泰州人。

河亭坐雨

新水漲河濱，河亭坐雨人。酒帘沉落葉，花舫泊餘春。鄉思愁邊遠，吟情醉後真。黃鸝如有約，啼傍綠楊津。

陳 濂 茂溪，泰州人。

賣花船

吳船十尺臥輕波，兩兩名花鏡裏過。橋下香風搖乍軟，江南春色載來多。爭芳小蝶依紅槳，採蕊遊蜂點綠蓑。賣去好逢佳麗地，朱門烟月正晴和。

半紅樓唫稿

（清）宫國苞 撰

《半紅樓唫稿》不分卷，清宫國苞撰，據南京圖書館藏鈔本影印。

宫國苞，字松如，又字渭川，号霜橋。清泰州人。監生。世胄清才，坎坷不遇，工詩，與邑人結芸香詩社，詩爲袁枚所賞，與丹徒張石帆並稱『江上兩詩人』。又兼擅繪事。

是集爲宫國苞詩集，共收録作品三百餘首，多七言詩，題材廣闊，内容豐富。有傷時感懷之作、觸景生情之作、旅途遊行之作、哭友悼念之作，亦有席間偶成之作以及送友贈親之作，而最具特色之處莫過於宫國苞爲詩畫題詞題詩之作也。因宫國苞工詩善畫，於畫作之欣賞與感悟，較之其他，更爲準確，見解更爲獨到，所題詩詞則更具靈氣。如詩作《題司空圖　酒色財氣》：『緑酒黄金紫電鋒』中以『緑』、『黄』、『紫』三色入詩，爲字句著色，將畫之色彩與詩之言詞融爲一體，使畫之美在詩之意中不漏痕迹，却又處處生輝，實爲妙哉！將畫之美與詩之意相交融之特色，於是集中亦表現於描摹花草之作，此類詩篇中又以詠梅居多。如七言詩《紅梅》中云：『一梢點染出深林』。『點染』本爲繪畫手法之一，此處用於描繪紅梅之顔色在灰暗的林間深處一點一點滲透出來，隱隱約約，忽隱忽現，如於灰色畫布上點染了一些温暖的紅色，不禁令人拍手稱絶。後人鄒熊在《書宫霜橋半紅樓吟草後》寫道：『不勝悲舊雨，況又讀遺篇』，並稱他『幟樹中微後』，評價頗高。

（朱穎倩）

半紅樓唫稿

霜橋宫國苞

春日過光孝寺訪西林上人

古水無春色禅關斷俗氛客来閒似鶴僧出懶如雲野菜齋厨供名香丈室焚論詩忘坐久高閣已斜曛

題崔唫香落花詩册

惜花海上獨憐君碎雨零風不可聞盡掃殘紅三萬斛一齊歸葬窈娘墳

占斷繁華九十春一場春夢忽驚人憑君三寸瓊瓏管盡化諸天不壞身

春夜書懷

照室青燈暗盈頭白髮新老生顛倒夢春逐寂寥人鬥酒心猶壯眠花跡已陳衰年驚節序辜負此良辰

紅梅

縞袂無端冷不禁一梢點染出深林氷霜朧轉催顏色天地春来有艷心竹葉儘教稱舊識杏花未許說知音美人粧罷西宫夜薄醉移燈好自尋

寄懷范松亭司馬

氷署迢遥枕大河使君清政濟川多月明鄰子宫無恙春入桃花水不波琴閣風和稀案牘山城日暖醉弦歌寄書羨爾神明宰一樹甘棠蓋緑莎

題吳珠泉漁色讀騷圖

一卷騷經置石坡美人遲暮容蹉跎天涯兩副傷心淚紅粉青衫濕最多

絶色香醪醉幾曾桐陰清冷石崚嶒荒涼我亦關情者莫更逢人說信陵

白秋海棠

洗盡胭脂艷色收盈盈何處擅風流千絲粉淚抛清夜一寸柔腸轉素秋月上銀墻低見影霜侵玉井澹含愁伊人倚徙雕欄外團扇西風感白頭

題葉古軒賣書劍琴鶴圖

古軒七尺何昂昂寶劍出匣秋水光讀書立志在不朽懸河辯舌輕蘇張華年結交重意氣白眼玩世遺輕狂奇才自古必奇

厄後有宋琬前文長（宋荔裳 徐文長）風波變幻等閒事翻然況湎糟邱鄉西河之西路幽僻老屋敗落秋風涼中有一室供吟嘯得句往往追三唐我本無聞老詞客相與結社聯芸香（社名）其間唱和得数子清詞麗句何琳瑯酒酣剪燭照素壁尺幅命意殊尋常賣書賣劍繼琴鶴眼中一顧誰王良還君此圖夜未央請君自買名山藏

題四空圖 酒色財氣

綠酒黃金紫電鋒四空今已悟三空憑君絕大馴獅力難破重關一點紅

秀弟久客京師余復浪遊東海寒宵夜月蕭寺無聊作此奉寄

花前分手記春殘冷月珠林悵獨看千里關河孤夢遠九門風雪一燈寒年衰荒海謀生拙米貴長安作客難兩地相思隔天末尺書珍重勸加餐

荒菴避暑

倦遊依佛舍避暑竹風清夢向衰年破秋從極熱生遠天双鳥去高樹一蟬鳴向夕尋僧話蕭然萬念平

試燈前一夕書事寄姜五橋

貧居一室厭聞歌慚愧東風鬢已皤荒海烟花新歲少老年燈月舊情多三春綠酒壚壇坫十載青樓換綺羅便擬抽帆遠相訪草香沙軟待晴和

送李枚久州伯陞任金陵司馬兼寄袁簡齋太史

六載官聲似水清帡幪難忘使君情飄蓬我愧我渾無定未作攀轅借寇人

才堪驥足且閒閒紫馬魚符指顧間一事知公心意滿放衙長對六朝山

印閣花深疊錦箋新詩定擬賦千篇公餘一訪袁安、不待空山卧雪天去

荷包牡丹、

東風裁剪到花王雨助柔絲月助粧苦教春工施綠綠須知富貴亦空囊胭脂捻就層層影金粉縫來瓣瓣香合與瓊仙充作佩不須天女織流黃

雁來紅

作陣哀音夜不收，空堦小草獨關愁。啼紅怨綠同歸恨，繪色傳聲谷漸秋。葉為多情翻恷泬，枕於垂老更風流。笑他江上閒蘆荻，幾日西風白上頭。

紫藤花

猩紅為架竹為門，翠葉柔條艷綠尊。隔院開成巒錦障，過墻堆亂紫雲痕。耦絲初軟香難疊，靘色裙拖影易昏。碎粉零香饒組織，工夫端欲問天孫。

絡緯娘

秋蟲軋軋露初華，儼似春郊走鈿車。風際輕縹空作縷，月中虛織不成花。紅閨刀剪長宵冷，紫塞衣裳去路賒。苦學鴛機音乍歇，幾人心事亂如麻。

寄林鐵簫 時客金山

誰云小別不銷魂，辜負花前酒一尊。想得孤高山閣夜，鐵簫吹月上江門。先生善吹鐵簫因以作號

春漲

積雨催花後，江流去去春。綠浮歸鴨艇，紅泛浣紗人。渺渺牽情處，溶溶送別晨。可堪芳草色，相對欲迷津。

苔痕

墻根石隙幾經過，淺染輕描襯薜蘿。春雨池台侵屐淺，無人庭院上堦多。鉢鋪竹徑偏難過，簿隱花陰耐易磨。一例何曾同草色，青青不礙客行過。

送友人歸里

歸裝歲晚太匆匆，小別何須嘆轉蓬。十幅蒲帆舟一葉，重來時趁落燈花風。

李味琹客死臺灣詩以哭之

别夢離懷冷不溫，驚傳哀訃到江村。窮交易洒三春淚，荒海難招萬里魂。稚子戀耽孀婦累，桐棺總恨故人恩。重洋淺水迢迢路，旅櫬何因達墓門。

送孫順亭西行作折柳詞二首

誰把垂楊到處栽，東風未許拂纖埃。春來只覺多離別，一路青青眼倦開。

絲絲偏挂月初惹恨牽愁兩不堪西上黃河新綠少送君翻悔
在江南三

簷雀

朝飛野田去暮歸桑樹端禪門無機心烏雀栖亦安巡簷對相
語如話平生歡轉不羨黃鵠萬里雲路寬

旅夜

秋盡出聲懶宵寒燭影青節原甘寂寞老不耐飄零旅夢雁千
里鄉心月半庭晨鐘烟寺動輾轉不堪聽

平山堂懷古

山色橫江來斯堂清可掬辨香千載餘歐蘇誰繼續憶昔清政
聞歌嘯此林麓雲封蜀道巔烟橫楊子曲佳遊興不孤曠覽豁
心目文章莫大斯後賢競推轂懷古一登臨高吟吊芳躅山林
果有遺烟霞信不辱春色渺鶯花天風吹竹柏歸拜六一祠寒
泉薦秋菊

暮秋過宏上人茶話

水艳荒寒色禪關秋已深青苔迎客路黃葉定僧心入室消塵
想聞鐘得靜音香台清話別斜日下疎林

襍感

人生貴自立附託終難恃虎威原自雄狐假每失勢君看古哲
人畢生守素志

百舌非不巧能兼衆鳥音鳴者發天籟學者多苦心何如青霄
鶴高唳西山岑

寒夜病中懷節溪叔

同仰天涯客還家有後先窮難安晚境病易入衰年海國新愁
遠淮陰舊夢牽故園梅信早日夕望歸船

題黃小松湘江歸棹圖

烟抹平沙遠接汀孤舟不是泛滄溟閨中妙腕調湘水染出湘
山一髮青

廿年夫婦別離多春雨春風泊渡河輸與君家圖畫裡平分斑
管吊湘娥時載嫂夫人同歸

渡黃河

元氣開天塹長風掃岸沙我呼波上棹誰泛月中槎遠水浮雲

脚輕帆飽浪花，龍門何處是？白日正西斜。

舟中九日

蕭蕭落木下河梁，水驛維舟思渺茫。萬里波濤三信宿，十年逆旅九重陽。西風已任吹征帽，北雁何須報早霜。不用登臨懷故里，知心且與醉壺觴。

宿遷關夜泊

荒邑無宵市，雄關枕大河。征帆收落月，客夢散寒波。看劍心猶壯，聞雞志不磨。來朝還利涉，不寐且高謌。

淮陰寓樓感舊

浮雲蹤跡此淹留，景物淮天欲暮秋。過雨青山當客座，因風黃葉上僧樓。三年舊夢嗟華髮，九月新寒感敝裘。且與支公聯白社，一聲清磬水西頭。

舟中對月偶成

盈盈天際月，照我河上舟。我心正愁絶，皓魄偏當頭。三五與二八，萬古清光流。盈虧何足道，韶華不我留。豈無異鄉樂，入耳生煩憂。對酒不能飲，當歌誰與酬。人生曾幾何，奔競無時休。譬如春日花，一俎當深秋。霜露縱未逼，飄落豈自由。何如老田里，放浪終悠游。

過萬年閘

到此波濤束，滔滔阻去程。千夫聲乍起，百丈影遥横。帆藉長風挂，舟迎逆水爭。匆匆平穩過，關吏亦心平。

白菊

一様陶家種，何須點染深。晩香完素節，本色表秋心。未見白衣客，難成緑酒吟。蕭蕭霜月底，清影遍籬陰。

楊村夜發

四野無烟火，何村問酒漿。黄沙留夜雨，白月冷成霜。客思漫漫遠，車聲故故長。艱難事行役，舉首望晨光。

都門旅次喜晤林鐵簫

關河淪落客，天地幾知音。把袂情難盡，開尊酒易深。梅花燕市雪，芳草故園心。總是傷離者，燈前動苦吟。

冬日偕王平圃、姜葯船、林鐵簫集飲程魚門吏部新居，分得千字

吏部新居好相逢飲興偏圖書仙客府風月酒人天歲律陽餘
九鄉心路隔千莫教虛此會擁鼻鬥吟箋

枯柳篇上河帥李湛亭先生

枯柳立寒津憔悴傷遠目當彼艷陽時分陰覆華屋好雨釀柔
絲桃花藉膏沐纏綿曾幾時秋霜苦催促羌管誰家樓度盡消
魂曲長條凄以空殘枝斷難續不有春風吹何因得重綠

癸巳季冬將歸江南留別都門諸舊雨

閱河歸路渺三千無那長安欲雪天一樣紅燈照青酒鄉勝滋
味是離筵
當杯四座不成歡眼底霜華拂劍鐔細駭四蹄車兩輛離情載
滿下江南
匆匆揮手別燕臺冉冉停雲首重回記取春明門外柳綠成陰
後我還來

曉行

候館急殘柳催人束倦裝雞聲深樹色馬眼接星光路共鄉愁
遠橋橫野店荒前村沽酒處隱隱上初陽

趙北口

天涯霜信逼寒宵趙北燕南路正遙多謝十三橋畔柳不逢春
過亦魂銷

景州

夢斷征車不可留冰霜催白壯年頭那堪萬里勞勞客殘月荒
雞過景州

牡丹

洛下名葩品最尊幾枝綽約醉朝暾春風到此無餘力富貴輸
他有夙根遮蓋錦棚非小户扶持綠葉要朱門自憐潦倒江潭
客慚愧天香潑酒樽

小秦淮曲

泥融烟草迷離綠雪點江梅次第開水似玻璃風似剪畫船都
向鏡中來
曲曲鈎欄太有情銀牆幾折認分明門前一派胭脂水染就春
流綠不成
家家做就踏青鞋絕嫩晴光暢好懷一帶城陰春似海滿魂人

住小秦淮

新柳・

柔條乍許拂雕簷似剪東風葉葉尖青和能牽花市馬綠將挾、
出酒家帘纏綿客思年年減揺蕩閨情日添十里隨堤休悵望
如絲春雨正簾纖

雲川閣十六景為徐少坡題

遠岫晴嵐

閒々七片影

遠岫如依人對此巖栖屋春雨夜來過書窓潑新綠

高閣留雲

閒閒一片影虛閣起層陰幽人相對處來去兩無心

平湖春曉

花氣艷朝暾湖光暖如醉好鳥鳴關關伊人不容睡

層峯疊翠

截取一拳石能開萬仞情清池看照影疊疊翠分明

東皐麥浪

清曉向東皐輕舟如可蕩麥穗揺薰風無水亦波浪

石屋書燈

石屋依山鑿藏書半六經羨君翻閱處深夜一燈青

小山叢桂

亂石起高嶺幽懷寄託閒月明清露冷金屑滿秋山

南浦漁歌

漁舟南浦歸晚唱發天籟綠水起微波餘響在天外

溪橋晴雪

雪霽朝陽暖溪橋凍有痕梅花消息近策蹇過前村

桐堦夜月

纖月挂疎桐涼風夜來歇天際下征鴻懷人書未發

烟柳横塘

春雨漲平川横塘潔如掃烟拂柳絲長間關聽黃鳥

蕉窗夜雨

暑退涼生夜蕉陰近小樓書窓移榻處一點一聲秋

曲徑疎篁

三徑松菊存踪篁帶餘照碧玉萬條斜此中發吟嘯

野寺鐘聲

寺野居憐少名園一水横催人清夢覺百八曉鐘聲

花榭香風

小白連朝發嫣紅一雨生暖風吹曲榭莫辨衆香名

夕陽帆影

隐隐布帆斜渺渺春波緑登高暢遥情殘陽下喬木

題濯足圖

秋山遠蒼蒼秋水沿溪緑愛此素心人臨流洗双足洗足即洗
心要使遠塵俗趺坐寂無言深林媚幽獨

題潘觀堂柳燕圖

知君家事本河陽過眼繁華掣電光只種垂楊三百樹春愁好
與燕商量

冬夜宿放生菴

海國風初緊禪房客未眠荒雞僧夢冷夜火佛光圓慷慨思前
事飄零逼暮年岩栖原有約那得買山錢

漁燈

漁火延江出星星向晚天青擲双槳月紅點一竿烟明滅斷橋
外浮沉野岸邊辛勤羨漁婦結網夜窓前

秋鶯

落花啼盡冷歌樓落葉旋驚散不收同此枝花與葉秋情難訴
似春愁一

秋日偕許蔬菴過光孝寺訪西林上人

踈林琴瑟瑟夕陽斜畧約遥横水一涯九月霜威催雁陣三秋
風信到蘆花禪房香細初來客竹裡烟深正煮茶恵遠淵明相
對處幾番高論起林鴉

題李楓厓洗酸圖

園林四月雨晴初石磴苔堦淨掃除消受兩般真樂事酸心梅
子快心書

飄殘香雪一春情結子偏宜照水清盡洗横枝三百顆安排他
日待調羹

合歡詞

此身已分上天街，重整雲鬟玳瑁釵。六幅鴛衾紅浪穩，泥郎親褪玉鑲鞋。

雪漁

雪壓孤舟未擬還，暮天烟樹杳難攀。滿江凍合青無影，一笠寒妝白萬山。風急沙汀簑影亂，雲昏荻港釣絲閑。好將未賣双紅鯉，換酒前村暖醉顏。

題紀琹舫愛駿圖

春水浴桃花，春陰柳正斜。四蹄閑道路，双耳刷風沙。壯志堪真託，雄心未有涯。龍媒遇知己，一顧息羣譁。

賀宋椿庭納妾

玉洞三生路，蘭閨百和香。風流憐越客，窈窕得吳娘。帶綰同心結，鬟盤墮馬粧。東風度梅蕊，結子壓羣芳。

題韓晩村秋林覓句圖

溪邊林下儘勾留，似水斜陽上樹頭。記取冬郎吟過處，四山紅葉更無秋。

紅梅

一枝墻角倚斜陽，杏蕊桃英尚渺茫。雪地翻開真艷色，冰心難遏熱春光。未逢姑射偷濃抹，纔嫁林逋改淡粧。流水仙源覓點染，肯將消息誤漁郎。

宿友人郊居

迴環溪上路，幽寂四無隣。水竹宜調鶴，烟霞能壽人。酒香剛卜夜，花氣不關春。一室聯床處，渾忘話及晨。

秋夜感懷

披襟幾度立前楹，清漏江城欲四更。遠道親朋稀入夢，衰年床席漸無情。驅人衣食愁長計，老我關山怯遠征（時將東遊）。何處秋懷最無賴，半庭殘月亂蛩聲。

雨夜有懷棠古軒

積雨空林苦未晴，蕭蕭月影暗簾鈎。雲扶雁陣忙辭塞，風遏蛩聲懶送秋。千里書田河北路（時得范松亭司馬手書），一燈人隔水西樓。幾時尊酒聯佳會，醉把黄花插滿頭。

七夕立秋懷楊稼軒

涼風動高樹，江館坐宵深。老破双星夢，秋搖一葉心。相思勞遠

扣惜別起孤吟歡會真難定何堪聽遠征

秋日黃貫筠招遊湖上分韵

雅會招良友聯吟放小舟白蘋三兩水紅蓼一灣秋有客閒扶槳何人更倚樓不須催夜火新月正當頭

訪西崖上人

黃花時節肯蹉跎似芥輕舟好放歌秋葉綠乾初寺老夕陽紅灑一川波客能小醉閒愁少僧到真枯雅趣多回首桃園問津處盈盈新月隔烟蘿

哭蓉渡大兄

斷雁呼羣沒好音孤棺帶月出寒林千絲白髮生前淚一領青衫死後心凋謝門庭愁未了伶仃兒女累偏深眼前多少堪悲事忍復長吟復短吟

我歸君去各匆匆總是生涯逐轉蓬如有離羣悲夢裏斷無聚首不愁中霜淒南郭魂播白風剪西窗蠟淚紅漆黑前因應雪亮九原何處訖芳蹤

歲月無情話果真悲風何日白楊春君爲地下埋憂客我是天涯後死身遺挂一床猶在目殘書半架已封塵可堪歲暮他鄉路東望長號淚滿巾

題水木清華圖

韵士愛林居擇此清溪曲叢篠寄流水孤懷媚幽獨山光含餘青松陰瀉秋綠高聲琵琶未知音在空谷

初春雨夜書悶

夜寒欺薄醉風峭勒層陰遠夢催燈炧春愁共雨深敝裘三日計（時典衣買米）倦羽十年心轉愛新晴快征帆去故林

揚州送坦庵叔之官越中

揚州二月柳芊綿又是依依送別天春水綠淨江店酒杏花紅壓使君船到時越國歌琴鶴夢過吳門急管絃不盡離情付芳草可堪江月向人圓

歲暮寓齋對月

落葉和愁掃不開殘年鄉信逐潮來寒宵愁悶冰天月看到圓時十二回

揚州春曉曲

鶯舌初調燕語工綠楊城郭綉圍中消魂一夜催花雨萬戶千門怨落紅

朱立堂又舉一子詩以賀之

又報蘭閨得鳳雛阿兄强褓識之無他年軾轍飛聲去始信文章出老蘊

紅梅分韵

風信潛通第一香水邊林外出紅粧團成艷雪拋孤影養熟春心領衆芳隱隱山家燒夜燭依依江店下殘陽瀟橋烟暖冰消後驢背何人入醉鄉

題種蕉圖

栽培曾幾日軽影望中收葉大偏驚雨陰深易得秋招凉歸客館分綠上書樓羨爾傳經者幽懷足小留

菜花

如絲春雨濕晴沙菜甲青青早放花村店連朝鬧蜂蝶圃家三月忽繁華粘天嫩粉香無比佈地黃金色可誇紅袖爭挑堪把處隔河壠麥浪初鉀

暮秋過資福寺訪潭月上人

浮雲共客鬧蕭寺暮雲鬧彩菊傳真色香山無熱顏水邊通曲徑烟際起柴關一笑逢齋已清談萬慮刪

送楊湘帆歸檇里

買得軽舠夜入吳題糕節過客情孤夢回烟雨樓千尺家住鴛鴦水一湖花外停橈通小築燈前暖酒話長途願君久久無離別剗斷相思樹幾株

冬日送楊湘帆入都

黃沙白草路三千回首金閶思渺然記取征車臨曉發宦情閨夢兩纏綿

送楊湘帆之官湖南

車塵馬跡太匆忙路別何須贈綠楊品是幽蘭心是竹一官却好去瀟湘

西上人新得瓢菴下院詩以賀之

春水碧迢迢春帆趁早潮身原軽似葉菴亦小於瓢恭得須彌破何須丈室饒傳經有高弟莫久戀香寮

寄吳楫堂

我昔識君初君軀頗柔弱如何垂暮年精神翻踴躍平生稀骨肉終歲飽葵藿始知得壽人多半在岩壑立品清若秋吟詩瘦如削有子登賢書堪娛晚景樂君安如散仙我苦尚行脚相思秋水深何由共清酌

憶照陽舊遊

觀音小閣抱清流鸜鵒橋頭好放舟憶得鵞黃新柳外夕陽紅煞杏花樓

已交寒食未清明野水陽山似鏡平憶得田家香社散菜花風裏聽春鶯

引紅池外水拖藍潑刺銀鱗見二三憶得清溪烟樹晚漁歌響徹放生菴

城東門外正新秋蟹舍漁莊事事幽憶得山僧清話別瓜皮小艇出茭溝

九日邗上有懷陳菊莊

滿城風雨罷登臨淒絕淮南處處砧白髮半饒明鏡雪黃花兩負故園心竟無塞雁傳鄉信尚有村醪浣客襟遥憶停雲東海上山樓破曉動高吟

北山紅葉

一林園古寺深淺愛初勻有色秋臨水無花冷媚人烟中多作態霜裡亦藏春昨夜揺風處山僧掃正頻

小春同人放舟真州城南望隔江山色

小春風日佳江村放船好山貌欝青蒼嵐光潔如掃遠岸興潮平歸帆隨雁到金焦兩點烟舟人指相告流丹出紺宇飛白隱懸瀑利涉會有時終期盤鳥道

沙漫洲秋眺

潮落平沙接遠天秋高景物倍清妍雲中金碧江神廟水上樓台夢客船高岸東迴黃歇渡峭帆西指白門烟何當挂席乘風去載酒中流一叩舷

暮秋過友人齋居

江郭西來只數家幽深門巷路欹斜幾竿秋竹綠於水一片晚花紅變霞入座無塵侵硯席清吟有客對窗紗主人自是忘機

者拂石先烹顧渚茶

贈田雁門

聲華壯歲動関河。垂老風流覺更多。酒意濃於花近午。詩情淡到水無波。行藏矮屋詩千卷。生計荒園菜幾科。那得相逢不相惜。西風握手動悲歌。

新城桃花

芳堤曲曲步来遲。醉粉酣烟萬萬枝。十里晴霞疑鬥錦。一天紅雨不成絲。情迷野店飛觴處。艷在春波鬥渡時。寄語東風休薄倖。留他開盡好胭脂。

新夏日沈椒園前輩招飲麗澤堂聽沈江門彈琴分得江字

孟夏雨新霽綠陰生幽窗山人抱琴来流水聲淙淙如何講堂外塞雁横空江欲落似未落嘹嚦鳴单双大匠重賞音遊子懷舊邦寂寞七絃外古調無新腔曲終日将夕幽光起蘭釭

齋居送春有懷梁松坨

春鳩喚雨晴雨晴春欲去何以慰離思開尊就芳樹念我同心人三年客長路路長不足憂感此韶華暮昨日園中花今夕飛何處太息送春人紅顔已非故

汎水晚發

歲晚鄉心切征車破晚登荒雞鳴店火落月響湖冰壓夢幾時斷霜毛兩鬢增常年事行役山路倍崚嶒

露筋祠

當年心跡總堪傷。留得崇祠占夕陽。隱隱靈旗風色冷。一湖秋水對明粧。

漂母祠

淮水東流自古今。崇祠孤迥出林陰。千金尚有酬名意。一飯原無望報心。隔浦蘋蘩香漠漠。到門松柏影森森。摳衣再拜瞻遺像。斜日清風爽客襟。

宿滋園晨起有作

名園留榻處。四壁動秋聲。披茵侵晨起。幽尋水石清。林陰深鳥路。水意泊花情。楊子談經處謂稼軒琳瑯句早成。

書梁小素北遊詩鈔後兼以道別

絶妙新詞絶妙詩丈夫三十鬢成絲秋風别後愁多少同在閨程暮雨時

漁菴

港口復溪頭漁菴枕細流旅浦三面雨烟水一門秋夜月隨罾起殘陽逐網收晚來堪畫處星火繫孤舟

寄挽吳秋吟

荒海三年别何期隔死生青尊虚後約白首負前盟卜葬親知淚收詩故舊情旅魂招不得東望一吞聲

渡河詞

黄河之水流湯湯星宿一脉來何長龍門砥柱束縛不住洸洵日月飛精光我昔乘風放大溜一日兩度勞舟航當時只圖快心目渾忘性命懸帆檣秋風吹夢思何梁欲渡不渡空彷徨丈夫何必戀妻子仰天大笑驅晨裝

客中哭李盤谷先生善種花卉

今年百花顔色醜天公欲换司花神李君一朝变花死應來管領人間春人間春色知多少萬紫千紅盡媚好明年不用哭東風轉向梅花索言笑

即席贈湯亮齋明府

海上相逢慰所思論交已恨十年遲沉沉絲管迢迢夜正是紅牙按拍時

滇黔燕趙幾關閡萬里蠶叢兩度還怪道新詩吟不了訟庭相對亦青山

寒夜宿姚司馬官署偶成

一天寒月照冰池偏是勞人睡獨遲野寺鐘聲官閣鼓十年聽得鬢如絲

揚州踏燈詞

珠簾十里映樓台士女如雲擁不開燈海燈山燈世界六龍爭捧萬花來時有萬花六龍之戲

好風好月好情懷火樹銀花事事佳昨夜江天三尺雪踏燈已許着青鞋

轅門橋接教場頭寶馬香輿似水流海上銀蟾偏解事一輪飛起十三樓

江城昨夜火星流，墮翠遺鈿散不收。回憶去年今夜月，玉簫聲裡夢揚州。

紅橋秋泛同吳鳳山洪照堂分賦

新晴江郭幾人閒，舊雨相逢冷趣間。十里芙蓉秋水岸，一抹斜柳夕陽山。重來景物霜初老，別後生涯鬢各斑。且向紅橋深處去，繫舟沽酒話間關。

題西厓上人坐忘圖

記別淮陰九佛樓，三年重會古揚州。桃花落盡春歸去，輸與山僧不點頭。

晚秋同人集桃花菴分得宮字

江郭西來謁遠公，霜前樹樹夕陽紅。人扶野艇三篙水，秋在雲菴半畝宮。入座紫簫吹夜月，隔籬黃菊瘦西風。欲知此會真消息，試看維摩尺幅中（時倩石上人補圖）。

并頭菊

陶家花事不孤吟，兩兩踈枝占夕陰。晶雨三秋憐並影，傲霜千古得同心。籬邊晚翠爭消瘦，酒畔新黃鬥淺深。到底西風情耐久，不須連理種芳林。

春雨

東風料峭嫩寒侵，漠漠昏昏失遠林。入夢晨飄三月恨，如絲纖萬絲心。橋邊着屐先愁滑，陌上沾衣好自吟。我本長征老詞客，挂帆無計惱春陰。

賦得江清月近人

素影飛無着，金波湧近人。光寒衣受露，魄正水傳神。肝胆從他照，鬚眉到此真。心懸冰鑑夜，身入玉壺春。欲掬驚飛蚌，將招訝轉輪。蛟宮如可溯，天路若為隣。沙石千潭合，山川一色勻。襄陽有詞客，倚棹獨相親。

舟中賦春雪

孤舟雪壓淺春沙，柳色何如客鬢華。可惜長條低近水，未青時節已飛花。

花朝前二日淤溪道中口號

輕寒輕暖試衣晨，小店江橋旆影新。柳色欲青烟似酒，花朝纔近雨如塵。三春景物難為容，二月關河最愴神。一紙鄉書何處

達清波終日盼紅鱗

戲贈隣舟小妓

十五盈盈姤玉真畫船燈火宴濃春他年老大潯陽去亦是琵琶掩面人

落梅

一樹横斜隔水濱東風吹散豈無因收殘香片剛逢雨屐印泥塗爲占春鶴去棲頭纔弄笛琴横竹裡不逢人江南三月凡桃李好借餘芳布錦茵

珠溪道中送黄小松歸江南

相思相見總生愁況是河橋欲去舟如此垂楊如此別銷魂何必定揚州

題明春岩孝廉雙鬟伴讀圖

公子翩翩絶世才衣香新浣月宮來買絲欲綉金難鑄只合芙容對面栽

桐陰寂寂接蕉陰展罷烏絲漏滴欲深多恐香濃茶熟後平分今夜讀書心

題竹梧清嘯圖

梧桐受露竹生烟青接山光綠接天四面輕陰涼似水此中人似小神仙

題紅橋待月圖

一字紅欄跨水濱東風淨掃隔江雲玉簫似解幽人意吹出青天月二分

蓮花詞祝徐茹塘先生八十壽

玉井香蓮花十丈何亭亭蓮蕊接蓮蕊光彩摇衆星露氣濯清曉萬卉瞻青冥持以壽君子潔白綿修齡

容射陵喜晤徐荷舟

牽衣重話舊時情別去鬚眉各老成老三月歡場楊子渡十年春夢射陵城欄邊修竹如人瘦架上新詩似水清且喜相逢剛上巳莫教花底負啼鶯

王賓谷招飲即用見投原韵奉贈

子安聲價重青年海上論交不偶然似雪梅花堆屋角如雲溪水漲門前一尊好慰傷春容二月偏逢夢雨天他日相思歌樂

府江南江北有新編（時索樂府登刻）

荷舟招飲紅豆山房夜話

露點花陰濕晚紅月明人話小窗中他年記取論心夜七尺簾漪一面風

新興道中寄懷荷舟一絶

暫時相見已魂消況復相思路正遥吟到梨花香月句教人腸斷水西橋

重 秋日楊稼軒過寫棲話舊

浮雲踪跡此淹留景物淮天欲暮秋過雨青山當容座因風黄葉上僧棲三年舊夢嗟華髮九月新寒感敝裘且與支公聯白社一聲清磬水西頭

夏日過張樂齋觀察寓園即事漫成十首與林霏崖楊嘯谷用杜工部遊何將軍山林詩韵

勝地臨淮浦名園接畫橋有山皆傍水無樹不凌霄波静魚堪數烟清鶴可招我来當夏日披葛足逍遥

其二

曲江開館處風景倍幽清次第来新雨從容聽晚鶯杯傳金谷酒香泛玉盤羹醉裡多佳興相携繞徑行

其三

竹影斜難倚花梢瘦莫支題詩分掃石蘸墨共臨池露冷秋先得林深暑不知清風吹細細衫袖任離披

其四

緑岸多芳草紅欄點落花石形蹲虎豹藤勢走龍蛇望望情何極行行意自賒遥知良夜裡烟月好爲家

其五

雲屋依山疊風亭傍水開沙明低紫燕黄（葉）暗隱黄梅艷卉無春夏幽禽自去来莫教移屐齒石路破新苔

其六

舊雨開蓮幕深房抱澗泉離情驚荏苒清話故纏綿窗竹新抽箭池荷小疊錢此間堪寄傲何必定樊川

其七

踈簾深緑影氷簟欲生香地僻塵難到心清夢亦凉爱聞鷗故

立習影蝶深藏更喜欄干外蒲梢葉半黄

其八

宦遊人遠别（主人謂周）爱此習家池有客皆山簡頻来倒接䍦蠻箋掃綺席新詠付歌兒幽處聮裙屐偏宜月影隨

其九

凉軒飛素魄舊館宿停雲永夜覩雄劍高懷發大文儘教燈共剪生怕手重分説到関河路傷離緒若紛

其十

南皮十日會遊興竟如何魚鳥情都愜山林迹已多放情拋短夢回首付長歌一夕抽帆去他時好再過

寫棲秋眺

高窓横落照鄉思滿淮天野水寒孤艇秋林熱亂蟬心隨雲共遠人愧雁歸先不盡悲華髮臨風一惘然

贈九佛棲覺來上人

九佛棲中住一僧一衣一鉢一枯藤客来眼底無餘物水冷清泉雪亮燈

送王雨亭歸鴛湖

征衫一夕卸風塵去去鴛湖好問津正美蒓鱸思久客乡情山水接歸人松烟竹露新三径漁父蠶娘舊四隣屋裡圖書窓外圃催耕課子樂閒身

射陵雨泊

水窓燒燭且長吟舟子船娘説夜深莫怪羈人眠不着孤篷聽雨十年心

西村訪友人

野客乘舟訪隐淪數家烟火自成村小橋一帶無関鎖鵞鴨春波緑到門

崇川道中再寄菊莊

珠溪前日寄君詩一紙遅知到茅屋相思今日又崇川渺渺予懷春水緑狼山青青如故人看山此際倍思君眼前好景不共賞空令遊子悲浮雲

白蒲阻雨有懷梁松坨

高樹雨聲連風聲孤舟夜泊千愁生思君欹枕夢不到反側只

恨難難鳴十年此地頻来往看劍徒令歌慨慷殘宵雨歇風亦徹一點明星照波上

秋夕養和軒雅集時將遠行

小築疎花裡行歌入茂林涼雲三徑晚新月半樓陰燈火高堂宴江湖後夜心合離翻一笑天末動清砧

月夜同人登嘯月樓

高樓雨過天風来大千世界無纖埃憑欄把酒呼海月清光直射冰輪開笑問明月幾時有倒捲銀河作春酒元龍豪容與飛騰夜半吟聲撼星斗

歲暮即景

荒海逢饑歲貧家少爨烟双丸催短景萬慮迫殘年鴉亂遺風樹雲同欲雪天老懷難忘處春信在梅邊

七夕感懷

天末長爲客秋聲那慣聽蹉跎驚一葉飄泊愧双星舊雨花間酒新涼竹裡亭良朋高會處銀燭夜光清

其二

一水迢迢外烟波有故居寄書遲塞雁歸夢感鱸魚落漠情偏悵飛騰願已虛天街良夜永清露濕衣裾

秋夜東桂介軒燕以道別

碧天鴻早去野寺客還留燈影一床夢虫聲滿地秋西風吹獨夜南浦動離愁慚愧關河客年年說壯遊

題美人玩花圖

紅梨一枝香一圈碎珮叢鈴誰買得扶欄轉盼生春風為花不敢争顏色西園蝴蝶双飛来憐香惜玉空徘徊美人含情不忍見素手羞持合歡扇

秋夜東陳菊莊

芙容媚西日蟋蟀鳴東廂頹景不可挽念此秋夜長瑤琴置綺席明月飛清光一彈弦始和再彈成宫商同心人離居餘音苦不揚春芳不共采將見秋草黄徘徊竟無寐清露沾衣裳

題掃花圖

一春花事費沉吟十二紅欄換綠陰莫羨園丁無挂碍掃花原是惜花心

歲暮書悶

半生飄泊悔干求垂老依然守故邱歲欲催除知客苦家雖分
爨替兜愁蓬藏碎雪填荒甓壁引尖風刺敝裘何日陽春開霽
色五湖便擬放輕舟

冬日有懷吳秋吟

相思懷抱幾曾開荒海兇誰縮地來花占風流休怨命人非情
性不憐才輸君冷榻詩千卷老我征途酒一杯記否聯吟燒燭
夜三年清夢隔長淮

雪中懷袁簡齋太史

五載無緣續舊歡每逢風雪憶袁安養高福好人知易不朽名
成自見難仙境原非今世得文章竟作古人看（公詩名最早凡海阡刻詩文僻）
（荒州皆以古人目之）幾時一棹隨園坐我春風九畹蘭

歲暮得友人書賦此答之

潦倒何人問姓名書來珍重感離情布衣恶說科名事貧女愁
聞鼓樂聲可奈衰年無活計依然垂老苦謀生春風定擬扶蘭
槳再與閒鷗續舊盟

立春前二日試筆

新紅初見點梅梢風暖輕冰取次消何處春聲先滿淺如陽深
巷賣元宵（湯圓俗呼元宵）

齋居偶成

世路經過合閉門細將物理自評論花當富貴難全福人到饑
寒易感恩三徑草荒無客過一池水結待春溫空山落寞誰知
己只有梅梢月一痕

寒食日紅橋紀遊

朱欄一字柳飛綿寒食江南又禁烟花氣養驕金勒馬簫聲吹
冷玉人船夕陽城郭雲中畫春水樓台鏡裏天田首鄉園思上
塚不堪芳草綠芊芊

送江來章之淮陰

淮陰春水碧迢迢舟過萸灣蕩畫橈老我揚州不歸去半緣新
筍半櫻桃

桃花菴雨集

落燈風裏客辭家又買編舟出軟沙輕暖欲催山意醒春陰全

霞水波斜青扶岸柳将飛影紅點江梅未放花且向雲巷深處去香泉重門隔年茶

哭林玉珂

再讀哀音事果真廿年兄弟倍傷神不堪風雨揚州路夜一點青燈哭故人

早春愛餘書屋雅集分得花字

銜泥深巷過一徑入山斜小閣纔聽雨春寒未賣花畫圖新水石王謝舊人家此地宜高會幽閒遠市譁

春雪初霽同人泛舟紅橋探梅

春来踪跡半樵漁又訪幽人近水居十里空香浮畫舸一溪疎影抱僧廬雪中指點情偏愜竹外相逢韵有餘莫漫黄昏便歸去數聲野鶴在清虚

花朝後一日水竹居小集

橋帶依依柳溪迴曲曲廊生朝花易過節序容難忘鄉思牽山色春情泊水光舊遊渾若夢指點繫軽舤

題李艾塘西湖南粤竹枝詞後

明聖湖邊西子去真珠江上女兒多羨君曲裏双紅豆一記相思一記歌

白牡丹

雕欄十二護瓔葩壓却姚家與魏家直教樓台空富貴何曾天地不繁華光摇銀海風初細香满瑶京月正斜未許凝脂污一捻霓裳軽按玉琵琶

重九前二日半紅樓晚望

萬井上初陽危欄帶曉霜海光浮郡白山色到樓蒼遠思開林影高情寄雁行吹花佳節近努力佩茱萸

老将

看人幾輩覔封侯老去雄才衛霍儔帯甲曾探青海月横刀還夢黒山秋檀騰宛馬風雲合匣起陰符鬼魅愁帳下燕姬頭亦白琵琶猶復按伊州

秋鷹

塞草極天黄秋鷹起夕陽摩空没狐兔側目動風霜肯落鷲鵰後能先健鶻翔何當隨獵騎歸去暮雲長

過雷塘弔柳冬藜墓

雷塘塋近冷胭脂仙掌峰高落照時（柳屯田墓在儀徵仙掌峰見王漁洋詩集）兩地墳隣新故鬼月明爭唱柳家詞

乙卯春日再至揚州有作

曾得樊川薄倖名十年聽徹玉簫聲重来自愧蛾眉老縱入烟花夢不成

登水明樓

秋染方塘碧四圍垂楊垂柳淡斜暉小樓波静晚風細翡翠鴛鴦鏡裡飛

過友人山居

山厨草草具壺觴特地論心到草堂一片秋聲涼似水豆花風裡月昏黄

題友人蕙花圖

留春無計送春歸忍把殘紅合作圍多恐香泥埋恨淺月明齊化彩雲飛

孤吟愁對小窻西欲弔香魂費品題潑淚滿青衫無濕處一齊分付子規啼

·題秋思圖（取芙蓉露下落楊柳月中疏意）

玉露零秋紅銀蟾濯秋緑景物淡予懷幽思滿林麓逸情合古人高吟答空谷我欲溯洄從盈盈渺芳躅

暮秋同施井亭家竹舫弟小集不二菴話舊分韵

訪遍東籬菊已殘僧房小集愧盤餐窮愁兄弟離羣易老去秋聊飽虀一室閑尊還卜夜廿年回首憶追歡漏深且與分燈去相送溪橋月色寒。

送廖茶畦北上

氷泮長河草又芳送君那不九迴腸并州已是難為别何況并州非故鄉

再送茶畦

一杯未盡尊前酒千里空傷去後神别夢每牽垂老容離懷徒亂遠遊人江南烟月花當午河北風沙草未春到日燕台應念我尺書何日報紅鱗

西橋書所見

短短春衫杏子紗柴門小立夕陽斜前生應惱司香尉惡木偏
開絶代花謂伊父母皆非善類

送吴椒堂安葬北郊

死生交道友朋真總帳桐棺了夙因薊黙青燐三尺土北邙春
草埜詩人

范午橋明府招同人放舟篠園看芍藥

名園幽寂絶纖塵緑影紅香隔水濱颭餘春花餘露看花還
待惜花人

人語喧喧襍櫓聲歸舟那許得前行笙歌燈火匆匆裏水底魚
龍夢亦驚

朱鶴巢招遊湖上分韵

柳絮飛時芍藥新單衫恰稱軟風勻平湖似鏡懸清影老灰如
花戀晩春櫻筍還聯三月會鬢眉重見十年人夜來燈火催歸
棹到手深杯敢厭頻

湖上與郭霞峯話舊因過桃花菴茶話

金消粉冷舊園亭作陣飛花撲遠汀君似平山松栢樹十年重
見亦垂青

夕陽隐隐隔江濱一水何須苦問津且向桃花菴小住沙彌笑
指舊吟人

夜泊

一燈明野店萬響急殘秋薄霧沉沙岸涼蟾起舵樓村荒稀吠
犬水曲聚行舟繫纜沽村酒鄉思醉可休

喜晤崔吟香即用見投原韵

柴門踈樹裏冷徑獨吟秋有月纔憐夜非花不寄愁重來詩滿
眼别後雪盈頭莫負登高節相期更倚樓

秋日同人西郊訪菊

荒涼海甸不宜春暮景偏於冷處真白雁勞如行旅客黄花瘦
似感秋人閒中得伴情初愜静裏逢僧話最親緩緩行歸修竹
屋燒燈莫惜酒千巡

題双美圖

玉貌瑶篇對寫真佳兒更得石麒麟十分福讓卿消受妒煞旁
觀未嫁人

暮春孫春林招同人放舟湖上

筆床茶具列湖濱野艇清遊樂趣真新漲綠扶孥雨蓋遠山青妒畫眉人三更表舊思前度一晤良朋有夙因燈火長堤歸路晚碧天新月爛如銀

秋夜雨中懷郭霞峯

僻徑人稀到荒林雨易成蕉深孤燭影風攪百虫聲舊夢秋難破新愁老更生知音隔江水渺渺溯洄情

九日同人登五佛樓

清曉登臨夢不溫年年蹤跡寄禪門霜威半緊題糕客秋色全開落葉村千里關河通遠目一樓鐘鼓動吟魂天涯此會稱難得恵遠還能具綠尊

寒夜宿不二菴有懷揚州舊遊

布被繩床奈此宵無端蹤跡又僧寮荒菴夜雨燈初燼野寺寒更夢正遥老去吟情知漸減窮來壯志未全消紅欄碧榭飛觴處回首煙波廿四橋

過某氏園同人分韵

園通曲徑水通橋十畝閒閒遠市囂燕入樓台知有託花離蜂蝶亦無聊朝煙看柳青初染夜雨侵苔綠未消莫訝無人留過客深居人每惡漁樵是日主人避客

歸寺

大吠驚風葉鴉驚隔水燈那堪歸寺客來伴坐禪僧下榻憨司馬傳衣羨恵能衰年鄉夢短荒誕總無憑

東隐精舍看海棠分韵

海棠艷色開精藍脂凝粉膩春將三夕陽一樹睡正足態如妃子情偏酣香苞只合媚詞客柔絲那許牽瞿曇十千沽酒醉花底惜花四座爭清談良時相對不痛飲催人白髮將毿毿香詞麗句好聲價傳觀不用封瑯函揚州奇花萬萬本芳名頓使輸雲菴來朝更擬潑巨甕嫣紅彈指飛江南

范午橋明府招賞牡丹

十二雕欄護絳紗一枝纔放便繁華栽培未必殊羣卉富貴生來異衆花帶露濃情團艷粉當庭國色壓流霞主人原是司香尉笑倒金樽落日斜

題秋林落葉圖

秋老霜清林葉半蒼蕭蕭瑟瑟下殘陽莫嫌飄落羣芳後曾與扶持夢一場

紅橋柳枝詞

遮得紅欄一字平慣拖流水慣藏鶯萬株生長多情地只縮相思不遠行

十里莎堤散綠陰絲絲偏繫短長吟由人不知氣東風軟馬上樓頭一樣心

鏡裡湖光碧四圍依依嫋嫋帶斜暉一聲哀怨誰家笛寒食清明客未歸

顛狂風信過園亭孤負長條蜿地青作陣飛花春不管空勞燕語細丁寧

試燈夜作

春盤初暖酒盈觴兒女殷勤問異鄉月似明珠燈似海去年今夜在山陽

題節溪叔蕙葭秋水圖

不讀萬卷書不思隱幽谷不行萬里途不思結茅屋吾叔倦遊人心跡遠塵俗江花淺移情江鳥靜娛目念彼湖洄舟盈盈隔芳躅

和方岫雲平山看梅見訪不遇原韵

入谷水清淺空香靄餘暉雖非羅浮春亦覺山重園翠禽相對語見客如依依幽尋阻良晤歸路烟霏霏

揚州茶市口號

妙處偏教隔酒家到門新柳數枝斜盈魚影靜忘吞餌籠鳥聲多學賣花竹逕尚留霜後葉茅簷初試雨前茶論心四座忘歸去不覺高城落晚霞

梅花

癯仙欲訪路難真竹色松坪許結鄰山徑雲深疑有鶴水村烟冷竟無人尋僧古寺空塵夢襲我幽香是夙因清氣乾坤誰領畧皆蒼石瘦自成春

新柳和友人韵

剪刀風裡驗新芽早是依依向客斜畧點烟絲堪拂馬便拖金

綫不勝鵑春前未破封侯夢雨後偏逢薄命花我本長征老詞客又牽離思去天涯

真州道中即事寄柳冬蔡

新潮灩灩碧於雲波上双桅燕尾分山店杏花江店酒是何風味不思君

真州絶句

城南新漲漫沙洲雲際帆檣萬斛舟山擬修眉江擬鏡朝朝商女對梳頭

崔妃巷接酒金塘柳綠榆錢踠地長怪爾江城新燕子綠波低掠野芹香

黄泥灘頭水自波黄泥灘上満青莎襄陽女兒倚樓檣不學乘潮學棹歌

城西門外軟風時竹塢松烟步每進一帶好山青未了桃花紅煞浣紗祠

壬辰春日張丞巷司馬招集含烟閣聽小伶度曲即席限宮字

遲遲嚴日春花紅含情官閣花當中使君愛客座常満薛符丁柳燕張宮蔔萄美酒潑巨甕勢欲一飲千觴空分曹射覆不稱意快呼絲竹調春風平頭小伶列八九淺斟低唱何從容紅牙輕按拍每合周郎底事殷勤通（謂冬蔡）酒欄四座發清興更烹茗椀分詩筒香詞麗句各有派来朝紙貴江城東持燈小吏煦歸路渾忘漏鼓聲鼕鼕

贈小伶蓮官

六幅湘裙薄似烟教歌教舞夜燈前梨園十二金釵數覺爾温柔最可憐

問渠幾歲别爺娘也自逢人說故鄉我恨猶然是人子忍將鞭朴换宮商

羅襪香鞋好自珍盈盈小步洛川神高堂若認真雲雨不是憐香惜玉人

柳枝詞留别柳冬蔡即以蓮官爲囑

昨夜江城吹玉簫垂楊催放木蘭橈頻將送我青青眼看取依依最嫩條

六憶詞為蓮官作

含烟官閣幾消魂一度清歌酒一尊憶得新粧來冉冉櫻桃花底月黄昏

恠他生小便持齋泥我蠻音誤亦佳憶得禪房燈影裡為伊親換玉鞵鞋

一絲絲雨叩禪門短短春衫濕淚痕憶得沾泥私過我問他低語是斷思

憐香有容譜新詞兩度尊前慰所思憶得牽衣看爾去夕陽紅戀九靈祠

天寧東畔是秦樓又趁春風試茗甌憶得梨園人十二閑心偏爾在眉頭

情隨楊柳共依依別去翻愁夢到稀憶得真江分手處落紅輕撲小羅衣

暮秋月夜過張鉄橋寄竹軒

西橋西去路欹斜雲隠荒城月未華萬樹秋聲三寺鼓中間着个冷人家

紙窓燈火昔年情依舊相逢百感生我是飄蓬君斷梗算來天地兩勞人

夜泊

帆落歸鴉後村燈暗欲收水晃烟醲月樹借葉傳秋作客年年夢思家夜夜愁何須發長嘆生計在孤舟

聞梁小素由東魯復遊秦中作此奉寄

撥馬西行計已非況從東魯別庭幃微官萬里依何補太華三冬苦必歸漢代雄関開遠目秦時明月照征衣知君旅館聞雞處夢裡揚州柳絮飛

牡丹

洛下名葩品最尊幾枝綽約醉朝暾春風到此無餘力富貴輸他有夙根遮蓋錦棚非小户扶持綠葉要朱門不才潦倒江潭客慚愧天香撥酒尊

送節溪叔之雄城

新秧插水平田綠拂拂南薰吹麥熟千村萬落賀有秋樂歲嘸饑只吾叔造化小兒雖弄權金石歌聲出茅屋文章既許動公

卿萬事還君都不足曉鴉唬曙東門開征車愁見驅双轂令朝薄醉且踟躕後夜相思雉城宿

冬日過王平圃石畫軒奉贈二首

冷徑稀来客高軒抱曲廊石情生水墨詩骨鍊氷霜到眼無新艷論交發古香百城看座擁面面設吟床

其二

十年傾倒意一夕慰平生古貌垂青眼寒花掃俗情老猶覩翰墨貧獨守聲名正好追陪處驪歌動遠征

題孫順亭乘槎圖

君本浮家人更員浮海氣少年散盡千黃金壯歲論交天下士高秋八月東海来縱觀海氣凌高台茫茫萬國似可到俯視穴處胡為哉歸来兀坐不稱意趍利爭名總兒戲安得張騫八月槎河源直溯窮天地劉生東魯丹青豪相逢大笑傾醇醪興酣為君拂絹素筆底早覺生波濤龍門砥柱如在目此身始信輕鴻毛支機錦石期必得那暇回顧瑶池桃圖成淨掃懸素壁玉椀金觴醉令日他年萬里賀歸来更倩劉生好手筆

新涼夜坐

西南纖月墮梧桐簾捲湘波七尺風露冷香殘人寐不秋燈青煞雁聲中

題對山圖

征衫席帽早閒閑閱盡繁華只等閒莫謂先生阿所好對人不厭是青山

八月十四夜月

未度分秋節先教一鏡懸天心留未滿人世重將圓魄正全低樹光清欲化烟来朝晴未卜珍重此嬋娟

登求聲台

過艾菱湖暮雨収荒台寂寂繞寒流芙容未放蘆花濕勸個方塘一鏡秋

題常上人掃葉圖

袈裟偏袒茂林邉一幕分明一指禅春掃落花秋掃葉工夫全在不風天

答徐弁江一律即用見投原韵

一笑相逢慰盱思柴門流水夕陽遲烏絲小疊迴文字謂姨夫人善詩
紅豆新徵絕妙詞花月憐君心似錦風塵誤我鬓成絲来年此
會知何處應在春明放馬時

寒夜與江片石話舊

蕭蕭襆被又深冬窮海江淹喜再逢五夜氷天千里雁三更塵
夢一聲鐘青衫未减從前恨白髮新添別後容珍重燒燈歡此
會小樽初破臘缸封

喜晤王春明廣文

十日淮陰放艇遲聮床幾夕慰相思推蓬記否匆匆別板浦秋
燈夜泊時
別去三年作冷官一枝風雨報平安先生寄予墨竹題有一枝風雨報平安之句兩
令又鼓廬陽棹未了平生苜蓿盤
相逢絲鬓各驚秋刻竹評花記昔遊一曲東風扶睡起双鬟唱
遍十三楼先生有東風扶浔初眠起人在紅楼唤賣花之句一時膾炙人口

秋夜葉詠亭招飲

遠客萍踪合来過薜荔門風騷餘此席燈火一開尊夜雨洗桐
葉秋蟲吟草根烟霞他日約好記水邉村藍田村詠亭故里也

王春明廣文贈墨梅便面

王子梅花世稀有一點一圈期不朽亂烟滿紙月無聲九十春
歸寫生手廣文才調原三絕屏障家家争點綴多情贈我素羅
紈觸手紛紛落香雪

雨夜

寒雨落燈花窓風瑟瑟斜無愁不尋客有夢必還家伏枕悲長
計聞雞發短嗟十年氷雪路踪跡每天涯

送湯亮齋明府轉餉蜀中

烏道蠶藂策馬過使君轉餉意如何風高夔府朝盤棧雪滿巴
山夜渡河十萬黄金原重任六千征路且長歌錦城二月歸宜
早莫待春深杜宇多

友人歸自塞外喜而有作

白草黄沙出玉門忽傳　天語降春温三年遠戍違親舍萬里
生還是　主恩窮入邉詞無怨調磨殘衣綫有啼痕文章福命
都休論且與琳宫潑酒尊

題儲玉琴畫溪春泛圖

青山面面翠沾天，佳處憐君未買田。兩岸桃花紅欲雨，一溪春水綠成烟。美人消息吟香草，詞客生涯託釣船。我有先人耕讀處，不扶歸棹十三年。

哭王姑母二絕句（一生苦節，三世孀居）

素裙縞袂叠空箱，一日何曾拭晚粧。怪底生前心是鐵，桐棺到死結冰霜。

殘機破鏡跡猶存，隣里傷心感淚痕。堂上三棺燈一穗，不堪孀媳夜招魂。

九日登大悲閣有懷孫秋雪

迢迢故里輕離別，歲歲他鄉說壯遊。老去年華難作客，愁邊佳節且登樓。霜晴野寺題糕日，人病空山落羽秋。最是遥情禁不得，一行征雁起汀洲。

重九後二日妙上人招同鄉諸子過蓮花律院賞菊花得臺字

九日驚心過，還期看菊來。霜花圍佛舍，秋色上蓮台。鄉思應同遠，高懷且共開。山僧清話久，踏月故遲回。

木芙蓉

水外橋邊見幾枝，天涯霜信欲來時。紅粧未免臨波冷，晚嫁秋風敢怨遲。

小春日柳東籬招同許顧菴、李見亭放舟湖上分得山字

天涯容老屋三間，重泛名湖且未還。岸曲紅遮臨水榭，樓高青籠隔江山。輕舟似芥何須繫，仙侶如鷗慣愛閒。如此梅花如此月，鄉愁旅恨一齊刪。

寓齋秋花並書所見

玉指偏慳刺繡錢，憎他抹麗髀香肩。十三十二隣家女，來摘墻陰紫鳳仙。

小雨繞過薜荔墻，亂牽新葉豆花香。最憐柔綠陰添裹，織碎西風絡緯娘。

秋夜懷芍田二兄

涼風吹已歇，古樹葉空驚。獨雁有哀響，秋虫無熱情。一燈青自照，双鬢白全生。兄弟関河隔，相思夢不成。

題廬山策馬圖送柳東籬之西江

風峭雲深雪意催隔江梅柳逼春回匡君莫置潯陽酒客向廬山并馬來

屏風九叠足清遊歸路烟嵐趁嶠收記取西泠春二月杏花紅壓木蘭舟

寒夜懷柳東籬

人去西江恨已深誰家吹徹玉簫聲此身願化車前草一寸相思綠一程

殘年行李記匆匆春信江南已暗通柳正鵞黄波正綠歸期莫誤落燈風

送趙蘭風歸杭州時予將返吳陵

人返西泠雁北歸梅花幾處早香飛怪來秀色詩篇滿家住春山碧四圍

上巳前一日同人約遊平山雨阻未果因集東隐精舍分得柏梁體

湖波碧綠生魚鱗鶯花三日催佳辰拏舟載酒聯吟人宵來一雨青春頻禪房玉樹光如銀（時玉蘭大開）衝泥着屐來佳賓筆床硯匣紛襍陳新詩落紙清且真上方鐘磬鳴西隣僧厨蔬筍何鮮新同餐一飽皆前因異味何必羅山珍浪遊我輩俱閒身追歡夜半還逡巡後期相訂湖水濱更看柳色無邊春

坦菴叔寄詩綾詩以謝之

窮海商飈急暮砧尺書珍重到荒林一端香綺憐新樣半幅紅箋得古音松菊久踈詩酒約闗山遥隔水雲深十年別夢真彈指只有凉蟬見此心

春陰

東風料峭釀春陰細欲成絲織遠林紫陌泥酥盤馬路紅閨香冷惜花心一簾舊夢沉沉暗三月新潮故故深我是江南老詞客宵寒無計戀重衾

壽坦菴叔五十

七載餘杭好政聲服官到底重科名半湖秋水開詩境一片青山擬宦情渺渺鄉書傳旱雁迢迢歸思及春鶯萱幃棣萼相輝映正好扶摇九萬程

同人湖上看芙蓉

霜侵紅粉隔湖陰，臨水何人仔細尋。莫訝淒清秋艷冷，大都遲暮熱情深。白蘋未許爭香影，黃葉何曾識此心。慚愧沙棠舟上客，鬢絲蕭瑟起孤吟。

題垂釣圖

碧波風細柳毿毿，倦客春愁水不如。莫釣紅鱗三十六，此中多有故人書。

故人交已遍天涯，幾个投閒上釣艖。顧我竟無田二頃，綠蓑青笠共浮家。

小春柳東蔡招遊湖上因訪西崖上人

零落芙蓉事已非，因尋蕭寺叩雙扉。僧隨黃葉秋來瘦，客似浮雲冷不飛。大覺鐘聲催短夢，小春山色耐斜暉。新寒莫漫迴闌檻，正好燒燈緩緩歸。

老驢

鞭策關山過一生，關山記誰與記生平。竟無名姓馳雲加，尚存河橋踏雪名。猶積已輸牛自在，識途甘讓馬分明。皮毛瘦落寒郊外，殘月霜天時一鳴。

歲暮客中書感

衰年蹤跡尚閒閑，歲事催人鬢欲斑。如印與州壍一笑，無青只有隔江山。

新草

離情一片夕陽低，又見青青貼軟泥。燕子來時春尚淺，王孫歸路色初齊。簾前漸欲侵羅襪，陌上纔能沒馬蹄。賦就江郎真彩筆，綠波南浦更萋萋。

暮秋同趙樸軒昆季登大悲閣

蕭蕭落木送殘秋，客路登臨感舊遊。高閣霜威催白髮，大河風勢剪黃流。南來斥堠通京口，北上帆檣接楚州。多少閒閑搖落客，憑欄又起故園愁。

嫁女詞

鳴雁聲中畫舫迎，兩頭簫管艷秋情。長河三百南來水，流盡嗚嗚戀母聲。

別母三朝淚未乾，紅閨曉起怯新寒。小姑縱授調羹法，舉地翁

姑事更難

將之淮陰留別趙樸軒昆季

冷容世皆輕君家重古情開尊秋意暖留榻夜燈明慷慨憐新句殷勤慰遠征不堪重握別明日又閒程

其二

海內論交遍唯君知我深鄉園貧後感風雪臘殘心最易逢輕薄尤難得賞音天涯生計拙相對發長吟

其三

連宵相別意不語剪燈時歲月人千里關河酒一卮添衣安旅況聽雁起相思落月虛堂裡踟躕步每遲

其四

河梁分手處欲別更依依顧我綢繆意茲情肯月稀白田聽鶯道淮浦釣魚磯兩地相思意蒼茫怨夕暉

別六妹

不是在家別潺潺淚更深長征予已慣遠嫁爾何心菽水尊姑舅閨房重瑟琴春前應再到行矣莫沾襟

題趙樸軒聽楫樓

長笛何須弄遠音倚樓情寄碧波陰月從款乃聲中得詩向咿啞響處吟破浪未舒千里志乘槎先動九秋心西風吹水遲遲晚尊酒何還期坐夜深

梅花同稼軒分韵

路入前村一徑荒橫斜疎影在昏黃蹇驢過壩雪初霽古月入林春始香韵別有心成獨笑品高無意壓羣芳欲尋修到真消息流水空山正渺茫

二軒詩為楊稼軒趙樸軒作

稼軒詩筆如游龍雲間變滅難追踪又如神禹之九鼎百怪斑剝流青紅樸軒之詩如春風吹人心入蘭蕙叢二子讀書破萬卷豎儒學步徒匆匆霜橋僻處東海東少年意氣高雲鴻破産百萬供一擲狐裘欺雪何蒙茸黃金到手去已盡老屋敗落無春冬蓬蒿我華肯久霸山妻稚子多愁容出門無聊弄筆墨結交海內稀豪雄秋風北征淂二子握手大笑開心胸登壇橫索大句讀剪燈不許青尊空有詩抵掌發高論堅坐往往聞晨鐘

樸軒居八寶稼軒居淮陰鄉愁旅況皆關心二子是我真知音
吁嗟乎二子是我真知音酒酣雄劍光蕭森

雪雁

天白遲孤影江昏失舊羣模糊離遠塞滄波入同雲獨客愁難
見寒閨夢懶聞鄉關何處是我亦惡紛紛

水仙花

纖埃滌盡出靈根羅襪芳踪想像存楚楚風裳飄素影珊珊瓔
佩襲清䰟含情小盎香初暖欲語寒窗火正温白石一拳相倚
處冰姿宛宛淨無塵

凍雀

飲啄何甘託野蒿營巢往事笑徒勞久無花葉容栖息只有風
霜逼羽毛入幕孤踪殊寂寂報更小語向嘈嘈寒窗亦有悲歌
客擁鼻愁吟對汝曹

寒鴉

寒鴉如落葉不定暮天飛已許投高樹何須亂夕暉孤鳴鴻正
杳靄嘹嚦先歸寂寞江村客相看獨掩扉

客中立春

兩度殘年客裡身寒燈旅館獨傷神如何今夜還家夢只見冰
霜不見春

玉椀金貂酒易深兩行絲管畫沉沉陽春似與朱門約不暖天
涯冷客心

釵梁彩燕及時新幾日鄉園門好春遥憶紅閨小兒女草薰風
暖盼歸人

感懷

秋月不長圓春花不長好人生百年間倏忽同霜草蟪蛄亦已
鳴芳蘭亦已槁對鏡發長嘆鬢眉就衰老

春水六憶

新潮夜夜撲江沙綠過柴門未有涯憶得紅橋西去路一春溶
漾送桃花 揚州

蘭舟兩兩載清謌遲日東風綉碧羅憶得秦淮春二月棗花簾
影映横波 南京

白田新漲碧差差兩岸垂楊搭軟絲憶得春帆初上閘美人相

送託清詞賓應

三城燈火鬧春紅仙侶同舟坐晚風憶得冰輪圓到水蓮花街北夕湖東淮安

波寒波暖鴨先知一片粼粼貼海池憶得香羅春浣處柴門半掩杏花時興化

吳姬花外出新粧燕尾双梳稱短長憶得溶溶川上月玉簫聲裡過山塘蘇州

寄內人衣

天末秋將半涼風動水濱誰知望鄉客翻作寄衣人綠密煩他手綿多着爾身一函封已固珍重付鴻鱗

棠湖晚泊

湖波清且潔晚泊近沙洲双雁白浮水一花紅為秋年清華消客路生計羨漁舟待月沽村酒長吟破旅愁

秋夜同人泛舟湖上

百虫爭叫月一水泛生秋野火隨湖落汀花帶露收空明思舊夢飄泊戀孤舟不盡悲涼意長謌起夜愁

題空山避暑圖

紅塵飛不到此地足佳遊樹密晴疑雨山深暑亦秋夕陽明石屋遠水動沙洲高步情何限長歌任去留

斷鍼吟為李晴山先生母胡太夫人作

母鍼夜不停兒書夜還讀青燈一點搖秋光母鍼忽斷兒書續孤鴻在天孤琴在屋此時不作吞聲哭兒成名兮慰母心黃泉厚夜何幽獨

題樂圖為黃山吳岐泉作

青山卷盡水增波茅屋桑田路逶迤種稻便知虧已少栽花到底誤人多岐山將揚州花圖盡行棄去一春布穀啼深柳二月甘霖潤綠蓑我亦有田耕未得十年歸夢負烟蘿

題竹溪獨步圖

秋林鳥飛盡昔徑客來稀竹色涼於水山光青到衣放懷吟好句獨立對斜暉何日共攜手相將入翠微

梅竹杖謌為張石帆先生作

梅魂夜繞湘江曲夢雨酣烟潄寒綠湘娥環佩来珊珊雷迸虛

沙挺梅竹石帆山人老且狂扶持得此差相當携之莫過揚州市恐驚羣豎紛喧擾

題胡芑堂乘風破浪圖

元氣淋漓有路通茫茫莫辨水西東波掀蓬背晴疑雨疊拜船頭夜始風走海心懸三島外瀲天詩在一尊中何當共把深杯去醉看扶桑晚日紅

歲暮過西上人茶話

塵世紛紛歲暮心幾人步屧到珠林夕陽滿地春蔬綠新月一溪寒水深掃徑漫尋幽僻地焚香先續短長吟支公坐久原無說一棒踈鐘出茂林

上袁簡齋太史

玉堂聲價本清華老去還看賦八叉名豈一官關寵辱胸寧萬卷負烟霞補遺恩比收枯骨先生云收刻詩強麽枯骨遺愛士情同得異花我本無聞江海客也隨披汰出泥沙時拙句蒙收刻補遺詩話

試燈夜作

四山晴雪月華新大地寒光絕點塵五夜香分沽酒店六街紅散踏燈人淺斟低唱從他樂煮茗敲冰耐我貧西郭梅花春信早青鞋須辦早尋春

贈魏松濤明府

詞名霹靂動公侯秋水春山入壯遊不是前身白司馬如何清政播江州先生曾任江州司馬一樓烟雨足閒閒嘉興有烟雨樓家住鴛湖杳靄間多恐蒼生望霖雨謝公未許卧東山

重 折柳詞送孫順亭西行

誰把長條到處栽東風未許拂塵埃春來只覺多離别一路青青倦眼開

春日齋居懷楊湘帆

垂老謀生拙偷生豈是真舊遊都是夢新詠不關春花亂影欲留客蟬聲能倦人知音隔湘水多謝寄書頻

秋夜懷范松亭司馬

煩暑因風退新凉入夜生夢殘孤燭影秋聚百虫聲落莫無新意飄零感舊情相思隔天末宦況水同清

暮秋偕友人放舟西溪訪羅東籬

相逢一笑鬢毛蒼依舊重來古佛場慷慨登舟同眺遠飄零得伴亦何傷水當秋老波還綠樹到霜晴葉更黃為訪羅含幽僻地菊花時節太匆忙

蝴蝶

獨憐踪跡寄濃春欲繪風流恐未真野圃晝隨挑菜女山橋多逐賣花人難忘謝逸詩中畫可是莊周夢裡身趁得江鄉遲日暖紛紛飛去撲香塵

錦帳

古錦四垂影奇花十幅痕窗中誰組織端欲問天孫

綉枕

刺出新花樣雲鬟笑倚看此中香夢穩何必到邯鄲

題淡粧美人

綉閣吟成七字詩輕寒輕暖淡粧時婷婷素影誰堪比春雨梨花第一枝

新燕

烏衣來幾日還認舊朱門雨捲湘簾綠苔封故壘青鳴春聲漸急掠水影難停任爾銜泥去休教點畫屏

小山花氣

老桂花繁秋正新一拳點綴石嶙峋濃熏絮帽山中客淡染秋衣月下人如霧如烟看不定是香是色認難真西風轉瞬飄金粟更得携尊坐水濱

美人蕉

慣向西風展綠陰看花偏愛粉痕深最難秋雨秋風夜抽盡相思一卷心

女兒紅蘿蔔

香含微辣葉青葱紫笋朱櫻落下風宛似蘭閨舒綉抹 圓初破乳頭紅

碧紗廚

環繞冰紗位置幽那知赤日已當頭招涼却暑三弓地鎖霧籠烟四面秋息影偏宜高士夢留香不散美人愁平生得此清虛境滌熱何須風滿樓

曲肱

拋書閒坐霎午倦欲凝神肯學蒙頭客應憐隱几人何須高置枕儘可暫安身一覺羲皇夢無勞更欠伸

擁鼻

袖裡通呼吸迎寒擁更深不聞塵外味轉耐雪中臨冷暖頻過眼酸鹹靜在心紙窗相對處未許篆烟侵

隔江山色

朝嵐夕翠費疑猜一兩修眉肯暫開只有歸帆攔不住帶將青影過江來

石橋水影

疊石橋排雁齒斜清流幻影自周遮波心低壓依人柳油印輕浮得月花薄似秋溪三里霧淡非奩鏡一層紗扶欄最好觀魚處不礙紅鱗躍淺沙

草屐

織草成双屐穿來價安低捷能先蠟屐輕不滑街泥印雪飛鴻爪驚塵異馬蹄只愁情不久棄置路東西

舟中聽雨

水窗高枕處頓覺嫩寒生客夢隨波散秋心聽雨清剪燈分夜話擊鉢繼詩情隔岸雞聲晚江天放快晴

落花

溪流婉轉送殘紅吹得胭脂樹樹空檢點園林閒落事春波情重勝春風

紅葉

蕭蕭幾樹艷秋思又是西風落照時羨煞白雲山徑客停車看煞冷胭脂

病葉

葉到秋來亦病魔幾枝病葉戀高柯非關霜染全消瘦總為扶花恨太多

黃葉

一樹蕭蕭泛夕陽園林昨夜點新霜莫因憔悴無顏色曾共春紅夢一場

冬日後圃小集

峭風催霜林乾葉落無数深巷偶来過幽栖得良晤高人跡本清寒花香亦素壺觴隨意陳残陽下烟樹

歲暮将返海陵留别葉詠亭

旅館驚心歲欲闌歸舟又擬别江干林舒氷雪春田易人到飄零老更難顧我每愁生計拙多君好作弟兄看落燈風裡抽帆便再與傳杯續舊歡

菱塘月色

菱塘面面接江干照澈銀蟾夜未闌七尺難容光五夜一輪先壓影千盤敢邀素女臨秋水似唱菱歌達廣寒桂楫蘭舟歸去後漏深有客獨凭欄

茅屋炊烟

西風瑟瑟冷秋郊秋稼豊盈好結茅晚爨田家疎樹裏望烟無数鳥歸巢

盆魚

觀魚臨細水花覆一盆陰未満衝波忘空懷棹尾心鏡中游自得濠上樂難尋即此聊娱目何須較淺深

爪棚

亂竹編棚矮瓜浮五色精摘来宵露冷剖雪嫩涼生齒滑甜漿湧心清濟暑平最宜行旅客栖息片時程

秋柳八首

扶欄記得影條條瘦盡秋魂不耐消趙北燕南重過雪那堪回首十三橋

依依無復舞風前沒煞眉痕欲化烟若使靈和今日見不將張緒擬當年

隐隐紅橋落照斜空思舊夢並桃花一枝已是傷春暮猶自臨風帶晚鴉

拖烟挂月渺芳踪舊日垂垂眼界空吩咐司秋青女護留他幾葉待春風

陌頭誰不惜青青抹雨撩風眼倦醒瘦影自憐攀折盡送行人不到離亭

舊舞纖腰不可論幾枝憔悴沒烟痕孤城莫更吹羌笛昨夜新霜度玉門

鵞黄新綠影参差惹恨牽愁二月時一自封候夫婿杳倚楼人亦鬓成絲

冷落柴門秋已深幾林蕭瑟不成陰残絲断縷西風裡正合淵明解組心

砧聲

一夜新霜到隔簾江城户户杵輕拈音傳紫塞三更夢加盡紅閨十指尖早是凄清驚落葉不堪蕭瑟送涼蟾秋衣擣就皆辛苦遠寄征夫仔細尋

白秋海棠

疎林着衣洗胭脂又是西風瑟瑟時凉月我憐清淚應素秋誰續斷腸詩霜清欄脚分千朵粉冷墻陰見一枝誰謂無香稀顧盼有人團扇立堦墀

雲影

一片輕無着隨風點染深入江魚水色挾月麼花陰淡漸濃霧影濃遮出塞心長空天萬里冉冉下疎林

觀音柳

幾株揺拽海南頭耐得春風耐得秋辛苦千絲和萬縷可能牽斷世人愁

王母桃

小春依舊笑東風花發瑶池两度紅若使寒霜能結實三千歲在一年中

羅漢松

十六人中性最殊蒼顔幻出歲寒圖佛門任爾觀空眼也要垂青五大夫

孩兒菊

菊花贈以嬰兒號秋士難成北角吟采罷悠然歸去意淵明原自有童心

玻璃窓

綠紗何必購璦窓幾眼玻璃製造良清透蟾光偏攝魄薄搓花影不聞香輕籠淡隐迴歌舞似有如無隔洞房一片春冰融不化夕陽紅處起幽光

梅花嶺登高

梅嶺秋高墓道斜登臨客到亂啼鴉霜前一樹冬青葉猶結孤
忠鉢血花

上方寺登高

興客題糕到上方鐘樓佛閣半斜陽一條歌吹揚州路張祜何
因為死亡

秋日登平山堂

容路離懷迥不開又携仙侶上層台霜天雁陣橫天去風捲寒
濤匝地來潑眼秋光青入畫隔江山色秀成堆無邊景物繞佳
興慙愧抽毫作賦才

暮秋湖上二首

蘭棹桂楫亂歸舟百幅瑶箋紀勝遊四座高朋初鬥酒二分新
月正當頭清音幾處橋邊曲夜火誰家水上樓寄語嚴城休早
閉有人湖上正吟秋

驚心九日客中過又訪禪關到薜蘿秋葉綠乾雙寺冷夕陽紅
濕一川波霜晴野圃饒蔬筍秋老歌船尚綺羅更向平山深處
去南枝消息近如何

花市

能開一市閙河陽玉蕊瓊英列兩行春破千紅爭艷色天教百
美鬥新粧頻邀貴客看時價慣惹湘裙過處香望去渾如蠻錦
帳蜂聲蝶影太匆忙

晴空

四掃纖雲淨青霄見幾重霜高踈舊影木落潔秋容放眼無塵
翳登樓但夕舂宵來堪畫處好月挂前峰

氷條

寒結瓊英夜不收霜花雨跡慣堅留晶簾琢就排簷隙玉筍搓
圓出冷溝似筋難容高士手如簪不上美人頭和風莫漫輕吹
折好映銀苗起畫鉤

春草四首

慣近清波疊翠深慣依花底綠成陰閨中陌上傷春意難剪芊
綿一寸心

半消山逕半閒門綉盡平原舊燒痕自是天涯歸未得莫生宮
道怨王孫

嫩葉柔香貼地輕，春來無處不叢生。尋常一樣青青影，纔襯弓鞋便有情。

閒堦雨過色偏新，深院描摹淺淡春。一片青烟收不起，關心早有隔簾人。

秋草二首

蕭蕭荒落舊林亭，春去池塘夢亦醒。轍跡蹄痕重過處，夕陽猶戀一痕青。

台荒苑廢少人蹤，濕雨昏烟恨幾重。莫向秋娘怨遲暮，秋娘絲鬢已如蓬。

抱膝

抱膝床堪倚，閒情静裡生。跏趺身半穩，箕踞勢將成。不作搴裳想，還同接襪情。春風輕過處，放手踏花行。

遠浦秋帆

慣向天涯送客舟，波甜風飽力難收。迢迢幾片真如畫，一幅斜陽一幅秋。

蜂衙

葉底群聲報午衙，匆忙隸役一身兼。升堂濟濟同懷刺，呵殿紛紛各為甜。釀窠成房非淺薄，采花判語亦尊嚴。放衙退食歸清署，更抱濃香仔細尋。

螳螂娶親

草虫也解結姻盟，枝上香巢搆早成。拒轍豈無花納采，當輪自有臂親迎。蜂媒蝶使春同會，桂子蘭孫夏始生。燕爾餘情還奮勇，園林五月有蟬鳴。

罌粟花

佳名也許賽花王，綠葉扶持出艷粧。五色香能兼衆品，一囊春足壓群芳。如罌未必供人用，結子偏教入藥方。拂拂南薰催放處，層台亂舞綉衣裳。

月月紅

開落難消雨露中，含香月月倚東風。亂飛深淺三千片，細數年華十二紅。傍樹鶯聲情共处，到簾蝶夢長通。烟迷小閣幽尋外，故眼翻憐色相空。影

黑蝶

一染緇塵誤夙根飛飛宜近月黄昏烟迷莊叟春前夢墨點滕王畫裡魂簾隙撲時難辨影花陰戀處覓無痕瞞他舊日尋香伴鴉鬢輕沾色已渾

園林新夏

未冷花前爛熳心惜春又作送春臨消魂一夜西窗雨盡把殘紅换綠陰

客中春夜

旅館燈無焰爐香篆欲空夢殘三月雨春緊百花風往事悲歌裡新愁醉眼中故人今宿草撫枕意何窮

江村夜月

共此高天月江村占獨多一輪光瀉水萬樹影生波皎潔驚烏鵲空明照碧螺良宵真不負長笛起清歌

花扇

團團巧製上釵梁刻翠裁紅助艷粧小撲驚替堪却暑輕搖鴉鬢細招涼畧親花鼓梢偏颭繞佩靈符影亦香兒女晚窗喧鬧處江南風景近端陽

新茶

箬簍橫斜幾道封雨前珍重寄廬仝初嘗乍辦三江味小試還生兩腋風葉泛濃香侵口角花翻嫩綠隱杯中日長最好消春困竹裡新爐火正紅

蟻陣

是誰探穴教孫吳什伍紛紛儼壯夫赤土已排千騎出烏衣肯使一軍孤干戈總入南柯夢蛇鳥俱然西蜀圖微物能明征戰法人間深愧讀陰符

松花

蒼波黛色疊成陰一種松花耐苦臨欲放枝偏封艷色後雕香肯鬬春心濤聲細響含苞迴蓋影輕遮結子深分付沿溪桃李樹飛花不許入長林

薇帳

蜀錦橫開滿架陰疑脂膩粉結成林四圍翠繞蜂聲亂十幅紅垂蝶夢深鈎起濃香風著加寵來艷色月鬬心山窗鎮日勞相護不費春工刺繡針

山房聽雨

山房一雨樹全昏，瑟瑟蕭蕭點旅䰟。但覺潮聲寒到枕，不知溪水綠當門。推窗平野添新漲，對我遥山失舊痕。麥壠秧畦生意足，烟簑風笠滿江村。

煎裙女

姊妹煎裙會，相邀向水濱。一條波折影，六幅浪生塵。解佩思遊女，通詞擬洛神。踏青歸去好，清潔趁餘春。

草茵

展向平原一望濃，何曾組織費春工。青鋪最好當窗雨，綠擁難禁貼地風。石枕輕安偏細細，弓鞋緩步轉茸茸。牛羊卧處休鋤剗，留襯山谿夕照紅。

桑陰

千樹陰成雨後桑，村村團圓沒斜陽。青分趁女眠蠶室，綠映與姬采葉筐。豆架虛傳延落影，瓜棚空說受新涼。何如十里森森裡，陌上城南引興長。

蛙鼓

一片閧然奏，池塘處處蛙。是誰開兩部，乃爾競斗撾。吹稲依青壠，催花到綠涯。遥遥傳暮鼓，聲入楚王家。

蟬琴

宛似鳴琴撫，知蟬寄託深。人間推絕調，空外覓知音。五夜吟風興，三秋咽露心。曲終渺無際，一樹碧烟沉。

蝶衣

愛爾花間蝶，翩翩舞羽衣。粉光融細雨，金色爍晴暉。原是羅裙化，依然綵袖飛。天工裁剪妙，剛趁王腰肥。

無題

纏縛春蠶到死心，瓊窗十二鎖遥岑。一絲金線針猶度，千尺桃花水不深。有字香應勞繾綣，無聞夢亦費沉吟。瑤箋久定同心結，青鳥西飛沒信音。

楊花二首

記得青青滿灞橋，纏綿幾日作花飄。如綿糝徑粘難穩，似雪漫天曉不消。遲日高樓休望遠，晚風旅館太無聊。閒心偏是閒梁燕，語遍長條復短條。

嫩晴

輕寒輕暖戀吳綿，一線晴光小閣邊。容易清明桃菊雨，最難安穩養花天。偏宜十五人栽錦，未許初三月上絃。預怕春郊行不遠，何妨買屐費青錢。

釵符

釵符輕點鬢雲妝，粧飾何須艷石榴。剪綵豈宜君子佩，辟邪先上美人頭。肯隨艾虎虛爭勢，不怕花妖夜出遊。笑插紅羅鴛帳外，無愁新夢擁香篝。

艾人

翠葉柔枝賴野蒿，象形裁剪亦勞勞。及時無怪垂青眼，當午居然著綠袍。席上衣冠原渺小，門前聲價頗清高。一般優孟同粧飾，笑對蒲觴興亦豪。

續命絲

輕編彩線影飄揚，午日嬉遊鬥艷粧。憑小承恩絲恨短，屈原無命縷宮長。佩時合並靈符巧，繫處偏聞角黍香。願得纏綿長繾綣，莫教容易棄宮箱。

合歡索

絲絲彩縷樣新編，歡喜居然借線牽。五色輕拖同少長，一家分繫樂纏綿。香凝素腕斜增艷，釧壓黃金近有緣。羅扇頻揮酬令節，好將絲繞護清圓。

池邊桃花三首

艷色照清波，紅香妝不起，疑是曉粧人，臨流棄脂水。幾樹夭桃夾岸，一溪香水傳神，解得春情活潑，武林舟上漁人。

桃花灼灼映方塘，不把繁枝倚綠楊。風起春波明似鏡，一層波影一紅粧。

瑣碎

斜倚銀墻淡夕曛，春工着意纈清氛。絲牽玉扣穿難解，風亂金刀剪莫分。葉底攢香疑化雪，枝頭結蕊欲成雲。佳人素手休輕折，自卸羅衣向夕薰。

賦得紅粉飄零我憶卿 用轆轤體

紅粉飄零我憶卿，十年重見倍關情。春殘不耐桃花雨，月缺偏傷杜宇聲。金屋宵長人宛在，玉爐香暖夢還驚。江洲往事心牢

記說到青衫淚欲傾

歌台舞榭夢難成紅粉飄零我憶卿靚面可堪同薄命閱心記否話長生愁如芳草無涯影恨比春潮不敢聲多少相思襟離緒江南花落又清明

一斛珍珠許訂盟當年走馬得傾城綠窗春戀膠投漆紅粉飄零我憶卿對月每思清鏡影畫眉難罷遠山情春蠶到死絲誰割欲向如來問再生

幾番寤寐結遊情聽澈江城玉笛聲夜雨梧桐秋九月春風楊柳漏三更素琴冷落凰求鳳紅粉飄零我憶卿私語私情傳不了此心到底不分明

玉枕香酣且共傾燈前一笑話三生從前舊約寧無恨未死春心尚有情蛺蝶重逢花欲老鴛鴦再聚水猶清莫教驪唱催分手紅粉飄零我憶卿

西窗夕照 江村八景

一片夕陽晴返照西窗屋紅煞倚欄人千林失新綠

香葉草堂

老葉老生新翠高柯發靜香草堂垂蔭霧含得古風霜

小秋山

月色皎如銀山光清似玉亂響急風廊紛紛墮金粟

耕烟閣

花雨一犁紅春耕滿眼中此間有瑶翠何必定呼龍

一草堂

溪上一亭孤儼似浣花曲誰為地無多烟景收偏足

渡鶴橋

碧水照仙衣紅欄共小步雲外暮烟來芳踪應不誤

文杏山房

輕紅當戶見薄粉隔簾浮此地堪聽雨何須上小樓

因是菴

因是以名菴此中滋味永欲識大悲心一片慈雲影

錫簫

錫簫吹已聽頻頻節序驚心欲暮春曲菴冷吹調粥容鬧門輕唤弄擲人斜陽小市聲初遠寒食荒城韵轉新去去餘音猶未

了亂他鶯燕語江濱

詩塚二首

千箱萬卷繫人思風雨名山合葬時分付北邙新故鬼月明休唱鮑家詩

松楸琵琶冷烟痕一樣椒漿奠墓門待得清明寒食節何人剪紙爲招魂

種梅

欲占春前景先栽雪裡花水邊孤萼破竹外一枝斜漸許橫烟影繞堪隱月華鴉鋤親着力加意擇泥沙

其二

水土滋培後虛窓正晚晴一亭蹤影瘦四面暗香生灞岸詩初就羅浮夢早成此中有高士靜聽皷琴聲

種竹

種竹待成陰蕭疎一徑深未過消暑日已有聽秋心渭水饒清夢湘江入夜吟梅花春信早好與共成陰

孟嘗君

海內先傳愛士名孟嘗接納費心平報關不得雞人早焚券何由見寵成稱意施恩歸薛國快心復相返秦兵紛紛門下三千客端賴馮驩定一生

春申君

早爲襄王作使臣幾番身入虎狼秦先歸夢子功非小不用朱英禍果真十二金城封上相三千珠履宴嘉賓劇憐名重三公子輸與陰謀一婦人

小青

恨比春江水更深亭亭瘦影怯孤吟他生莫問司香尉一樹桃花死後心

小紅

絕妙簫聲絕妙詞姜郎重色太情痴盈盈十四橋邊水正是烟波合拍時

小喬

肯讓娥眉阿姊欺周郎一顧更相宜吳江不是東風便幾作曹瞞第二妻

小玉

誰將往事艷詞揚小玉楊妃事可傷割愛負心同一死十郎情薄勝三郎

搔背

易暖匝陽背難安捫虱身重輕隨反掌痛癢莫憑人掉處尋非遠搔時認自真麻姑饒指介未可借頻頻

淘藕

湖天花事了雪藕采何頻不畏淤泥染方知淨潔身輕浮當水靜幽脆入船新擇取休教盡留根待洛神

竹杖

已笑刻鳩拙成龍事豈真扶持憑勁節依傍託湘筠策杖花動拖分徑草新柴門相倚處始信一枝輕

桐嶺秋聲

哀蟬落葉兩無情美盡長宵一夜聲桐嶺誰吟含恨賦燈窗我怯不平鳴尋來卻許青衫濕聽去能教白髮生正是秋懷無賴處風鈴簷馬更淒清

暮秋同人登文昌樓

長空一片亂雲收落葉聲中客倚樓斷壠荒煙隨苑夢遥山疎樹楚天秋新霜故里催黃菊舊雨他鄉感白頭到手深杯莫辭醉憑高且與散離憂

秋草二首

誰家小隊獵城西忍見芳心踏作泥不是湖邊當日路鷓鴣何心盡情啼

茸茸曾記满江皋轉瞬新霜點二毛昔日臨人今欲老不堪憔悴舊青袍

囊雲洞

如綿如絮氣氤氳滃鬱山腰望不分羨煞名園新舊主從詩句石囊雲

暮秋同人過準提庵

同遊東郭路散步入雲庵秋老花三徑禪心水一潭鐘魚聲自靜疏笋味偏甘紅到霜林樹相期許再探

祝余禮耕六十壽

年週甲子貌還童臨水登山句最工海屋籌添春酒綠江村花報早梅紅尊罍滿座起文舉絲竹盈庭擬謝公頭角峥嵘看後起稱觴舞彩羨匆匆

落葉

亂打虛窗一夜聲蔌蔌容容下荒城本來秋老應摇落錯怨西風太薄情

惜花

小白長紅萬樹春憑誰愛護絕纖塵夜來分付司香尉莫負閒庭早起人

竹題畫

君如勁節摩空去我似寒雲壓雪低一樣團欒共生起儼敎伊隔雲泥

題護香圖

春雲低護綠窗紗院鎖鞦千一徑斜分付子規休叫月美人香夢到梨花

邗上贈吳鷗亭

翠琯明瑠畫舫簫一番春夢又迢遥憑君三寸瓊瓏管吟過揚州廿四橋

題蘭花

素心人去已三年每到花時别夢牽今日相逢秋水曲墨痕重上浣花箋

楊花補遺

日中炯際記身輕隔水悠揚影易橫遊子飄零三月夢美人流蕩一春晴紛紛已是無歸着渺渺何堪更送行妒煞桃花多結子東風未免不公平

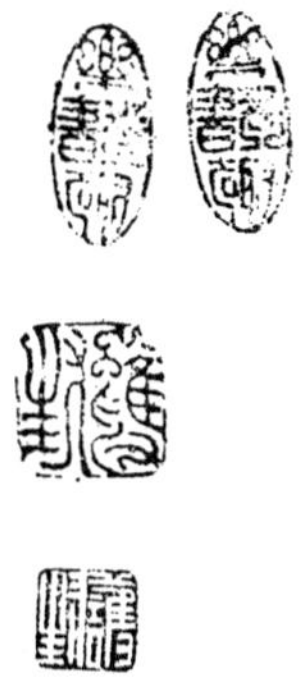

雲樹初集　倥侗詩鈔

（清）陳 璨 撰輯

《雲樹初集》一卷，清陳璨輯，據南京圖書館藏清乾隆二十八年（一七六三）夢秋山房刻本影印。又《倥侗詩鈔》一卷，清陳璨撰，據南京圖書館藏清乾隆二十五年（一七六〇）漱芳軒刻本影印。

陳璨，字開緒，號倥侗，又號菊莊。清泰州人。貢生。性好爲詩，藏書極富。家有養和軒，觴詠其間。

《雲樹初集》爲詩歌總集，陳璨輯同人詩而成，由宫國苞、團維墉等參訂。共收入六十餘位詩人創作的詩歌一百多首。作者以揚州本地人士居多，其中不乏當地名士，如團昇、鄭燮、仲鶴慶、陳志樞、宫國苞、團維墉等，亦有部分外邑詩人，如錢塘胡裘錞、桐城胡業宏、北平鍾光尹、歙縣葉震等。詩歌題材多爲寫景狀物、紀遊懷人等，如團昇的《春中過蘿園》《春寒曲》及《春柳詞》四首，鄭燮的《真州雜詩》二首、《紅橋修禊疊韻》二首。陳璨及其同人生活於清中葉全盛時期，揚州地區又爲富庶之地，詩人們生活安逸，崇尚風雅。從本集詩歌亦可看出其時詩人們流連美景、閑適自在的生活狀態。

《倥侗詩鈔》爲陳璨個人詩集，自序言其於乾隆二十五年冬得疾，幾瀕於死，其後檢詩若干首，命工人梓而藏於家，以傳之子孫。詩集由其好友錢塘胡裘錞點定，共收其詩作約五十首。陳璨在自序中言其生平抑塞，遭遇無聊，本集所收詩歌多以寫景紀遊詩爲主，其中頗多描繪優美風景，表達其閑適心境的詩歌，如《題畫》：『纖筆青山屋數椽，春風春雨自年年。爲尋花信沿溪去，芳草斜陽燕子天。』

（周　忠）

隆癸未春

泰州陳倥侗輯　二男嗣出

雲樹初集

倥侗詩鈔附後　夢秋山房藏板

韻飛白雪已共標江左風流才附青雲乃克掞汝南月旦惟此蒐羅之職實闕藻鑑之明璪技愧蟲雕識同蠡測何敢妄施其採輯以致取戾於宗工第以素習耽吟粗知求友座曾驚夫周行者共叶琴笙轄果投無駐江干者漫勞車馬同素心於晨夕義擬斷金發逸響於風騷言還霏玉分題鬮韻數年中拳束牛腰短咏長唫千里外書傳鯉腹遂使蕉窓燈火都閑散騎之花竹屋琴樽盡映邱遲之錦焚香細讀常依六度清風盥露勤披太息子荊零雨爰是略為編次竊比胥鈔斯真惠我琳蘭固應壽之梨棗遍羅羣彥集狐腋以成裘各舉數篇窺豹斑而遺憾稱名有在聊寄興於渭北江東爵齒無分寧較論於盧前王後望美人而不見覩佳什而如逢結香草之幽思凝應如我嚼梅花之冷豔到忽疑君賡幾紙上吟魂還入故人之夢豈曰樓

序　一

頭選改堪追帝子之才癸未春日海陵陳璨偓
佺氏書於夢秋山房之西窗

序　二

海内
宗工巨子如有　佳章　賜教者乞將
台銜籍貫一併註明寄至泰州北門内
大寧橋河西陳開緒家即選入二集
共梨棗之資係　璨代出不敢勞　作
者解囊敢祈
大雅勿吝珠玉共成巨觀
偓佺謹白

雲樹初集

泰州陳　璨偓佺輯

袁來章求山
袁來堅霞亭
孫喬年心山
同學　宮協華芍田　訂
宮國苞霜橋
圍維墉椒燈

胡裘錞西坨錢塘

寒夕僧舍對月

薄暮掃落葉西風吹寺門低頭踏人影久客搖心
魂清輝淡高樹濕烟堆古原就窗呼僮僕爲我開
酒樽

午日航海訪仲松嵐於瀛洲講院

經歲音書隔海濤一尊今此對葡萄文章聲價登
壇貴齊魯衣冠入座豪千里故人羞白髮九天霖
雨屬青袍明年領郡端居日贈我菖蒲九節高

賦呈鹺使德州夫子

莽莽乾坤又歲闌蕭蕭身世託江干布金地暖回

雲樹初集　一

春易別戟門高再拜難庾信賦哀悲老大。孟郊詩意極孤寒白憐七字香無力封上梅花腳下看

集紅舫水榭分賦

相門才子擁金貂笑作銜官折沈腰司馬慣開浮白飲吟人多佳小紅橋到簾新水漸三尺鄰女春箏夜六么我是樊川今老矣。好摩雙眼看扶搖。

陳倥侗令嗣晬期

鳳在梧桐玉在田宏開阿閣敞賓筵。四時好是剛

三月百歲今纔第一年英似仲謀原足矣。名如孝穆更陶然我來喜值挈週日。贈與南宮入寶篇。

柳枝

金閨女兒學盪船船繫垂楊淺水邊低頭弄水惱春色春色不管人可憐

所見

絕瘦文綦蹋軟沙。沙偏無力會擎挐。身輕不怕風吹去兜起紅裙捉柳花

圃　昇鶴　笯儀徵

春中過蘿圃

夜雪作餘寒朝曦薦微暖。物候本向榮精舍兒非遠窗虛山翠明林靜鳥聲緩坐久聞無人繁花落空館

春寒曲

濃雲壓春春不醒小閣泥烘雙燕冷。夜褁重衾覺夢溫斜月欄干閒花影起添雛舌開薰籠。寒灰火

撥參差紅誰家軸簾押銀蒜吹軟楊絲隔墻亂

春柳詞 八首之四

淡沱春煙近水昏秦淮亭榭迴銷魂何須更待清秋日殘照西風過白門

亦有清波似掌平襄陽帶水渡樊城綠陰門巷春三月曾聽黃鸝第一聲

長條踠地雪初消趙北燕南路正遙記得一鞭新雨後馬蹄泥滑十三橋

柴門開並小桃花也自春陰一徑遮未免被他深燕笑年年寒食傍人家

鄭　燮　板橋　興化

眞州雜詩八首之二

寒衣新熨摺參差一笑裘毛落許時脾土漸衰唯食粥風情不減尚塡詞雪中松樹文山廟雨後桃花浣女祠最愛捲簾高閣上楚江晴碧晚烟遲

月白潮生野水潺上游千里控荆蠻洗淘赤壁無

遺燎溶漾金陵有賸山烟裏戍旗秋露濕沙邊戰艦夕陽閒眞州漫笑彈丸地從古英雄盡往還

紅橋修禊疊韻二首

年來修禊讓今年太液昆池在眼前迴起樓臺廻水曲直鋪金翠到山巓花因露重留蝴蝶笛怕春歸戀畫船多謝西南新月挂一鈎淸影暗中圓

莫以青年笑老年老懷豪宕倍從前張筵賭酒還逼夕策馬登山直到巓落日澄霞江外樹鮮魚晚飯越中船風光可樂須行樂梅豆青青漸已圓

於　震　亦川　丹陽

短歌留別宮霜橋

丈夫三十頭已白騎馬歲暮猶作客君家夜半華筵開酒酣大叫卧君宅朔風吹雪鴉鳴悲石田茆屋還相思獨攜一劍過江去飽飯射虎南山陲

題陳倥侗松門獨步圖

海陵陳子有仙骨文采秀削青芙蓉懶向五陵鬭

鞍馬孤懷戛戛低寘鴻高齋軒窗迥明淨芭蕉雪綠梅雨紅爐烟茗椀白日靜琅琅古興濃吟筒眞心獨往猶未已抗懷直與青松同龍眠墨妙得眞意毫端窈窕追化工冠巖列岫千萬樹古柯鐵色垂龍鍾徂徠秋深山骨裂一灑墨汁陰濛振衣高步出寥廓衫袖謖謖生淸風昔有仙人陶弘景挂冠高卧茅山峯茅山磵壑最奇古泠泠尤愛巖下松夜深萬壑長風起蒼鱗格鬬交虬龍仰天怒

號山月黑星斗倒掛幽闗通天鷄無聲河鼓靜砰磕獨出凌蒼穹山魈夜驚海濤落盤空亂走青冥中我昔命車過山下層樓百尺成荒墉樓上仙人渺何處萬幹矗立青烟封蒼茫下車坐磐石但覺唔耳鳴笙鏞時有野雀自來去劃然一聲天地空歸來此景常在目不獲再到心忡忡對君此圖發長嘆尺幅令我融心胸終當與子攜圖向茅麓松乎松乎陶君之後微子誰與希高踪

秋登金山　四首之二

江上秋風起蕭蕭落木多天根臨海出山勢帶江過闗塞通牛渚波濤下鸛河歷朝爭戰地設險竟如何

妙高臺畔立黄葉滿寒臯水氣青天濕江光白日高風濤飛畫鷁鐘鼓起潛鼇不禁蕭條意凌空落彩毫

孤雲

出岫竟何事況當秋暮時天涯何所適吾道尚如斯野曠穿林靜風微度水遲浩然成獨往千載淡相期

九日偕唐丈漁汸登岳阜

客路秋懷總不勝又隨冠蓋上崚嶒溝塍匝岸連淮水烟樹浮天出海陵戰壘悲風嘶病馬城樓落日下饑鷹飛揚握手思千里樽酒危欄慨更憑

北固　六首之一

江城木落戍樓高鴉帶長烟下古濠鐵甕樓臺橫夜氣金山鐘鼓出寒濤鄭虔才調空三絶庾信闗山竟二毛邱壑豈真容我輩仰天長嘯獨揮毫

喜友人從軍歸

匹馬秋風出漢闗十年雄略鼓鞞間箭傳青海鵰回陣戈枕黄沙月滿山塞外功名悲往事江南風景入蒼顔據鞍且喜尋常事應佐元戎勒石還

北郭口號

十里青山半墓田。湖光晴逗柳條烟。酒旗風雨清明路。鬧過梨花又一年。

仲鶴慶 松崖 泰州

客中別李二齋

適從何所來。倉皇與子遇。歡言意未盡。旋復別子去。三年斷音耗。道路不可據。十日共聯床。如雲暫依樹。我去君且留。各各勉長路。君家有老親。爲言爾如故。長袂納新涼。送我達遠郊。執手兩無言。意索風蕭蕭。夕陽澹晴岫。明霞墮繁條。暝色亦已暮。舟子苦相招。慷慨一揮去。回首路已遥。人生暫相見。不如常相拋。

曲院觀荷

烟嬝嬝。欄干小。擊汰采芙容。横塘夕陽早。夕陽南浦來。江妹欲渡不渡心。踟躕羅裳六幅青翡翠。花鈿一點紅珊瑚。紅珊瑚。青翡翠。悄無人處鴛鴦睡。

上大中丞莊滋圃夫子 四首之一

軟繡飛塵躍錦騶。建牙開府古揚州。三江化雨洪鈞手。十郡春風節鉞侯。功業南朝説韓范。文章東漢駕曹劉。樗材愧與參苓選。取次臨溪拜碧油。

牡丹

一片紫霓裳。團成蜀錦囊。自充宫禁選。天下更無香。

陶鑑 鏡堂 儀徵

題宫霜橋聽秋圖

之子何乘一葉舟。躭吟靜夜向湖頭。揭來悟得無聲妙。野水壓雲雲不流。萬頃琉璃下柔櫓。雪花香冷蒹葭浦。西風底事最關情。吹葉蕭蕭作人語。

黄景雲 竹田 泰州

新緑

何處春光最可憐。更于新緑易情牽。嫩浮水面游魚。漾壓橋頭載酒船。潤色每從微雨後。添肥全在落花邊。愛他十里春郊外。掩映青袍一色鮮。

胡葉宏　芑塘　桐城

懷友八絕句

紅辭上苑桃花卸。白點長隄柳絮飛。一樣春江新漲滿。上流何事鯉魚稀。

宮增祜　節溪　泰州

下第後懷省中諸友

夢醒江南又落暉。故人迢遞悵睽違。長干夜雨敘別。鴈搭秋風事事拌。攪鏡羞窺霜鬢短。懷人空羨暮雲飛。飄零王粲登樓賦。兩地傷心淚滿衣。

余入閩舉壬午春將以末吏需次都門先是有吳下之役感賦二律別諸同人選一

廿載飄萍客路賒。半塘橋上又霜華。秋江孤艇秋中鴈。曉月征車夢裏家。悵望蓬瀛多舊雨。劇憐書劍老烟霞。強顏欲捧毛生檄。襆被春寒萬斛沙。

李少白　晴川　儀徵

送胡西垞歸西泠

一夕天涯散酒星。去來蹤跡總如萍。柳從祖帳歌中折。參向湘靈鼓裏聽。兩月鶯花歸杜牧。五更風雨夢西泠。號吟想見歸休日。散髮湖頭盪小舲。

俞圻　蘐林　泰州

秋夜登金山絕頂

長江入月江水清。萬山倒影涵空明。白雲淡宕秋

天平。人烟遠隔瓜洲青。振衣直上凌崢嶸。一聲長嘯天冥冥。錚鏦陵谷金石鳴。水怪夜出洪濤醒。夢寒夜半江無聲。回首海門秋月生。

鍾光尹　蓼蕉　北平

七夕

悵望銀河天際流。誰家少女盡登樓。小樓玉管吹長夜。曉度金梭擲遠愁。新月半開鸞鏡影。是星一點鳳城秋。年年此會傷離別。纏轡輣車那可留。

陳鑌 溉夫 泰州

秋日將遊黃山留別家侄侗

遥指天都路幾彎，孤鴻野性未全删。宿殘紅葉烘中寺，踏破白雲雨後山。尊酒燈前話別緒，霜花秋老惜衰顔。蕭然一棹掉頭去，三十六峯任我攀。

平山堂觀梅 八首之二

一片梨雲似錦茵，疎枝冷蕋見横陳。紅橋風景渾無賴，除却梅花不是春。

鈿車到處也勾留，一種清標兩種愁。花亦有心憐艷冶，香風吹過玉搔頭。

陳志樞 柳塘 泰州

岳墩秋望

登眺何須五嶽遊，城西乘興陟荒邱。白蘋雙槳芙蓉渡，黃葉千村絡緯秋。清磬聲中瀠水寺，夕陽影裏隔溪樓。凭欄春雨當年蹟，不羨盧家有莫愁。

葉震 儕雪 歙縣

雁

應候偏多信，呼羣自不踈。江湖垂老客，風雪幾行書。塞北三春盡，天南八月初。飛飛憑健羽，來往竟何如。

秋蝶

栩栩情何極，經秋夢未闌。霜高粘翅冷，風勁怯衣單。籬落憐香盡，時宜合拍難。踈花殘照裏，爲汝倚闌干。

董偉業 竹枝 瀋陽

揚州竹枝詞 九十九首之一

紅橋遲日鶯兒嫩，古渡香泥燕子肥。多少迷樓樓畔女，不思歸去怕春歸。

茅俊 灼亭 高郵

紅橋修禊和韻

晴暉輦路自年年，複道紆廻柳仗前。有樹不風聲木末，是

烟凝露滴峯巔千金買夜春歸橐一水含毫畫滿船最好花光浮塔頂波心印月寶珠圓

宮二酉 大山 泰州

九日登烟雨樓

又佩茱萸眺遠村一樓烟雨正黃昏樹浮海氣濟通郭風捲秋陰直到門籬下花開爭晚節林端木落見霜痕牢騷不爲征鴻動已辦燒燈對酒樽

盛園春 引堂 江都

題倥侗詩後

曉起啟瑤函朗吟倥侗集天風送妙香元音一時翕按律譜金聲就班推玉立仙人坐絳霄仰之不可及

郭 東 沙鹿 寶應

林處士墓

四賢祠外鎖烟霞望裏裙腰舊路斜山上有墳埋處士人間無地種梅花古亭寂寂環春水雜樹戎戎噪暮鴉南渡六陵已平土一抔千載占林家

張 星 鐵橋 泰州

過某氏荒園有感

風流江左舊官衙無復當年鬬麗華燕子還來認簾幙玉人何處抱琵琶苔封石磴餘芳草檻枕荒堤但落花歌板畫圖都省識幾囘憑弔夕陽斜

迎燕

秋風記得送雲軒消息春囘又睇園冷眼還來窺白屋輕身何必傍朱門杏花江北雙飛影楊柳淮南萬里魂捲起湘簾須細認空梁尚有舊泥痕

送霞亭倥侗之白門

秋山秋水正秋新絕好金陵畫未真披上薜蘿衫子去一船明月兩詩人

翟 宜 應齋 泰州

秋夜

熖縮殘釭冷城頭報四更愁人偏易醒秋夜最難

明側枕欲何事聞雞起有情劉琨誰道老一劍海
天横

雷惕存 楸衫 甘泉

東友人二絶句

橋邊艇子柳邊樓殷弟劉兄疊唱酧一自梁園人
散後彈絲吹竹總成愁

百二關河烟水迷夢中猶聽子規啼懸知散髮披
襟夜亞字欄邊月漸低

劉元善 季鷹 宛平

題翟梓村桃花潭觀瀑圖

千里宣城路披圖尚可尋桃花無恙否潭水自今
深瀑湧晴飛雨雲低晚弄陰梓村未三十愼勿戀
泉林

朱 樹 春江 泰州

無題和玉溪生韻

天風吹下珮聲來猶憶當年響忽雷蓬島晏歸春
自永羅浮人去月初回魚鱗不問休文病雲雨全
荒宋玉才寄語姮娥休負我寸心百結未全灰

王國棟 竹樓 興化

贈友

顧七臧三世所憐一憐漂泊一憐顛近來貧病無
如我都使先生費酒錢

施雲標 井亭 泰州

梅魂

依稀何處着香魂是也非耶遠近村處士墳邊春
動影美人林下夜開門夢回紙帳空餘想月落氷
移但有痕付與東皇銷不盡珮聲隱隱在黄昏

王方崴 留村 泰州

海東修禊二首之一

鶯聲與我出柴關舟放南梁水一灣修禊俱臨東
海曲置身如在永和間花因勝地頻開落鳥與吟
人共往還料得春風能做主不將烟景讓平山

張心義 可齋 甘泉

寒月次倥侗韻

氣斂雲烟淨，一輪天際浮。冷侵鸜鵒盞，寒透鷫鸘裘。荒徑霜華落，空庭水色流。滿爐煨榾柮，擁鼻坐危樓。

李少元 漁川 眞州

紅橋修禊和韻

夢裏西湖年復年，竹西宛似白堤前。花酣帶雨欹

欄側，松老蟠雲卧石巔。鼓枻漁歌丁字水，吹簫人泛米家船。宸遊記得春初霽，日影當空翠葢圓。

解承寵 杏園 興化

秋日登半紅樓

第宅橋邊在，頻因訪舊過。樓䆗雲樹近，簾捲夕陽多。秋氣一何爽，新詩定不磨。篝燈閒對處，鞠影落婆娑。

梁彥衡 松垞 江都

贈宮丈 篤周

風流推北海，高誼重先生。文字違眞賞，江湖老令名。論交心向熱，慨世氣難平。樽酒揚州會，相逢意獨傾。

團連城 雪齋 儀徵

東半紅樓主人

夏雲停處意俱遲，別後應多絕妙詞。最是不堪重

掉首，夕陽紅上小樓時。

匆匆消息到秋蓬，多少閑愁暑往中。一自冶桃辭舊雨，水亭無事只書空。

碧藕香濃潑酒尊，醉餘飄緲失詩魂。連宵坐煞城邊月，桐葉蕭蕭不掃門。

招攜同訪攝山幽，欲去風帆且半收。腕有悲凉同弔古，與君吟入故宮秋。

季京泰 芝彩 泰州

送羅老薑歸雉皐
沙堤潮落晚烟深小别年年愴素心淡蕩輕鷗馴野性飄零老隺健孤吟舟回故國春迎杖夢破寒砧月下林漫道高年踈世事杜門風雨我來尋

吳廷枚 曉亭 歙縣

暮春舟中作並寄金小塘
翠袖紅么青雀舟東亭三月好勾留黄金可買非眞笑綠酒能驅是假愁細雨天還開芍葯渡河人

怕聽箜篌眼前到處皆芳草多爲春殘不上樓

故衫
華衮輕裘總莫論薄羅雖舊適寒温因栽芍葯沾香氣不聽琵琶少淚痕窄袖空憐呈舞榭長裾終愧曳侯門曾經典向臨邛市換得春醅殼一尊

孫喬年 心山 泰州

無題用玉溪生韻
環珮天風隔畫堂遠山還認翠翬長樓頭燕子憐歸盼洞口桃花誤阮郎姑射别來春自冷羅浮歸去夢猶香愁心已作沾泥絮怪底東風取次狂

杜鵑花
誰憑弱羽種芳根百媚難招望帝魂止有嬌紅猶似血三更冷月照啼痕
芳魂猶戀錦城西春老空聞謝豹啼香粉飄零誰作伴宫腰舞草剩虞兮
尺樹何堪擬鶴林含葩最怕曉風侵司花愛我同

殷七開到重陽直自今
隔簾抛得沈郎錢典盡春衣聘麗娟料得艷魂常怯妬不教紅粉到欄前
勅賜曾誇躑躅紅昭儀拜賜玉階中而今點染無王建依舊芳心認守宫
絲絲新雨透胭脂想到羅巾染赭時好泥秋娘花底醉紅牙低按稼軒詞

葛維煦 鶴汀 泰州

春柳四首之一

銷盡離魂一望中嫩晴天氣碧茸茸隔河漫染春衫綠近水深遮舞袖紅一曲驪歌殘照裡數聲羌管畫樓東春風着意年年發休向江頭歎轉蓬

團椒燈移居

平生心醉素心人正好移居接比鄰巧合香山詩一句綠楊宜作兩家春

袁來章 求山 泰州

答宮霜橋見懷元韻 時客金陵

念子不成寐殘燈暗小樓江湖雲外雁風雨客中秋尺素通千里高情寄一邱遠懷何以慰獨上石城頭

小竹和倥侗韻

漫道篠簃小風前韻嚝如藉陰雖未足免俗豈無餘節向柔中勁心從細處虛此君幽意遠可許一竿漁

憶秦淮秋柳同人限簾字

青溪一帶柳厭厭猶憶秋來信宿淹腰細不勝風慘淡眉低似恨雨廉纖牽情離別維歌舫入望蕭疏出酒帘十二樓空明月在更無瘦影上珠簾

送板橋先生

大江千里舊知名直到如今始識荆絶世風流過北海驚人詩賦遍西京一官濰水情原淡十載揚州夢已更剪盡僧窗殘燭短半宵清話快平生

和鐵橋落花四首之一

慣趁東風過苑西紛紛無數下前溪驚殘葉底胡胥夢香到梁間燕子泥有恨欲牽羈客思無情不上美人笄一經雨後知多少欲埽含愁對小奚

羅　昆 老藟 如皋

客燈

久客渾疑客是家一燈如豆伴天涯只緣到處常留影翻把歸期每卜花聽雨旗亭懸石壁避風茅

店掩籬笆凄清更甚琉璃火照見鄉情夢轉賒

沈　堅　鐵麓　泰州

落葉和韻

十月嚴霜重疎林葉盡凋籬根看疊疊檐角聽蕭蕭帶月高低墮隨風歷亂飄歸僧迷石徑淨埽倩山樵

釋明奇　懶雲　湖上

賦得秋柳送友人

折盡長條復短條西風憔悴客魂銷多情惟有江頭月一路隨君過灞橋

汪應綬　友賀　歙縣

秋草

行吟何處不荒凉一望平蕪倍感傷萬里歸期迷遠道五陵遺恨剩殘陽呼鷹代北沙同白射虎山南葉正黃總為西風憔悴甚寸心留取待春芳

黃　振　瀲石　如皋

春雨

春雲脉脉壓城頭春水泱泱入院流輦道細生芳草潤落花遥起隔年愁明疑月濕鴛鴦瓦夢想人眠燕子樓幾度徘徊聽不得為拈紅豆數更籌

宫國華　敬夫　泰州

玉山臺坐月

鄉園一望客愁濃雲樹蒼茫隔幾重百轉烟嵐開殿閣數聲鐘鼓靜魚龍空江人渡吹長笛古寺僧歸踏亂峯此夜畫圖都省識玉山臺上月溶溶

梁彦衛　雪樵　江都

寄宫二芍田

舊雨闊情處吟殘庾亮樓江聲千里夢明月一簾秋謀食慚沙鴈忘機羨海鷗木犀香裏望帆影下揚州

袁來堅　霞亭　泰州

南濠夜望同人分十三覃

野火起空潭清虛接蔚藍孤鐘敲落月荒犬吠雲菴細碎螢光亂蒼茫海氣涵涼侵羅袂薄詩骨倩誰擔

雨中虞美人花

楚江腸斷幾曾經風雨年年涕淚零舞袖卸殘憐宛轉粉粧啼破惜娉婷竹斑湘女痕猶赤草長明妃塚自青墳下荒烟誰作主子規聲裏不堪聽

菊影

籬畔蕭疎三兩花西風瘦影月初斜淡移清韻浮寒徑細引秋魂上碧紗陶令屏風分夜色樊川席帽染霜華慇懃欲采難盈把香冷雕欄蝶夢賒

宮國苞　霜橋　泰州

桃花

一枝何處點宮砂半在劉家半阮家夜雨細調南國粉春風碎剪赤城霞新歌金谷情初暖往事元都恨正賒幾日晴窗氣如醉蜂聲蝶影夕陽斜

十里春山綻錦茵愛他楊柳綠堪憐細紋淺映司花女紅雨輕沾問渡人夾岸有時分爛熳臨流何處不鮮新托根已得仙源地一任流鶯學罵春

幾樹胭脂鬭曉烟助嬌人立早春天紅歸春水劉三月夢誤漁郎又一年洞口牽情憑柳線門中買笑有榆錢芳園風醉娟娟影好辦金樽對綺筵

開時謝處總江城花事惟伊費送迎間竹每宜粧閣曉隔簾偏稱夕陽晴已經宿雨調春色誰遣東風過薄情千古紅顏同一哭不須惆悵怨清明

團維塘　椒燈　儀徵

春燕詞

柔烟乍拂舞衣輕恰便相逢白社成恠底江南風似剪柳飛寒食雨初晴

寒曉誰將繡幙開落花依舊亂池臺如何一夢昭陽裏春雨春風喚不廻

護門新草似烟澄故宅尚書認未能殘照一樓池

水綠更無簾捲十三層

香泥欲啄語呢喃，晴曉偏驚太液南。那似竹簾垂近水，花深小閤夢初酣。

蔣　珩　篁坡　如皐

題畫梅

夜深雪水自煎茶，忽憶山中處士家。記取寒香清澈骨，至今無夢到梅花。

宮協華　芍田　泰州

雲樹初集

次銕橋落花韻四首選二

又見花枝卸艷粧，亂紅墮白畫欄旁。頓將餘恨埋青草，猶帶芳心怨夕陽。流水浮來春有淚，雕輪碾去玉無香。一尊坐久增惆悵，愁煞深閨未嫁娘。

輕惹遊絲東復西，牽來有意下清溪。曾經香露團成粉，忍遣弓鞋踏作泥。和雨尚沾金勒馬，因風不上玉人笄。幾回欲掃難于掃，一段愁懷付酒奚。

俞詠圯　石洲　泰州

初夏即事

送得春歸我倦遊，閑關聊狎水邊鷗。蠶桑事了將梅雨，櫻筍時過已麥秋。海燕引雛離畫閣，庭柯分綠上書樓。青蒲安得鋩如劍，割斷人間細碎愁。

姚　燦　櫻衫　甘泉

城南葦花曲

水拍拍，烟霏霏，城南風景空依依。葦花作陣戰秋色，晴雲一湖高下飛。漁燈隔岸光浮運，奕奕清音遠相送。採花歸去織成衾，一任西風刮秋夢。

雲樹初集

周銘席　覗端　江都

送友人之平山觀梅

春水綠悠悠，乘春一葉舟。只因庾嶺思，還向廣陵遊。林外尋詩社，煙中問酒樓。莫緣花事好，便欲久淹留。

馬廷槤　香圃　通州

新柳

汀干烟柳碧鬖鬖青眼初開淚已含幾處行人歌水調斷腸春色滿淮南

團維垿　問山　真州

得椒燈白門書再寄

四窗風雨一燈紅正有離懷借夢通人在南朝山色裏書來東海鴈聲中斷橋疎柳晴嘶馬寒水斜陽晚挂篷爲想秋光收拾盡客途肯令錦囊空

宮詔金　栞舫　泰州

送侄倜表兄之白門

西風蕭颯跨征鞍渺渺川途去故關紅葉千章瓜步酒秋帆一片秣陵山衣隨遠道新霜染詩倩同舟舊雨刪（謂霞亭）金粉南朝消息斷孝陵深處少追攀

劉時霨　楓橋　宛平

寄宮三霜橋　時客邗上

軟烟漠漠路迢迢先訪邗溝買畫橈楊柳一灣看繫馬桃花三月聽吹簫春燈有夢懷詞客夜雨無人對酒瓢君去我來各相左尺書重爲寄紅橋

文元星　衡夫　江都

謝常晴齋惠書墨

十二龍賓一束書兩般投贈等璠璵深慚枉費鴉塗壁且喜供添獺祭魚露滴石田鬆几淨香生芸架竹窗虛甕藏枕秘知君久膠漆箴規意有餘

孫大年　香社　泰州

江上雪

大雪乾坤老空江冷趣多魚龍驚晚歲珠玉媚寒波迴棹迷銀海推篷失翠螺急須謀一醉未惜典漁簑

朱學　愚郁　泰州

贈陶鏡堂先生

淵明多雅趣老去轉風流舊雨聯新句青衫恋白頭花開三徑晚葉落萬山秋杯酒離羣後相思獨

倚樓　協調俱高

孫榮年　景期　泰州

寒食道中口號

春風春雨遍江南，客路新愁太不堪。無賴山橋寒食候，菜花黃上小兒籃。

袁居上　青士　泰州

金陵少年行

潘車碾遍秣陵秋，英妙當推第一籌。姬號桃根爭

雲樹初集　三十二

舊艷，歌翻玉樹惹新愁。出騎大宛千金馬，歸倚長千百尺樓。豪氣由來難比似，鍾山高聳大江流。

陳沅　侄侗長子

窗梅

倚檻情深日，幽香暗度時。醉來惟有笑，月落每成詩。庾嶺仙踪杳，孤山鶴夢遲。調羹應有待，爾我獨相期。

陳湘　侄侗次子

花朝兼社日春分

晝夜平分五戊時，治聾酒借醉花屁。園丁簫鼓封姨誥，田父雞豚后土祠。爲惜春光天弄巧，况逢勝日醉難辭。上林多少承恩樹，可許鷦鷯借一枝。

雲樹初集　三十三

庚辰冬鐫

倥侗詩鈔

潄芳軒藏版

璨不幸兩歲而孤比長從事舉子業尋棄去遂鍵戶謝賓客絶意仕進間嘗爲歌詩以自娛亦不欲見知於世一時同學之士皆笑其爲迂而不知璨固有所爲不得已也昔先子　椒亭公甫舉璨而歿九歲先妣　宮孺人又相繼歿當是時璨以遺嬰仰承血食形單影隻四顧煢煢則凡天地間生命不辰從未有如璨之甚者也幸賴大母　張太君撫之教之俾有知識而璨又多病才質駑下凡

讀書遇疑義窮日夜不休于是病益甚飯半盂輒輟息奄奄大母懼泣而言曰汝父鋭意仕進垂卒時猶手一卷弗釋然卒致夭折汝猶弗懼而仍此轍耶天其克昌我後乎其假汝父以年矣汝父而不禄也汝小子其曷能與之尚其戒哉無廢先人之祀璨于是謹識之凡所爲帖括之學雕肝鑿腎趨一時之尚而惟恐或後者皆束擱不復觀迄今十餘年矣竟碌碌一無所表見每於月黑鵂啼一

燈無焰之時回首生平未嘗不仰天長歎痛哭失聲也我陳氏南渡已來通仕籍者十五世其間文章氣節代有偉人而璨獨遭險釁卒不獲紹先人之遺烈以大其家聲徒負此伶仃孱弱之身偷視息於蓬户之下以愚賤終死者有知何以上先人邱墓乎且夫人之寄託正不一耳屈之于騷盲左之于傳子長之于史記推之詩三百篇大抵皆古人發憤之所爲作也璨自念此身已廢棄矣又不

能長爲農人以没世凡耳之所聞目之所接身之所經不覺伸紙直書一寫其生平抑塞遭遇無聊之況偶合音節寫而存之庶不比帖括之學求售於主司者之難爲工也璨之爲詩亦若是而已矣豈得已哉庚辰仲冬偶得怔忡疾幾瀕于死因撿從前所爲詩古今體得若干首命工人梓而藏于家庶幾子若孫見之亦知璨非甘心淪落者流葢其所遭之不幸使然耳雅宜山人陳璨倥侗氏自記

倥侗詩鈔

泰州陳璨倥侗氏著
錢塘胡袠錞西垞點定

聽溉夫琴

餘霞淡將夕，空館幽溟濛。有客抱琴來，一鼓山花紅。餘音奮逸響，杳與天闢通。捲簾邀山月，颯颯聞松風。

春夜吟

明月離海角，照見幽人心。空堦夜清悄，萬籟虛沉沉。宿雲在簷端，微風開我襟。展卷思古人，含情一何深。

雜詩

楚畹多幽蘭，託根在中沚。春風已迴薄，馨香猶未起。借問此何爲，含情俟君子。君子渺天末，將隨秋草萎。寄語樵蘇人，漫同荆與杞。

鸚鵡出西域，高飛向天表。飲啄適其常，自謂絕攖擾。一朝困虞羅，雕籠閉窈窕。語言厲之階，感歎此

微鳥。羣族雖萬變，茂育自有時。獨此門前樹，綠葉未華滋。非無雨露潤，本非青冥姿。向日不見榮，芳菲半離披。歎息雙棲鶴，依依將安之。

北方有佳人，羅幕當風卷。層樓隔青雲，思君淚如霰。河水深無梁，臨流空歎羨。懷此尺素書，願寄南風便。

秋夕懷董竹枝先生

蟾光淡欲流，秋意已在樹。萬籟寂無聲，空庭落涼露。仰見明河清，茫茫不我渡。搔（雅音）首望征鴻，美人隔雲路。

暮春雨後步小園遲霞亭不至

新霽草木鮮，泉聲卸高閣。園林春欲暮，苔上殘花落。枝頭曾幾時，一夜復飄泊。感歎鏡中人，容華已非昨。坐使歲序遷，云胡不爲樂。期我同心人，無端阻幽約。攜榼就清池，開樽共誰酌。

齋中蚤起和宮霜橋表兄

酒醒聞殘鐘。搴幃見落月。披衣出前軒。星河倏已沒。高樹鳥先啼。辭巢從所適。庭花露未乾。含情不忍摘。

苦雨歎

頭上常濛濛。天漏不可補。后土幾時乾。墻陰爛蘅杜。蚯蚓上空廊。蝦蟆坐蓬户。鄰家有老翁。昨日已懸釜。生女不得力。生男不能賈。年荒親戚疎。稱貸

向誰吐。赤足荷一鋤。衝泥到後圃。摘得菜把肥。匆匆入州府。百里換米歸。稚子迎門舞。老妻下牀來。垂淚語鄰父。夜來水入廚。薪濕不得煮。

擬古

步出東郭門。古墳遍荒野。地下常饑人。誰爲奠杯斝。白楊風蕭蕭。愁煞行路者。

春晚興懷

晚風含餘清。斜陽澹高樹。苒苒覆地花。春光已半

度。耿耿此一心。鬱鬱向誰吐。家貧與世疎。失學苦孤露。對鏡發長歎。鬢看寧似故。

夜坐

明月入我門。空階夜悄悄。衣上露華濃。樹杪螢光小。空庭秋欲來。涼氣先在篠。端坐歎浮生。物役殊未了。

露筋祠

端坐伊何人。芳魂今未死。荒祠古道邊。居民薦蘩

芷。振衣揖清芬。煙中鷺鷥起。

澇後晚過淤溪

日落淤溪湖。田盧尚泥途。枯桑挂荇藻。荒洲飛野鳧。農人鮮生計。飢兒泣呱呱。蓬頭捕魚誰者女。獨刺破船歸菰蘆。

暮宿楊子津懷仲二松嵐

乘潮向空江。夜靜榜歌歇。星光露下稀。烟鳥望中沒。秋風廣陵濤。殘鐘瓜步月。耿耿思故人。不寐候

明發

銅雀妓

漳河日暮東風起楊花飄入深閨裏盈盈愁煞樓上人悞我分香與賣履長門冷落歌舞稀開箱還理舊時衣空牀月滿夜如此君王魂魄歸不歸

俠客行

擊劍輕封侯讀書鄙識字都門大吏皆知名白日報仇誰忤覛馬上革囊懸髑髏來如驚風去如駛

酒酣仗劍從此辭問君可有不平事

聽吳山人彈琴

月白風清秋夜長山人横琴坐繩牀金徽拂拭爲我發但覺古調鳴鏗鏘秋月欲落猶未落金猊熄燼聞微香一彈再彈正聲始三彈四彈成宫商須臾七絃一齊奏元氣落指廻鴻荒驚雷怒盤海底出風號雨驟來空堂悄然天地失昏旦滿堂賓客皆霑裳嗚呼妙技一至此令我聞之心骨傷山人安得薦汝登巖廊薫風一曲贊我
皇太和鄰洽四海皆洋洋千秋萬歲長與斯民歌樂康

丁丑春日同人登岳阜和半橋韻

城西烟水潤登眺豈辭頻江漢春歸日乾坤病後身一邱依戰壘雙眼閲時人往事關高詠憑闌岸角巾

雨夜懷於亦川

停雲渺何處晚落一庭陰別恨魚書遠寒燈客夢深乾坤舒病眼風雨隔愁心悵望江南北相思寄苦吟

送友人之官泰中

捧檄乘時起勳名屬鉅公三春辭故國疋馬向關中華岳雲根峻嵴函霸氣空長安諸父老應共沐仁風

山中廢寺

蕭梁餘此蹟過客一登臨古壁蝸涎滿空廊虎跡深天低風易落雲冷晝常陰霜露秋山晚林端起籟音

夜過邵伯

僕僕何時已揚帆復此過野橋漁火亂水市豆船多月色浮洲渚人家住薜蘿揚州纔咫尺莫唱後庭歌

環翠樓

霜落萬山秋山邊破佛樓窗迎滄海月門控帝王州望遠他鄉淚看雲故國愁濟川空有志夢繞大江流

岳墩晚眺和求山韻

戰壘知何代蒼茫古殿西寰中春未老天外日初低新塚狐爭穴荒村鳥亂啼東風吹不盡一樹野棠梨

讀陋軒詩

五字通今古千秋並楚騷論詩追漢魏閱世結由巢轉覺科名賤方知寄託高天涯朋舊少誰爲解綈袍

秋夜有感

肅氣滿林邱星河一雁愁風催桐影瘦露咽候蟲秋天地空搔首行藏獨倚樓平原何處是肝膽託吳鉤

秋海棠

金屋今誰主無緣貯阿嬌滴殘湘女淚舞損小蠻腰風露關消瘦軒楹耐寂寥自憐妾薄命煙際草瀟瀟

芙蓉

河渚清淺處爛熳入船窗霜信還堪拒秋懷總未降高樓憐舊夢明月滿空江女伴言歸後飛來鷺自雙

寄懷孫心山

老屋孤雲外，相思每斷魂。箪瓢千古業，雞犬數家村。秋水烟中渡，蘆花月裏門。考槃幽意足，消息許誰論。

送友人赴滇南

聞道滇南路，崎嶇萬里遥。風烟傳六詔，土俗雜三苗。海氣含朝雨，山魈叫夜潮。丈夫輕遠別，送者亦魂銷。

渡江

滔滔流不盡，萬古此江潯。晝夜魚龍氣，始終天地心。潮吞瓜步險，山鑿海門深。莫問前朝事，煙消鐵鎖沉。

初冬送西圮之竹西

西風一夜送殘秋，有客還爲汗漫遊。天末晚雲低海樹，馬頭落日見揚州。陶公詞賦閒偏好，庾信文章老更遒。莫歎逢迎前路少，知君到處惹勾留。

秋籬 同西圮、松嵐、霞亭、錢橋、求山分得七虞

空園霜老石藤枯，一帶松門似畫圖。山色南來斜照冷，秋英東畔晚烟孤。薜蘿歷落從他瘦，風雨飄搖仗爾扶。只有寒蛩聲不去，也依清影伴潛夫。

弔史閣部和友人韻

南渡河山一局殘，鞠躬盡瘁仗儒冠。荒墳松柏忠魂肅，遺廟鬚眉戰血寒。四鎮干戈尋釁易，孤城節鉞展籌難。可憐夜夜邗溝月，空照梅花落石欄。

京口舟次贈崇川馬香圃

鯉魚風起夜蕭蕭，萍水逢君訂久要。揚子濤聲猶未落，圖峰嵐翠已全消。關心別緒輕鷗路，歸夢鄉園隱士橋。知已天涯分手苦，布帆莫趁五更潮。

蜀岡秋眺

萬松亭畔接殘秋，淮海風煙望裏收。黃葉猶存前代寺，白雲多近酒家樓。塞鴻杳杳傳霜信，岍柳蕭蕭動客愁。水患東南憂未息，繁華仍是舊揚州。

紅欄曲折繞山頭，複道　離宮接

御溝斜日鳥銜殘靄碎枯荷風捲野塘秋閙蟠地脉
通巴蜀潮帶鐘聲下潤州繞樹烏啼霜月出燈船
歌吹起中流

登潤州城樓

城角危樓俯碧波登高縱目意如何飛飛水鳥望
中没片片估帆江上過漁浦雲開村樹出海門潮
落暮烟多寄奴去後邊烽靖買犢春耕罷荷戈

雷丈秋山夜過

舊雨相尋月滿林多君能不負初心十年獻賦功
名晚三世論交氣誼深南浦芙蓉嬌晚色西堂蟋
蟀亂疎砧豪情到老依然在把酒還澆古劍鐔

奉懷袁泥堵夫子

秋風槐市暮雲高五十功名尚布袍燈下酒醒閒
問字花間月出記揮毫琴書每恨慚盧植文字猶
聞說李翺欲寄尺書何日到幾翻遙憶夢魂勞

送錢塘胡西垞中翰遊粵東

供奉錢塘舊姓胡鬖鬖白髮滿頭顱六千里外探
仙蹟七十年來冷宦途漫道文章傳
禁闥空教名字老江湖布帆搖曳東風裏一路推窗
看畫圖

金陵懷古

嵯峨鍾阜落烟鬟閱盡繁華只等閒百戰英雄歸
逝水六朝興廢見殘山舟橫白鷺波光外詩在青
溪柳色間遙向石頭城上望孝陵春樹囀緡蠻

和雅雨使君紅橋修禊四首之一

竹西簫管自年年詩酒風流轉勝前邱壑遙連三
峽迥樓臺高出萬松巔燕啣春信歸香閣風送楊
花落酒船捲幙坐看垂釣叟一竿點破碧痕圓

隋苑弔古四首步孫心山元韻

垂楊猶是舊時青終古芳魂醉未醒廢苑春耕鋤
古厓長堤月落見秋螢簫聲空憶當年夢水調還
宜靜夜聽過客可能追往事蕪城宮樹滯殘星

帝子多情亦枉然頭顱縱好有誰憐堤邊衰柳哀羅綺城上啼烏恨管絃社稷祇憑歌送日煙花都付酒爲年一坏寂寞雷塘土斷碣蒼茫立暮烟斷隴寒鴉客意迷興亡千載使人悲犯顏敢諫無男子罵賊捐軀有侍兒依舊綠波停釣舫空教翠黛畫長眉瘡痍未起軍心散畢竟荒淫是禍基繁華自古說揚州殿腳歡歌擁夜遊芳草玉鞭金勒馬牙檣錦纜木蘭舟書傳烽火連天急風落楊

花滿地愁二十四橋簫鼓歇夕陽無語水東流

新柳

早是長條灞水潯娟娟新綠未成陰春風陌上離人淚遲日樓頭少婦心隋苑鶯花初黯黯玉關消息正沉沉何人烟外橫長笛不待飄零恨已深

美人春睡

頰暈全非醉顰蛾翠髻低流鶯如有約不敢盡情啼

萬松亭

虛壁下松聲謖謖已盈耳深林不見人春風落松子

採蓮曲

蓮心似妾心心中有苦處蕩槳故遲遲生怕鴛鴦去

寄董竹枝社丈

酒滿芳樽菊滿籬秋光何處不相思芒鞋破帽紅

橋路莫更逢人唱竹枝

塞下曲

刀斗聲沉烽火消單于不敢過西遼將軍解甲無征戰雪滿陰山獨射鵰

秋寺

松門黃葉落層層秋雨秋風冷夜燈打飯人歸棲鳥後暮鐘敲盡六朝僧

廢園

殘山煙冷碧波斜，春老空園見暮鴉。小犬無聲遊跡杳，行人折盡路旁花。

讀漁洋山人精華錄集句題後

風清月白夜窗虛，花落花開只讀書。我愛新城詩句好，半江紅樹賣鱸魚。

題畫

幾筆青山屋數椽，春風春雨自年年。爲尋花信沿溪去，芳草斜陽燕子天。

當壚曲

滿店落花自春色，背數青銅聲測測。含羞借問五陵人，可是臨邛舊相識。

二月舟過蒲津

千章老樹上青霄，曲曲疎籬接板橋。堤畔東風偏有意，杏花深處酒帘招。

關山月

萬馬羣嘶朔氣涼，祁連山下月如霜。征夫已是無家客，不敢登高望故鄉。

孟城夜泊

篾社湖邊落短篷，菰蒲十里影搖風。漁家乘月閒收釣，欸乃一聲天地空。

西泠遊草

（清）陳璨 撰

《西泠遊草》一卷，清陳璨撰，據南京圖書館藏清百尺樓刻本影印。

陳璨有《雲樹初集》，已著録。

《西泠遊草》爲陳燦遊玩吴越古迹之時所作。西泠，即蘇小小葬身處，在杭州西湖孤山旁，詩集中『松下同心事有無，西泠橋畔一孤墳』即取此意。此處泛指杭州。書前有坦庵宫履基所撰序言一篇，書於庚寅中秋前十日，總覽全書，大致叙述了詩集的來由與藝術特色，以及對此集一點簡單評價。隨後附南徐老人阮鍾琪、竹西社弟盛園春、竹西弟黄景雲等十六人題詩，共十八篇。同時，有京口阮鍾琪及東岑同里宫國苞霜橋點評，常以簡單的一言兩語評之，時有精到之語。後無跋。這些詩，多是陳燦面對古迹時的抒懷之作，如西湖、蘇小小墓、虎丘、飛來峰等地。所用語言頗平淡而簡約，因爲白居易蘇東坡均曾在西湖邊上吟詠詩章，陳燦作詩有意追比蘇東坡白居易，有他們兩人詩中山水閑情詩之韻味。所以序中説：『瀟灑自成山水癖，品題深得白蘇心。』書中多描摹山水之景，描寫多取景物某一方面，抒發在各種湖光山色之中悠遊閑適之情懷，頗多意趣。不過集中也不乏歷史興亡之感，如寫蘇小小等歷史古迹，融入作者個人情感，抒發懷古之幽情，借古人悲情往事，澆胸中塊壘。

（張　錦）

西泠遊草

序

夫嶽府川宮本造化靈奇之奥筆花墨瀋乃騷人膾炙之腴倥侗陳子淮海詞宗集滿庾樓踪希米舫鶯花入夢三春踏遍吳山珉瑁裝書一卷詩裁越水飛來峯頂吟殘夜月千門明聖湖邊摹就碑文一段坡公舊咏都歸氷雪囊中白傅酒痕疑入烟雲腕下珠璣錯落光摇賈相之燈繪藻繽紛錦奪錢王之樹僕跡類鷦棲未窮勝覽食思鵝炙雅愛髙吟邘溝社席多君久步香名越國風烟令我俄驚絶唱敢忘傾耳之音聊作笑顰之序庚寅中秋前十日坦菴宮履基拜撰

諸家題詞

知君淮海倦登臨鼓棹西湖更遠尋瀟灑自成山水癖品題深得白蘇心無人放鶴來亭際有客聽鸝憩柳陰載得新詩過江去真同白雪郢中吟

南徐老人阮鍾琪謹識

蓬萊何處是靈隱在杭州笑我孤舟訪輸君挈眷遊冷泉喧石骨脩竹亂峯頭今日遥相憶能銷萬古愁

竹西社弟戚園春拜題

吳越東南勝春遊及夏時湖山千里棹氷雪一囊詩眼濶乾坤小身閒日月私清風吹北牖歸臥有餘思

竹田弟黃景雲拜題

七尺珊瑚一網收餘杭風景恣清謳古人舊有詩中畫今日如從畫裏遊

萬斛珠璣足探尋西湖名作已如林白公去後蘇公杳又得山人獨嗣音

杏園弟解承寵拜手

飄然才思獨推君咏到湖山總不羣領畧臚言纔約畧十分寫意在三分風流蘇白原如此性癖松泉信有云長夏寂時須更續無妨酬唱度炎曛

鉏雲弟任志尹拜手

形勝曾無匹湖山一帶幽我方困茆屋（時抱病杜門）月餘君正返杭州袖出新詩本窗前當臥遊病夫雙眼豁爲約買扁舟

露浣世愚弟袁來章稿

東南名勝未前臨輸與風流畫裏尋吳越已窮千里目江山聊豁一春心誰家釀酒沽花嶼到處攜書讀樹陰（借用北齊魏君事）君是遊仙謝康樂奚囊賺得八乂吟（用阮大韵）

鐵橋弟張星拜題

春雨久休歇草堂猶頹井先人佳咏留烟月空塵影湖山十載思夢裏時飛騁騷人着先鞭幽討窮靈境一卷西泠篇萬古遊仙景咳唾總成

珠玉屑飛清泠無勞坐松泉新詩逼神永讀罷增感歔前巖發深省余家舊有西湖小築

坦菴宮履基拜題

窟中山水鍾蘇杭二月三月春茫茫佳人舊事木蘭柑詞客清遊古錦囊倥侗山人湖海士意氣元龍差比擬胸中邱壑久懷奇夢裏烟霞思倒屣江南花信摇青旂碧波萬頃堆琉璃早鶯聲裏挂帆去引領風光獨主持踏青憶過桃花塢弔古曾經闔閭墓石湖一葉指吴山更向錢

塘江上住西泠橋外蘇隄前棕鞋桐帽堪流連乍逢越女湔裙會恰過蘭亭修禊天歸期已是春殘後行槖忽添詩卷富惟將眼底舊湖山繪入毫端新綺繡我來吴陵始識荆素心相契如平生讀君一卷漫遊稿觸我十載江湖情憶昔童年居子舍吴越扁舟曾屢駕題名梅福草廬中沽酒嚴陵釣臺下何日從君蕩畫橈重攜吟管載詩瓢定山一抹斜陽裏笑倚江樓看弄潮

陽羨弟儲潤書拜題

淮海登臨倦飄然入鏡湖烟霞恣笑傲山水足清娛遊覽宗康樂品題繼白蘇昔年行未果戊寅春舟次虎邱擬之湖上未果逸興對君輸

澄若弟高與可拜題

吴陵才人愁春風揚舲摇碎桃花紅五色紛披囊古錦吟向錢塘西復東平湖十里波紋縠鸞珮相逢花映肉孤山一點草初青夢醒梅花破寒玉烟雨杭州十載思苦我俗物相瞋欺讀罷新詩如再歷不須更作湖上客六橋花柳年年碧

三原社愚小弟篠墅梁彥術拜題

海内陳驚座篇章好自裁傷春頻作賦弔古獨登臺花月憐歌舞山川想霸才幾時打雙槳一訪草門來

山陽楊　禾稼軒氏拜題

我遊淮陰歸快讀西泠草大句動山岳中心每傾倒吟花嘯月情旖旎復娟好秀色艷濃春元

氣鬱蒼昊吳山越水間一一盡幽討我本閒闊
人從遊苦不早（倥侗約遊西泠予有淮陰之遊未赴）三復有餘馨
肴端飛麗藻

外弟宮國苞霜橋拜題

長淮五月晤宮三見說詩情水一潭今日披吟
紛玉屑又牽離思滿江南
春風三月醉姑蘇越國山川感霸圖兩地鶯花
吟不了果然咳唾總成珠

甘泉林　開玉珂氏題

蘇臺醉春風越嶠覽春色今日把君詩如入衆
香國

寶應湯　禧對揚拜題

一卷吟成鬢欲絲元龍丰度想當時西泠烟月
金閶柳都入先生絕妙詞

寶應趙立誠朴軒氏拜題

越國風烟旅夢清錦囊詩句擲金聲十年我亦
江南客辜負青山綠水情

琴舫弟宮詔金拜手

西泠遊草 庚寅

泰州陳　璨倥侗氏著
京口阮鍾琪東岑
同里宮國苞霜橋　點評

將之西湖留別同人

十年清夢落西湖擬買烟簑狎釣徒春水一篙吳
國遠夕陽千里越帆孤花偷人面紅爭艷草學裙
腰綠正鋪已定歸期歸雁後相思兩地費踟躕

阮云清亮

雨後渡江

一桁青峯露遠鬟輕舟破曉渡嚴關篷窗四啟容
高枕臥看江南雨後山

宮云高枕看山中流可擊楫矣

官船謠

驚雷起空江餘威擊大船（是日雷擊江口粮艘）小舟千萬不
敢渡是時月落江風黑上流忽報官船來川途舟
塞何由開官船猛如虎民船小如鼠高燒火炬揮
長棓斷索飛橈迷處所叱咤頃刻江門通官船發

鼓揚征篷揚征篷氣何雄民船散江渚亂葉遭秋風我船蘆洲早遯跡幸未當途遭横逆水窗夜半聞哭聲令我撫膺三太息

宫云得古樂府之遺

同家人之西湖舟中遇雨

放棹去鄉關春陰感鬢斑風聲全壓樹雨氣欲沉山村暗歸雅急橋横古渡閒全家載烟艇不用夢刀環

阮云頷聯如米家小品

水窗即事

風送輕帆六尺斜江南風景重桑麻春陰幾日溟濛雨閑遍沿河野豆花

阮云别趣

丹陽行弔陳少陽先生

丹陽城中布衣死三上奏書抗天子慷慨衣冠就市曹恨血千年瘞江沚憶昔伏闕除六賊奸佞傾朝皆動色登聞鼓碎震天地詔書即復李綱職後來用事唯汪黄李綱終罷誰能當先生還復振衣起可憐斷首同歐陽南渡君臣輕社稷追贈子孫究何益儒冠從古係興亡大義千秋光史冊遺廟鬚眉猶彷彿赫赫忠魂肯淪屈西泠亦有岳家祠松栢青青同蓊鬱

宫云沉鬱頓挫直接杜陵

蘭陵道中喜晴

蘭陵尊酒後日午一帆晴春樹連天遠川光潑眼明好山青入畫芳草綠含情送得征人去迢迢遠興生

阮云如畫

舟中望惠山

蘊玉山氣輝懷泉山色潤惠山古名泉峰嶺自清峻暮春風日清江流潔如鏡花林抱梵宇一一皆倒映引望生遥情歸舟滿觴咏會作芒履登巾車焉用命

宫云小謝風流

舟行屢阻風雨感賦

行路難如此川途尚渺然雨侵吳客枕風滯越江

船旅況花仍落鄉愁月暗圓欲尋村店酒帘影隔
溪烟
阮云秀
骨天成

虎邱玉蘭

虎邱二月堆晴雪千朶萬朶愁欲絕峭風昨夜過
江南一樹瓊瑤吹不折青鞋布襪遊金閶花前勸
酒憑吳娘醉來思臥春缸綠夢裏猶聞響寒玉
宮云合太白
嘉州為一手

長虹橋阻風

山程水驛隔吳淞又向虹橋落短篷醉客竟無鄉
國酒惱人偏怪石尤風菜畦歷亂黃千點麥隴菁
葱綠幾叢自昔浮家無定處水窗深閉寂寥中
阮云眼前景
寫得鬆活

登烟雨樓

層樓金碧沙洲起雨態烟情美無比朱闌十二倚
高空秀奪鴛鴦一湖水扁舟三月遊湖鄉紅桃綠
柳春茫茫我慣登臨健雙足丹梯直上神飛揚前
俯釣鰲磯後眺魚樂國露臺下接鳳凰軒凝碧亭

西泠遊草　四

空映浮玉青天向午陰霾生千樹萬樹雲腳平雨
氣濛濛入烟海不知有日空中行畫棟雕甍覺孤
聳涵碧洄青向空湧雉堞週遭接混茫屋瓦崚嶒
欲飛動暖風習習吹快晴水天清徹含空明汀蘭
岸芷渺無際其間彷彿漁歌聲考核兹樓五代始
伐木鳩工自錢氏向後重修有七賢滌蘇看碑皆
可紀
翠華三幸垂
天章淋漓
翰墨何皇皇
大句兩用石鼎體渾然元氣包鴻荒草茅欲作登樓
賦落魄關山感遲暮長歌高處苍天風千里鄉關
隔烟樹
宮云仙人樓
閣鏡中懸

塘棲雨泊

烟柳河橋綠萬枝橋邊舟楫去遲遲他年記取塘
棲路三月孤篷聽雨時
阮云情
景可想

西泠遊草　五

竹素園感舊 先大父宦浙時同人觴詠于此

綠水抱芳園，竹影暈澄碧。闌闠春鳥聲，花林容杖策。隅塢登歌臺，臨流坐盤石。仰視面山亭，

御墨標

賜額。再檢壁間詩，先人有遺澤。翹首憶前歡，觴咏皆佳客。而我復茲遊，匆匆愧行役。麗句與清詞，何由繼風格。

阮云：相題有法。

岳墓

墓門正氣尚如新，血戰中原跡已陳。鐵騎不教還二帝，金牌原可活斯人。松楸落日蒼涼意，祠宇空山寂寞春。究竟偏安非上策，棲霞回首一傷神。

阮云：鐵騎一聯，千古定案。

湖心亭泛月

波光與月光，上下相輝映。扁舟漾中流，孤亭入明鏡。汀花露氣清，岸樹蟾影正。良夜扣舷人，佳遊發清咏。

宮云：空明心萬里。

登吳山絕頂

一徑盤空到上方，天風嵐氣冷衣裳。山川勢欲包甌越，江海潮迴接混茫。立馬金人徒有句，偏安宋帝已無疆。不須更渡錢塘水，極目西興驛路長。

宮云：雄渾。

湖樓雨眺

樓居思佳遊，濃陰暗春曉。湖天一雨迷空濛，水態山容增窈窕。誰展南宮潑墨圖，萬點蒼烟青不掃。西南一角雲還生，東風着意吹難晴。六橋花柳入彷彿，遥離那得聞啼鶯。倦來焚香坐木榻，歌舫移時聲雜遝。山僧重爲啟高窗，夕陽紅上雷峯塔。

宮云：山色空濛雨亦奇。

于忠肅公墓

荒墳日落動悲風，碧血當年瘞此中。北狩幾成和議局，南還偏賞奪門功。鷺鸞謡起究終雪，徐石謀深恨不窮。歎息餘姚留好句，我來何處哭英雄。

阮云：奸黨盈廷，勢難獨立，哀哉老臣，頸血流碧，白究者誰，陳君詩筆。

贈靈隱佛基上人

入雲靈鷲古愛客遠公賢有象終非法無言始是禪水流花卸意雲破月來天我欲攜瓢笠煎茶就泠泉

宫云不二法門被君道破矣

飛來峯

何處飛來此寄蹤碧天青削一芙蓉摩空有影干霄漢拔地無根讓岱宗谷口春深懸瀑瀉洞門花落泠雲封我來直欲憑虛去笑拂烟嵐擲短笻

阮云得飛宇真神

西泠遊草 八

韜光

弢光隱隱入雲途夾道松陰積翠鋪到寺餘霞輝殿閣登樓落日滿江湖巖邊嵐氣青沾袖竹裏泉聲泠到厨一棒疎鐘醒舊夢香林我欲事團蒲

宫云氣圓筆冷

坐冷泉亭

飛泉落亭陰萬籟覺清泠於此滌塵襟涓涓隔林影住錫念梵僧面山思鷲嶺飲泉素所欣何因得修綆

阮云高淡孟襄陽

龍井茶歌爲佛基上人賦

龍井山頭春欲雨露浣萌牙緑初吐茶商傾囊購莫得珍重山僧餽香乳暖風三月遊西泠湖樓高敞春山青呼童遠汲泠泉水煎法一一宗茶經一沸三沸珠未已颼飅彷佛松濤起甌磁細點碧霞沉倒瀉微波清見底一椀早覺滌肺腸再飲肘腋風開張盡興豈必待七碗已覺玉川鴻漸紛兩旁我昔江湖恒浪跡蒙山顧渚先春嘗當時豈不歎美絕滋味到此分低昂山僧山僧原夙好更遺筥

西泠遊草 九

簍黄泥竈春歸我亦理歸舟他時當想瓊瑤報

宫云讀此可解渴疾矣

由錢塘江邊入五雲山尋雲棲寺

放棹隨落潮沙平江岸濶舍舟入五雲澗石清可撮仄徑盤山腰脩篁夾蘿葛紆迴廿里遥天光始開豁春晴宿霧收人影在木末振衣上層巔一覽盡吳越雲棲古道塲蓮池有衣鉢何日謝塵氛於此得解脫上人貌清奇邀看陰崖雪趺坐洗心亭

相對竟無説
阮云遊覽詩至此襟懷何讓古人

理安寺

萬山嵐翠青迷濛理安古寺山之中我來杖策事幽討溪澗叠叠稀人踪高林流丹出殿宇裝嚴佛像何尊容向午齋堂萬履集白晝亦覺千燈紅山深那得盡週覽言尋歸路心匆匆琪花瑶草不可拾聒耳猶覺鳴踈鐘
宫云兀枒竟是昌黎山石詩

同任徐二子入孤山尋林處士墓小憩放鶴亭

二客從客遊去去孤山麓幽亭鶴跡稀苔封古時綠言尋處士墳低徊緬芳躅三百老梅花同時葬寒玉
宫云幽冷

林處士遺像

古貌太清癯高風動巖壑童子折梅還亭邊自調鶴
阮云遺像清高

蘇小小墓

松下同心事有無西泠橋畔一墳孤蕭郎薄倖人人是頑石何須化望夫
宫云靈巧

洗心亭聽泉

雲棲竹徑天下稀洗心亭子如漁磯我來聽泉坐磐石水聲激激風生衣昌黎句
阮云古峭

大觀臺懷古

高臺突兀吴山巔下有二山相勾連謂城隍紫陽二山我乘春風一登眺振衣直上凌蒼烟子胥廟前壁奇峭趣首似可呼青天東江海西西湖山川壯麗開雄圖觀潮恨不及八月怒掀横捲吞三吴廟令與客話往代吴越山川此分界吴王歌罷越王興百戰英雄幾成敗我聞此語心骨傷憑高弔古愁茫茫南渡君臣憚恢復偏安社稷成金湯宋陵回首沒松栢但見野鶴雙飛翔途窮肯效阮生哭且看

山光潑新綠，石欄揮手一長吟。隱隱殘陽下林木

宮云：登臺弔古，興盡悲来。

湖上送春

青春欲别愁無語，晓起蘇隄送行旅。夭桃昨夜泣東風，化作紅飛一湖雨。

阮云：春去如何。

登澄觀臺

臺迴空雙眼，山長此鬱蟠。千峯圍越國，一水走嚴灘。潮落江豚遠，風高野鶴盤。孤帆連暝色，歸思夕

西泠遊草　十二

漫漫。

宮云：圓渾。

鳳凰山懷古　山上御教塲，為南渡講武處。

鳳凰天半摇空青，獨立突兀之孤亭。幽谷不聞斧伐木，隅江但見人揚舲。偏安已定和議策，講武何用陰符經。燕雲十六州莫返，宋家廿作小朝廷。

阮云：兀拗有力。

雨中放棹過漪園訪汪鐘五不遇

湖上搆林園，易得山水趣。況復春雨中，景物多所遇。尋源蕩輕橈，花礙川上路。小紅落溪橋，新綠滿庭樹。雷峯畫塔孤，隱隱挿烟霧。不見素心人，深情阻良晤。

宮云：雨情烟態，如入輞川畫圖。

湖上晚歸遇雨

湖天慳晚霽，漾舟隨春風。好雨釀新漲，水面多殘紅。六橋與兩隄，夾岸青迷濛。魚鳥每親人，去去隨所從。遲歸待初月，杳杳南屏鐘。

阮云：静細。

西泠遊草　十三

水樂洞

清泉咽危石，空洞如鳴琴。一聽洗我耳，再聽清我心。尋源繞佳樹，潭水潔且深。

宮云：讀此已覺清心。

靈隱訪僧

到寺日將夕，香林聞鐘鳴。因造遠公房，花木饒静情。雲懶有色相，道高無逢迎。新詩盈卷册，絡繹羅前楹。焚香一披閱，發口金石聲。再檢古隸書，鐵畫何縱横。因思大悟者，萬事通神明。齋厨供茶笋，野

味甘且清萬籟向夜寂松門纖月生歸路照幽獨
山鳥棲還驚

宫云直
接王孟

丁家山亭子望南高峯

空亭稀鶴聲荒山多虎跡曳杖試幽尋到眼但松
石南高一峯青相對如愛客空翠襲我衣雲氣生
絶壁坐久不逢人孤吟永今夕

阮云荒僻處忽得
奇景豈不快哉

蘇隄步月

良夜得佳遊花林露新霽好月湖上來波光益清
麗何處畫船歸咿啞在烟際

宫云得章
蘇州三昧

表忠觀觀東坡碑碣

五代昏亂異人出殺董誅劉起王室射生强弩萬
靈泣百丈潮頭倒流急金券玉冊何皇皇山川包
絡開雄疆四十一年守臣節貢獻歲歲來朝堂三
王奮勇繩祖德輔弼王師還殺賊烽烟周室一朝
傾墓栢祠松荒廟食神武大宋飛真龍賜以古觀
曰表忠西川學士揮健筆淋漓元氣盤長虹八百
十字備始末書紙勒石何豐隆墨跡一一稱肥瘦
飛舞欹側如羣鴻掃苔滌蘚事可記瞻拜空階生
往畏春風拭目望湖天越國蒼茫餘霸氣

宫云大氣盤鬱敘事緊老
非熟精韓杜詩不能辦此

遊上天竺山寺 大士為杭郡雨暘司命香火甲于東南

名山豺虎稀靈秀屬仙佛況復慈悲人水月成皓
質春風三竺間花林閒靜室士女集如雲香火遠

稠密有求争祈禱雨暘期不失我亦謝塵氛皈依
去愁疾

阮云白
蓮化身

山行

千峯晴色上朝暉又踏青鞋入翠微一路好山看
不盡香風吹送野薔薇

宫云
鬆秀

南山晚歸

朝從南山遊暮下南山路何處鳴昏鐘隱隱淨慈
樹

阮云古音

小白山僧源修招遊四明未赴詩以寄之

我聞四明山高一萬三千丈出雨興雲非一狀峯巒二百八十稱絶奇峷嵂岧嶤争俯仰中峰四穴何荒唐吞吐日月星辰光四圍綿亘八百里松栢梓樫皆青蒼洞天六六居第九赤水丹山世稀有巖端更勒四家詩大句千秋垂不朽我生僻處東海邊採藥幾度求神仙春遊西湖不稱意醉來直欲凌層巔小白山僧傳尺素五壩三江愁莫渡長歌爲我謝山靈他日期君結茅住

宫云躋攀分寸不得上失勢一落千丈强

湖隄閒步

綠楊深隱白沙隄隄上行人路不迷何處好風吹客袂衣香鬢影六橋西

阮云晚唐佳製

三過白雲菴訪漪園主人

湖山兩岸家家酒小艇探春日日來便與白鷗爲伴侣等閒相見莫相猜

阮云閒雅

主人愛客客頻過竹樹閑門隱薜蘿識得南屏山下路白雲深處老僧多唐句

宫云蒼秀

張看雲先生見示梅花吟新刻

九齡素心人論交便傾折梅花三十章骨幹如屈鐵烟情任欹斜月意何皎潔攜手入孤山期君夢香雪

阮云暗香襲人

别西湖

一聲驪唱恨漫漫潑眼鶯花更倚欄晴雨忍拋西子去湖山如别故人難六橋酒債償應遍三竺詩情咏未闌欲放歸鞭更回首依依柳色戀征鞍

宫云倥偬真多情人

石門道中

西泠返棹趂歸潮入夜鄉愁鬢欲凋曉起篷窗舒望眼一帆晴日過吳橋

阮云晴日揚帆歸心一快

晚遊虎邱

春風打槳闔閭城七里山塘正晚晴霸蹟已銷金虎氣荒墳猶記玉人名青帘夜月家家酒紅豆香詞戶戶箏莫上高樓追往事吳宮芳草不勝情

阮云與陳元孝虎邱詩並傳千古

五人墓 相傳墓地即當年魏閹生祠

治世胡爲有亂民當年心跡歎俱陳老拳不望垂千古義膽尤難並五人荒壠芊芊青草莫豐碑寂寂野棠春可憐墓道橫開處原是貂璫舊祀禋

阮云老拳義膽寫出當日忽勇情形一結尤見作者手筆

擬游靈巖諸山雨阻未果歸舟即事

雨阻登臨興歸舟趁晚風雲陰低四野水氣逼孤蓬遠樹迷濛外名山想像中春晴應好待端欲問吳宮

阮云清穩

西湖四憶

山

我愛西湖山山山總堪憶既雨爭修眉快晴分秀色策杖遍登臨巖洞每棲息鷲嶺一峯青飛來無羽翼

宮云山色可憶

泉

浮花送好春咽石發奇響良辰風日佳靜聽每孤往趺坐滌塵心入耳皆幽賞泠然山骨清涓涓入遐想

宮云泉聲可憶

茶

雀舌生綠雲春滿龍井山汲泉試親煮一飲開塵顏霞脚碧隱隱乳花青斑斑餘香沁齒頰戀戀何由還

宮云茶香可憶

笋

春雷動三竺迸土千龍孫山僧荷鴉鋤亂劚凌雲根客至佐茗椀齋厨成饔飧歸來厭肉食佳味思猶存

宮云筍味可憶

萊陽二姜先生祠

千秋一疏重彈文，南國投荒感雁羣。祀典已光吳市月，忠魂猶戀敬亭雲。衣冠穆肅心俱潔，伯仲風裁世莫分。骨月因依同俎豆，森森松柏悵斜曛。

阮云：得此詩，兩先生可無恨矣。

楓橋夜泊懷同社諸子

日暮楓橋落短篷，相思千里夢難通。孤舟夜半江南客，獨聽寒山寺裏鐘。

阮云：清遠。

西泠遊草　廿

晚遊靈巖

春滿靈巖山，月照採香逕。吳宮舊夢荒，東風吹不醒。琴臺浣花池，一一堪覽勝。弔古難爲懷，長歌荅清磬。

阮云：吳宮十字，獨傳千古。

登琴臺望太湖

靈巖山色蕩空青，獨上琴臺眺杳冥。地載衆流成巨浸，天迴一氣混滄溟。潮頭萬馬奔胥浦，雲際雙峯出洞庭。最是客懷消不得，夕陽隱隱落沙汀。

宮云：氣吞九州。

寒山寺

夜半聞鐘聲，曉問寒山寺。策蹇過楓橋，初陽滿遐思。花宮鳥欲飛，香林客初至。逢僧心印參，豈必立文字。

阮云：情景俱到。

吳門午日口號

寶馬香塵走鈿車，山塘競渡集裙裾。世人只解懷沙恨，誰向荒江弔子胥。

宮云：是吳門午日。

西泠遊草　廿一

雨中上錫山

石磴何迢遞，泥滑屐行緩。回頭望白雲，乃在山之半。

阮云：登高者自知。

雨中阮丈東岑招飲春草堂，即席賦贈，兼道別

幽居瀟灑絕塵埃，屐齒應嫌損綠苔。人意淡如籬下菊，詩懷清比嶺南梅。舟車恨未同千里，約遊西湖未果

湖海重逢此一杯，我又迢迢理歸棹，江門烟月首遲回。

宮云：詩意亦如梅菊。

京口舟中懷鉏雲先生，時同遊西湖，還以應試先別去

客心日夜大江流，君去憐予少唱酬。梅雨滿天歸棹後，共誰把酒說杭州。

阮云：餘情如縷。

天橋初稿

（清）周虹　撰

《天橋初稿》，清周虹撰，據傳鈔本影印。

周虹，字虹起，又字天虹、天橋，清泰州人。雍正元年（一七二三）武進士周之松子，布衣，工詩。

本書卷首有道光九年（一八二九）夏荃序，團維墉、李亨衢所撰周虹傳。夏荃序言周虹原有遺稿四卷，存三、四兩卷，五七律二百九十首，夏荃復鈔綴百首，别爲一卷，即爲本書。夏荃稱其詩『格律似明七子，雄深老辣。』團維墉亦稱其詩『雄渾超拔，出入高岑孟杜而風旨一本楚騷。』觀此集中詩，亦每見佳篇，如《重度大庾嶺》：『六年嶺外寄萍蹤，踏遍天南十萬峰。疏雁誰憐雲路隔，衰僧每憶竹林逢。鞭拖殘照來山寺，客逐饑烏傍晚鐘。重度大庾追往迹，梅花猶認故吴儂』。

（周　忠）

十六年十月

古物會傳鈔

天橋初稿

余向於芸香詩鈔本見周天橋先生近體詩其格律似明七子雄深老辣迥異時流輒心折之因詩中有贈鄧孝威作疑其為國初人私怪孝威選詩觀初二三集採邑中能詩者近百人何獨遺天橋即國朝諸老輩酬倡詩亦從無有及天橋者竊疑之未暇考也後讀團丈擻燈小畫山房詩集見有所謂射珠行為周天橋賦及周天橋齋中作諸詩則又疑天橋與團丈為同時殆非國初人芸香刻當有誤然究不知天橋為何許人也今春託吳子畹芳徵南阿先生詩於李君思源思源出南翁

泰縣古物支會

舅氏周先生詩一帙且曰此予先子屢欲付梓而未果者也今不敢秘諸篋中矣余受而讀之即天橋先生遺稿也始恍然知先生與南翁為渭陽戚於團丈雖同時為前輩先生計生於康熙末雍正初鄧先生沒於康熙二十某年芸香刻之誤不待辨其誤改贈鄧詩原題為與漢儀寒窗小集賦贈且稿中與漢儀贈答詩凡三見鄧先生名漢儀遂以臆見牽合之亦不攷之甚矣稿為先生手錄草書拙率難辨余以意逆之十得八九詩特奇警顧時露其侘傺憤懣之氣抑境使然不足病也遺

稿舊四卷今所存者三四兩卷得五七律二百九十首闕古體詩二卷南翁楠先生精古樂府歌行必有卓卓可傳之作惜乎其久軼也余既精選先生詩二十餘首入詩徵復抄綴百首別為一卷仍其名曰天橋初稿抄成急以原稿歸思源藏之至先生世系生卒及世所傳一箭射珠事具南翁所撰傳中茲不贅及云道光己丑孟夏荃謹識

周公子傳

同里團維墉椒燈譔

周公子父名之松泰州武進士歷仕廣東參戎軍政簡嚴工詩愛客粵人士歸之有雅歌投壺之樂公子年十二喜馳馬善射參戎授以兵法辭曰變化在心不願效趙括也參戎奇之署臨海上前有場廣千步曰香嶼番舶叢集互市之所每晨展旗鳴角諸集以鉦應則百貨坌聚列騎隊出呵唱然後參戎至值二番客爭珠各執其一參戎不能決大譟械鬬公子方射獵山中怒馬突入令懸珠百步外榕枝下以弓約左右黨令曰吾射中左珠歸左右歸右皆中各罷二客跪曰諾公子旋馬去後嶺復嶺巉巉高百丈當是時諸番執寶貨分別鰓類卷髮環耳赤帕白簏衣跣跳之徒手火齊者珊瑚枝者鈿者翠者大秦鏡魚腦玻璨者孔翎脩五尺象犀璀璨者魮珠海月者白氎紅罽五色晶者光彩陸離雲日無色炎觀者萬人公子飛策馳下嶺一矢電激衆過譁呼沸天二珠齊墮客失色乃皆罷由是公子名大噪洋夷賈搖手過境十數歲海疆晏然公子力也亡何參戎罷

歸卒公子落魄不好謁請居窮巷天寒雨雪衣葛帔多從文士遊悲歌骯髒一寓於詩詩雄渾超拔出入高岑孟杜而風旨一本楚騷身昂藏磊落好俠得錢隨手盡常自炊值告飢者急掇釜予之更乞米回無釜矣大笑置之後數歲病腓遂廢卒年三十餘公子名虹字虹起一字天橋

外史氏曰余幼居蕭巷巷側曰北山寺古禪林也其右狹巷為公子居又東有洪生亦工詩三人者常坐寺門磐石上聽公子談海上射珠事勃勃奇氣拊掌跳盪不

此字下脱一字

十年余去游西北展轉不歸今老矣二人者墓木已拱無由詢其子孫每過寺門故址依然疎鐘在樾未嘗不掩泣云

周天橋先生傳

甥李亨衢謹譔

舅氏周姓諱虹字虹起號天橋工詩善騎射幼受學外王父勁冬公初外王母翁宜人娠時有異徵故舅生而穎異讀書日十行下讀輒棄之終身不忘隨外王父莅粵甫七歲命客中看月題舅應聲曰冰輪初起碧雲頭一片清光滿地秋歌吹此何處好紅塵十里古揚州某觀察奇之參戎署臨海上有二番客爭珠大譟械鬬外王父幾不決適舅怒馬來岙嶴命懸珠百步外榕枝上射之舅令曰分左右黨吾射中左中右歸右皆中則中分之客曰諾舅旋馬去後崩飛策馳下一矢電激兩珠齊墜地客乃罷鬬由是海疆晏然自粵歸攻舉子業尤好為詩嘗與侍補堂先生遊平山讀道旁碑歸舟默書之不爽一字某歲應童子試以角黍賦五日競渡詩見賞於文宗名已錄矣被廣文某讒而黜厥後或不試或不試或泣或歌或醉臥古寺中披髮狂吟衣履垢敝酒如也而詩愈工風旨本楚騷而雄渾超拔時出入高岑

孟杜間憶衢少時謁舅舅為言客白下事嘗策馬遊雞鳴牛首諸山首一日至祖堂堂上有江左諸名士賦祖堂紀遊詩主騷壇者睨然一老翁也余下馬入衆不為禮倨甚余乃趺坐老松下朗吟靈運遊山詩傲岸旁無人客徐遣人問曰客亦知詩乎答曰武夫畧知旋下堂禮之延入座同賦余援筆立成七律五首擲稿策馬去俟有以馬追及者手持紅綾標第一名固邀余回不得已反轡至則諸名士肅余入老翁拱俟於堂掀髯大笑謂余曰君詩真壓倒元白矣老夫非輕許可者時已薄暮堂上然燭有核雜陳老翁暨諸名士固邀余飲就上

座酒酣老翁誦余詩輒擊節諸名士競以巨觥酌余余亦以巨觥酬之座客盡醉時狂吟劇飲幾忘其為萍水文也未幾山鐘動衆踉蹌下堂則東方既白余乃跨馬愳愳別老翁及諸名士下山去時衢竦聽第見舅豪氣勃勃不消衰如少壯時後竟以病卒年五十有　著有天橋初集四卷不休編一卷未梓李生曰衢趨庭時聞先大人言外王父中雍正癸卯武進士以文策得雋工韻語故以授舅舅尤長於古樂府歌行外王父洵儒將哉而舅竟以布衣終奇矣外王父遺稿無存舅遺稿無存舅遺稿數卷先大人命衢藏之久又失其古體詩三冊存者僅近體是則衢之罪也夫是則衢之罪也夫

天橋初稿

海陵周虹起著

後學夏荃退庵選

陽朔道中

南越還南去，風光覺黯然。長途傷倦羽，故國渺疎煙。四面撞崕地，千山猿鳥天。計時秋已盡，桃綻滿堯田。

江東門訪舊

舊遊多白下，訪舊繞江行。沙轉留人跡，山空聚葉聲。雙楡公子第，百里帝王城。相與同懷古，秋風無限情。

不寐

不寐愁偏至，愁深漏更長。草根蟲唱月，天外鳥啼霜。窗影搖虛白，花枝綴嫩黃。夜闌風力勁，悶爍亂燈光。

西軒夜酌

獨對西軒月，聊傾酒一壺。夜闌聲斷杵，秋老葉凋梧。仰屋無長策，閉門即畏途。恥為彈鋏客，每食嘆魚無。

秋雨潰堤癸酉秋作

堤潰秋來雨，連緜幾月陰。怒濤鳴釜底，亂艇鬪湖心。村落無高岸，人家剩短林。淮南十萬戶，與水共浮沉。

此首入伯山詩話

送彭舍人入都

三楚文章伯，高歌北入燕。金臺尋舊侶，玉笛起離筵。秋送人千里，霜拖馬一鞭。前途爭索句，如遇李青蓮。

鎮海市阻雨

駛吟淮海客，荒市偶淹留。雲黑千村晚，林黄九月秋。沾衣多雨氣，隔岸少行舟。入夜蟲鳴榻，叨叨訴旅愁。

駱賓王墓

古碣横衰草，唐賢姓未殘。墓門冬始見（狼山麓草枯始見），海國畫常寒。落跡江湖易，憐才軍相難。空餘憑弔淚，千載為君彈。

蒲豆

編蘆傾引蔓，嘉種植娥眉。如雪千花擁，當秋萬莢垂。結棚多傍屋，孜味可滋脾。留得疎疎影，門牆處士宜。

夏夜

揮汗巾全溼，招涼夜已深。螢流衣桁火，蟬撥座隅琴。酒渴心逾熱，雷轟天欲陰。南華冰雪句，偃臥北窗吟。

過瓜陰草榭雷贈主人

主人惟好靜，半畝事栽蔬。怪石呈邱壑，晴波狎鳥魚。架低瓜熟後，窗暗雨來初。留我談山海，杯深笑典書。

秋日同人登紫琅峯分韻

踏盡秋風路，危峯聚客星。潮聲滄海闊，雲氣福山青。登眺何無際，攜遝此再經。銜杯徒悵悵，身世感飄萍。

邗上絕糧題詩二首於壁而去

饑來卿煮字，莫說不充饑。壯士黄金盡，窮途青眼稀。被寒霜到榻，屋破月生衣。早識微名悞，何須下釣磯。

四海遊將半，方知行路難。人休譏鵠面，客不嗜豬肝。牢落嵇中散，蕭疎管幼安。連朝虚爨火，鋏豈為魚彈。

宿塘頭

雲黑江村路，茅檐且暫留。旅懷燈下亂，冷雨角中收。幻識莊周夢，凋驚季子裘。聲聲雞唱曙，行矣仗吳鈎。

與木齋黄葉窩小集

相持彈古劍，燈下影婆娑。世態驚蝴蝶，吾儕疥駱駝。固窮留未送，對酒醉還歌。消受詩多少，江城黄葉窩。

邗江舟次步薑村韻

又經歌舞地，倦客感華年。城遠雲遮斷，堤疎柳補全。招人江口樹，識我渡頭船。拌典綈袍去，登崖買酒錢。

贈漢儀

蒲柳邗溝路重來訪故人卅年空罷辭今日又風塵眼
冷予非傲才多君自貧相逢惟拍手時事不須論

古銀杏詩

出海陵之北郭曰新城其地有禪寺一區方十
餘畝為古永寧律院今俗呼北天滋廟大聖殿
前有古銀杏一株老幹參天濃陰覆地每當風
雨夕凜凜然作怪龍怒吼聲一時當代名公宿
士撫此輪囷咸曰此孔明廟柏也噫吁嘻何其
古歟或曰開元初老僧所植州乘未載不敢盡
信但觀其虬枝偃伏礧砢離奇必趙宋以前物
也因作詩以補州乘之闕云

鴨脚何時值龍鱗滿樹森怪枝疑破壁小憩可披襟寺
老千年幹庭留五代陰海陵饒古物先對此沈吟

仲南自江村館舍歸袖近作一冊訪余於徐氏綠
煙亭相值與之縱談復出其詩以佐酒酒罷賦
贈

幾度傷離別天涯感又闌杯深雙耳熱劍古一燈寒落

拓形相似飄零句共看彈冠宜爾我當待解人彈

初冬二首

一秋常苦病病起值初冬籬菊風吹瘦林楓霜染濃歛
歡和氏客銷夜治家傭抱我羊裘去寒江釣臥龍

乾坤何莽莽骯髒感時過獨我知人少因他名士多撥
灰心尚熱覽鏡面全訛莫問梅花信南枝隔澗阿

初春野望

殘雪消原野蓬蓬春意生負冰魚出水啄食鳥呼晴柳
醒隄堤路風和海國城三吳看不遠只接夕陽明

黃葉

樹豈知憔悴秋來便改觀黃垂蟬蛻瘦葉帶鴈聲乾六
代寺門古幾家村落寒江南新釀熟莫倚北風看

冬城偶作

躡屐上高城天空眼界清鴈投東海宿鐘出北山鳴卒
歲愁衣褐消寒仗友生舉頭冰魄滿照我十分明

雲谿精舍春感同得雲字

又入東風寺凋零感舊群枯僧呼不出（謂百泉上人）好句讓
誰分鉢冷飢鼯遠廚荒布穀聞登臨何落落惟見渡江

雲

四十初度四首選一

粵山曾勒馬壯志近如何八口愁珠桂三間寄薜蘿杜
關長揖少臥病獨醒多木解蒼天意逢場且浩歌

揚州晚泊

日落楚山遠秋殘暮氣清白花沽好酒紅葉望高城短
短天涯棹茫茫客子情二更燈火裏何處玉簫聲

廣州夜泊時由海南返家大人署

仙羊勝蹟已全銷飄泊空驚歲短拋萬里獨看瓊海月
二更初起穗城潮煙凝野巷秋炊薯鐙滿山村夜剎蕉

行路卻難思故國天邊如聽玉人簫

重度大庾嶺

六年嶺外寄萍蹤踏遍天南十萬峯歸雁誰憐雲路隔
衰僧每憶竹林逢鞭拖殘照來山寺客逐饑烏傍晚鐘
重度大庾追往蹟梅花猶認故吳儂

贛州

十八灘橫二水中西南雄堞此稱雄峽猿沙鳥朝朝雨
石燕江豘夜夜風閩粵估船潮上下關津官粟稅西東
笑予歸舫輕於葉紙有家書六七通

過茅忠愍公故里

瞻仰崇祠對晚風更尋斷碣碧苔中火龍翻地殘灰冷
鐵騎連天血淚紅有女捐身明大義無人白志慰孤忠
當年殉國皆書儒莫怪先生策未工

雨中春望

絲絲細雨過天飛杏欲開時柳漸肥殘雪未消粘蠟屐
新苔初活點漁磯雲中樓閣笙歌沸樹裏人家煙火微

燕子乍來春社近尋花謀得醉方歸

吳宮

錦帆閒向日邊開古殿淒涼剩老槐豔骨已同枯骨盡
靡聲猶雜雨聲來三春草色迷香逕萬頃湖光撼弩臺
歌舞當年君莫問靈岩山上暮鐘哀

早春

柳醒梅舒日漸晴早春時候鳥爭鳴十年嶺外高吟客曩客端溪六載方歸
一捐花前太瘦生歲稔張燈隨地好峯高聳
雪竭江明吟梔曳起尋芳去輭輭風吹面不驚

憶嶺南風景二首選一

徑

排悶 六首選一
藥竈藥牀病乍興禪參一指學枯僧年荒吏覺官難送
態變休言鬼可憎舊杜青衫疎似夢孤軒白晝冷於冰
案頭抽出殘詩卷姓字依然喚莫應

紅橋修禊 四首選一
油油鴨綠穩浮舟畫裏湖山好逗遛紅粉雨行狂杜牧
鶯花十里古揚州地同曲水傳名勝會擬蘭亭仕唱酬
二美四難兼此日騷壇獨占大江頭

贈單岸先 四首選二
黃金銷盡舊朋無白眼相於興未孤逐伴何須尋熱客
悲秋豈為在窮途半生成敗棋千局十載寒溫酒一壺
記得五山曾勒馬頻勞短扎問狂夫
何須四壁畫滄洲遇好溪山便逗遛醉酒狂奴仍罵座
多金豎子欲封侯詩成聽雨三更後魂斷登樓百尺頭
野性吾儕馴不得任他呼馬復呼牛

乙亥元日
簞瓢仍守舊生涯不換桃符度歲華稚子牽衣求爆竹
山妻洗盞泛椒花夢驚昨夜雞聲早節屆新年馬齒加

入伯山詩話

六年車轍遍江南五嶺高低漸欲諳山寺路隨雲斷續
土人語共燕呢喃窗推蕉下聽秋雨書枕樓頭看暮嵐
夢裏至今猶戀戀七星岩上酒初酣

夜坐紫琅僧舍
高山絕頂有高臺臺畔珠宮次第開幾度寒砧過海去
二更冷月帶潮來枯僧誦梵心常寂饑鳥還巢聲最哀
漏靜上方鐘磬歇一龕燈火足徘徊

與漢儀寒窗小集賦贈二首
翦翦寒威窗外生天涯知己又相親嫉時幾欲舒螳臂
話舊何堪聽鴈聲白草黃沙千里夢青燈紅豆十年情

無端漏柝敲長夜吸盡殘杯句各成
破帽高歌去早秋重來堅凍合長溝詩人易惹千年誚
才子誰封萬戶侯此日解裘同買醉何時作賦共登樓
五陵笑煞諸紈褲被裏黃綢不出頭

雪窗漫遣
冷逼茅簷雪未消饑烏往復繞籬腰梅依老屋呈新態
柳戀荒園守舊條說到文章先達貴看來裘馬後生驕
山中高臥渾無事檢點行藏付酒瓢

慚愧探囊同趙壹送窮欲結柳枝車

登南山寺塔

高塔開登意自殷憑欄千里綠氤氳渡江夜翦南朝雨
壓頂朝分北固雲春到上方風漸軟人遊古寺日初曛
機心息盡參禪久鐘鼓聲聲碧落聞

夜集克猷河亭與望周昆季縱飲酒罷荒雞滿耳
東方既白將登舟矣賦此以別

荒村衰柳浩西風顛倒衣衫水榭中荻岸鴈聲雲黯澹
豆棚人語月朦朧十年乍會宵何短百斛如飛飲自雄
不任荒雞催曙白行行我又感飄蓬

戊寅九月三十初度述懷四首 三選

十年懷刺向誰投落落三吳一敝裘壯歲未邀宣室召
髫齡空作粤山遊亂藤古屋吟肩聳冷雨疎櫺酒力收
幾度高堂呼小字人生難得是烏頭

狂歌痛飲日頻頻不信柴關老此身骨肉凋零成斷鴈
形容憔悴等窮鱗青衫稱體偏宜瘦黄葉圍門懶送貧
多謝山妻除跳脫覓來斗酒慰勞人

而今世事覺粗諳終日關門似臥蠶竹巷捲風吹瑟瑟

豆棚節雨落毵毵之無未識兒何拙棗栗爭分女更憨
挈榼且尋知己去秋光莫放過江南

冬日再至平山

芙蕖瘦盡影蕭疎正值平山十月初茶煮松棚僧曝壁
鐘敲竹院客停車探囊愁殺揚州鶴把鋏驚彈北浦魚
到底詩懷磨不滅朗吟又過子雲居

移家四首 選一

苦吟難教食熊肥撚斷霜髭腰減圍架上書殘時有蠹
牀頭琴古久無徽身輸官米虚朝爨妻浣兒衣趁落暉
入市每談山海事閒鐘又逐暮禽歸

無題四首 選一

高樓十二玉參差惆悵雲驚雨過時誰愛儂顔臨綠水
欲堅郎意翦烏絲清謳未發櫻唇小宿酒纔醒蓮步遲
幾度帶寬愁自怪渾忘別後減腰肢

秋窗坐雨喜望周至因爲索飲疊前韻

晝又解盡杖頭輕難遣荒齋坐雨情四壁立時憑鬼笑
五湖歸後續鷗盟籬花香冷秋無賴林葉黄飛暮有聲
知己卻攜磨鏡具賺來貰酒破愁城

虹橋春望

輭煙晴日踏香泥，曲曲虹橋望復迷。一路山光牽畫舫，無邊柳浪擁春堤。留人不去新鶯囀，約我重來好友攜。回首蜀岡天氣晚，桃花深處玉簫低。

登金山寺塔絕頂

獨上浮屠第一層，飄然襟袖欲飛騰。半空雲氣寒如許，四面濤聲遏未能。皎潔江天瓜步月，參差星斗潤州燈。幾回翹首呼閶闔，野鶴蒼茫入檻譍。

白沙晚發

費賦無門計已非，買舟東下趕朝暉。沙城南去桃三里，野寺西來竹一圍。天外鶯聲啼樹杪，江邊燕乳出簷肥。應知荒逕傷霪雨，護菊兒童望我歸。

落花六首 選二

辭柯逐影日匆匆，凋謝何須怨曉風。自是情多人易老，豈因春去色皆空。蕭疎江浦千家外，髣髴山　七里中。笑煞補巢雙燕子，年年天末拾殘紅。

舞袖蹁躚一抹齊，為誰懊惱翠眉低。繫絲促節春將暮，剩粉零膏日又西。青草渡旁蝴蝶去，黃陵廟裏鷓鴣啼。

寸心莫到灰同冷，猶有餘香逐馬蹄。

秋曉西城即事

風葉爭飛露未乾，西城西去足盤桓。幾聲紫鴈高樓曉，一路黃花深巷寒。詩思難禁隨地起，山光初霽隔江看。朗吟獨向遙天外，安得琵琶觸撥彈。

梅花四首 選一

霜迴月冷二更過，江上冰妃意若何。半臂為誰搖縞素，寸心只欲老煙蘿。花經寒極開方豔，香到清時夢不多。惟有孤山林處士，相逢幾度起高歌。

江上同人招集祖堂紀遊五首

登高久費我吟哦，收盡雲煙酒一螺。四面青山江北少，六朝古寺雨中多。當筵虹掛宜謀飲，絕嶮泉飛似倦河。勝地況逢良讌會，不堪持贈短長歌。

東南佳氣鬱蒼蒼，翹首江天一倘佯。呦鹿嚼花風正駿（松達曉），瘦龍吟雨石牀涼。已將瀟灑拋塵累，更見清虛散異香。十畝芭蕉纔息盡，山鳩飛上贊公房。

蕉衫葵扇足勾留，挈榼閒為物外遊。紅滿山花風正暖，翠淋岩檜雨初收。蕭梁事業餘禪地，孫楚襟懷寄酒樓。

分我一杯江上醉渾忘身世等浮鷗

雨霽千峯黛色研乍驅暑氣入荷田風塵袖短金先盡
山澤形癯鶴共憐香覺松陰行十里冷思雲海住三年
崎嶇遍歷覺閒好欲把頭銜署散仙

倚節詩思湧潮來飄拂吟裾坐石苔殿上光輝開覺路
望中花鳥擁逶迤洞猿送客看山去檐雀知僧乞米回
日暮長干遊冶罷諸天塔火白皚皚

落梅

只見霏霏下水涯教人愁碎赤城霞幾經夜雨銷金粉
漫道東風妬麗華此去豈知迷洞口重來何處問漁家
韶光絕好今飄落悔未先時護絳紗

秋柳四首

江南江北夜微霜垂柳蕭蕭色隕黃乍脫舞衣愁暮雨
暗銷翠黛愴秋光十三樓上心情懶萬里橋邊別緒長
可奈青青凋落後無多枝葉待韓郎

摇曳疏枝出晚烟採成別恨較於棉半鞭殘照長亭路
一笛秋風絕塞天卻少窗陰嘶倦馬儘多枯葉抱寒蟬
揭袪欲折魂先斷誰與蛾眉續小憐

黃鸝處處擲金梭回首春時奈若何大小秦淮飛落葉
淺深渭水響寒莎慶同客久形蕭瑟冷共天空氣盪磨
一襲吟衫愁易起相逢未必是靈和

幾經頻折共秋徂無限依細倦莫扶出塞桓公傷老大
到門陶令嘆荒蕪舞腰病後風多厲啼眼乾時露已珠
不必依依追往昔看來雨雪滯征夫

桃花六首選二

花扶人面倩誰分採作嫣紅一朵雲日照千家潘岳縣
土香三寸薛濤墳學仙路豈林間入流水聲從世外聞
笑煞洛陽春陌女風吹馬上石榴裙

無端駐馬立江村是處胭脂膩酒罇隔水遥通仙子路
尋春重過美人門年年米粉閨中樣夜夜紅潮枕上痕
恰似女兒同薄命怪他令我易銷魂

午日集靖海樓

十載憑陵抱遠情催人節序又高城故交似雨零將盡
詩思如河涸復盈蒲柳綠分吳野色鼓吹哀帶楚江聲
海天闊處容疏放慎莫悲歌學屈平

夏日山中遣興

攤書習靜日如年分得松陰一角天暮雨催蛙聲閣閣
野塘搖藕葉田田雲浮溪上形多幻水濕琴書暑乍旋
漫道澡心成冰雪何嘗參破老婆禪

新蛩分韻

入秋幾日暑猶餘何物先聲應候徐一點炎威爭去就
半窗殘月任欷歔騷人鬢短燈昏後思婦眉攢漏盡初
不識小虫因底事年年此際叫階除

秋海棠 四首選三

冷院秋來競晚妝娟娟誰與鬥幽芳憑他睡去難成夢
到底心灰不吐香鏡照瘦容斜倚月粉彈嬌靨薄新霜〔沾〕
懷人一盒珊瑚淚洒遍西風十二廊

芙蓉別館雁來遲一綴花開萬縷絲〔思〕粉墮香消情已盡
煙荒露冷意猶癡頻搵薄袖低朱靨誰掛重帷護赤絲
悵望遙天天似水庭陰輾轉只秋知

蛩吟古砌漏迷濛莫道柔姿西府同愁極轉生千種媚
啼枯始覺半階紅背人孤影今何夕吹女殘妝昨又風
織就迴文腸欲斷惱懷端在月明中

秋夜寄李秋塘

潦倒愁將暮意拋尋秋人去海東坳新詩瘦到鴛鴦骨
畫舫輕於翡翠巢五兩風輕吹木末半鈎冷月浸花梢
良宵何事違紅蠟寄與知音一解嘲

秋日冒雨過深柳草堂與南帆篁坡集飲即席分
韻

趨日營營蠅似癡我於冷處見心知無衣八月驚寒早
有酒三更說劍遲扶得斜風兼細雨吟成紅豆與烏絲
少陵自昔多悲感蔣詡如何不合時

落葉

秋色荒蕪葉乍飛傷心滿目滅騰園蕭蕭陌上征夫路
簌簌燈前怨女扉離緒不堪吹玉笛華年空自憶金徽
飄零無定江南北又趁西風下夕暉

杪秋宿雲厂齋中賦贈

晚煙漠漠海東涯深入重橋訪故人茅屋青燈銷酒骨
蘆花秋水繪詩神相看世事貧中濇方覺交情冷處真
柳折霜枝吹笛裏何堪明日又風塵

冬舟曉發

霜花疊疊大於錢又值河橋歲暮天舟楫半生餘短袖

風塵兩字悞華年身同雁影經寒瘦愁似珠絲到處
牽欲典鷫鸘看盡鞹揭帆空向酒爐邊

人日登開化寺大悲樓分韻

巍然高閣壓吴陵袖拂慈雲此共登瀕海天光全在
水渡江山色半歸僧靈辰雁解排人字初地花先綴
佛燈極目浮螺冰欲泮東風吹遍白稜々

自嘲

歷盡崎嶇路萬重無端形似冶家傭廿年風雨南天夢
一枕滄桑北寺鐘老日纔廿來花櫝少時空欲去屠龍
幾回促赴看花會未及擎杯意已慵

秋蝶

衰柳樓前乍啓扉荒々小逕影依微不堪别去銷春
色何處飄來傍晚暉碎盡粉衣還自舞夢回黄葉又
空飛隔墻訪得真消息明日和秋一路歸

蝴蝶

星々點々拾芳春好處看來恐太真妙舞每依金閣度
柔情究似錦屏人多因放浪輕於葉未免飄零老此
身蹤跡不知何日定桃源花縣總風塵

秋夜宿開化寺樓

鐘鼓遲々燈燄微我來又借佛前輝窗含雨氣流螢溼
座有秋聲蝙蝠飛夢占一提僧出定涼生兩袖客吹衣
宦囙山寺容疏懶高枕西風早絶機

補遺

登萃景樓望海

飄然來海角望海一登樓天外擴千嶼煙中隱十洲世
平鯨浪息風正鳥船收向若頻驚咤乾坤浮似鷗

天橋初稿摘句

紅橋修禊

賣花市上杏環郭，賭酒樓頭燈滿城。

輓陳丈滄園

老猶作客窮方覺，詩不趨時冷耐看。

冬日船舍初葺再疊前韻

凍雨敲窗驚鶴夢，寒煙擁樹聚鴉聲。

虹橋舟泛

賣酒樓高多傍竹，打魚燈暗半依城。

歲暮水村早發

短纜牽霜堤畔路，孤帆衝浪凍邊聲。

按此稿無刻本，所有摘句亦散見於各書而録

彙之者　　李海秋誌

泰縣古物支會

道光泰州志藝文類載有天橋初稿及不休篇
顧未付梓，世業傳者此篇果係州志所謂天橋
初稿或不休篇，尚費讀明。但篇帙甚少，似非未經
散佚。寒家藏有三序園氏以文人之筆寫廣
有意為文，使之未免過尚射珠之事，及廣陵
雜憶、懷友等序最後者出諸鄧漢儀詩題
之外。説園公子為雜記，間人不慧，出此李氏刻
衛與唐昌硯，所見亦寂。頗且藏書即在王家
失去。古風二卷是此篇書為不全之本也。推此
書，氏收藏後已為鳳毛麟角，除李氏家本外
不可三得。咸同間王子游以才人鄭招致於紀
氏，尋卒，遂為紀氏有。紀之紀氏衰微，藏籍皆
竊出易錢餅，計價或十文一斤。富友氏退菴手
校之書也。李白樓氏見而收之。此篇與余此
抄本係白樓氏女郎陳秋所傳抄，得即存之，用
公子一生之幽光及二三君子展轉收藏之功俱
不可沒也，故為之跋。
民國十八年冬十一月王曰蘭夫謹跋

泰縣古物支會